は　じ　め　に

　学校の教師になるためには、子どもたちの教育に当たるというその職務の重要性から多くのことを学ぶ必要があります。大学の教職課程で学修する内容の中で、近年、特に重視されているものの一つが学校の「教育課程」です。本書は、その学修のためのテキストとして刊行するものです。

　これからの学校教育においては、教育活動全体の質を高めることが強く求められています。今日、グローバル化や情報化、人工知能（AI）の進化など、社会の様々な領域で大きな変化が進み、「知識基盤社会」を迎えているといわれます。学校教育では、こうした社会の変化に後追いで対応するのではなく、自らよりよい社会や豊かな人生を創造していくことができる資質や能力を育成することが求められています。そのため、各学校では、子どもたちや学校、地域の実態を踏まえて、創意工夫を生かした教育活動を計画し展開するとともに、情報を保護者や地域社会に発信して説明責任を果たすことが求められています。

　このような学校教育への要請を踏まえ、教育活動全体の質を高める上で重要な役割を果たすのが、教育課程です。教育課程とは、簡単にいうと、学校の教育活動全体についての基本となる計画のことです。学校は、意図的、計画的、組織的に教育活動を展開します。そのため、教育活動全体のいわば「設計図」である教育課程の中に、子どもたちにどのように学び成長してほしいかという目標、そのためにどのような豊かな経験をしてほしいかという内容、どこに重点を置きどれくらい行うのかといった授業時数、教師の指導の基本方針などを明確に示し、学校全体で共有し実現していくことが重要になります。教師は、学校組織の一員として教育課程の編成に参画することを通じて、教育活動全体の方向性や重点などを深く理解し、それらを視野に入れて自らの授業を効果的に計画し実施することができます。さらに、学校がもつ資源や条件を最大限に活用することや、実施の過程や結果を評価し更なる改善につなげることも大切です。こうした営みをカリキュラム・マネジメ

ントと呼び、学校で積極的に取り組むことが求められています。

　本書は、教師がこうした教育課程についての知識や能力をもつことの重要性を踏まえ、教育課程についてはじめて学修する方、あるいは改めて学び直したい方を対象として編集しています。

　本書は、全体を7章で構成しています。第1章では、教育課程の意義、各学校で教育課程を創意工夫することの重要性、学習指導要領の必要性や関係法令について学びます。第2章では、戦前から今日に至るまでの教育課程の歴史をたどるとともに、2017・2018（平成29・30）年に改訂された学習指導要領の考え方や改善事項などについて学びます。第3章では、実際、学校においてどのようなことに配慮して教育課程を編成し、実施すればよいかについて学びます。第4章と第5章では、教育課程や教育方法に関わる理論や、教育の改善に生かしていく評価の在り方などについて学びます。第6章では、幼稚園の教育課程についてまとめます。第7章では、今日問われている学力の問題に焦点を当て、国際学力調査も手がかりにしながら学力のとらえ方や教育の在り方などについて考えます。なお、巻末には、関係法令も収録しましたので、参照してください。

　また、本書の各章末に掲げた引用・参考文献に目を通されたり、公開研究を行う学校に足を運んで教育課程の編成・実施の実際に触れられたりして、本書で学んだことを更に広げ深められることを勧めます。

　本書が、みなさんの学習のお役に立ち、その成果が学校教育の充実に生かされることを期待しています。

吉冨芳正

目　　次

はじめに　　i

第1章　学校教育の質の向上と教育課程

第1節　いま求められる各学校の教育課程の充実　　3
　1．各学校における教育課程編成の意義　　3
　　1　学校教育の質を高める営みの柱としての教育課程　　3
　　2　各学校が創意工夫して教育課程を編成・実施することの意義　　4
　　3　学校の裁量の拡大―学習指導要領の大綱化・弾力化　　8
　2．学校の教育課程の実情と教師の力量向上　　11
　　1　学校の教育課程の実情　　11
　　2　教師の力量向上　　13
第2節　教育課程と学習指導要領　　15
　1．教育課程とは何か　　15
　　1　教育課程の意味　　15
　　2　教育課程の編成と実施　　17
　　3　カリキュラムの意味　　19
　　4　カリキュラムの三つのとらえ方　　20
　　5　潜在的カリキュラム　　21
　　6　教育課程とカリキュラムの用語の整理　　21
　2．教育課程の基準の必要性　　22
　　1　学習指導要領　　22
　　2　学習指導要領の「基準性」　　23
　　3　学習指導要領の法的拘束性　　24
第3節　教育課程の関係法令　　24
　1．教育課程の関係法令の概観　　24
　2．教育課程の編成・実施の視点からの整理　　26

         1　教育の基本に関する規定　26
         2　教育目標に関する規定　27
         3　教育内容に関する規定　30
         4　授業時数に関する規定　30
      3．教育課程の基準の主な特例　33
         1　障害のある児童生徒への配慮　33
         2　私立学校　33
         3　研究開発学校制度　34
         4　教育課程特例校制度　34
         5　不登校生徒等を対象とした教育課程の特例　34
      4．公立学校の教育課程と教育委員会との関係　35

第2章　教育課程と学習指導要領の変遷

   第1節　近代の教育課程（戦前まで）　38
      1．近代学校創設と教育課程　38
         1　「学制」による近代学校創設　38
         2　国家の干渉が強まる政策と教育課程　40
         3　学校令と教育課程　42
         4　「教育ニ関スル勅語」（教育勅語）の発布　43
      2．教育課程の国定化と年限延長　45
         1　教育課程の国定化について　45
         2　「小学校令施行規則」　45
         3　教科書国定制　46
         4　義務教育6年　46
         5　臨時教育会議　47
         6　新教育　48
         7　「小学校令施行規則」改正　48
      3．戦時下の教育体制と国民学校の教育課程　49
         1　教育審議会　49

2　「国民学校令」と義務教育8年　　49
　　3　戦時体制に迎合した教育課程　　50
第2節　現代の教育課程（戦後から）　　51
　1．昭和20年代（学習指導要領（試案）の時代）　　52
　　1　1947（昭和22）年の学習指導要領（試案）　　52
　　2　1951（昭和26）年の学習指導要領（試案）　　57
　2．1958（昭和33）・1960（昭和35）年改訂の学習指導要領　　62
　3．1968（昭和43）・1969（昭和44）・1970（昭和45）年改訂の学習指導要領　　68
　4．1977（昭和52）・1978（昭和53）年改訂の学習指導要領　　73
　5．1989（平成元）年改訂の学習指導要領　　78
　6．1998（平成10）・1999（平成11）年改訂の学習指導要領　　85
　7．2003（平成15）年一部改正の学習指導要領　　92
　8．2008（平成20）・2009（平成21）年改訂の学習指導要領　　93
　　1　改訂の背景　　93
　　2　改訂の基本的な考え方と主な改善事項　　94
　　3　学習指導要領の定着のための施策　　103
第3節　道徳の特別の教科化と2017（平成29）・2018（平成30）年の学習指導要領改訂　　104
　1．道徳の特別の教科化等道徳教育の改善　　104
　2．2017（平成29）・2018（平成30）年の学習指導要領改訂　　105
　　1　改訂の背景　　106
　　2　改訂の基本的な考え方と主な改善事項　　107

第3章　学校における教育課程の編成と実施

第1節　学校における教育課程の編成　　116
　1．教育課程の編成　　116
　2．教育課程の編成の手順　　116
　3．教育課程編成の原則　　122

目　　次

　　4．教育目標の設定　　125
　　5．教育内容の組織　　127
　　6．授業時数の計画と運用　　129
　第2節　学校における教育課程の実施　　131
　　1．適切な指導計画の作成　　131
　　2．教育課程実施上の配慮事項　　133
　第3節　カリキュラム・マネジメント　　134
　　1．いま求められるカリキュラム・マネジメント　　134
　　　1　学習指導要領とカリキュラム・マネジメント　　134
　　　2　カリキュラム・マネジメントの考え方　　136
　　2．カリキュラム・マネジメントについての理論と研修　　137
　　　1　カリキュラム・マネジメントの着眼点　　137
　　　2　カリキュラム・マネジメントの理解の促進　　139

第4章　教育課程（カリキュラム）と教育方法

　第1節　教育課程と学力観　　140
　　1．教育課程と学力　　140
　　　1　教育課程について　　140
　　　2　今日の学校教育における教育課程の仕組み　　141
　　　3　教育課程における履修原理　　142
　　　4　機会の平等と結果の平等　　143
　　2．学力観　　144
　　　1　学力のとらえ方　　144
　　　2　学力に関する様々な問題　　145
　　　3　公教育制度の変遷から見た学力観　　147
　第2節　教育課程の構造と類型　　150
　　1．カリキュラム構造の開発研究の歴史　　150
　　2．カリキュラムの類型　　152
　　　1　教科カリキュラム（Subject Curriculum）　　152

2　相関カリキュラム（Correlated Curriculum）　152
　　3　融合カリキュラム（Fused Curriculum）　153
　　4　統合カリキュラム（Integrated Curriculum）　153
　　5　広域（広領域）カリキュラム（Broad-field Curriculum）　153
　　6　コア・カリキュラム（Core Curriculum）　154
　　7　経験・生成カリキュラム（Experience and Emergent Curriculum）　154
　第3節　教育方法の系譜　「経験主義」と「系統主義」　156
　　1．経験主義の教育課程　156
　　　1　経験を重視する教育思想　156
　　　2　戦後教育改革と教育課程　157
　　　3　「経験の再構成」の場としての学校　160
　　2．系統主義の教育課程　161
　　　1　知識重視の教育課程　161
　　　2　科学を重視する教育思想―教育内容の現代化―　162
　第4節　共通カリキュラムと個性　165
　　1．カリキュラムの共通化と多様化の歴史　165
　　2．カリキュラムの共通化と個性　168
　　3．今日の学習指導要領における「個性」の重視　170

第5章　カリキュラム（教育課程）の評価

　第1節　カリキュラム評価　173
　　1．カリキュラムの評価導入と必要性　173
　　2．学校経営と教育評価の次元　174
　　3．カリキュラム評価と教育評価　175
　　4．教育評価の主体　176
　第2節　学校評価　177
　　1．学校評価と学校経営評価　177
　　2．学校評価に関する規定　178

目　　次

　　3．「学校評価ガイドライン〔改訂〕」における教育課程の評価　　179
　　　　1　教育課程等の状況　　180
　　　　2　教育課程の改善　　181
　　　　3　授業評価の対象領域　　182
　　　　4　学校評価ガイドライン〔平成28年改訂〕　　183
　第3節　教育評価と学力　　188
　　1．教育目標と学力評価　　188
　　2．授業評価と学力評価　　189
　第4節　指導に生かす評価　　190
　　1．教育評価の提唱　　190
　　2．教育評価の機能　　191
　　3．指導と評価の一体化　　193
　第5節　教育評価の立場の変遷　　195
　　1．絶対評価と相対評価　　195
　　2．相対評価の問題点　　196
　　3．到達度評価　　197
　　4．評価規準と評価基準　　198
　　5．個人内評価と「目標に準拠した評価」　　199
　　6．目標に準拠した評価　　200
　第6節　「目標に準拠した評価」と指導要録　　201
　　1．学習評価の基本的な考え方　　201
　　2．指導要録　　202
　　3．学習評価の改善と充実　　203
　　　　1　学習評価や条件整備等との一体的改善　　203
　　　　2　学習評価の充実　　204
　　　　3　評価の三つの観点　　205
　　　　4　評価にあたっての留意点等　　205
　第7節　新学習指導要領における学習評価のあり方　　206
　　1．学習評価の充実　　206
　　2．評価の三観点について　　207

3．評価に当たっての留意点等　　208
　　4．道徳科の評価の在り方　　210
　　　1　道徳科評価の基本的な取り扱い　　210
　　　2　評価の三観点と道徳科の評価　　213
　　　3　組織的な取組の必要性と保護者理解　　214
　　5．発達障害等のある児童生徒への配慮と評価　　215
　　6．総合的な学習の時間の評価　　216
　　7．特別活動の評価　　217
　第8節　真正の評価　　220
　　1．「真正の評価」導入の必要性　　220
　　2．目標に基づく評価への批判　　221
　　3．「真正の評価」の導入と「リアルさ」　　222
　　4．パフォーマンス評価　　223
　　5．ルーブリック　　225
　　6．ポートフォリオ評価　　226
　　7．教育評価と授業研究　　228

第6章　幼稚園の教育課程

　はじめに　　231
　第1節　幼稚園教育要領とは何か　　232
　　1．幼稚園教育要領の法的根拠とその役割　　232
　　2．幼稚園教育要領の成立とその変遷　　232
　　　1　保育要領　　232
　　　2　1956（昭和31）年幼稚園教育要領　　233
　　　3　1964（昭和39）年幼稚園教育要領　　234
　　　4　1989（平成元）年幼稚園教育要領　　235
　　　5　1998（平成10）年幼稚園教育要領　　236
　　　6　2008（平成20）年幼稚園教育要領　　237
　　3．現行（平成30年4月施行）の幼稚園教育要領の改訂の要点　　239

目　　　次

　第2節　幼稚園における教育の基本　　243
　　1．幼稚園教育の基本　　243
　　　1　環境を通して行う教育　　244
　　　2　幼児期にふさわしい生活の展開　　246
　　　3　遊びを通しての総合的な指導　　247
　　　4　一人ひとりの発達の特性に応じた指導　　248
　　2．計画が必要な理由　　249
　　3．教育活動の質の向上とカリキュラム・マネジメント　　252
　第3節　保育における計画―教育課程と指導計画　　253
　　　1　教育課程　　253
　　　2　指導計画　　256

第7章　現代の学力課題とカリキュラム構想

　第1節　学力・学習観と学びのあり方　　269
　　1．PISA型学力と学校知の転換　　269
　　　1　新たな学力観づくりの潮流と「総合学習」　　269
　　　2　学びのイノベーション　　270
　　　3　PISAの学力調査と応用力　　272
　　　3　授業時間30年ぶりに増加　　273
　　　4　教員の教育観が「強制してでも、とにかく学習させる」に変化
　　　　　　274
　　　5　全国学力調査と学力向上策　　276
　　　6　全国学力調査結果と子どもの家庭環境　　278
　　　7　2018（平成30）年度全国学力調査結果と知識を活用する力
　　　　　　279
　　　8　「ゆとり」と本来の自由　　280
　　2．学力観の変化とPISA　　282
　　　1　学力観の変化　　282
　　　2　PISA型学力のリテラシー概念　　284

3．PISA型学力観の背景　　285
　　　1　「学校化社会」批判　　285
　　　2　学校知と批判的思考　　287
　　　3　「評価国家」の様相　　289
　　　4　構成主義的な学習観の影響　　291
　　　5　真正な知識をはかる真正の評価　　293
　　4．カリキュラムと授業改善の基本的視点　　294
　　　1　学習の転移の重視　　294
　　　2　体系的知識中心の環境　　297
　　　3　認知発達と学習　　298
　　　4　学習意欲　　299
　　5．「学び」のためのカリキュラム構想　　300
　　　1　外発的動機づけ重視の問題　　300
　　　2　動機づけは必要なことか　　301
　　　3　「教えない」教育　　302
　　　4　学びと学習の違い　　303
　　　5　動機づけを必要としないカリキュラム　　305
　第2節　フィンランドの教育改革とSTEAM教育　　310
　　1．PISA調査最上位レベルのフィンランドの現在　　310
　　　1　フィンランドの教育制度　　310
　　　2　フィンランドの学校教育　　312
　　　3　PISA調査におけるフィンランドの現状　　314
　　　4　フィンランドの教育改革の現在　　315
　　2　STEAM教育とその背景　　317
　　　1　STEMからSTEAM教育へ　　317
　　　2　STEAM教育と日本　　321

○資料　教育課程関係法令
　　1．日本国憲法（抄）　　326
　　2．教育基本法（平成18年全部改正）　　327

目　　次

3．学校教育法（抄）　　330
4．学校教育法施行令（抄）　　333
5．学校教育法施行規則（抄）　　334
6．地方教育行政の組織及び運営に関する法律（抄）　　346
7．幼稚園教育要領（2017（平成29）年告示）（抄）　　347
8．小学校学習指導要領（2017（平成29）年告示）（抄）　　354
9．中学校学習指導要領（2017（平成29）年告示）（抄）　　363
11．高等学校学習指導要領（2018（平成30）年告示）（抄）　　372

現代教育課程入門

第1章

学校教育の質の向上と教育課程

第1節　いま求められる各学校の教育課程の充実

1．各学校における教育課程編成の意義

1　学校教育の質を高める営みの柱としての教育課程

　これからの学校においては、よりよい教育を通じてよりよい社会を創るという目標を学校と社会が共有し連携・協働しながら、子どもたちに必要な資質・能力を育む「社会に開かれた教育課程」の理念の実現が求められている。こうした理念の実現に向け、学校においては、学習の主体である子どもたちが「何ができるようになるか」、「何を学ぶか」、「どのように学ぶか」といった視点を強く意識して、教育の質を高める営みを進めていく必要がある。

　ところで、教育基本法では、「学校においては、教育の目標が達成されるよう、教育を受ける者の心身の発達に応じて、体系的な教育が組織的に行われなければならない」と規定されている（第6条第2項）。この規定の趣旨を踏まえれば、学校教育は、〈意図的〉、〈体系的（計画的）〉、〈組織的〉であることを特質としているといえる。学校教育の質を高めるためには、学校の諸活動の現状が〈意図的〉、〈体系的（計画的）〉、〈組織的〉であるかを改めて問い直すことが大切である。

　そこで、各学校において意図的、体系的（計画的）、組織的に教育の質を高めていく上で柱となるものが教育課程である。教育課程とは、簡単にいうと、学校の教育活動全体の基幹となる計画のことである。例えば、基本的な計画や設計に優れた建築物などは心地よさや使い勝手のよさから多くの人々に愛され、永く効果的に使われる。まず教育課程が適切に編成されるところから、教育の質の向上ははじまるといえよう。

第1章　学校教育の質の向上と教育課程

　各学校においては、まず育成を意図する資質・能力を目標において明確に示し、それを実現するよう教育の内容を組織し授業時数を配当するなどして、教育活動全体のつながりを体系的に整えた教育課程を編成する。それに基づいて更に各教科等の具体的な指導計画を作成し授業を展開するとともに、その過程や結果を評価して改善につなげる。そうした一連の営みを、学校内はもとより家庭や地域とともに組織的に進めることが期待される。

2　各学校が創意工夫して教育課程を編成・実施することの意義

　各学校が教育課程を軸として教育の質を高めるためには、教育基本法や学校教育法をはじめとする法令と国が定める教育課程の基準である学習指導要領を踏まえつつ、子どもたちや学校、地域の実態を十分考慮し、創意工夫を凝らすことが重要である。

　各学校において創意工夫を凝らした教育課程を編成・実施することの意義について、具体的に三つの視点から考えてみよう。

　<u>第一に、教育の本質からして、各学校における教育は、在籍する子どもたちの心身の発達の段階や特性、学校や地域の実態などに適切に応じたものであってはじめて効果が期待できる</u>という視点である。このことは、学校が編成する教育課程の基準である学習指導要領の総則の冒頭においても教育課程編成の原則として示されている（総則第1の1）。

　これからの学校教育では、確かな学力、豊かな人間性、健やかな体などの生きる力の育成を目指している。実際に、各学校で子どもたち一人一人に生きる力をはぐくみより豊かなものにしていくためには、まず子どもたちの状況などを十分に把握・分析し、それに即して具体的な目標の設定、指導内容の組織や授業時数の配当、教材の選択や開発、学習指導や評価の方法などを創意工夫する必要がある。例えば、子どもたちの状況を踏まえて、育成を目指す資質・能力の重点を明確にして目標に掲げ、それらを各教科等を通じて実現する方針、手立てなどを示すことが求められる。指導内容の組織においても、子どもたちの知識や経験を考慮して重点や順序などを工夫することが求められる。場合によっては、下学年の内容を繰り返し扱ったり、他教科等の内容を関連付けたりする配慮が必要になろう。各教科等の学習指導に当

たっても、子ども理解をもとに個に応じた指導のための様々な工夫を織り込んでいくことが大切である。

このように、目の前の子どもたち一人一人が資質・能力を確かに高め、生きる力を育むことができるよう、学校は教育活動全体を見通し、学校や地域の諸条件を最大限に生かしながら適切な教育課程を編成するとともに、その実施の過程を通してより効果的な学習指導ができるよう弾力的に修正を加えていく必要がある。こうして教育の質の向上を目指して創意工夫を重ねていくことは、自ずとそれぞれの学校ならではの特色ある教育活動を生み出すことにつながっていく。

【キーワード】
「生きる力」
確かな学力、豊かな人間性、健康・体力などを指す。
確かな学力：基礎・基本を確実に身に付け、いかに社会が変化しようと、自ら課題を見つけ、主体的に判断し、行動し、よりよく問題を解決する資質や能力
豊かな人間性：自らを律しつつ、他人とともに協調し、他人を思いやる心や感動する心などの豊かな人間性
健康・体力：たくましく生きるための健康や体力
「生きる力」の育成を重視する考え方は、1996（平成8）年の中央教育審議会答申で提唱され、以降、1998・1999（平成10・11）年、2008・2009（平成20・21）年、2017・2018（平成29・30）年の3次にわたる学習指導要領改訂の基本理念として継承されてきている。

第二に、子どもたちがよりよい社会や人生を創造できる資質や能力を高める視点である。

子どもたちが生きるこれからの時代は、新しい知識・情報・技術が社会のあらゆる領域での活動の基盤として重要性を増す知識基盤社会の時代であると言われており、グローバル化や情報化、人工知能（AI）の進歩などが更に進展する一方、少子高齢化や環境問題、格差の問題など、様々な複雑な問

第1章　学校教育の質の向上と教育課程

題に向き合っていかなければならない。それらには、あらかじめ用意された正解はなく、関係者が知恵を出し合って解決していくことが必要になる。そのような時代を生き、自分や社会のよりよい未来を切り拓くためには、知識や技能を習得しそれらを活用しながら、論理的・批判的・創造的な思考力、情報活用能力、問題発見・解決能力、自らを律し個性を伸ばし人生を前向きに生きる力、異なる他者と多様性を尊重しつつ協働して新たな価値の形成や望ましい社会形成に参画する力などの資質や能力を統合的に高めることが必要とされる。今日、求められる資質や能力を整理したものに、キー・コンピテンシーや21世紀型スキルといった考え方があり、それらも同じ方向を指向していると考えられる。

　このようなこれからの時代を創るために必要な資質や能力は、それぞれの学校において各教科等の特質を生かし、様々な学習活動で社会や生き方などとのつながりを意識し、知識や技能を活用して考えたり議論したり表現したりしながら問題を見出し、よりよく解決しようとする経験を通じて効果的に育まれていくものであろう。

　子どもたちがそうした経験を豊かに重ねていくことができるよう、教師一人一人が教育課程と社会や生き方との関係を考え、知恵を出し合って構造的な教育課程を練り上げていく必要がある。よりよい社会や人生を創造できる資質・能力をはぐくむ教育課程に唯一の正解はない。それぞれの学校で実践と研究を一体的に進めること、評価を改善に生かすことを大切にして、学校を基盤としてよりよい教育課程を開発していくことが求められる。

【キーワード】
「キー・コンピテンシー」（主要能力）[1]
　OECD（経済協力開発機構）の「コンピテンシーの定義と選択」（DeCeCo）プロジェクトでまとめたもの。OECDのPISA調査等の概念的枠組になっている。次の三つの能力を「キー・コンピテンシー」と呼んで重視している。
① 社会・文化的、技術的ツールを相互作用的に活用する能力
② 多様な社会グループにおける人間関係形成能力

③ 自律的に行動する能力

なお、我が国で強調されている「生きる力」とキー・コンピテンシーとの関係については、「『生きる力』は、その内容のみならず、社会において子どもたちに必要となる力をまず明確にし、そこから教育の在り方を改善するという考え方において、この主要能力（キー・コンピテンシー）という考え方を先取りしていたと言ってもよい」（2008（平成20）年中教審答申）ととらえられている。

「21世紀型スキル」[2)]

米国において、今日的に求められる資質や能力を明らかにし教育システムの変革を促そうとする運動（21世紀型スキル運動）の中で提唱されているもの。次の3つのコアスキルが提唱されている。
① 学習とイノベーションスキル（批判的思考と問題解決、コミュニケーションと協働（協調）、創造とイノベーション）
② 情報・メディア・テクノロジースキル（情報リテラシースキル、メディアリテラシースキル、ICTリテラシースキル）
③ 生活とキャリアスキル（柔軟性と適応性、進取と自己方向付けスキル、社会／文化横断的スキル、生産性／アカウンタビリティースキル、リーダーシップと責任スキル）

<u>第三に、地域に根差し地域社会を支える人間を育成する視点である。</u>

学校、特に公立学校は、地方公共団体が設置し、管理している。学校は公の性質を有し、その教育は子ども一人一人の能力を伸ばすとともに、国や社会の形成者としての資質を養うことを期して行われる。学校は地域に存在するものであり、地域に根差して地域社会を支える人間を育成することも期待されている。

子どもたちは、毎日を地域の中で生き、地域の人々、文化、自然などと密接に関わり、その経験を頼りに学習を進めていく。そして、地域社会もまた解決すべき問題を抱えている。子どもたちは、地域の中ではぐくまれつつ、地域社会の一員として自分たちにできることを考え実践していく力を高めて

いくことが求められる。

地域の人々の学校教育への期待や協力の在り方は、それぞれの学校の実情によって異なっており、それらを生かして教育課程を工夫していく必要がある。そして、各学校としての努力や子どもたちが成長する姿を積極的に情報提供していくことで、地域に開かれ、信頼される学校となることができる。

3 学校の裁量の拡大―学習指導要領の大綱化・弾力化
（1）学校の裁量の拡大の経緯

近年、学校の自主性・自律性を高め、地域に開かれ創意工夫を生かした特色ある教育活動が展開されるよう、学校の裁量の拡大が図られてきている。このことは、行政において様々な分野で規制改革や地方分権が進められてきている中で、教育の分野でもその取組が進められつつあるととらえることができる。教育課程行政においては、学校の教育課程の基準である学習指導要領の大綱化・弾力化が図られてきた。このことに関わって、現場主義や説明責任が強調されてきている。

2008（平成20）年の中央教育審議会答申では「各学校は、大綱的な基準であるこの学習指導要領に従い、地域や学校の実態、子どもたちの心身の発達の段階や特性を十分考慮して適切な教育課程を編成し、創意工夫を生かした特色ある教育活動が展開可能な裁量と責任を有している」と明言されている。そして、「現場主義の重視は各学校がその責任を全うすることを求めるものであり、各学校の創意工夫の成果の検証が不可欠である。そのため、全国学力・学習状況調査や学校評価などを活用して、成果を確かめ、更に改善を図ることが求められる」とも指摘されている。

ここで、学習指導要領の大綱化・弾力化の経緯を見てみよう。1998（平成10）年の学習指導要領改訂では、基本方針の一つとして「各学校が創意工夫を生かし特色ある教育、特色ある学校づくりを進めること」が掲げられ、基準の大綱化・弾力化が進められた。具体的には、総合的な学習の時間が創設されるとともに、教科によって目標や内容を複数学年まとめて示す、1単位時間は学校が定める、小学校ではすべての学年で合科的な指導が認められるといった改善が図られた。総合的な学習の時間の創設を契機に、各学校は教

育課程の開発やマネジメントに本格的に取り組むことが求められるようになった。それまでの学習指導要領の改訂においても、例えば、1977（昭和52）年の改訂に伴う学校の創意を生かした教育活動（「学校裁量の時間」）の実施、1989（平成元）年の改訂に伴う小学校生活科の新設や中学校選択教科の拡大の経験があった。そうした経緯の上に立って、総合的な学習の時間への取組は、学校や教師の教育課程の開発やマネジメントに関する力量を正面から問うものとなった。

　その後、2003（平成15）年の学習指導要領の一部改訂において、学習指導要領に示していない内容を加えて指導できることが明確にされるとともに、総合的な学習の時間について各学校において目標と内容を定め、全体計画を作成するものとされた。

　2008（平成20）年の学習指導要領の改訂では総合的な学習の時間が減少したり、中学校の選択教科に標準授業時数が配当されなくなったりしたが、長期休業日を含め各教科等の授業を特定の期間に行うことができることをより明確に示したり、10分間程度の短い時間での指導も一定の要件を満たす場合には教科の年間授業時数に含められるようにしたりするなど、学校が創意工夫を生かして教育課程を編成・実施できるようにする姿勢が継承されている。

　2017（平成29）年の学習指導要領の改訂では、よりよい社会や人生を創造できる資質・能力を育成することが重視され、〈①知識及び技能、②思考力・判断力・表現力等、③学びに向かう力や人間性等〉の三つの柱で各教科等の目標はもとより内容まで一貫性をもって整理されるとともに、主体的・対話的で深い学びの実現に向けた授業改善やカリキュラム・マネジメントの確立が求められた。

　この改訂では、学習指導要領の示し方について教科等を通じて一貫性が強まり、記述も具体性が増したことから、学校の裁量を狭めるものではないかとの批判も聞かれる。この点について、2016（平成28）年の中央教育審議会答申では、「学習指導要領等は、教育の内容及び方法についての必要かつ合理的な事項を示す大綱的基準として、法規としての性格を有している。一方で、その適用に当たって法規としての学習指導要領等に反すると判断されるのは、例えば、学習指導要領等に定められた個別具体的な内容項目を行わな

い場合や、教育の具体的な内容及び方法について学校や教員に求められるべき裁量を前提としてもなお明らかにその範囲を逸脱した場合など、学習指導要領等の規定に反することが明白に捉えられる場合である。そのため、資質・能力の育成に向けては、学習指導要領等に基づき、目の前の子供たちの現状を踏まえた具体的な目標の設定や指導の在り方について、学校や教員の裁量に基づく多様な創意工夫が前提とされているものであり、特定の目標や方法に画一化されるものではない」と説明されている。さらに、「今回の改訂の趣旨は、新しい時代に求められる資質・能力の育成やそのための各学校の創意工夫に基づいた指導の改善といった大きな方向性を共有しつつ、むしろ、その実現に向けた多様な工夫や改善の取組を活性化させようとするものである」とも示されている。

　2017（平成29）年の改訂で新たに示された学習指導要領の前文では、学習指導要領は教育課程の基準を大綱的に定めるものであることや、各学校がその特色を生かして創意工夫を重ね、長年にわたり積み重ねられてきた教育実践や学術研究の蓄積を生かしながら、児童生徒や地域の現状と課題を捉え，家庭や地域社会と協力して、学習指導要領を踏まえた教育活動の更なる充実を図っていくことの重要性が示された。

（2）学校の裁量の拡大と説明責任

　このような学習指導要領の大綱化・弾力化の推進によって、かつては教育課程の基準によらないで研究を行う研究開発学校でしかできなかったような取組が、いまではどこの学校でも創意工夫を発揮してかなりの程度できるようになっている。教育課程の基準である学習指導要領においてその改訂ごとに学校の裁量が拡大しているということは、各学校が自らの責任でより適切な教育課程の編成・実施を追求することが強く求められるようになっているということである。学校の責任者である校長をはじめ教育課程に携わる教師は、このことを十分理解することが必要である。

　そして、学校の裁量の拡大と並行して、教育課程に基づいた学校の教育活動の結果として教育目標の達成状況が問われるようになっている。その状況はすべてを数値で表せるわけではないが、証拠に基づいた検証が強調されるようになっており、様々な調査が行われている。例えば、子どもたちの学力

第1節　いま求められる各学校の教育課程の充実

については、国による全国学力・学習状況調査や教育委員会による学力調査などが実施されている。それらによって把握できた結果をもとに、教育の過程を見直し、よりよい教育の在り方を探っていく姿勢が求められている。

さらに、各学校の教育課程を含めた教育の在り方は、学校評価や保護者、地域住民に説明責任を果たすというかたちでもその適切さが問われることになる。学校教育法第42条では、学校は「教育活動その他の学校運営の状況について評価を行い、その評価に基づき学校運営の改善を図るため必要な措置を講ずることにより、その教育水準の向上に努めなければならない」ことが定められている。教育課程も評価の対象に含まれる。また、同法第43条では、学校は「保護者及び地域住民その他の関係者の理解を深めるとともに、これらの者との連携及び協力の推進に資する」ため、「教育活動その他の学校運営の状況に関する情報を積極的に提供するものとする」と定められている。したがって、教育課程に関する情報も積極的に発信していくことが求められる。このように、各学校は評価や説明の責任を果たし、信頼される学校づくりを進めるという観点からも、適切な教育課程の編成・実施を通じて教育の質を高めていくことが、今後は不可欠な営みであるといえる。

2．学校の教育課程の実情と教師の力量向上
1　学校の教育課程の実情

これまで述べてきたように、教育課程の基準の大綱化・弾力化が進められるとともに学校の説明責任が強調される中、教育の質を高めるために学校の教育課程の重要性が高まっている。では、学校における教育課程の編成の実情はどうなっているのだろうか。

学校における教育課程の編成については、次節で述べるように、教育の目標の設定、指導内容の組織、授業時数の配当がその基本的な要素であるといわれる。それらに着目して事例を分析してみると、残念ながら十分とはいえない学校が見られる。

学校としての教育の目標については、どの学校でも何らかのものが設定され、学校要覧などに記されている。学校としての教育の目標を定めることは、学校経営の基本だからである。ただ、教育課程の頂点に位置する学校の教育

目標をはじめとして各教科等の目標、学年の目標、単元の目標などを体系的に整えるという点では、課題がある学校も見られる。目標は、抽象的なものから具体的なものへと一貫性を確保し、かつ、具体的な目標の達成がより大きな目標の達成につながるように設定されることが大切である。また、教科等の目標やそれらを単元等ごとに具体化した目標は、それぞれが担うものが教科等横断的にみると全体として学校の教育目標を実現するよう構成されていることも大切である。こうした点が十分検討されていないのではないかと思われる学校が見受けられる。

　指導内容については、各学校において指導内容の選択や配列などの組織を行わなければならない。ここで大切なことは、学習指導要領では基準として内容が示されているのであり、それをもとに学校として指導する内容を改めて決定し組織しなければならないということである。例えば小学校では、教科の目標とともに内容についても学年ごとに示されているのは社会、算数と理科のみであり、その他の教科等は目標や内容が複数学年まとめて示されている。この点だけを見ても、各学校における内容の組織の創意工夫が必須であることがわかる。また、教科書も標準的な教材が一般的に並べられているのであって、各学校はそれぞれの実状に応じて扱い方を工夫する必要がある。教科書のとおり実施すればよいというものではない。学年や教科等ごとに指導内容を組織し、全体を一貫した計画として視覚化するなどして教師全体で共有している学校がある一方、地域や学校によっては、そのような工夫が十分行われていない学校が見受けられる。

　授業時数については、小・中学校の場合、学校教育法施行規則に定める標準授業時数を踏まえて学年と教科等ごとに配当されている。本来、設定した目標を達成するためには、指導内容の組織と授業時数の配当の工夫によって重点を置くポイントが明確になるはずである。したがって、学校としての教育課程の編成の段階で、学年や教科等ごとだけではなく、主要な指導内容へのおよその授業時数配当までを視野に置くことが求められる。しかし、実際、その部分は学級や教科の各担任に任せられ、全体としての方針が明確でない学校も見受けられる。

　このように、学校の教育課程は教育活動の充実のために極めて重要である

第1節　いま求められる各学校の教育課程の充実

にもかかわらず、実際には適切に編成されていないところがある。こうしたことの背景には、教育課程に対する教師の意識が高くないことや教育課程に関する理解などが十分ではないことなどがあると考えられる。

ともすれば教育課程は、教師にとって校長など管理職が中心になって編成して教育委員会に届け出るものであると考えられがちであり、身近なものという意識が薄いところがある。しかし、教育課程の編成は、教師が担当する各教科等の指導計画の作成と不可分の関係にあり、教育課程の実施は教師による授業の展開をも含むものである。教師は、学校の一員として教育課程の編成・実施に主体的に参画する存在であり、教育課程が示す方向性を踏まえることで自らの職務をよりよく果たし、全体としての教育の質を高めることができるという意識をもつことが大切である。

このような教育課程への意識の薄さは、教育課程の基準が強い画一性を有していた時代に、「地域の学校はどこも同じ教科書を用いるのだし、内容の組織をはじめ教育課程は学校による大きな違いはないはず」と考えられていたことの名残なのであろう。しかし、今日、学習指導要領は大綱化・弾力化が図られる中で、学校として校長の指導のもと、教職員全体が協働して適切な教育課程を編成・実施することが教育の質を高める上で不可欠であることを強く意識する必要がある。

また、教師からは、大学で教育課程にどう関わったらよいのか学ばなかったといった話を聞くことがある。現職研修でも、学習指導要領の改訂の趣旨徹底は別として、教育課程に関する内容が多くないといった声も聞く。

大学の教員養成課程で教職に関する科目として教育課程について学ぶこととされているとともに、研修においてもカリキュラム・マネジメントをはじめ教育課程に関する内容を取り入れる教育委員会が徐々に増えてきつつある。教師の養成と研修の両方を通じて、教育課程についての力量の向上を図っていく必要がある。

2　教師の力量向上
（1）大学での学習

大学の教職課程では、「教育課程論」その他の名称で教育課程について学

第1章　学校教育の質の向上と教育課程

ぶ科目が設けられている。そこでは、教育課程の役割や機能、意義、教育基本法や学校教育法などの関係法令、学習指導要領の意義や特色、教育課程の編成の基本原理や編成の方法、カリキュラム・マネジメントなどが取り上げられる。

　大学の教職課程で学校の教育課程について学ぶのは、その重要性に鑑みて教育職員免許法の体系の中でその内容を必ず含めることとされているからである。教育職員免許法施行規則では、教育職員免許法別表第一に規定する幼稚園、小学校、中学校または高等学校の教諭の普通免許状の授与を受ける場合の「教育の基礎的理解に関する科目」として「教育課程の意義及び編成の方法（カリキュラム・マネジメントを含む）」が明示されている。

　大学の教職課程で教育課程について学ぶに当たっては、学校の教育課程が各教師の実践の在り方と密接に関係していることを常に意識することが重要である。自分が行う学級経営も教科等の指導も、すべて学校の教育活動全体の基幹となる教育課程を踏まえたものである必要がある。教育課程についての学習を中核にして、教科等の内容や指導法に関する科目の学習、インターンシップ、教育実習などの経験を教育課程の視点から自らの中で統合する意識をもつことが大切である。さらに、学生である間から学校の公開発表会などに参加し、教育課程に関わる優れた実践研究に触れることも大切である。

（2）教師の現職研修

　公立の小学校等の校長及び教員の任命権者には、校長及び教員としての資質の向上に関する指標及びそれを踏まえた教員研修計画の策定が義務付けられている。そして、国においては、校長及び教員としての資質の向上に関する指標の策定に関する指針が定められている。この指針において、任命権者が指標の内容を定める際の観点の一つとして、教育課程の編成、教育又は保育の方法及び技術に関する事項（各学校の特色を生かしたカリキュラム・マネジメントの実施）が挙げられている。こうした動向を踏まえ、教師の現職研修において、その内容として教育課程を積極的に取り上げることが求められる。

　実際、教育委員会や教育センターが実施する研修においては、教育課程に関する内容が取り上げられており、2017・2018（平成29・30）年の学習指導

要領改訂で強調されるようになったカリキュラム・マネジメントについての研修も増加しつつある。また、教育センターの中には、学校の教育課程の編成・実施を積極的に支援するための事業や資料提供を行っているところがある。学校としてこれらの研修、事業や資料を活用することで、教師の教育課程への理解が深まると考えられる。

さらに、地域によっては、教師による自主的な研究会が組織されているところもある。教師として様々な方法や機会を積極的に活用し、教育課程に関する力量を高めていくことが期待される。

学校の教育課程の意義や編成・実施の方法などについて理解を深めることは、初任や若手の教師にとっても必要であるが、実務の中核を担う中堅以降の教師にとっても重要なことである。そして、校長等の管理職や教務主任は、それらに加えてマネジメントの視点からも教育課程に関する力量の向上を図ることが求められる。

第2節　教育課程と学習指導要領

1．教育課程とは何か

1　教育課程の意味

教育課程とは、簡単にいうと、学校の教育活動全体についての基幹となる計画のことである。この「教育課程」という用語が公式に用いられるようになったのは、1951（昭和26）年の学習指導要領（試案）以降のことである。ちなみに、それ以前は、「教科課程」や「学科課程」といった用語が使われていた。「教育課程」ということにより、教科だけでなく特別活動などの教科以外の教育活動を含める意味を表すようになった。

教育課程について、研究では様々なとらえ方があり、例えば、今野は「学校教育の目的を実現するために、文化内容から選択した内容を児童生徒の心身の発達に応じて組織化・配列した教育内容の全体計画と活動」であるとしている[3]。

文部科学省によれば、学校において編成される「教育課程」とは、「学校教育の目的や目標を達成するために、教育の内容を児童生徒の心身の発達に

第1章　学校教育の質の向上と教育課程

応じ、授業時数との関連において総合的に組織した各学校の教育計画である」と定義されている。学校において編成する教育課程をこのようにとらえた場合、①学校の教育目標の設定、②指導内容の組織及び③授業時数の配当が教育課程の編成の基本的な要素になる。

　目標や内容や授業時数については、教育基本法、学校教育法、学校教育法施行規則、学習指導要領において関係する事項が定められている。文部科学省は、「各学校において編成する教育課程は、教育基本法や学校教育法をはじめとする教育課程に関する法令に従い、学校教育全体や各教科等の目標やねらいを明確にし、それらを実現するために必要な教育の内容を、教科等横断的な視点をもちつつ、学年相互の関連を図りながら、授業時数との関連において総合的に組織していくこと」の必要性を指摘している[4]。

　教育課程を編成する教科等については、学校教育法施行規則において規定されている。例えば、中学校の教育課程は、学校教育法施行規則第72条によって規定されている、国語、社会、数学、理科、音楽、美術、保健体育、技術・家庭、外国語、特別の教科である道徳、総合的な学習の時間及び特別活動によって編成することとされている。したがって、学校において任意で行われる部活動などの教育活動は、学校の教育活動ではあるが教育課程には含まれていない点に留意しておくことが必要である。

　ここで、いま少し、教育課程の要素について考えよう。文部科学省による教育課程の定義は、目標や内容の内実が示されていない点で教育課程を編成するための操作的なものといえるが、①学校の教育目標の設定、②指導内容の組織及び③授業時数の配当という要素は明確でわかりやすく、使いやすい。

　教育課程を構成する要素については、天笠は、学校現場で実際にそれがどのようなところに表れるかにも留意して、次のように整理している[5]。

①　教育理念・目標（教育目標、ビジョン、校訓、目指す学校像、育てたい児童・生徒像、育てたい学力、本年度の重点目標等）
②　組織配列した教育内容（各教科、道徳、外国語活動、総合的な学習の時間、特別活動、年間指導計画等）
③　配当した授業時数（日課表、週時程、月間行事計画、年間行事計画等）
④　教材・教具・施設・設備

また、安彦は、教育課程の内部要素と外部要因に分け、教育課程の内部要素として、教育の目的・目標を達成するための教育内容、組織原理、履修原理、教材、授業形態、教育方法（指導方法・指導技術）を挙げ、教育課程の外部要因として、行政的決定過程、施設・設備、教職員の質と量を挙げている[6]。

　教育方法については、教育課程の要素として考えることに否定的な見方もある。しかし、後述するように教育課程の編成と実施をつなげて動的にとらえようとする立場や、社会の変化に対応して多様で複雑な問題を解決できる思考力、判断力、表現力などの能力の育成を具現化することを重視する立場からは、むしろ積極的に教育方法を教育課程の要素として考え、目標や内容などと深く関わらせながら創意工夫に取り組む対象ととらえるべきであろう。

2　教育課程の編成と実施

　学校の教育活動の最も基本となる計画である教育課程を作成することを「教育課程の編成」という。つまり、各学校において、「学校教育の目的や目標を達成するために、教育の内容を児童生徒の心身の発達に応じ、授業時数との関連において総合的に組織した学校の教育計画」について、構想を立て、基本的な考え方や構造を明らかにし、成文化したり表や図などを含めて視覚化したりする作業過程のすべてを指している。

　そして、この教育課程をもとに、それを具体化するための指導計画を作成し、学校の教育活動を展開していく一連の過程を「教育課程の実施」という。「教育課程の実施」の概念は、各教科等の年間指導計画、単元等の指導計画、本時の指導案といったように順次、具体的な計画を作成し、授業を実施し、評価を行うことを包含すると考えてよい。

　教育課程の「編成」と「実施」は、その間に一線が引かれるように画然と分かれているものではなく、両者は重なり合うように接続していると考えるべきであろう。つまり、各教科等や各学年の目標を示し、主な内容を選択・配列して、それらに適切な授業時数を配当することは、「教育課程の編成」の一部であるとともに、各教科等の年間指導計画の作成として「教育課程の実施」のはじまりでもある。

第1章　学校教育の質の向上と教育課程

　教育課程の基準である学習指導要領の総則においては、指導計画の作成はもとより、各教科等の指導、学級経営や生徒指導、家庭や地域社会との連携など多岐にわたって配慮事項が示されている。このことからもわかるように、教育課程は、その「編成」に加えて「実施」の概念までを視野に入れると、学校の教育活動のかなり広い範囲をカバーするものであると考えることができる。

　教育課程の「編成」と「実施」を「教育課程の編成・実施」として連続的かつ動的にとらえ、学校の諸条件を最大限に活用しながら、教育活動を計画（Plan）し、それを具体化して実施（Do）に移し、実施の状況や結果を評価（Check）して、その結果をもとに更に計画を改善して実施（Action）していく過程を循環的に進めること（PDCAサイクル）によって学校教育の質を高めることが求められている。

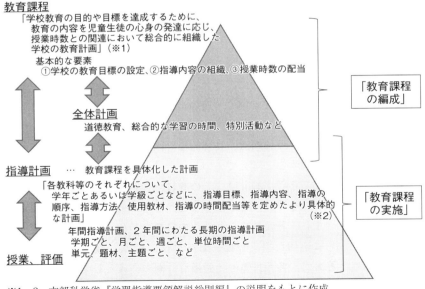

※1、2　文部科学省『学習指導要領解説総則編』の説明をもとに作成

第2節 教育課程と学習指導要領

> ≪考えてみよう！≫
> もし仮に、学校がない地域があったとして、学校に通った経験がない人から「学校ってどんなところ？」と問われたら、私たちはどのように説明するだろうか。私たちの頭の中には、自分たちの経験から、当たり前のように様々な条件が整えられた学校像がある。しかし、これは大変恵まれた状況にあるといえよう。もし学校を一からつくろうとした場合、どのような条件を整えればよいのだろうか。そして、条件整備と教育課程はどのような関係にあるのだろうか。
>
> 考える手がかり：以下のものと教育課程の関わりを考えてみよう
> ・人的条件：児童生徒、教職員など
> ・物的条件：校地、施設・設備、教材・教具など
> ・財政的条件：学校予算など
> ・組織・運営的条件：学級・学年、職務、校務分掌、様々な委員会や会議など

3 カリキュラムの意味

「教育課程」に近い用語に「カリキュラム」という用語がある。これは、英語の curriculum を日本語のカタカナで表記したものである。curriculum の語源には、競走路といった意味があるといわれている。ここから、「カリキュラム」は、学習の道筋を枠付けるよう教育内容を配列したものを指すようになった。

「カリキュラム」は、一般的には、「学校の教育目標を達成するために、児童・生徒の発達段階や学習能力に応じて、順序だてて編成した教育内容の計画」（『大辞林』）といった意味で用いられている。研究的には、「カリキュラム」は、「学校教育における児童生徒の経験の総体」といった広いとらえ方がされている[7]。

「教育課程」も「カリキュラム」も、もとは curriculum をもとにした用語

である。戦後、「教育課程」の用語が教育行政によって使われるようになり、学習指導要領を中心とした体制が整備されていく。その過程で次第にそこから「経験」といった意味が薄れていったと考えられる。なお、1951（昭和26）年改訂の『学習指導要領　一般編（試案）』では、文部省も「教育課程とは、学校の指導のもとに、実際に児童・生徒がもつところの教育的な諸経験、または、諸活動の全体を意味している」と示していることは興味深い。

　一方、教育行政の場で用語が規定されれば、研究の場では扱いにくくなる。そのような背景もあって、研究の場では、主に「カリキュラム」の用語が使われ、研究の進展に伴って多様な意味が付されるようになっていった。

　このような経緯から、「教育課程」と「カリキュラム」の用語は、重なる意味もあるが、使われ方が異なってきている面がある。

4　カリキュラムの三つのとらえ方

　「カリキュラム」を広くとらえたものとして、国際教育到達度評価学会（IEA）による国際数学・理科教育調査のための概念的モデルがあり、次のように整理されている。
① 「意図したカリキュラム」
　　国家又は教育制度の段階で決定された算数・数学や理科の内容
② 「実施したカリキュラム」
　　教師が解釈して児童生徒に与えられる算数・数学や理科の内容
③ 「達成したカリキュラム」
　　学校教育の成果、すなわち、児童生徒が学校教育の中で獲得した算数・数学や理科の概念、手法、態度など[8]

　この3つの概念を生かすと、国による教育課程の基準としての学習指導要領の設定（①）、学校による教育課程の編成・実施（②）、子どもたちが実際に身につけた資質や能力（③）の関係をわかりやすくとらえることができる。

　また、③を実現するための②であり①であるというとらえ方もできる。教育の計画だけが立派であっても、児童生徒に概念、手法、態度などが身につかなければ、そのような計画には意味がないからである。

5　潜在的カリキュラム

　学校教育の中で、表立って明確に育成を意図していないものを、結果として子どもたちが身に付けることがある。このような作用を「潜在的カリキュラム」という。潜在的カリキュラムには、よい結果をもたらす場合も悪い結果をもたらす場合も考えられる。

　「潜在的カリキュラム」には、「隠れたカリキュラム」と「隠されたカリキュラム」という二つのとらえ方がある。「隠れたカリキュラム」は、「そのカリキュラムによっては意図されていないが、その学習過程の中で社会的な作法や態度、人間関係などを身につけるもので、普通はそれが表だって目的とされていないのに、結果としてそのような教育機能を学校のカリキュラムが果たしている」とする立場をいう。一方、「隠されたカリキュラム」は、「学校当事者の意図の有無にかかわらず、政治的状況を背景とした表の目的と裏の目的とがあり、権力的に優位な者が、自分たちに有利なように恣意的に後者を容認し、巧妙に隠して、さまざまの差別をうみだしている」とする立場をいう[9]。

　教育の充実を考えるときには、意図的に行う教育課程の編成・実施の工夫とともに、隠れたカリキュラムについても視野に入れておきたい。例えば、子どもたちが教材や教師の発問などを通じて論理的な表現に繰り返し触れることで、自分自身の考える筋道を形成したり的確に表現する力を高めたりすることにつながることが予想される。教師の常に真理を追究しようとする真摯な態度で貫かれた授業は、子どもたちの学習への向き合い方によい影響を及ぼすと考えることができる。あるいは、すべての教師が温かいまなざしで人間に向かい合い、異質なものを含めて思いやりをもって受容する雰囲気は、いじめなど生徒指導上の問題の防止や改善によい影響を及ぼすと考えることができる。

6　教育課程とカリキュラムの用語の整理

　1で示した文部科学省による教育課程の定義は、1977（昭和52）年改訂の学習指導要領の指導書にすでに示されており、国や教育委員会の教育行政関係者、校長等をはじめとする学校関係者の間では定着しているといえる。し

たがって、教師を目指して教育課程について学ぶ場合、まずこの定義を理解しておくことが大切である。それを軸にしながら、教育課程やカリキュラムについての研究的な定義などを学び、自分の考えを広げたり実践に生かしたりしていくことが適切であろう。

　これまで用いられる場や用いられ方に異なるところがあった「教育課程」と「カリキュラム」の用語であるが、近年、両者の垣根を低くしようとする傾向が見られる。研究の場においては、「教育課程」を積極的に研究対象とする意味を込めて、できるかぎりこの語を用いようとする動きがある。一方、行政の場においても、2008（平成20）年の中央教育審議会の答申では、教育課程や指導方法等を不断に見直すことにより教育活動を充実させることを意図して、「カリキュラム・マネジメント」の用語が使われている。さらに、2017・2018（平成29・30）年の学習指導要領の改訂では、総則において各学校に「カリキュラム・マネジメント」に努めることが求められている。

　前述のように、「教育課程」については、その「編成」に加えて「実施」の概念までを視野に入れると、各種の指導計画の作成、授業の実施、学習の評価などまで、かなり広い範囲をカバーすることができる。このように、「教育課程」の用語を広く動的に用いて実践や研究を進めていくことが重要である。

　なお、「カリキュラム」について一般的な用い方をする場合、学校の「教育課程」や「指導計画」を「カリキュラム」と言い換えても、場面に即して適切な用い方かどうかは別として、意味は通じる。しかし、「教育課程」の用語は、教科等の全体に関わってこれまで用いられてきた経緯があるため、個別の教科等の教育内容の計画を指す場合に、例えば「国語科の教育課程」といったいい方は通常されていないことに留意する必要がある。この場合、「国語科の指導計画」や「国語科のカリキュラム」といったいい方が混乱を招かないであろう。

2．教育課程の基準の必要性
1　学習指導要領

　本章第1節で考えてきたように、学校教育は、その目的や目標が達成され

るよう、地域や学校の実態及び子どもたちの発達の段階や特性に応じて効果的に行われる必要がある。そのためには、各学校において創意工夫を生かした教育課程を編成し実施することが大切である。

　その一方、学校は、公の性質を有する（教育基本法第6条）ものであり、全国的に一定の教育水準を確保し、全国どこにおいても同水準の教育を受けることのできる機会を国民に保障することが要請される。学校教育の目的や目標を達成するためには、学校において編成・実施される教育課程について国として一定の基準を設けて、ある限度において国全体としての統一性を保つことが求められる。このため、国において、教育の目的や目標などを教育基本法や学校教育法といった法律で定めるとともに、学校教育法施行規則の規定に基づき教育課程の基準として学習指導要領が定められている。

　なお、学習指導要領を見ると、そこに示された教科等の目標、内容等は中核的な事項にとどめられ、大綱的なものとなっている。学校において特に必要がある場合には内容を加えて指導することができるし、教科等の特質に応じて目標や内容が複数学年まとめて示されている。授業の1単位時間は学校で定め、弾力的に運用することができる。総合的な学習の時間については、その目標や内容は各学校において定めることとされている。このように、学習指導要領の設定に当たっては、それぞれの学校や教師の創意工夫を生かし特色ある教育活動が展開できるように配慮されているといえる。

　各学校においては、学習指導要領に定められている趣旨を踏まえ、校長が責任者となり、その指導の下、副校長、教頭、主幹教諭、教務主任その他の主任等や組織が必要な仕事を分担したり連携したりしながら、それぞれの実態に即した適切な教育課程を編成する必要がある。

2　学習指導要領の「基準性」

　学習指導要領に示されているすべての児童生徒に指導するものとされている内容等を確実に指導した上で、児童生徒の実態を踏まえ、学習指導要領に示されていない内容を加えて指導することも可能であるという性格を学習指導要領の「基準性」という。この考え方は、2003（平成15）年の学習指導要領の一部改正で明確にされ、以降の改訂でも引き継がれている。

3　学習指導要領の法的拘束性

　学習指導要領は、学校教育法施行規則の規定に基づいて、教育課程の基準として文部科学大臣が告示として定めるものであり、学校は学習指導要領に基づいて教育課程を編成・実施しなければならないという点で法的な拘束力を有している。

　1976（昭和51）年5月の旭川の学力テスト事件の最高裁判決においては、学習指導要領は法的見地から教育における機会均等と全国的な一定の水準の維持という目的のために必要かつ合理的な基準として是認されている。また、1990（平成2）年1月の伝習館高校事件最高裁判決においても、この判決が踏襲され、学習指導要領が法規としての性質を有するとの判断が是認され、法的拘束力を有することが確認されている。

第3節　教育課程の関係法令

1．教育課程の関係法令の概観

　学校の教育課程は、公の性質を有するものであり、関係する法令に従って編成されなければならない。したがって、適切な教育課程を編成・実施するためには、関係法令を体系的に理解しておくことが重要である。教育課程に関する法令には、教育基本法、学校教育法、学校教育法施行令、学校教育法施行規則、学習指導要領、そして地方教育行政の組織及び運営に関する法律などがある。

　教育課程に関係する主な法令とそこに規定された内容を概観すると、次のようになる。

【日本国憲法】
教育を受ける権利、義務教育（第26条）
【教育基本法】
教育の目的（第1条）、教育の目標（第2条）、生涯学習の理念（第3条）、教育の機会均等（第4条）、義務教育（第5条）、学校教育（第6条）、私立学校（第8条）、教員（第9条）、家庭教育（第10条）、幼児期の教育（第11

条)、学校、家庭及び地域住民等の相互の連携協力（第13条）、政治教育（第14条）、宗教教育（第15条）、教育行政（第16条）、教育振興基本計画（第17条）など

【学校教育法】
義務教育の目標（第21条）、学校種別の目的・目標（幼稚園：第22条、第23条、小学校：第29条、第30条第1項ほか、中学校：第45条、第46条、高等学校：第50条、第51条、特別支援学校：第72条）、学力の要素（第30条第2項）、体験活動の充実（第31条）、教育課程に関する事項は文部科学大臣が定めること（幼稚園：第24条、小学校：第33条、中学校：第48条、高等学校：第52条、特別支援学校：第77条）など

【学校教育法施行令】
公立学校の学期及び休業日（第29条）など

【学校教育法施行規則】
教科等の種類（小学校：第50条、中学校：第72条、高等学校第83条と別表第3、特別支援学校：第126条、第127条、第128条と別表第3、別表第5）、幼稚園の教育週数（第37条）、標準授業時数等（小学校：第51条と別表第1、中学校：第73条と別表第2、）、高等学校の卒業単位数（第96条）、学校の教育課程についてはその基準として文部科学大臣が別に公示する学習指導要領等によること（幼稚園：第38条、小学校：第52条、中学校：第74条、高等学校：第84条、特別支援学校：第129条）、小学校における合科的な指導（第53条）、指導要録（第24条、第28条）、出席簿（第25条）など

【学習指導要領（幼稚園は教育要領）】（文部科学省告示）
前文、総則と各教科等で構成。総則には、小中高等学校の基本と教育課程の役割、教育課程の編成、教育課程の実施と学習評価、児童生徒の発達の支援、学校運営上の留意事項、道徳教育に関する配慮事項が、各教科等には、それぞれの目標、内容、指導計画の作成と内容の取扱いなどが規定。

【地方教育行政の組織及び運営に関する法律】
教育委員会の職務権限（学校の教育課程その他に関する事務の管理・執行）（第21条）、学校等の管理（教育課程その他学校の管理運営の基本的事項についての教育委員会規則の制定、教材の届け出・承認）（第33条）など

第1章　学校教育の質の向上と教育課程

2．教育課程の編成・実施の視点からの整理

　教育課程の関係法令について、ここでは、まず教育の基本に関するものを挙げた上で、教育課程編成の三つの要素を中心にして整理する。なお、法令の学習に当たっては、法令集などでそれぞれの規定を確かめておくことが大切である。

1　教育の基本に関する規定

　各学校において教育課程を編成・実施する前提として、教育の基本に関して定めた法令の規定を念頭に置いておく必要がある。日本国憲法第26条においては、教育を受ける権利と義務教育について、第1項で「すべて国民は、法律の定めるところにより、その能力に応じて、ひとしく教育を受ける権利を有する」、第2項で「すべて国民は、法律の定めるところにより、その保護する子女に普通教育を受けさせる義務を負ふ。義務教育は、これを無償とする」と定められている。

　また、教育基本法では、その前文で、民主的で文化的な国家の発展及び世界の平和と人類の福祉の向上への貢献という理想の実現のために、「個人の尊厳を重んじ、真理と正義を希求し、公共の精神を尊び、豊かな人間性と創造性を備えた人間の育成を期するとともに、伝統を継承し、新しい文化の創造を目指す教育を推進する」という崇高な決意が謳われている。また、同法第4条第1項では、「すべての国民は、ひとしく、その能力に応じた教育を受ける権利を与えられなければならず、人種、信条、性別、社会的身分、経済的地位又は門地によって、教育上差別されない」など教育の機会均等について、また、第6条第1項では、学校は「公の性質を有するもの」であること、同条第2項では、「学校においては、教育の目標が達成されるよう、教育を受ける者の心身の発達に応じて、体系的な教育が組織的に行われなければならないこと」や、その場合において、「教育を受ける者が、学校生活を営む上で必要な規律を重んずるとともに、自ら進んで学習に取り組む意欲を高めることを重視して行われなければならない」ことが規定されている。

　なお、各学校において適切な教育課程を編成・実施し教育の効果を高める上で、家庭や地域と連携協力を図ることが重要である。教育基本法第10条で

は、父母その他の保護者は子の教育について第一義的責任を有することを定め、生活のために必要な習慣を身につけさせるとともに、自立心を育成し、心身の調和のとれた発達を図るよう努めるものとされている。また、同法第13条では、学校、家庭及び地域住民その他の関係者は、教育におけるそれぞれの役割と責任を自覚するとともに、相互の連携及び協力に努めるものとされている。これらの規定は、学校が家庭や地域住民その他の関係者に働きかけ、共によりよい教育を考えていく上での足掛かりとなると考えられる。

2 教育目標に関する規定

教育課程に関する法令には、各学校において教育の目標を設定するに当たって踏まえるべき規定が多く含まれている。それらに関する規定を整理する際には、基本的に、教育の目的と目標が対になって示されていることに留意することが必要である。

まず、学校教育を含めた教育全体の目的と目標は教育基本法の第1条と第2条で、義務教育の目的と目標は教育基本法の第5条第2項と学校教育法の第21条でそれぞれ定められている。

◆教育基本法◆

（教育の目的）

第1条　教育は、人格の完成を目指し、平和で民主的な国家及び社会の形成者として必要な資質を備えた心身ともに健康な国民の育成を期して行われなければならない。

（教育の目標）

第2条　教育は、その目的を実現するため、学問の自由を尊重しつつ、次に掲げる目標を達成するよう行われるものとする。

　一　幅広い知識と教養を身に付け、真理を求める態度を養い、豊かな情操と道徳心を培うとともに、健やかな身体を養うこと。

　二　個人の価値を尊重して、その能力を伸ばし、創造性を培い、自主及び自律の精神を養うとともに、職業及び生活との関連を重視し、勤労を重んずる態度を養うこと。

三　正義と責任、男女の平等、自他の敬愛と協力を重んずるとともに、公共の精神に基づき、主体的に社会の形成に参画し、その発展に寄与する態度を養うこと。
四　生命を尊び、自然を大切にし、環境の保全に寄与する態度を養うこと。
五　伝統と文化を尊重し、それらをはぐくんできた我が国と郷土を愛するとともに、他国を尊重し、国際社会の平和と発展に寄与する態度を養うこと。

（義務教育）
第5条
2　義務教育として行われる普通教育は、各個人の有する能力を伸ばしつつ社会において自立的に生きる基礎を培い、また、国家及び社会の形成者として必要とされる基本的な資質を養うことを目的として行われるものとする。

◆学校教育法◆
義務教育の目標
第21条　義務教育として行われる普通教育は、教育基本法第5条第2項に規定する目的を実現するため、次に掲げる目標を達成するよう行われるものとする。
一　学校内外における社会的活動を促進し、自主、自律及び協同の精神、規範意識、公正な判断力並びに公共の精神に基づき主体的に社会の形成に参画し、その発展に寄与する態度を養うこと。
二　学校内外における自然体験活動を促進し、生命及び自然を尊重する精神並びに環境の保全に寄与する態度を養うこと。
三　我が国と郷土の現状と歴史について、正しい理解に導き、伝統と文化を尊重し、それらをはぐくんできた我が国と郷土を愛する態度を養うとともに、進んで外国の文化の理解を通じて、他国を尊重し、国際社会の平和と発展に寄与する態度を養うこと。
四　家族と家庭の役割、生活に必要な衣、食、住、情報、産業その他

> の事項について基礎的な理解と技能を養うこと。
> 五　読書に親しませ、生活に必要な国語を正しく理解し、使用する基礎的な能力を養うこと。
> 六　生活に必要な数量的な関係を正しく理解し、処理する基礎的な能力を養うこと。
> 七　生活にかかわる自然現象について、観察及び実験を通じて、科学的に理解し、処理する基礎的な能力を養うこと。
> 八　健康、安全で幸福な生活のために必要な習慣を養うとともに、運動を通じて体力を養い、心身の調和的発達を図ること。
> 九　生活を明るく豊かにする音楽、美術、文芸その他の芸術について基礎的な理解と技能を養うこと。
> 十　職業についての基礎的な知識と技能、勤労を重んずる態度及び個性に応じて将来の進路を選択する能力を養うこと。

　さらに、各学校段階の目的とその教育の目標は、例えば小学校については学校教育法の第29条と第30条第1項で、中学校については同法の第45条と第46条で、高等学校については同法の第50条と第51条でそれぞれ定められている。

　学習指導要領では、総則において、法令や学習指導要領に掲げる「目標を達成するよう教育を行う」ことを求め、「生きる力を育む」ことを明確にして、確かな学力（学力の三つの要素）の育成、豊かな心や創造性の涵養、健康で安全な生活と豊かなスポーツライフの実現を目指した教育の充実に努めることが示されている。学力の三つの要素（①基礎的・基本的な知識及び技能、②これらを活用して課題を解決するために必要な思考力、判断力、表現力その他の能力、③主体的に学習に取り組む態度）については、学校教育法第30条第2項に規定された上に、重ねて学習指導要領の総則にも示された趣旨を重視し、それらの育成に特に留意する必要がある。同時に、「生きる力」の育成を目指すに当たり、資質・能力の面に着目して、①知識及び技能が習得されるようにすること、②思考力、判断力、表現力等を育成すること、③学びに向かう力、人間性等を涵養することを偏りなく実現することが求めら

れている。こうした大きな方向性を踏まえ、学習指導要領の第2章以下では、教科等ごと、学年・分野ごとに目標が掲げられている。

3 教育内容に関する規定

教育課程の編成の基本的な要素の二つ目、教育の内容については、どのように定められているだろうか。

まず、学校教育法施行規則では、教育内容に関わって、教育課程を編成する教科等の種類が定められている。例えば、小学校の教育課程については、第50条で「国語、社会、算数、理科、生活、音楽、図画工作、家庭、体育及び外国語の各教科、特別の教科である道徳、外国語活動、総合的な学習の時間並びに特別活動」によって、また中学校の教育課程については、第72条で「国語、社会、数学、理科、音楽、美術、保健体育、技術・家庭及び外国語の各教科、特別の教科である道徳、総合的な学習の時間並びに特別活動」によってそれぞれ編成するものとされている。なお、私立学校については、それらに宗教を加えることができ、また宗教をもって道徳に代えることができる特例が定められている。

さらに、各教科等の内容やその取扱いについては、学習指導要領に定められている。なお、学年の目標や内容については、小・中学校では2学年まとめて示されているものもかなりある。特に小学校では、学年ごとに目標と内容が示されている教科は、社会、算数と理科だけである。

学習指導要領の総則においては、各教科等の内容は、特に示されたものを除き、いずれの学校でも取り扱わなければならないが、指導の順序は学校で適切に工夫を加えること、学校において特に必要がある場合には内容を加えて指導できること、学年の目標や内容を2学年まとめて示した教科等の内容は2学年を見通して計画的に指導することなどの規定が示されている。

4 授業時数に関する規定

教育課程の編成の基本的な要素の三つ目、授業時数については、どのように定められているであろうか。これに関わる事項としては、授業時数をはじめ、授業週数、授業日数、授業の1単位時間、学年、学期や休業日、授業の

第3節　教育課程の関係法令

終始時刻や日課表が挙げられる。これらについて整理してみると、次のようになる。

【授業時数】

　授業時数については、学校教育法施行規則（例えば小学校は第51条及び別表第一、中学校は第73条及び別表第二）で、各学年における各教科等の年間標準授業時数と年間総授業時数が規定されている。そこで示されている標準授業時数の１単位時間は、小学校は45分、中学校は50分とするとされている。ここでいう１単位時間は、年間の標準授業時数を積算するためのものであり、各学校で定め運用する各教科等の授業の１単位時間（時間割上の１コマ）とは異なる。

　なお、特別活動については、学級活動以外の活動や学校行事の標準授業時数はそこでは規定されておらず、学習指導要領総則で児童会活動・生徒会活動、クラブ活動（小学校のみ）、学校行事については、各学校においてそれらの内容に応じ、年間、学期ごと、月ごとなどに適切な授業時数を充てるものとすると規定されている。

　授業時数が「標準」として示されているのは、各学校において指導に必要な時間を実質的に確保する上で児童生徒の負担が過重にならない限度でこれを上回ることが可能であることや、災害や流行性疾患による学級閉鎖等の不測の事態によってこれを下回った場合にそのことをもってのみ規定に反するものとはしないといった趣旨を制度上明確にしているものである。

　文部科学省では、標準授業時数は学習指導要領で示している各教科等の内容を指導するために要する時数を基礎とし学校運営の実態などの条件を考慮して定めたものであって、各学校において年度当初の計画段階からこれを下回ることは適当ではないとの指導が行われている。

　また、高等学校は単位制であり、卒業に必要な単位数については、学校教育法施行規則第96条で74単位以上と定められている。高等学校学習指導要領総則では、各教科・科目及び総合的な学習の時間の標準単位数などについて規定されている。

【授業週数】

　授業週数については、学習指導要領総則で、各教科等の授業は、年間35週

(小学校第1学年は34週）以上にわたって行うよう計画し、週当たりの授業時数が児童生徒の負担が過重にならないようにすることが規定されている。ただし、各教科等や学習活動の特質に応じ効果的な場合には、休業日の期間に授業日を設定することを含め、授業を特定の期間に行うことができるとされている。なお、教科担任制をとっている中学校と高等学校の学級活動・ホームルーム活動は毎週実施する必要がある。

【授業日数】
授業日数については、国の規定はない。年間の日数365日から学校の休業日を除いた日が授業日と考えられている。

【授業の1単位時間】
学習指導要領総則で、各教科等の授業の1単位時間は、各学校において各教科等の年間授業時数を確保しつつ、児童生徒の発達段階及び各教科等や学習活動の特質を考慮して適切に定めることが規定されている。なお、各教科等の特質に応じ、10分から15分程度の短い時間を単位として特定の教科等の指導を行う場合において、その教科等の担当教師が単元や題材などの内容や時間のまとまりを見通した上で指導内容の決定や指導の成果の把握と活用等を責任をもって行う体制が整備されているときは、その時間を当該教科等の年間授業時数に含めることができるとされている。

【学年】
学校教育法施行規則（第59条ほか）で、学年は、4月1日に始まり、翌年3月31日に終わることが規定されている。

【学期や休業日】
〔公立学校〕学校教育法施行令（第29条）で、学期、夏季、冬季、学年末、農繁期等における休業日又は家庭及び地域における体験的な学習活動その他の学習のための休業日は教育委員会が定めることが規定されている。学校教育法施行規則（第61条ほか）で、祝日、日曜日及び土曜日、前記の教育委員会が定める日を休業日とすることが規定されている。これらの規定を受け、各教育委員会が学校管理規則で学期や休業日を規定している。
〔私立学校〕学校教育法施行規則（第62条ほか）で、学校の学則で定めることが規定されている。

【授業の終始時刻や日課表】
　学校教育法施行規則（第60条ほか）で、授業終始の時刻は、校長が定めることが規定されている。また、学習指導要領総則で、給食、休憩などの時間については、学校において工夫を加え、適切に定めるものとすることが規定されている。

3．教育課程の基準の主な特例
1　障害のある児童生徒への配慮
　特別支援学級においては、児童生徒の障害の種類や程度等によっては、障害のない児童生徒の教育課程をそのまま適用することが適当でない場合がある。このため、学校教育法施行規則第138条で、小学校や中学校における特別支援学級の教育課程について、特に必要がある場合は、特別の教育課程によることができることが定められている。
　また、通級による指導を行う場合も、学校教育法施行規則第140条により、特別の教育課程によることができるとされている。

2　私立学校
　私立学校については、上述のように学校教育法施行規則の規定により、教育課程上、各教科等に宗教を加えることができ、また宗教をもって道徳に代えることができるという特例が定められている。授業時数についても、学校教育法施行規則別表一の備考第3項により、道徳の時間と宗教の時間の両方を設けている私立学校では、宗教の授業時数をもって道徳の授業時数の一部に代えることができるとされている。教育基本法第15条第2項の規定においては、国立及び公立の学校は特定の宗教のための宗教教育その他宗教的活動をしてはならないとされているが、私立学校には宗教の自由が留保されている。私立学校で建学の精神を踏まえて行われる宗教教育は、その本質からして、それを通して道徳性の涵養も行われると考えることができ、私立学校の特色を生かし自主性を尊重する趣旨から教育課程上の特例が設けられている。

第1章　学校教育の質の向上と教育課程

3　研究開発学校制度

学校が教育課程をよりよいものに改善していくには、その基準である学習指導要領によらない教育課程を開発、実施、評価する実践研究を行うことによって新たな基準を策定するための基礎資料を得ることが必要になる。このため、1976（昭和51）年度から研究開発学校制度が設けられている。学校教育法施行規則第55条等の規定により、教育課程の改善に資する研究を行うため特に必要があり、かつ、児童生徒の教育上適切な配慮がなされていると文部科学大臣が認める場合においては、文部科学大臣が別に定めるところにより学校教育法施行規則に定める教科等の種類や標準授業時数、学習指導要領によらないことができるとされている。

4　教育課程特例校制度

「教育課程特例校制度」は、2003（平成15）年度から開始された「構造改革特別区域研究開発学校設置事業」（内閣総理大臣の認定により、新たな教科の創設など学習指導要領によらない教育課程の編成・実施が可能となる仕組み）と同様の特例措置を文部科学大臣の指定により実施することを可能にするため、2008（平成20）年に設けられたものである。学校教育法施行規則第55条の2等の規定により、学校又は地域の実態に照らし、より効果的な教育を実施するため、学校又は地域の特色を生かした特別の教育課程を編成して教育を実施する必要があり、かつ、特別の教育課程について、教育基本法及び学校教育法に定める目標に照らして適切であり、児童生徒の教育上適切な配慮がなされているものとして文部科学大臣が定める基準を満たしていると認める場合においては、文部科学大臣が別に定めるところにより、学校教育法施行規則に定める教科等の種類や標準授業時数、学習指導要領によらないことができるとされている。

5　不登校生徒等を対象とした教育課程の特例

2003（平成15）年度から構造改革特別区域制度の一つとして、内閣総理大臣の認定により、不登校生徒の実態に配慮した特別の教育課程を編成する必要があると認められる場合に特別の教育課程を認めた「不登校児童生徒等を

対象とした学校設置に係る教育課程弾力化事業」を、文部科学大臣の指定により実施することを可能とするために、2005（平成17）年に特例が設けられた。

学校教育法施行規則第56条等の規定において、学校生活への適応が困難であるため、相当の期間欠席していると認められる児童生徒等を対象として、その実態に配慮した特別の教育課程を編成して教育を実施する必要があると文部科学大臣が認める場合においては、文部科学大臣が別に定めるところにより、学校教育法施行規則に定める教科等の種類や標準授業時数、学習指導要領によらないことができるとされている。

このほか、日本語の習得に困難がある児童生徒については、2014（平成26）年に学校教育法施行規則が改正され、日本語の能力に応じた特別の指導を行うための特別の教育課程を編成し実施することが可能となっている（第56条の2）。

また、2017（平成29）年に学校教育法施行規則が改正され、夜間中学において学齢経過者に対して指導を行う際に、その実情に応じた特別の教育課程を編成することができるようになっている（第56条の4）。

4．公立学校の教育課程と教育委員会との関係

公立学校の教育課程については、教育委員会の指示や指導助言、教育委員会が定める規則等に基づくことが必要である。これらのことについて、法律上の根拠は、地方教育行政の組織及び運営に関する法律にある。

同法第21条第5号では、教育委員会は、学校の教育課程や学習指導などに関する事務を管理、執行することが定められている。また、同法第33条では、教育委員会は、法令又は条例に違反しない限度において、その所管に属する学校の教育課程などについて必要な教育委員会規則を定めるものとするとされている。

【引用・参考文献】
1）国立教育政策研究所『教育課程の編成に関する基礎的研究報告書5　社会の変化に対応する資質や能力を育成する教育課程編成の基本原理』2013（平成25）年、46頁

第1章　学校教育の質の向上と教育課程

2）前掲1）、47—49頁
3）今野喜清「教育課程」『新版現代学校教育大辞典2』ぎょうせい、2002（平成14）年、170頁
4）文部科学省『小学校学習指導要領解説総則編』東洋館出版社、2018（平成30）年、11—12頁
5）天笠茂『カリキュラムを基盤とする学校経営』ぎょうせい、2013（平成25）年、37頁
6）安彦忠彦『改訂版教育課程編成論—学校は何を学ぶところか—』放送大学教育振興会、2006（平成18）年、28—34頁
7）日本カリキュラム学会編集『現代カリキュラム事典』ぎょうせい、2001（平成13）年、2頁
8）国立教育研究所『国立教育研究所紀要第126集、小・中学生の算数・数学、理科の成績—第3回国際数学・理科教育調査国内中間報告書—』東洋館出版社、1996（平成8）年、8—10頁
9）前掲6）、92—93頁

> **コラム**　学習指導要領の改訂の手順
>
> 　学習指導要領の適用期間や改訂の時期については、特に法令上の規定はなく、これまでおよそ10年ごとに改訂が行われてきた。学習指導要領の改訂について、一定の手続きが法令で決まっているわけではないが、中央教育審議会での審議が行われ、その答申を受けて文部科学省で改訂作業が行われることが通例である。
>
> 　中央教育審議会には、教育課程部会が常設されており、ここが学習指導要領改訂についての中心的な審議の場になる。2016（平成28）年12月の答申に至る検討に際しては、教育課程部会のもとに更に23の部会やワーキンググループなどが置かれた。
>
> 　中央教育審議会での審議には、学識経験者、学校や教育委員会の関係者、PTA関係者をはじめ各界から選ばれた多くの委員が関わる。2016（平成28）年の答申に関しては、教育課程部会全体で、のべ400人を超える委員により219回の会議が開催され、約443時間が審議に費やされた。
>
> 　教育課程の改善の審議には、国内外における諸調査などをもとにしたそれまでの学習指導要領の実施状況、研究開発学校等における新しい教育課程の研究の状況、諸外国における教育課程改善の動向などが資料として提供される。
>
> 　答申を受けた文部科学省では、学習指導要領作成のための協力者会議（研究者、指導的立場の教員等で組織）を設けて学習指導要領の改善の

ための具体的作業が行われる。文部科学省内で学習指導要領の案ができると、外部からの意見聴取（パブリックコメント）を経て、大臣による最終的な決裁を受け、告示という形式で公示される。

　その後、学習指導要領の実施に向けての周知徹底や移行措置が行われる。また、教科書会社において教科書の編集が進められ、文部科学大臣（文部科学省）が検定を行い、教育委員会によって採択が行われる。このような過程を経るため、学習指導要領の告示から実施までには3年程度の時間が必要になる。

〔参考〕学習指導要領ができるまで

文部科学省	中央教育審議会
○教育課程の実施状況の調査 ○国内外の調査等の収集・整理 ○中央教育審議会での審議・答申 ○協力者会議（研究者、指導的立場の教員等で組織）で学習指導要領の改善のための具体的作業 ○省内調整、法令審査 ○意見聴取（パブリックコメント） ○大臣決裁・告示 ○実施に向けての周知徹底 ○移行措置の実施 ○教科書の検定 ○全面実施（幼・小・中） 　・学年進行実施（高）	○教育課程部会常設 ○教育課程の基準の改善についての審議 　・中央教育審議会 　・初等中等教育分科会 　・教育課程部会 　・教育課程企画特別部会 　・学校種別ごとの部会（5） 　・教科等ごとの部会・ワーキンググループなど（17） ※教育課程部会全体で 　　400人を超える委員 　　200回を超える会議 ○論点整理 ○審議のまとめ ○意見聴取（パブリックコメント） ○答申

第2章

教育課程と学習指導要領の変遷

第1節　近代の教育課程（戦前まで）

1．近代学校創設と教育課程
1　「学制」による近代学校創設
（1）近代学校の創設と教育課程の模索

　明治維新により新しい国家が誕生し、政府主導のもとで教育の近代化が行われた。この近代という言葉には主として二つの意味がある。一つは国家レベルの統一した制度ということである。もう一つは国民全員を対象としたということである。こうした意味を持つ近代化のもとで、近代学校が創設されることになった。そのもとで教育課程の模索も行われた。

　教育課程は、学校教育における人間形成の具体的なプログラムであり、その改革には、教育の理念、制度、行政などの改革が集約的にあらわれる。戦前までの教育課程は、主として国や文部省によってつくられた制度面を指し示すことになるのである。

（2）「学制」の制定

　1872（明治5）年に、政府は教育に関する基本方針を示した「学事奨励ニ関スル被仰出書」とともに「学制」を全国に頒布した。「学制」は、欧米の近代的学校制度を範とした全国的な教育制度を創設するための画期的な試みであり、日本の近代公教育における教育課程確立に向けての最初の本格的な取り組みでもあった。この制度のもとで、小学・中学・大学という三段階を基本とする単線系の学校体系が整備され、特に力が入れられたのは小学校であった。小学校は下等小学4カ年（6～9歳）と上等小学4カ年（10～13歳）に分かれ、計8カ年の課程となった。また明確な義務教育規定こそれな

かったが、8カ年の義務教育を想定していたのである。
（3）「小学教則」
「学制」が制定された同じ年に、「小学教則」も明示された。これは、「学制」に定めた教科を実施する細則であり、日本で最初の教育課程でもある。教科の構成は以下の通りである。

1872（明治5）年「小学教則」における教育課程[1]

下等小学4カ年の課程
綴字、習字、単語読方、洋方算術、修身口授、単語諳誦、会話読方、単語書取、読本読方、会話諳誦、地理読方、養生口授、会話書取、読本輪講、文法（欠）、地理学輪講、究理学輪講、書読、各科温習
上等小学4カ年の課程
習字、洋方算術、読本輪講、文法（欠）、地理学輪講、究理学輪講、書読、細字習字、書読作文、史学輪講、細字速写、罫画、幾何、博物、化学、生理

この「小学教則」においては、自然科学が重視されていた。算術も含めると総時間数の4割以上を占めており、しかも欧米の近代科学や西洋の数学を基本とする内容である。それまで一般に普及していたソロバンの学習は原則として認められず、読本の教科書も外国のものの直訳であるなど、日常生活とはあまり関わりのない輸入科学を学習する教育課程となったのである。もともと「小学教則」は、欧米における公立小学校の教育課程を模倣してつくられた。それは、読・書・算を中心に近世庶民教育の伝統を継承する形で構想されていた「学制」以前の各地の小学校の教科とは異質の構造を持つものであり、近代以前の寺子屋や私塾・家塾と大差のない当時の小学校の実情には合わないものであった。その意味で、当時の民衆の意識や経済力に対応していない、一種の理想案・空文でもあったのである。

また、「学制」のもとでこの「小学教則」が成立することにより、全国民が同一内容の初等教育を受けることにもなった。身分や性別による教育内容の差も原則としてなくなり、女子の裁縫のみが必要に応じて取り入れられることとなった。各府県は、この「小学教則」に近づけようとしたために、土地の実情に合わせた教育課程の編成もなされず、画一化の傾向が強まることにもなったのである。

2　国家の干渉が強まる政策と教育課程
（1）儒教主義・徳育重視の教育政策
　当時の日本の実情に合わなかった「学制」は廃止となり、代わって1879（明治12）年に、「教育令」が公布された。この時は、「学制」の欧化主義・知識主義の傾向は大きく変わることがなかった。しかし、同年、明治天皇による「教学大旨」と「小学条目二件」が示されたことをきっかけに、教育政策が大きく変わっていった。この間、いわゆる「教育議論争」なども巻き起こったが、自由民権運動などが盛んに起こり社会情勢が不安定になる中、学校教育においては、これまでの啓蒙思想や翻訳的な内容などは後退し、修身における儒教道徳が重要視されたのである。

（2）「教育令」改正（改正教育令）と教育課程
　この教育政策の転換を受けて、1880（明治13）年に、「教育令」が改正された。文部卿河野敏鎌のもとで国家による干渉の必要が力説され、修身が教科の筆頭に位置づけられることになった。これは、「教学大旨」の意向を取り入れなかった前年の「教育令」と大きく変わった点である。

　この「教育令」改正を受けて、小学校の教育課程として、1881（明治14）年に、「小学校教則綱領」が公布された。また中学校の教育課程として、同年に、「中学校教則大綱」が公布された。

（3）「小学校教則綱領」
　この「小学校教則綱領」においては、小学校を初等科（3カ年）・中等科（3カ年）・高等科（2カ年）とし、以下のような教科の構成とした。

1881(明治14)年「小学校教則綱領」における教育課程[2]

初等科3カ年の課程
修身、読書、習字、算術、唱歌、体操
中等科3カ年の課程
修身、読書、習字、算術、唱歌、体操、地理、歴史、図画、博物、物理、裁縫（女子）
高等科2カ年の課程
修身、読書、習字、算術、地理、図画、博物、唱歌、体操、裁縫（女子）、化学、生理、幾何、経済

　授業時間については1日3時以上6時以下で5時を標準とし、授業日数は年間32週以上とした。また学期（修業年限）のことにもふれ、初めて夏休みに関する記載も行った。教科については、「教育令」の改正を受けて、修身が教科の筆頭に位置づけられた。修身の授業時間数は大幅に増えることとなった。すなわち、初等科と中等科では毎週6時間、高等科では3時間となっている。これは「学制」の時は下等小学の一部において週1〜2時間しか行われなかったことと比較すると、大幅な増加である。また歴史については、朱子学的史観に基づく「日本歴史」のみに限定した。修身、歴史による徳育の強化を図ることになったのである。

　そして、裁縫や農業、工業、商業などの教科を導入したり実験観察の重視も図ったりし、実用的な内容も盛り込まれていた。なお、唱歌については、教授法などが整うのを待って設けることとし、また、土地の状況などによって教科の増減も認めている。ただし、修身、読書、習字、算術は欠くことができないとした。

　「学制」の時のように標準教科書によって教育内容の目安を示すということをやめ、「小学校教則綱領」においては、初等、中等、高等に分けて、それぞれについての教育内容などを具体的に明示することになった。これによ

り、以後は「綱領」に準拠して教科書が編纂されるようになったのである。

3 学校令と教育課程
(1) 学校令の公布
　1886（明治19）年に、「帝国大学令」、「中学校令」、「小学校令」、「師範学校令」、「諸学校通則」など一連の学校令を公布した。先の「学制」や「教育令」では、小学校から大学まで含まれており単線系の学校体系であったが、ここでは各学校別の勅令が公布され、複線系の学校体系となったのである。
　この背景には、時の文部大臣である森有礼の国家主義教育政策があった。すなわち、教育は人のためではなく国家のために行うという考え方から、エリート層を養成するための帝国大学・高等中学校と、それを下で支える一般国民＝臣民教育としての尋常中学校以下と区別して、学校体系を整えたのである。特に後者の立場から、小学校の教育に力を入れたのである。
　中でも、「小学校令」に注目すると、尋常小学校4カ年、高等小学校2～4カ年の課程となっており、尋常小学校4カ年の課程を義務教育とした。すなわち、我が国最初の義務教育規定（原則4年）が設けられたということである。さらにもう一点注目すべき制度としては、検定教科書の制度が設けられたということである。
　この学校令の公布を受けて、初等教育段階の種別の教育課程として、同年に、「小学校ノ学科及其程度」が公布された。また、中等教育段階の教育課程としては、同年に、「尋常中学校ノ学科及其程度」や「高等中学校ノ学科及其程度」が公布された。
(2)「小学校ノ学科及其程度」
　学校令が公布された同年、すなわち1886（明治19）年に、「小学校ノ学科及其程度」が公布された。教科の構成は以下の通りである。

第1節　近代の教育課程（戦前まで）

1886（明治19）年「小学校ノ学科及其程度」における教育課程[3]

尋常小学校4カ年の教育課程
修身、読書、作文、習字、算術、体操
高等小学校2〜4カ年の教育課程
修身、読書、作文、習字、算術、地理、歴史、理科、図画、唱歌、体操、裁縫（女子）

　この他に、土地の状況によって、尋常小学校では図画、唱歌の1〜2科目を、高等小学校では英語、農業、手工、商業の中から1〜2科目を加えること、および唱歌を欠くことができるとした。
　これまでの「小学校教則綱領」と比較すると、修身の週当たりの授業時間が6時間から4分の1ほどに減らされ、一方で唱歌や体操の時間数を増やした。それから、博物、化学、物理、生理などを統合して理科とした。そして新しく手工を設けたり、体操に兵式体操を採用した。

　4　「教育ニ関スル勅語」（教育勅語）の発布
（1）教育目的となった教育勅語
　教育課程にとって重要なことは、教育目的である。1887（明治20）年頃、教育目的のあり方として、欧米の近代的な知識や技術を身につけることか、あるいは儒教主義的な道徳教育にあるのか、それとも特定の宗教なのか、様々な論争が巻き起こり、いわゆる「徳育論争」が起こった。その中で、1890（明治23）年に、教育勅語が発布された。これは、大臣副書を伴わない勅語という形で直接的に国民に示されたものであり、絶対不可侵の基準性を持ったのである。内容としては、歴代の天皇を中心とした我が国の歴史観をふまえ、家族国家観のもとに儒教道徳の重要性を打ち出しており、目指すべき人間像を明らかにしたものである。
　これ以後、教育勅語は神格化され、日本の教育の目的として位置づけられ

た。そしてそれは、第二次世界大戦終了まで教育の基本理念としての役割を果たすのである。

(2)「小学校令」改正

教育勅語の趣旨に沿うかたちで、1890（明治23）年に、これまでの「小学校令」が改正された。この改正において、初めて小学校の教育目的が道徳教育にあると規定されたのである。

(3)「小学校教則大綱」

1891（明治24）年に、前年の「小学校令」改正のもとで、教育課程として「小学校教則大綱」が定められ、「小学校教授細目」も用意された。この大綱は文部大臣が定めたものとして位置づけられ、それに基づいて各府県では教則を作成し、文部大臣の許可を受けることになった。そこに示された教科の構成は以下の通りである。

1891（明治24）年「小学校教則大綱」における教育課程[4]

尋常小学校（3～4カ年課程）の教科
修身、読書、作文、習字、算術 体操、日本地理、日本歴史、図画、唱歌、手工、裁縫（女子）
高等小学校（2～4カ年課程）の教科
修身、読書、作文、習字、算術、日本地理・日本歴史・理科・図画・体操・裁縫（女子） 外国地理、唱歌、幾何初歩、外国語、農業、商業、手工

尋常小学校のほうは、修身・読書・作文・習字・算術の5科目を必須として、体操などの随意科目で構成されている。また高等小学校のほうは、先の5科目と日本地理・日本歴史・理科・図画・体操・裁縫（女子のみ）の5ないし6科目を必須として、唱歌などの随意科目で構成されている。いずれの課程も、教育勅語の趣旨に基づいて「徳性ノ涵養」を何よりも重視し、徳

育・愛国心教育が強く打ち出されている。そうしたこともあって、やはり修身が筆頭に配置されているのである。こうした明確な教育目的のもとで、教育内容や時間配分なども考慮された。

2．教育課程の国定化と年限延長
1　教育課程の国定化について
　20世紀に入り世界的に資本主義が発展する中、日本も本格的にそこへ参入することが求められ、新しい時代に対応する人材の養成が急務となり、効率的な教育を展開することが課題となった。そのような背景のもと、教育政策についても、政府主導で国が積極的に関わっていくべきだという方向が示されたのである。

　この時期において、初等教育の教育課程として、1900（明治33）年の「小学校令」改正のもと、同年に、「小学校令施行規則」が公布され、「小学校教授細目」も用意された。また、中等教育の教育課程として、1899（明治32）年「中学校令」の改正をふまえて、1901（明治34）年に、「中学校令施行規則」が公布され、「中学校教授要目」も用意された。

2　「小学校令施行規則」
　これまでの「大綱」や「綱領」においては、文部省が毎週の「教授時間ノ制限」や各教科の「時間配当一例」を示す程度で、具体的な教則は各府県が作成して文部大臣の許可を受けることになっていた。しかし、1900（明治33）年の「小学校令」改正においては、文部省が内容、授業時間数など細かなことまで定めた教則を公布することになった。その改正のもとで示された「施行規則」であり、教則その他（設備準則、教員検定、授業料、学務委員など）について詳細な規定がなされることになったのである。これによって、教育課程の国定化は一層進むことになる。

　また、この「小学校令施行規則」のもとで、いっそうの教育内容の整備などが行われた。例えば、これまでの読書、作文、習字を新しく「国語」とし、仮名の字体や仮名遣いを簡単にしたり、漢字制限を行ったりした。この背景には、欧米諸国の26文字に対して、日本は多数の漢字やひらがな、カタカナ

を習得する必要があり、膨大な時間を要することが問題視されたこともあった。その他、週の授業時間数を軽減するなどの改正も行っている。

3　教科書国定制

　1903（明治36）年に、小学校において教科書国定制が成立した。また、中等学校以上においては、1943（昭和18）年に、「中等学校令」が成立してからの制度となった。この制度は、文部省が編集・著作した教科書（国定教科書）の使用が各学校に義務づけられる制度であり、教育内容の国家統制の促進を意味することにもなった。そのため、教育課程の国定化が確立することにもなったのである。

4　義務教育6年

　1907（明治40）年に、「小学校令」の一部改正が行われた。この改正によって、尋常小学校の修業年限は6カ年となった。すなわち、これまでの4カ年の尋常小学校と2カ年の高等小学校をあわせて6カ年の尋常小学校の課程とし、この6カ年を義務教育とした。その上で、2カ年ないし3カ年の高等小学校の課程としたのである。この義務教育の延長制は、当時の学歴社会の情勢などを反映して行われた制度でもあった。その時の教科の構成は以下の通りである。

1907（明治40）年「小学校令」一部改正における教育課程[5]

尋常小学校4カ年課程
修身、国語、算術、日本歴史、地理、理科、図画、唱歌、体操、裁縫（女子）、手工
高等小学校2カ年課程
修身、国語、算術、日本歴史、地理、理科、図画、唱歌、体操、裁縫（女子）、手工、農業、商業、英語

第1節　近代の教育課程（戦前まで）

教科の筆頭には修身が設置されており、教育勅語の趣旨に基づく儒教道徳の学習を重視していたことは変わらない。一方、手工については、その土地の状況によって加えることができる教科とした。ただし、将来は必須の科目にする計画があるゆえ、今のうちに努めて設置することを奨励した。これまで高等小学校で行っていた教科を尋常小学校の教育課程に前倒しして組み込んだことになり、教育課程の重点の置きどころが変わってきたことも読み取れるのである。

この6カ年の教育課程は、以後長く小学校における教科編成の基準となり、その意味で一つの時期を画したということができる。尋常小学校6カ年が義務教育となり、その新制度の下で高等小学校2カ年の教育課程となった。この高等小学校の課程は単なる尋常小学校の延長というよりは、国民生活の実際に応ずるように、手工を始め、農業、商業、さらには英語といった実業系の教科に重きを置こうとしていたのである。

5　臨時教育会議

1917（大正6）年に、内閣の直属機関において、臨時教育会議が設置された。そこでは、二つの側面の答申がなされた。まず一つは、国民教育や道徳教育に力を入れるということであった。この背景には同年起こったソビエトにおける社会主義革命の影響があり、そうした観点から、軍事に関する教育・訓練を行う教練や修身などに重きを置くことが答申された。特に教練については、これまで尋常小学校5学年から課されていた「兵式体操」をさらに強化する形で、尋常小学校1学年から教練として設定し直したのである。

もう一つは、個性や経済性、あるいは国際化を意識した、新しい時代に対応する教育も取り入れるということであった。この観点から、高等小学校の選択科目を大幅に増やすことも盛り込まれた。例えば、日本歴史と地理の授業時間が大幅に増加する一方で、女子のために裁縫の他に家事の科目が用意されたり、上級学校に進学する者が増加していることをふまえて、進学希望者向けの英語教育として外国語を設置できることとした。その他、農業や商業、図画などの科目も様々なニーズに対応できるように、実業科目も含めて、選択幅の拡大を図ったのである。

第2章　教育課程と学習指導要領の変遷

6　新教育

一方で、同じ大正時代において、こうした国が主導する教育課程政策とは性格が異なるものとして、児童中心主義の観点から成り立つ新教育といわれるものがあった。

例えば、沢柳政太郎が創設した私立の成城小学校においては、あらかじめ児童に調査を行った上で、教育課程をつくった。そこでは、「聴方」という科目を設けたり、「修身」は4年生から始めたり、一方で「理科」や「英語」は1年生から始めることとした。その他「音楽」や「美術」に力を入れたり、総合学習としての「特別研究」といった科目も設置していた。こうした取り組みには、デューイ（Dewey, J.）やパーカースト（Parkhurst, H.）などの影響があったのである。

また、奈良女子高等師範学校附属小学校の訓導であった木下竹次は、オットー（Otto, B.）の合科教授の理念を取り入れて合科学習を展開した。すなわち、低学年の「大合科学習」と中学年の「中合科学習」、高学年の「小合科学習」という具合に分けて、教育課程を組んだ。この理論は、今日の小学校の「生活科」にも生かされている考え方である。

これらは主として、これまでの国が主導してきた受動的、画一的な教育に対して一線を画し、自由、自発、個性尊重などを主張する立場から展開されたものである。

7　「小学校令施行規則」改正

1926（大正15）年に、「小学校令施行規則」が改正された。これは、高等小学校の教育課程のみの改正で、知識よりも技能、実業教育重視の観点から行われたものである。そして、初等教育を修了した後、工場労働者や農業・商業従事者が大量に必要とされていた産業社会からの要請に応えるものでもあった。

この当時、文部省は、世界の教育情勢も鑑みて高等小学校を中等教育の一環に組み込むことも模索していた。しかしそれは実現せず、これまでの初等教育の一環として教育課程の改正にとどまるものとなった。国民全体の教育として中等教育が導入されるまでに至るには、戦後の「学校教育法」の成立

第1節　近代の教育課程（戦前まで）

まで待たねばならなかったのである。

3．戦時下の教育体制と国民学校の教育課程
1　教育審議会

　1937（昭和12）年に、内閣直属の教育審議会が設置され、主として戦時下の教育改革を方向づける、以下のような五つの答申がなされた。すなわち、①小学校の名称を変えて国民学校とし、義務教育を8カ年に延長する、②青年学校の制度を設け、義務制とする、③師範学校の修業年限を3カ年とし、専門学校と同格にする、④中学校、高等女学校、実業学校を合わせて中等学校とする、⑤女子高等学校の制度を認める。これらの学校教育や社会教育、さらには家庭教育も含めて、すべての教育が有機的に一体となって「皇国ノ道ニ則ル国民ノ錬成」を行う場として、再構成されたのである。ここでいう「錬成」は「錬磨育成」の意味で、学校の内外（「道場」）を通して、身をもって修行を体験（「行」）し、心身を鍛練することとした。つまり、あらゆる場を想定して「錬成」を行うことが重要としたのである。

2　「国民学校令」と義務教育8年

　教育審議会の答申において特に注目されたのは、国民学校の制度であった。すなわち、1941（昭和16）年に、「国民学校令」が公布され、答申の内容に基づいて小学校を国民学校に名称を変え、初等科6カ年と高等科2カ年とし、計8カ年を義務教育とした。これにより、義務教育が8カ年に延長されたのである。教科の構成は以下の通りとなった。

1941（昭和16）年「国民学校令」における教育課程[6]

初等科6カ年課程
国民科（修身、国語、国史、地理）、理数科（算数、理科）、体錬科（武道、体操）、芸能科（音楽、習字、図画、工作、裁縫（女子のみ））
高等科2カ年課程

第2章　教育課程と学習指導要領の変遷

> 国民科（修身、国語、国史、地理）、実業科（農業、工業、商業、水産）、理数科（算数、理科）、体錬科（体操、武道）、芸能科（音楽、習字、図画、工作、家事（女子）、裁縫（女子））

　国民学校においては、思い切った教科の統合が行われた。すなわち、これまでの教科を国民科、理数科、体錬科、芸能科、実業科の5教科のもとに統合し、その教科のもとで、各教科に属する科目としたのである。それぞれの科目について、1回の授業時間を40分とした上で、各教科に属する科目についてそれぞれ毎週1～11回の授業を想定した。そして、各学年における毎週授業時数の合計を23～35の間で設定していた。このような教科の統合が行われたが、あくまでもその目標は、皇国民の「錬成」としていた。

3　戦時体制に迎合した教育課程

　この時期は、各学校において、特に戦時体制を意識した教育課程となった。1941（昭和16）年に公布された「国民学校令施行規則」第27条において、第1学年で「総合授業」が認められている。先の大正時代における合科教授や合科学習について、文部省もその効果を評価していた。ただし、そこには教育審議会などによる、自由主義思想や共産主義思想といった、いわゆる危険思想に対する警戒感が強く指摘されていた。そして、文部省がそのまま合科教授や合科学習を認めると教育課程の自由化が進展し、国家治安の上でも危険であると、いう懸念があったのである。そのような背景がある中、合科学習などではなく、「総合授業」として展開することになった。

　それから、実業的、技能的な教育を優先した。例えば、教科の筆頭に位置する国民科は中心的な教科でありながら授業時間数を大幅に減らしている。その一方で、体錬科や実業科、あるいは芸能科の授業時間数は大幅に増加している。これは戦時体制において即戦力となるべき人材の養成が急務となっていたからである。

　こうした戦時体制に迎合した教育課程を制度化したのであるが、実際には道半ばで敗戦を迎えることになり、戦後は、民主主義や経験主義などのもと

第2節　現代の教育課程（戦後から）

で新しい教育課程がかたちづくられることになるのである。

（注）
1）明治5年11月制定「小学教則概表」名倉英三郎編著『日本教育史』八千代出版、1984年、100頁より作成
2）小学校教則綱領（抄）（明治十四年五月四日文部省達第十二号）『学制百年史　資料編』http://www.mext.go.jp/b_menu/hakusho/html/others/detail/1318010.htm（2018年9月11日閲覧）より作成
3）小学校ノ学科及其程度（抄）（明治十九年五月二十五日文部省令第八号）『学制百年史　資料編』http://www.mext.go.jp/b_menu/hakusho/html/others/detail/1318012.htm（2018年9月11日閲覧）より作成
4）教育史編纂会（編集）『明治以降教育制度発達史　第2巻』教育資料調査会、1964、56～57頁より作成
5）小学校令中改正（明治四十年三月二十一日勅令第五十二号）『学制百年史　資料編』http://www.mext.go.jp/b_menu/hakusho/html/others/detail/1318019.htm（2018年9月11日閲覧）より作成
6）教育史編纂会（編集）『明治以降教育制度発達史　第7巻』教育資料調査会、1964、255～256頁より作成

【参考文献】
・教育史編纂会（編集）『明治以降教育制度発達史　第1・2・5・7巻』教育資料調査会、1964年
・名倉英三郎編著『日本教育史』八千代出版、1984年
・田中耕治ほか『新しい時代の教育課程』有斐閣、2005年
・海老原治善『現代日本教育実践史』明治図書、1975年
・成城学園六十年史編集委員会編『成城学園六十年』成城学園、1977年
・鯨井俊彦ほか『現代教育課程入門』明星大学出版部、2011年
・佐藤秀夫『学校教育うらおもて事典』小学館、2000年
・苅谷剛彦『学校って何だろう』講談社、1998年
・小島弘道ほか編『教育を考えるための資料便覧』高陵社書店、1987年

第2節　現代の教育課程（戦後から）

　ここでは、我が国の戦後における教育課程の変遷について、教育課程の基準である学習指導要領の改訂をたどることで概観することにしたい。学習指導要領の適用期間や改訂時期についての法令上の規定はないが、現在のような制度の枠組ができた1958（昭和33）年の告示以降、これまでおよそ10年ごとに改訂されてきた。学校教育法施行規則や学習指導要領、文部科学省が作成した『小学校学習指導要領解説　総則編』及び『中学校学習指導要領解

第2章　教育課程と学習指導要領の変遷

説』に収録された「学習指導要領等の改訂の経過」、『学制百年史』、『学制百二十年史』その他の資料などに拠りながら、各時期における学習指導要領の改訂の特色を見ていくこととする。

1．昭和20年代（学習指導要領（試案）の時代）

1　1947（昭和22）年の学習指導要領（試案）

　1945（昭和20）年、我が国は、敗戦によって連合国の占領管理下に置かれ、戦後の新しい教育の在り方が模索されていくことになる。教育の内容については、同年、修身、日本歴史、地理の授業が停止され、翌1946（昭和21）年、教科書を改めるなどして地理と日本歴史の授業が再開された。

　1946（昭和21）年には、国民の基本的人権の一つとしての教育を受ける権利や義務教育の規定を含んだ日本国憲法が公布された。翌1947（昭和22）年には、これが施行されるとともに、教育の基本となるべき理念や原則を定める教育基本法、小学校、中学校、高等学校といった単線型の新しい学校制度などを定める学校教育法が公布された。小学校6年間と中学校3年間の合わせて9年間が義務教育とされた。これにより、個人の人格が尊重され、男女平等と教育の機会均等が求められ、主権者には民主主義の基盤である政治教育も認められるようになった。米国における民主主義的な教育の在り方を志向したのである。新制の学校は、同年4月に小学校と中学校が、翌1948（昭和23）年4月から高等学校が発足した。戦後の荒廃や窮乏の中で、特に新たに義務教育となった中学校を市町村において至急に整備していくことには大きな困難があったが、関係者の努力や住民の熱意に支えられ、ほぼ計画どおりに実施されたといわれる。

　新制の学校制度の発足に伴い、1947（昭和22）年には、学校教育法施行規則において、小学校の教科は、国語、社会、算数、理科、音楽、図画工作、家庭、体育及び自由研究を基準とすること、中学校の教科は、必修教科と選択教科に分けられ、必修教科は国語、社会、数学、理科、音楽、図画工作、体育及び職業を、選択教科は外国語、習字、職業及び自由研究をそれぞれ基準とすることとされた。そして、教科課程、教科内容及びその取扱いについては、監督庁（文部大臣）、学習指導要領の基準によることとされた。これ

に先立つ3月には、最初の『学習指導要領　一般編（試案）』が刊行され、その後、各教科編がそれぞれ刊行された。これらは、米国の「コース・オブ・スタディ」などの資料も手がかりにしながら、取り急ぎ暫定的に取りまとめられたものであり、「（試案）」「手引き」というかたちで作成された。

　このときの特色としては、全教科を通じて児童生徒の生活経験の重視や、社会科、家庭科、自由研究の新設などが挙げられる。社会科は、社会に正しく適応し、その中で望ましい人間関係を実現し、進んで自分たちの属する共同社会を進歩向上させることができるように、社会生活を理解させ、社会的態度や社会的能力を養うことが目標とされた。家庭科は、従来の裁縫や家事が女子だけに課されていたのと異なり男女共に課すこととされ、望ましい家族関係の理解と家族の一員としての自覚の下に、家庭生活に必要な技術を修めて生活の向上を図る態度や能力を養うことが目標とされた。自由研究は、児童生徒の自発的な活動を促すために、教師の指導の下にそれぞれの興味と能力に応じて、教科の発展として行う活動や学年の区別なく同好の者が集まって行うクラブ活動などを行うこととされた。また、授業時数について、指導に弾力性をもたせるという趣旨から年間の総時数で示され、1年間を35週とした場合の週当たりの授業時数が併せて示された。

　その後、中学校については、実施の結果を考慮して、1949（昭和24）年に、体育は保健衛生をも合わせて指導するよう保健体育に改め、職業は農業、商業、水産、工業、家庭の5つのうち1ないし2以上を学習すると定められていたのを、栽培、食品加工、手技工作、経営記帳、調理等の12項目に分け、一層実生活に役立ち得るよう改め、その名称も職業・家庭に改められた。また、自由研究が廃止され、新たに生徒の自発的活動を中心とする教科以外の活動を組織した特別教育活動の時間が設けられた。

　高等学校については、1947（昭和22）年、『学習指導要領　一般編』の補遺として示された通達「新制高等学校の教科課程に関する件」によってはじめて基準が定められた。翌1948（昭和23）年には、教科課程表が改められ、1949（昭和24）年度より新制高等学校の全部に対してこれが実施されることになった。高等学校の教科課程の特色は、選択制と単位制にあった。これらは、生徒の多様な進路に対応することと、生徒の個性に応じた学習を可能に

第2章 教育課程と学習指導要領の変遷

することの二つの要件を満たそうとするものであった。国語、社会、数学、理科、保健体育の5教科はすべての生徒に対して必修とし、また、選択の多様性に統一的な基礎を与えるために単位制を採ることとされた。

小学校の授業時数　1947（昭和22）年

教科等	第1学年	第2学年	第3学年	第4学年	第5学年	第6学年
国語	175（5）	210（6）	210（6）	245（7）	210-245（6-7）	210-280（6-8）
社会	140（4）	140（4）	175（5）	175（5）	175-210（5-6）	175-210（5-6）
算数	105（3）	140（4）	140（4）	140-175（4-5）	140-175（4-5）	140-175（4-5）
理科	70（2）	70（2）	70（2）	105（3）	105-140（3-4）	105-140（3-4）
音楽	70（2）	70（2）	70（2）	70-105（2-3）	70-105（2-3）	70-105（2-3）
図画工作	105（3）	105（3）	105（3）	70-105（2-3）	70（2）	70（2）
家庭	—	—	—	—	105（3）	105（3）
体育	105（3）	105（3）	105（3）	105（3）	105（3）	105（3）
自由研究	—	—	—	70-140（2-4）	70-140（2-4）	70-140（2-4）
総計	770（22）	840（24）	875（25）	980-1015（28-30）	1050-1190（30-34）	1050-1190（30-34）

（注）この時間数は、1年間最小限35週の指導を要求するものとしての標準時間数を示したもの。かっこ内は1週間の平均時間数。

第2節　現代の教育課程（戦後から）

中学校の授業時数　1947（昭和22）年

教科等		第7学年	第8学年	第9学年
必修教科	国語	175 (5)	175 (5)	175 (5)
	習字	35 (1)	35 (1)	—
	社会	175 (5)	140 (4)	140 (4)
	国史	—	35 (1)	70 (2)
	数学	140 (4)	140 (4)	140 (4)
	理科	140 (4)	140 (4)	140 (4)
	音楽	70 (2)	70 (2)	70 (2)
	図画工作	70 (2)	70 (2)	70 (2)
	体育	105 (3)	105 (3)	105 (3)
	職業 （農業・商業・水産・工業・家庭）	140 (4)	140 (4)	140 (4)
	必修科目計	1050 (30)	1050 (30)	1050 (30)
選択科目	外国語	30-140 (1-4)	35-140 (1-4)	35-140 (1-4)
	習字	—	—	35 (1)
	職業	35-140 (1-4)	35-140 (1-4)	35-140 (1-4)
	自由研究	35-140 (1-4)	35-140 (1-4)	35-140 (1-4)
	選択科目計	35-140 (1-4)	35-140 (1-4)	35-140 (1-4)
総計		1050-1190 (30-34)	1050-1190 (30-34)	1050-1190 (30-34)

第2章　教育課程と学習指導要領の変遷

高等学校の授業時数　1948（昭和23）年改訂

教科		教科別総時数 （単位数）	学年別の例		
			第1学年	第2学年	第3学年
国語	国語	※315（9）	105（3）	105（3）	105（3）
		70（2）-210（6）	70（2）	70（2）	70（2）
	漢文	70（2）-210（6）	70（2）	70（2）	70（2）
社会	一般社会	175（5）	175（5）		
	国史	175（5）		175（5）	
	世界史	175（5）		175（5）	
	人文地理	175（5）		175（5）	
	時事問題	175（5）		175（5）	
数学	一般数学	175（5）		175（5）	
	解析（1）	175（5）		175（5）	
	幾何	175（5）		175（5）	
	解析（2）	175（5）		175（5）	
理科	物理	175（5）		175（5）	
	化学	175（5）		175（5）	
	生物	175（5）		175（5）	
	地学	175（5）		175（5）	
体育		315（9）	105（3）	105（3）	105（3）
芸能	音楽	70（2）-210（6）	70（2）	70（2）	70（2）
	図画	70（2）-210（6）	70（2）	70（2）	70（2）
	書道	70（2）-210（6）	70（2）	70（2）	70（2）
	工作	70（2）-210（6）	70（2）	70（2）	70（2）
家庭	一般家庭	245（7）-490（14）	245（7）	245（7）	
	家族	70（2）			70（2）
	保育	70（2）-140（4）		70（2）	70（2）
	家庭経理	70（2）-140（4）			140（4）
	食物	175（5）-350（10）		175（5）	175（5）
	被服	175（5）-350（10）		175（5）	175（5）
外国語		175（5）-525（15）	175（5）	175（5）	175（5）

農業に関する教科	1645（47）以内	1645（47）以内
工業に関する教科		
商業に関する教科		
水産に関する教科		
家庭技芸に関する教科		

備考
1　この表に示すもののうち、次の教科はすべての生徒がこれを履修しなければならない。
　（1）国語（※印）、一般社会、体育
　（2）社会（一般社会を除く）、数学、理科のそれぞれの教科群において生徒の選択する各1教科
2　生徒は週当たり30ないし34時間、年35週以上学校において授業または指導を受けなければならない。ただし、夜間および定時制の課程においてはこの限りではない。
3　職業課程においては、必要な場合に、適当な時間数の実習を85単位外に課し、または、これを週34時間を超えて課すことができる。
4　職業課程においては、備考1に示すもの以外に履修する社会、数学および理科の単位数を必要に応じてこの表に示す数よりも減少させることができる。

2　1951（昭和26）年の学習指導要領（試案）

　1947（昭和22）年の学習指導要領は、戦後の新しい教育制度の発足に合わせて極めて短時日の間に作成されたものであり、例えば教科間の関連が十分図られていないなどの問題があった。その後、学習指導要領の使用状況の調査を行うとともに、実験学校における研究、編集委員会による問題点の研究などが行われ、改訂作業が始められた。1949（昭和24）年には、文部省に「教育課程に関する事項を調査研究し、審査すること」を目的とした教育課程審議会が設けられ、1950（昭和25）年には小学校家庭科の存否、毛筆習字の課程の取扱い、自由研究の存否、総授業時数の改正などについて、1951（昭和26）年には道徳教育の振興について、答申を受けた。このような経緯を経て、学習指導要領は、1951（昭和26）年に全面的に改訂が行われた。

　この改訂で、小学校については、教科を学習の基礎となる教科（国語、算数）、社会や自然についての問題解決を図る教科（社会、理解）、主として創造的な表現活動を行う教科（音楽、図画工作、家庭）、健康の保持増進を図る教科（体育）の四つの経験領域に分け、これらに充てる総授業時数を教科の総授業時数に対する比率で示すこととされ、教科と教科以外の総授業時数

の基準が2学年ごとにまとめて示された。自由研究は、発展的に解消することとされ、教科の学習では達成されない目標に対する諸活動を包括して教科以外の活動とされた。すなわち、教科以外の活動の教育的な価値が認められ、学校教育において明確な位置を持つこととなったのである。また、小学校では各領域ごとに合科的な授業を行うことが求められ、時間配当も時間数ではなく、比率（パーセンテージ）によって示されている。こうしたことからも、1951（昭和26）年の学習指導要領は、1947（昭和22）年の学習指導要領の特徴である経験主義教育をより一層推進したものであるといえるであろう。

中学校については、必修教科が国語、社会、数学、理科、音楽、図画工作、保健体育、職業・家庭、選択教科が外国語、職業・家庭、その他の教科で構成された。特別教育活動については、主要なものとして、ホームルーム、生徒会、クラブ活動、生徒集会が挙げられた。

道徳教育については、学校教育のあらゆる機会をとらえて指導することとされ、各教科の道徳教育についての役割が明確にされた。

なお、このとき、「教科課程」の用語に代えて「教育課程」という用語が使われるようになった。

その後、1953（昭和28）年に教育課程審議会から社会科の改善に関する答申が出され、「社会科の改善についての方策」が発表されるとともに、1955（昭和30）年に社会科における道徳教育、地理、歴史教育の充実という観点から学習指導要領社会編の改訂が行われた。

高等学校については、1948（昭和23）年に改められた教科課程表が1949（昭和24）年度から実施されていたが、1951（昭和26）年の改訂では、若干の手直しはあったものの基本的なかたちはほぼそのまま踏襲され盛り込まれた。また、発足当初から設けられていた自由研究は、特別教育活動に改められた。

第2節　現代の教育課程（戦後から）

小学校の授業時数　1951（昭和26）年改訂

教科等	第1、2学年	第3、4学年	第5、6学年
国語　算数	45%-40%	45%-40%	40%-35%
社会　理科	20%-30%	25%-35%	25%-35%
音楽　図画工作	20%-15%	20%-15%	25%-20%
家庭	―	―	
体育	15%	15%	10%
計	100%	100%	100%

備考
1　この表は教科の指導に必要な時間の比率だけを示しているが、学校はここに掲げられた教科以外に教育的に有効な活動を行う時間を設けることが望ましい。
2　教科と教科以外の活動を指導するに必要な1年の総時間は、基準として次のように定められる。
　　第1学年および第2学年　　870時間
　　第3学年および第4学年　　970時間
　　第5学年および第6学年　1050時間

第2章　教育課程と学習指導要領の変遷

中学校の授業時数　1951（昭和26）年改訂

教科等		第1学年	第2学年	第3学年
必修教科	国語	175-280	175-280	140-210
	社会	140-210	140-280	175-315
	数学	140-175	105-175	105-175
	理科	105-175	140-175	140-175
	音楽	70-105	70-105	70-105
	図画工作	70-105	70-105	70-105
	保健体育	105-175	105-175	105-175
	職業・家庭	105-140	105-140	105-140
	小計	910-1015	910-1015	910-1015
選択教科	外国語	140-210	140-210	140-210
	職業・家庭	105-140	105-140	105-140
	その他の教科	35-210	35-210	35-210
特別教育活動		70-175	70-175	70-175

備考
1　本表の時間数は1年間の最低および最高を示し、1単位時間を50分として表したものである。ただし、これには教室を移動する時間は含まれていない。
2　教室移動および休息に要する時間は10分以内にとどめるのが望ましい。ただし昼食のための休息は、50分まで延ばすことができる。これらの時間はこの表に計算されていない。
3　必修教科についての年・学期・月・週および日の指導計画は最低910時間、最高1015時間の範囲内で計画されなければならない。
4　1年間の最低総時数を1015時間とする。この最低時数で授業をする学校では必修教科の時数は、年間のその最低時数たる910時間にすることが望ましい。
5　これまでの習字は国語に、日本史は社会に含まれている。その運営は各学校の生徒の必要に応じて適宜計画されるものとする。

第2節　現代の教育課程（戦後から）

高等学校の授業時数　1951（昭和26）年改訂

教科	科目	総時間数 （単位数）	学年別の例		
			第1学年	第2学年	第3学年
国語	国語（甲）	315（9）	105（3）	105（3）	105（3）
	国語（乙）	70（2）　210（6）	70（2）	70（2）	70（2）
	漢文	70（2）　210（6）	70（2）	70（2）	70（2）
社会	一般社会	175（5）	175（5）		
	日本史	175（5）			175（5）
	世界史	175（5）			175（5）
	人文地理	175（5）			175（5）
	時事問題	175（5）			175（5）
数学	一般数学	175（5）		175（5）	
	解析（1）	175（5）		175（5）	
	幾何	175（5）		175（5）	
	解析（2）	175（5）		175（5）	
理科	物理	175（5）		175（5）	
	化学	175（5）		175（5）	
	生物	175（5）		175（5）	
	地学	175（5）		175（5）	
保健体育	保健体育	315（9）　385（11）	105（3）	105（3）	105（3）
芸能	音楽	70（2）　210（6）	70（2）	70（2）	70（2）
	図画	70（2）　210（6）	70（2）	70（2）	70（2）
	書道	70（2）　210（6）	70（2）	70（2）	70（2）
	工作	70（2）　210（6）	70（2）	70（2）	70（2）
家庭	一般家庭	245（7）　490（14）	245（7）	245（7）	
	家族	70（2）			70（2）
	保育	70（2）　140（4）		70（2）	70（2）
	家庭経理	70（2）　140（4）			140（4）
	食物	175（5）　350（10）		175（5）	175（5）
	被服	175（5）　350（10）		175（5）	175（5）
外国語		175（5）　525（15）	175（5）	175（5）	175（5）

（農業以下の教科・科目　略）
備考
1　この表に示すもののうち、次の教科はすべての生徒がこれを履修しなければならない。

第 2 章　教育課程と学習指導要領の変遷

　（1）　国語（甲）・一般社会・保健・体育
　（2）　社会（一般社会を除く）・数学・理科のそれぞれの教科において生徒の選択する各
　　　　一科目
2　　学校は週当たり30ないし38単位時間（1単位時間は50分とする）、年35週以上、すなわち毎年1050単位時間以上1330単位時間以内を教科および特別教育活動の指導に充てなければならない。
　　最低は週当たり30単位時間であるが、できれば週当たり33単位時間以上とすることが望ましい。定時制の課程においては、年1050単位時間を下ることができる。
3　　職業課程においては、必要な場合に、適当な時間数の実習を85単位外に課し、またはこれを週38単位時間を超えて課することができる。
4　　職業課程においては、備考1に示すもの以外に履修する社会、数学および理科の単位数を必要に応じてこの表に示す数よりも減少させることができる。
5　　教科別総時間数の欄のかっこ外の数字は、教科ごとの3年間に授業すべき総単位時間数を示し、かっこ内の数字はそれだけの時間の授業をした場合の教科の単位数を示す。
6　　学年別の例の欄のかっこ外の数字は、各学年においてそれぞれの教科を指導する単位時間数を表し、かっこ内の数字は、それだけの単位時間数の授業をした場合の教科の単位数を表す。

2．1958（昭和33）・1960（昭和35）年改訂の学習指導要領

>　教育課程審議会答申「小学校・中学校教育課程の改善について」1958（昭和33）年
>　小学校学習指導要領　1958（昭和33）年告示　1961（昭和36）年度実施
>　中学校学習指導要領　1958（昭和33）年告示　1962（昭和37）年度実施
>　教育課程審議会答申「高等学校教育課程の改善について」1960（昭和35）年
>　高等学校学習指導要領　1960（昭和35）年告示　1963（昭和38）年度実施（学年進行）
>　（注：「学年進行」とは、第1学年に入学した生徒から段階的に適用していくこと）

　1952（昭和27）年4月、前年に調印されたサンフランシスコ講和条約が発効し、我が国は独立国の地位を回復する。また、時代は高度経済成長期に突入し、科学技術の向上も強く求められるようになっていた。1951（昭和26）

第2節　現代の教育課程（戦後から）

年改訂の学習指導要領の下での教育について、戦後の新教育の潮流となっていた経験主義や単元学習に偏り過ぎる傾向があり、各教科の系統性を重視すべきではないかという問題が指摘されていた。また、授業時数の定め方に幅があり、地域による学力差が目立ち、国民の基礎教育という観点から基礎学力の充実が叫ばれるようになった。そのほか、基礎学力の充実に関連し、科学技術教育の振興が求められ、理科、数学等の改善が要請された。

　このような背景のもと、1956（昭和31）年に諮問を受け審議を行ってきた教育課程審議会は1958（昭和33）年、「小学校・中学校教育課程の改善について」答申をとりまとめ、これを受け、昭和33年、小学校及び中学校の学習指導要領が改訂された。なお、高等学校の学習指導要領については、1960（昭和35）年の答申を受け、昭和35年に改訂された。

　学習指導要領の改訂に先立って、学校教育法施行規則の一部改正が行われ、学習指導要領は教育課程の基準として文部大臣が公示するものであると改められ、学校教育法―同法施行規則―告示という法体系を整備して、学習指導要領の教育課程の基準としての性格が一層明確にされた。つまり、法的拘束力を持つ国家基準であるという解釈が強調されたのである。そして、小学校の教育課程は国語、社会、算数、理科、音楽、図画工作、家庭、体育の各教科、道徳、特別教育活動及び学校行事等、中学校の教育課程は必修教科として国語、社会、数学、理科、音楽、美術、保健体育及び技術・家庭、選択教科として外国語、農業、工業、商業、水産、家庭、数学、音楽及び美術が定められたほか、道徳及び特別教育活動によって編成することとされた。また、各教科等の年間最低授業時数が示された。

　それまでの学習指導要領は一般編及び各教科編というかたちで分冊になっており、解説や手引的な内容が含まれていたが、この改訂で学校段階ごとにまとめられ、教育課程の基準として必要な事項が規定されるようになった。

　この学習指導要領の改訂は、独立国家の国民としての正しい自覚を持ち、個性豊かな文化の創造と民主的な国家及び社会の建設に努め、国際社会において真に信頼され尊敬されるような日本人の育成を目指して行われた。例えば、道徳の時間を特設しての道徳教育の徹底、基礎学力の充実を図るための国語、算数・数学の内容の充実と授業時数の増加、科学技術教育の向上を図

るための算数・数学、理科の充実、地理、歴史教育の改善充実などが行われた。前述のように、それまでの教育課程について経験主義に偏っているのではないか、学力形成につながっていないのではないかといった批判（「這い回る経験主義」）があり、各教科の系統性が重視されることとなった（系統主義）。

　高等学校の学習指導要領についても、小・中学校との一貫性を持たせつつ、それぞれの課程の特色を生かした教育を実現できるようにするとともに、生徒の能力、適性、進路等に応じて適切な教育を行うことができるようにすること、普通課程において基本的な類型を構想し各学校においてそれに変化を持たせて運営できるようにすること、教養の偏りを少なくするため必修科目を多くするとともに内容を精選充実し基本的事項の学習が十分身に付くようにすること、道徳教育の充実強化のため社会科に「倫理・社会」科目を置くこと、基礎学力の向上と科学技術教育の充実を図ることなどを方針として改訂が行われた。このように、戦後教育の潮流となっていた経験主義から教科の系統性を重視する系統主義への大きな転換が、1958（昭和33）・1960（昭和35）年の学習指導要領の特徴である。

第2節　現代の教育課程（戦後から）

小学校の授業時数　1958（昭和33）年改訂

教科等	第1学年	第2学年	第3学年	第4学年	第5学年	第6学年
国語	238 (7)	315 (9)	280 (8)	280 (8)	245 (7)	245 (7)
社会	68 (2)	70 (2)	105 (3)	140 (4)	140 (4)	140 (4)
算数	102 (3)	140 (4)	175 (5)	210 (6)	210 (6)	210 (6)
理科	68 (2)	70 (2)	105 (3)	105 (3)	140 (4)	140 (4)
音楽	102 (3)	70 (2)	70 (2)	70 (2)	70 (2)	70 (2)
図画工作	102 (3)	70 (2)	70 (2)	70 (2)	70 (2)	70 (2)
家庭	—	—	—	—	70 (2)	70 (2)
体育	102 (3)	105 (3)	105 (3)	105 (3)	105 (3)	105 (3)
道徳	34 (1)	35 (1)	35 (1)	35 (1)	35 (1)	35 (1)
計	816 (24)	875 (25)	945 (27)	1015 (29)	1085 (31)	1085 (31)

備考
1　この表の授業時数の1単位時間は、45分とする。
2　かっこ内の授業時数は、年間授業日数を35週（第1学年については34週）とした場合における週当たりの平均授業時数とする。
（私立学校の特例の規定については略。以下同じ）
※　学校教育法施行規則第24条の2では、小学校の各学年における各教科および道徳の授業時数は、表に定める授業時数を下ってはならないと規定されている。
※　特別教育活動および学校行事等については、それらに充てる授業時数は定められていないが、学習指導要領総則において、年間、学期、月または週ごとに適切な授業時数を配当するようにすることが望ましいとされている。

中学校の授業時数　1958（昭和33）年改訂

	教科等	第1学年	第2学年	第3学年
必修教科	国語	175 (5)	140 (4)	175 (5)
	社会	140 (4)	175 (5)	140 (4)
	数学	140 (4)	140 (4)	105 (3)
	理科	140 (4)	140 (4)	140 (4)
	音楽	70 (2)	70 (2)	35 (1)
	美術	70 (2)	35 (1)	35 (1)
	保健体育	105 (3)	105 (3)	105 (3)
	技術・家庭	105 (3)	105 (3)	105 (3)
	小計	945 (27)	910 (26)	840 (24)

第2章 教育課程と学習指導要領の変遷

選択教科	外国語	105 (3)	105 (3)	105 (3)
	農業	70 (2)	70 (2)	70 (2)
	工業	70 (2)	70 (2)	70 (2)
	商業	70 (2)	70 (2)	70 (2)
	水産	70 (2)	70 (2)	70 (2)
	家庭	70 (2)	70 (2)	70 (2)
	数学	—	—	70 (2)
	音楽	35 (1)	35 (1)	35 (1)
	美術	35 (1)	35 (1)	35 (1)
道徳		35 (1)	35 (1)	35 (1)
特別教育活動		35 (1)	35 (1)	35 (1)
最低授業時数		1120 (32)	1120 (32)	1120 (32)

備考
1 この表の授業時数の1単位時間は、50分とする。
2 かっこ内の授業時数は、年間授業日数を35週とした場合における週当たりの平均授業時数とする。
3 中学校の各学年における必修教科、選択教科、道徳及び特別教育活動の授業時数の計は、1120を下ってはならない。
4 選択教科の授業時数については、次の通りとする。
 （1）選択教科の授業時数は、毎学年105を下ってはならない。この場合において、少なくとも1の教科の授業時数は、70以上でなければならない。
 （2）1以上の選択教科の外に、農業、工業、商業、水産または家庭（以下、「職業に関する教科」という）のうち1以上の教科を履修させる場合における当該職業に関する教科についての授業時数は、この表に定める授業時数にかかわらず、それぞれ35とすることができる。
※ 中学校の各学年における必修教科、選択教科、道徳および特別教育活動の授業時数（特別教育活動の授業時数については、中学校学習指導要領で定める学級活動に充てる授業時数とする）は、表に定める授業時数を下ってはならないと規定されている。
※ 特別教育活動のうちの生徒会活動、クラブ活動などや学校行事等については、それらに充てる授業時数は定められていないが、学習指導要領総則において、年間、学期、月または週ごとに適切な授業時数を配当することが望ましいとされている。

第2節　現代の教育課程（戦後から）

高等学校の授業時数　1960（昭和35）年改訂

教科等	科目	標準単位数	すべての生徒に履修させる科目
国語	現代国語	7	○
	古典甲	2	うち1科目
	古典乙Ⅰ	5	
	古典乙Ⅱ	3	
社会	倫理・社会	2	○
	政治・経済	2	○
	日本史	3	○
	世界史A	3	うち1科目
	世界史B	4	
	地理A	3	うち1科目
	地理B	3	
数学	数学Ⅰ	5	○
	数学ⅡA	4	うち1科目
	数学ⅡB	5	
	数学Ⅲ	5	
	応用数学	6	
理科	物理A	3	うち1科目
	物理B	5	
	化学A	3	うち1科目
	化学B	4	
	生物	4	○
	地学	2	○
保健体育	体育	男9女7	○（定男7）
	保健	2	○
芸術	音楽Ⅰ	2	
	音楽Ⅱ	4	
	美術Ⅰ	2	
	美術Ⅱ	4	Ⅰの科目
	工芸Ⅰ	2	から1科目
	工芸Ⅱ	4	
	書道Ⅰ	2	
	書道Ⅱ	4	
外国語	英語A	9	
	英語B	15	うち1科目
	ドイツ語	15	
	フランス語	15	

第2章　教育課程と学習指導要領の変遷

	外国語に関するその他の科目		
家庭	家庭一般	4	○（女）
家、農、工、商、水、音、美			
普通科必修 　男　17科目　68（定66）〜74単位 　女　18科目　70〜76単位			
職業学科必修 　普通教科・科目：14科目（47〜58単位） 　職業教科・科目：35単位以上 　（商業学科は外国語10単位を含めても可）			
卒業単位数85単位以上			

3．1968（昭和43）・1969（昭和44）・1970（昭和45）年改訂の学習指導要領

教育課程審議会答申「小学校の教育課程の改善について」1967（昭和42）年
小学校学習指導要領　1968（昭和43）年改訂　1971（昭和46）年度実施
教育課程審議会答申「中学校の教育課程の改善について」1968（昭和43）年
中学校学習指導要領　1969（昭和44）年改訂　1972（昭和47）年度実施
教育課程審議会答申「高等学校教育課程の改善について」1969（昭和44）年
高等学校学習指導要領　1970（昭和45）年改訂　1973（昭和48）年度実施（学年進行）

　1958（昭和33）年の改訂後、我が国の国民生活の向上、文化の発展、社会情勢の進展はめざましく、我が国の国際的地位の向上とともに果たすべき役割も大きくなりつつあった。そこで、教育内容の一層の向上を図り、時代の要請に応えるとともに、実施の経験にかんがみ、児童生徒の発達の段階や個性、能力に即し、学校の実情に適合するように改善を行う必要があった。すなわち、高度経済成長と科学技術の発展に資する人材養成を基軸とした「能

第2節　現代の教育課程（戦後から）

力主義」の教育政策が展開されることになったのである。

　このような背景の下、1967（昭和42）年、1968（昭和43）年、1969（昭和44）年とそれぞれ小学校、中学校、高等学校の教育課程の改善について教育課程審議会の答申をとりまとめられた。これを受け、1968（昭和43）年、1969（昭和44）年、1970（昭和45）年に、それぞれ小学校、中学校、高等学校に関する学校教育法施行規則の一部改正と学習指導要領の改訂が行われた。

　学校教育法の一部改正では、小学校の教育課程は国語、社会、算数、理科、音楽、図画工作、家庭及び体育の各教科、道徳並びに特別活動、中学校の教育課程は必修教科のほか、道徳、特別活動、選択教科等で編成することとされ、必修教科は国語、社会、数学、理科、音楽、美術、保健体育及び技術・家庭、選択教科は外国語、農業、工業、商業、水産、家庭及びその他必要な教科とされた。また、各学年における各教科等の授業時数について、これまで最低時数が定められていたが、標準時数を定めるよう改められた。

　この学習指導要領の改訂は、教育基本法及び学校教育法の示すところに基づいて人間形成における基礎的な能力の伸長を図り、国民育成の基礎を養うこと、人間形成の上から調和と統一のある教育課程を実現すること、指導内容は基本的事項に精選し、時代の進展に応ずるとともに、心身の発達段階に即するようにすることなどを方針として行われた。この改訂の特色は、特に理数系科目において表れている。例えば、算数・数学や理科を中心に時代の進展に対応した教育内容（集合論等）の導入などが行われ、このことは、「教育内容の現代化」といわれる。また、中学校・高等学校の学習指導要領においても、主に数学と物理・科学の領域において改訂が行われ、「科学的手法」の習得や「数学的な思考力」の育成が目指されたのである。

　しかし一方で、この学習指導要領が示しているものは、いわゆる「詰め込み教育」であり、「能力主義」の過度の進行と学校教育現場における「競争主義」を助長するものとの批判も展開されていた。この学習指導要領改定後、教育内容についていけない学業不振の児童生徒の存在や受験戦争の過熱化といった問題が次第に注目されるようになったのである。

第 2 章　教育課程と学習指導要領の変遷

小学校の授業時数　1968（昭和43）年改訂

教科等		第1学年	第2学年	第3学年	第4学年	第5学年	第6学年
各教科	国語	238 (7)	315 (9)	280 (8)	280 (8)	245 (7)	245 (7)
	社会	68 (2)	70 (2)	105 (3)	140 (4)	140 (4)	140 (4)
	算数	102 (3)	140 (4)	175 (5)	210 (6)	210 (6)	210 (6)
	理科	68 (2)	70 (2)	105 (3)	105 (3)	140 (4)	140 (4)
	音楽	102 (3)	70 (2)	70 (2)	70 (2)	70 (2)	70 (2)
	図画工作	102 (3)	70 (2)	70 (2)	70 (2)	70 (2)	70 (2)
	家庭	—	—	—	—	70 (2)	70 (2)
	体育	102 (3)	105 (3)	105 (3)	105 (3)	105 (3)	105 (3)
道徳		34 (1)	35 (1)	35 (1)	35 (1)	35 (1)	35 (1)
総授業時数		816 (24)	875 (25)	945 (27)	1015 (29)	1085 (31)	1085 (31)

備考
1　この表の授業時数の1単位時間は、45分とする
※　かっこ内の数字は、各時期の授業時数を比較するため、筆者が年間標準授業時数を授業週数35週（第1学年は34週）で割って週当たりに換算したもの。
※　特別活動については、学習指導要領総則において、その内容に応じ、年間、学期、月または週ごとに適切な授業時数を配当するようにすることとされた。なお、特別活動の内容の取扱いで、「学級会活動には、毎週1単位時間（1単位時間の長さは、各教科および道徳に準ずる。クラブ活動についても同じ）を充てることが望ましいこと」、「クラブ活動には、毎週1単位時間を充てることが望ましいこと」と示されていた。
※　学習指導要領総則において、各教科および道徳のそれぞれの授業の1単位時間は、45分を常例とするが、40分とすることも考慮し、学校や児童の実態に即して適切に定めることとされた。

第2節　現代の教育課程（戦後から）

中学校の授業時数　1969（昭和44）年改訂

教科等		第1学年	第2学年	第3学年
必修教科	国語	175（5）	175（5）	175（5）
	社会	140（4）	140（4）	175（5）
	数学	140（4）	140（4）	140（4）
	理科	140（4）	140（4）	140（4）
	音楽	70（2）	70（2）	35（1）
	美術	70（2）	70（2）	35（1）
	保健体育	125（3.6）	125（3.6）	125（3.6）
	技術・家庭	105（3）	105（3）	105（3）
	小計	965（27.6）	965（27.6）	930（26.6）
道徳		35（1）	35（1）	35（1）
特別活動		50（1.4）	50（1.4）	50（1.4）
選択教科等		140（4）	140（4）	140（4）
総授業時数		1190（34）	1190（34）	1155（33）

備考
1　この表の授業時数の1単位時間は、50分とする。
2　選択教科等に充てる授業時数は、1以上の選択教科に充てるほか、特別活動の授業時数等の増加に充てることができる。
3　選択教科の授業時数については、外国語は各学年105を標準とし、農業、工業、商業、水産、家庭または中学校学習指導要領で定めるその他特に必要な教科は、それぞれ、第1学年および第2学年にあっては35、第3学年にあっては70を標準とする。
4　第3学年の選択教科等に充てる授業時数については、農業、工業、商業、水産、家庭または中学校学習指導要領で定めるその他特に必要な教科を外国語とあわせて履修させる場合等学校において特に必要がある場合には、175を標準とする。この場合において、総授業時数は、1190を標準とする。
※　かっこ内の数字は、各時期の授業時数を比較するため、筆者が年間標準授業時数を授業週数35週で割って週当たりに換算したもの。
※　表中の特別活動の授業時数については中学校学習指導要領で定める学級指導（学校給食に係るものを除く）、クラブ活動および学級会活動に充てる授業時数。その他の特別活動の授業については、学習指導要領総則において、その内容に応じ、年間、学期または月ごとなどに適切な授業時数を配当するようにすることとされた。
※　学習指導要領総則において、各教科、道徳および特別活動のそれぞれの授業の1単位時間は50分を常例とするが、45分とすることも考慮し、学校や生徒の実態に即して適切に定めることとされた。

第2章 教育課程と学習指導要領の変遷

高等学校の授業時数 1970（昭和45）年改訂

教科	科目	標準単位数	すべての生徒に履修させる科目
国語	現代国語 古典Ⅰ甲 古典Ⅰ乙 古典Ⅱ	7 2 5 3	○ うち1科目
社会	倫理・社会 政治・経済 日本史 世界史 地理A 地理B	2 2 3 3 3 3	○ ○ うち2科目
数学	数学一般 数学Ⅰ 数学ⅡA 数学ⅡB 数学Ⅲ 応用数学	6 6 4 5 5 6	うち1科目
理科	基礎理科 物理Ⅰ 物理Ⅱ 化学Ⅰ 化学Ⅱ 生物Ⅰ 生物Ⅱ 地学Ⅰ 地学Ⅱ	6 3 3 3 3 3 3 3 3	○ 又はⅠの科目から2科目
保健 体育	体育 保健	7～9 2	○（全普11） ○
芸術	音楽Ⅰ 音楽Ⅱ 音楽Ⅲ 美術Ⅰ 美術Ⅱ 美術Ⅲ 工芸Ⅰ 工芸Ⅱ 工芸Ⅲ	2 2 2 2 2 2 2 2 2	Ⅰの科目から1科目 （普3）

第2節　現代の教育課程（戦後から）

	書道Ⅰ	2	
	書道Ⅱ	2	
	書道Ⅲ	2	
外国語	初級英語	6	
	英語A	9	
	英語B	15	
	英語会話	3	
	ドイツ語	15	
	フランス語	15	
	外国語に関するその他の科目		
家庭	家庭一般	4	○（女）
家、農、工、商、水、看、理数、音、美			
普通科必修　　男　11〜12科目（47単位）　　女　12〜13科目（47単位）			
専門学科必修　　普通教科・科目：男11〜12科目（42単位）、女12〜13科目（46単位）　　専門教科・科目：35単位　　（商業学科は外国語10単位を含めても可）			
卒業単位数85単位以上			

4．1977（昭和52）・1978（昭和53）年改訂の学習指導要領

> 教育課程審議会答申「小学校、中学校及び高等学校の教育課程の基準の改善について」1976（昭和51）年
> 小学校学習指導要領　1977（昭和52）年改訂　1980（昭和55）年度実施
> 中学校学習指導要領　1977（昭和52）年改訂　1981（昭和56）年度実施
> 高等学校学習指導要領　1978（昭和53）年改訂　1982（昭和57）年度実施（学年進行）

　我が国の学校教育は急速な発展を遂げ、昭和40年代末には高等学校進学率が9割を超え著しく普及する一方、学校教育が知識の伝達に偏る傾向があることが指摘され、真の意味における知育を充実し、児童生徒の知・徳・体の調和のとれた発達をどのように図っていくかが課題になっていた。それまで

73

の高度経済成長を背景とした教育内容の高度化や効率化を求める現代化の試みは、先進的に取り組んできた米国でも結局うまくいかず、もっと人間性を回復するような学校教育の「人間化」が唱えられるようになっていた。

　このような背景の下、1976（昭和51）年、小学校、中学校及び高等学校の教育課程の基準の改善について教育課程審議会の答申がとりまとめられた。答申では、従来の「能力主義」や知識偏重の学校教育を見直し、「ゆとりと充実」をキーワードに掲げながら、豊かな人間性を育成するという基本方針が示された。これを受け、1977（昭和52）年に小学校及び中学校、1978（昭和53）年に高等学校に関する学校教育法施行規則の一部改正と学習指導要領の改訂が行われた。

　この改訂は、次のような基本方針で行われた。
① 　道徳教育や体育を一層重視し、知・徳・体の調和のとれた人間性豊かな児童生徒の育成を図ること。
② 　各教科の基礎的・基本的事項を確実に身に付けられるように教育内容を精選し、創造的な能力の育成を図ること。
③ 　ゆとりのある充実した学校生活を実現するために、各教科の標準授業時数を削減し、地域や学校の実態に即して授業時数の運用に創意工夫を加えることができるようにしたこと。
④ 　学習指導要領に定める各教科等の目標、内容を中核的事項にとどめ、教師の自発的な創意工夫を加えた学習指導が十分展開できるようにしたこと。

　この改訂によって、小・中学校では週当たり2～4単位時間の授業時数が削減され、在校時間は従来程度が適当であるとの前提の下に、給食や休憩の時間を含めて児童生徒の学校生活にゆとりが持てるようにするとともに、学校の創意を生かした教育活動（例えば、体力増進のための活動、地域の自然や文化に親しむ体験的な活動、教育相談に関する活動、集団行動の訓練的な活動など）を展開できるようにすることが意図された。

　また、高等学校については、①学校の主体性を尊重し、特色ある学校づくりができるようにすること、②生徒の個性や能力に応じた教育が行われるようにすること、③ゆとりのある充実した学校生活が送れるようにすること、④勤労の喜びを体得させるとともに徳育・体育を重視することが改訂の基本

第2節　現代の教育課程（戦後から）

方針とされた。このとき、高等学校の「各教科以外の教育活動」は「特別活動」に改められた。

このように、前回の学問性重視という基本方針から大きく方針転換し、「ゆとり」をキーワードに人間性重視を学校教育の中心的な課題としてとらえたのが、1977（昭和52）・1978（昭和53）年の学習指導要領の特色である。

小学校の授業時数　1977（昭和52）年改訂

教科等		第1学年	第2学年	第3学年	第4学年	第5学年	第6学年
各教科	国語	272（8）	280（8）	280（8）	280（8）	210（6）	210（6）
	社会	68（2）	70（2）	105（3）	105（3）	105（3）	105（3）
	算数	136（4）	175（5）	175（5）	175（5）	175（5）	175（5）
	理科	68（2）	70（2）	105（3）	105（3）	105（3）	105（3）
	音楽	68（2）	70（2）	70（2）	70（2）	70（2）	70（2）
	図画工作	68（2）	70（2）	70（2）	70（2）	70（2）	70（2）
	家庭	—	—	—	—	70（2）	70（2）
	体育	102（3）	105（3）	105（3）	105（3）	105（3）	105（3）
道徳		34（1）	35（1）	35（1）	35（1）	35（1）	35（1）
特別活動		34（1）	35（1）	35（1）	70（2）	70（2）	70（2）
総授業時数		850（25）	910（26）	980（28）	1015（29）	1015（29）	1015（29）

備考
1　この表の授業時数の1単位時間は、45分とする
※　かっこ内の数字は、各時期の授業時数を比較するため、筆者が年間標準授業時数を授業週数35週（第1学年は34週）で割って週当たりに換算したもの。
※　表中の特別活動の授業時数については小学校学習指導要領で定める学級会活動、クラブ活動および学級指導（学校給食に係るものを除く）に充てる授業時数。その他の特別活動の授業については、学習指導要領総則において、児童会活動及び学校行事の授業については、それらの内容に応じ、年間、学期ごと、月ごとなどに適切な授業時数を配当するようにすることとされた。
※　学習指導要領総則において、授業の1単位時間は、45分を常例とするが、学校や児童の実態に即して適切に定めることとされ、前回の改訂で「40分とすることも考慮し」とされた文言は削除された。

第2章　教育課程と学習指導要領の変遷

中学校の授業時数　1977（昭和52）年改訂

教科等		第1学年	第2学年	第3学年
必修教科	国語	175（5）	140（4）	140（4）
	社会	140（4）	140（4）	105（3）
	数学	105（3）	140（4）	140（4）
	理科	105（3）	105（3）	140（4）
	音楽	70（2）	70（2）	35（1）
	美術	70（2）	70（2）	35（1）
	保健体育	105（3）	105（3）	105（3）
	技術・家庭	70（2）	70（2）	105（3）
	小計	840（24）	840（24）	805（23）
道徳		35（1）	35（1）	35（1）
特別活動		70（2）	70（2）	70（2）
選択教科等		105（3）	105（3）	140（4）
総授業時数		1050（30）	1050（30）	1050（30）

備考
1　この表の授業時数の1単位時間は、50分とする。
2　選択教科等に充てる授業時数は、1以上の選択教科に充てるほか、特別活動の授業時数等の増加に充てることができる。
3　選択教科の授業時数については、音楽、美術、保健体育および技術・家庭は、それぞれ第3学年において35を標準とする。外国語は、各学年において105を標準とし、中学校学習指導要領で定めるその他特に必要な教科は、各学年において35を標準とする。
※　かっこ内の数字は、各時期の授業時数を比較するため、筆者が年間標準授業時数を授業週数35週で割って週当たりに換算したもの。
※　表中の特別活動の授業時数については中学校学習指導要領で定める学級会活動、クラブ活動および学級指導（学校給食に係るものを除く）に充てる授業時数。生徒会活動および学校行事の授業については、それらの内容に応じ、年間、学期ごと、月ごとなどに適切な授業時数を配当するようにすることとされた。
※　学習指導要領総則において、授業の1単位時間は50分を常例とするが、学校や生徒の実態に即して適切に定めることとされ、前回の改訂で「45分とすることも考慮し」とされた文言は削除された。

第2節 現代の教育課程（戦後から）

高等学校の授業時数　1978（昭和53）年改訂

教科等	科目	標準単位数	すべての生徒に履修させる科目
国語	国語Ⅰ 国語Ⅱ 国語表現 現代文 古典	4 4 2 3 4	○
社会	現代社会 日本史 世界史 地理 倫理 政治・経済	4 4 4 4 2 2	○
数学	数学Ⅰ 数学Ⅱ 代数・幾何 基礎解析 微分・積分 確立・統計	4 3 3 3 3 3	○
理科	理科Ⅰ 理科Ⅱ 物理 化学 生物 地学	4 2 4 4 4 4	○
保健 体育	体育 保健	7〜9 2	○（全普男11） ○
芸術	音楽Ⅰ 音楽Ⅱ 音楽Ⅲ 美術Ⅰ 美術Ⅱ 美術Ⅲ 工芸Ⅰ 工芸Ⅱ 工芸Ⅲ 書道Ⅰ 書道Ⅱ	2 2 2 2 2 2 2 2 2 2 2	Ⅰの科目から1科目 （普3）

第2章 教育課程と学習指導要領の変遷

	書道Ⅲ	2	
外国語	英語Ⅰ 英語Ⅱ 英語ⅡA 英語ⅡB 英語ⅡC ドイツ語 フランス語 外国語に関するその他の科目	4 5 3 3 3	
家庭	家庭一般	4	○(女)
家、農、工、商、水、看、理数、音、美、英			
普通科必修 　男　7科目（32単位） 　女　8科目（32単位）			
専門学科必修 　普通教科・科目：男7科目（27単位）、女8科目（31単位） 　専門教科・科目：30単位 　（商業学科は、外国語10単位、他は、専門教科・科目と同様の成果が期待できる場合には、普通教科・科目5単位を含めても可）			
卒業単位数80単位以上			

5．1989（平成元）年改訂の学習指導要領

> 教育課程審議会答申「幼稚園、小学校、中学校及び高等学校の教育課程の基準の改善について」1987（昭和62）年
> 小学校学習指導要領　1989（平成元）年改訂　1992（平成4）年度実施
> 中学校学習指導要領　1989（平成元）年改訂　1993（平成5）年度実施
> 高等学校学習指導要領　1989（平成元）年改訂　1994（平成6）年度実施（学年進行）

　科学技術の進歩と経済の発展は、物質的な豊かさを生むとともに、情報化、国際化、価値観の多様化、核家族化など、社会の各方面に大きな変化をもたらし、これらの社会の変化はますます拡大し、加速化することが予想された。このような背景のもと、1987（昭和62）年、幼稚園、小学校、中学校及び高

等学校の教育課程の基準の改善について教育課程審議会の答申がとりまとめられた。これを受け、1989（平成元）年に小学校、中学校及び高等学校に関する学校教育法施行規則の一部改正と学習指導要領の改訂が行われた。

　この改訂は、生涯学習の基盤を培うという観点に立ち、21世紀を目指し社会の変化に自ら対応できる心豊かな人間の育成を図ることを基本的なねらいとし、次の方針で行われた。

① 　教育活動全体を通じて、児童生徒の発達の段階や各教科等の特性に応じ、豊かな心を持ち、たくましく生きる人間の育成を図ること。
② 　国民として必要とされる基礎的・基本的な内容を重視し、個性を生かす教育を充実するとともに、各学校段階間の教育の関連を緊密にして各教科等の内容の一貫性を図ること。
③ 　社会の変化に主体的に対応できる能力の育成や創造性の基礎を培うことを重視するとともに、自ら学ぶ意欲を高めるようにすること。
④ 　我が国の文化と伝統を尊重する態度の育成を重視するとともに、世界の文化や歴史についての理解を深め、国際社会に生きる日本人としての資質を養うこと。

　この改訂において、小学校第1学年及び第2学年の社会科と理科が廃止され、新たに合科的で体験的な生活科が設定された。生活科創設の背景には、就学前教育との連携、認識が未分化な低学年の児童に適した教科の在り方の要請、児童の自然離れと生活習慣の不足といった要因があった。したがって、身近な地域に興味や関心を持つことや基本的な生活習慣の形成に重点が置かれることになったのである。

　また、道徳教育の充実、中・高等学校の選択履修の幅の拡大、高等学校社会科の地理歴史科と公民科への再編などが行われた。

　また、この学習指導要領の改訂に伴って、1991（平成3）年、指導要録が改訂された。その改訂方針として、自ら学ぶ意欲や思考力、判断力、表現力などの育成を重視する「新学習指導要領が目指す学力観に立った教育の実践に役立つようにすること」、「児童生徒一人一人の可能性を積極的に評価し、豊かな自己実現に役立つようにすること」といったことなどが掲げられた。この指導要録の改訂では、評価の在り方について、目標に照らして実現状況

第2章　教育課程と学習指導要領の変遷

を評価する観点別学習状況の評価を各教科の評価の基本に据え、評定及び所見を併用するといった大きな改革が行われた。この改訂方針に掲げられたような教育の考え方を指して、一般に、「新しい学力観に立つ教育」という表現が使われるようになった。

　なお、教育課程に関わる施策として、学校週5日制の導入がある。1992（平成4）年に出された文部省の「社会の変化に対応した学校運営等に関する調査研究協力者会議」の審議のまとめを受け、同年9月から毎月第2土曜日を休業日とする月1回の学校週5日制が導入された。学校週5日制は、社会の変化に対応してこれからの時代に生きる子どもの望ましい人間形成を図る観点に立って、学校、家庭及び地域社会における子どもの生活全体を見直し、家庭や地域社会における生活時間の比重を高めるために導入された。その後、1995（平成7）年度から月2回の学校週5日制が実施される。月2回までの学校週5日制は、平成元年改訂の学習指導要領の下で導入が進められた。授業時数の運用については、学校において独自に行う教育活動や学校行事の精選、短縮授業の見直しなどで対応することとされた。

　このように、1989（平成元）年の学習指導要領は、児童生徒の関心・意欲・態度を重視し、思考力・判断力・表現力などを育成するという「新しい学力観」をその基本理念としており、各教科等における合科的な指導や体験的な教育活動の展開を推進するものであった。

第 2 節　現代の教育課程（戦後から）

小学校の授業時数　1989（平成元年）年改訂

教科等		第 1 学年	第 2 学年	第 3 学年	第 4 学年	第 5 学年	第 6 学年
各教科	国語	306 (9)	315 (9)	280 (8)	280 (8)	210 (6)	210 (6)
	社会	—	—	105 (3)	105 (3)	105 (3)	105 (3)
	算数	136 (4)	175 (5)	175 (5)	175 (5)	175 (5)	175 (5)
	理科	—	—	105 (3)	105 (3)	105 (3)	105 (3)
	生活	102 (3)	105 (3)	—	—	—	—
	音楽	68 (2)	70 (2)	70 (2)	70 (2)	70 (2)	70 (2)
	図画工作	68 (2)	70 (2)	70 (2)	70 (2)	70 (2)	70 (2)
	家庭	—	—	—	—	70 (2)	70 (2)
	体育	102 (3)	105 (3)	105 (3)	105 (3)	105 (3)	105 (3)
道徳		34 (1)	35 (1)	35 (1)	35 (1)	35 (1)	35 (1)
特別活動		34 (1)	35 (1)	35 (1)	70 (2)	70 (2)	70 (2)
総授業時数		850 (25)	910 (26)	980 (28)	1015 (29)	1015 (29)	1015 (29)

備考
1　この表の授業時数の1単位時間は、45分とする。
2　特別活動の授業時数は、小学校学習指導要領で定める学級活動（学校給食に係るものを除く）およびクラブ活動に充てるものとする。
※　かっこ内の数字は、各時期の授業時数を比較するため、筆者が年間標準授業時数を授業週数35週（第1学年は34週）で割って週当たりに換算したもの。
※　学習指導要領総則において、特別活動のうち、児童会活動および学校行事の授業については、それらの内容に応じ、年間、学期ごと、月ごとなどに適切な授業時数を充てるものとするとされている。
※　学習指導要領総則において、「各教科等のそれぞれの授業の1単位時間は、45分を常例とし、学校や児童の実態に即して適切に定めるものとする。なお、各教科等の特質に応じ、指導方法の工夫によって教育効果を高めることができる場合には、各教科等の年間授業時数を確保しつつ、適切な計画の下に授業の1単位時間を弾力的に運用することができる」とされている。

第2章　教育課程と学習指導要領の変遷

中学校の授業時数　1989（平成元年）年改訂

教科等		第1学年	第2学年	第3学年
必修教科	国語	175（5）	140（4）	140（4）
	社会	140（4）	140（4）	70～105（2～3）
	数学	105（3）	140（4）	140（4）
	理科	105（3）	105（3）	105～140（3～4）
	音楽	70（2）	35～70（1～2）	35（1）
	美術	70（2）	35～70（1～2）	35（1）
	保健体育	105（3）	105（3）	105～140（3～4）
	技術・家庭	70（2）	70（2）	70～105（2～3）
	小計	840（24）	770～840（22～24）	700～840（20～24）
道徳		35（1）	35（1）	35（1）
特別活動		35～70（1～2）	35～70（1～2）	35～70（1～2）
選択教科等		105～140（3～4）	105～210（3～6）	140～280（4～8）
総授業時数		1050（30）	1050（30）	1050（30）

備考
1　この表の授業時数の1単位時間は、50分とする。
2　特別活動の授業時数は、中学校学習指導要領で定める学級活動（学校給食に係るものを除く。以下この号において同じ）およびクラブ活動に充てるものとする。ただし必要がある場合には、学級活動の授業時数のみに充てることができる。
3　選択教科等に充てる授業時数は、選択教科の授業時数に充てるほか、特別活動の授業時数の増加に充てることができる。
4　選択教科の授業時数については、外国語は各学年において105から140までを標準とし、外国語以外の選択教科は中学校学習指導要領で定めるところによる。
※　かっこ内の数字は、各時期の授業時数を比較するため、筆者が年間標準授業時数を授業週数35週で割って週当たりに換算したもの。
※　学習指導要領総則において、特別活動の授業のうち、クラブ活動については、学校や生徒の実態等を考慮して、年間を通じて計画的に行うようにすること、また、生徒会活動および学校行事については、それらの内容に応じ、年間、学期ごと、月ごとなどに適切な授業時数を充てるようにすることとされている。
※　学習指導要領総則において、「各教科等（特別活動については、学級活動及びクラブ活動に限る）のそれぞれの授業の1単位時間は、50分を常例とし、学校や生徒の実態に即して適切に定めること。なお、各教科等の特質に応じ、指導方法の工夫によって教育効果を高めることができる場合には、各教科等の年間授業時数を確保しつつ、適切な計画の下に授業の1単位時間を弾力的に運用することができること」とされている。
※　選択教科の種類は、国語、社会、数学、理科（以上、第3学年）、音楽、美術、保健体育、技術・家庭（以上、第2・3学年）、外国語、その他特に必要な教科（以上、第1～3学年）。
※　選択教科の授業時数は外国語は各学年105から140を標準とし、それ以外の教科は年間35の範囲内で各学校で適切な時数を定める。
※　生徒に履修させる選択教科の数は、第1・2学年は1以上、第3学年は2以上。

第2節　現代の教育課程（戦後から）

高等学校の授業時数　1989（平成元年）年改訂

教科等	科目	標準単位数	すべての生徒に履修させる科目
国語	国語Ⅰ	4	○
	国語Ⅱ	4	
	国語表現	2	
	現代文	4	
	現代語	2	
	古典Ⅰ	3	
	古典Ⅱ	3	
	古典講読	2	
地理歴史	世界史A	2	うち1科目
	世界史B	4	
	日本史A	2	うち1科目
	日本史B	4	
	地理A	2	
	地理B	4	
公民	現代社会	4	「現代社会」又は「倫理」・「政治・経済」
	倫理	2	
	政治・経済	2	
数学	数学Ⅰ	4	○
	数学Ⅱ	3	
	数学Ⅲ	3	
	数学A	2	
	数学B	2	
	数学C	2	
理科	総合理科	4	
	物理ⅠA	2	
	物理ⅠB	4	5区分から2区分にわたって2科目
	物理Ⅱ	2	
	化学ⅠA	2	
	化学ⅠB	4	
	化学Ⅱ	2	
	生物ⅠA	2	
	生物ⅠB	4	
	生物Ⅱ	2	
	地学ⅠA	2	
	地学ⅠB	4	
	地学Ⅱ	2	

第2章 教育課程と学習指導要領の変遷

保健体育	体育	7～9	○（全普9）
	保健	2	○
芸術	音楽Ⅰ	2	1の科目から1科目（普3）
	音楽Ⅱ	2	
	音楽Ⅲ	2	
	美術Ⅰ	2	
	美術Ⅱ	2	
	美術Ⅲ	2	
	工芸Ⅰ	2	
	工芸Ⅱ	2	
	工芸Ⅲ	2	
	書道Ⅰ	2	
	書道Ⅱ	2	
	書道Ⅲ	2	
外国語	英語Ⅰ	4	
	英語Ⅱ	4	
	オーラル・コミュニケーションA	2	
	オーラル・コミュニケーションB	2	
	オーラル・コミュニケーションC	2	
	リーディング	4	
	ライティング	4	
	ドイツ語		
	フランス語		
家庭	家庭一般	4	うち1科目
	生活技術	4	
	生活一般	4	

家、農、工、商、水、看、理数、体、音、美、英
普通科必修　11～12科目（38単位）
専門学科必修　11～12科目（35単位） 　　　　　専門教科・科目：30単位 （商業学科は、外国語10単位、他は、専門教科・科目と同様の成果が期待できる場合には、普通教科・科目5単位を含めても可）
卒業単位数80単位以上

第2節　現代の教育課程（戦後から）

6．1998（平成10）・1999（平成11）年改訂の学習指導要領

> 中央教審議会答申「21世紀を展望した我が国の教育の在り方について（第一次答申）」1996（平成8）年
> 教育課程審議会答申「幼稚園、小学校、中学校、高等学校、盲学校、聾学校及び養護学校の教育課程の基準の改善について」1998（平成10）年
> 小学校学習指導要領　1998（平成10）年改訂　2002（平成14）年度実施
> 中学校学習指導要領　1998（平成10）年改訂　2002（平成14）年度実施
> 高等学校学習指導要領　1999（平成11）年改訂　2003（平成15）年度実施（学年進行）

　1996（平成8）年、中央教育審議会から「21世紀を展望した我が国の教育の在り方について（第一次答申）」が出された。この答申では、子どもたちの生活などの現状を踏まえるとともにこれからの社会を展望し、今後の教育の基本方向として「生きる力」の育成が提言された。「生きる力」とは、「いかに社会が変化しようと、自分で課題を見つけ、自ら学び、自ら考え、主体的に判断し、行動し、よりよく問題を解決する資質や能力」、「自らを律しつつ、他人とともに協調し、他人を思いやる心や感動する心など、豊かな人間性」、「たくましく生きるための健康や体力」などの資質や能力である。その実現のため、ゆとりある教育環境でゆとりある教育活動の展開が必要であること、教育内容の厳選と基礎・基本の徹底、「総合的な学習の時間」を設けて横断的・総合的な指導を行うこと、21世紀初頭を目途に完全学校週5日制の実施を目指すことなどが示された。

　この中央教育審議会の答申を受け、教育課程審議会での審議が行われ、1998（平成10）年、「幼稚園、小学校、中学校、高等学校、盲学校、聾学校及び養護学校の教育課程の基準の改善について」答申が出され、小学校及び中学校については同年、高等学校については翌1999（平成11）年、学校教育法施行規則の一部改正と学習指導要領の改訂が行われた。

　この改訂は、2002（平成14）年度から実施される完全学校週5日制の下で、各学校がゆとりの中で特色ある教育を展開し、児童生徒が豊かな人間性や基

礎・基本を身につけ、個性を生かし、自ら学び自ら考える力などの「生きる力」を培うことを基本的なねらいとし、次の方針により行われた。
① 豊かな人間性や社会性、国際社会に生きる日本人としての自覚を育成すること
② 自ら学び、自ら考える力を育成すること
③ ゆとりのある教育活動を展開する中で、基礎・基本の確実な定着を図り、個性を生かす教育を充実すること
④ 各学校が創意工夫を生かし特色ある教育、特色ある学校づくりを進めること

　この改訂においては、教育内容の厳選、授業時数の縮減、「総合的な学習の時間」の創設、各教科における体験的な学習や問題解決的な学習の充実、授業の1単位時間の弾力化、教科の特質によって目標や内容を2学年まとめて示す大綱化などが行われた。中学校については、これまで実質的には必修であったが選択教科に位置付けられていた外国語が必修教科に位置付けられた。高等学校については、卒業に必要な修得総単位数が80単位以上から74単位以上に改められるとともに、普通教科に関する科目に「情報」が、専門教育に関する教科に「情報」と「福祉」が加えられた。

　平成10（1998）年の学習指導要領における重要な改革内容は、小学校中学年から高等学校において創設された「総合的な学習の時間」であろう。そのねらいとしては、各学校の創意工夫を生かした横断的・総合的な学習や、児童生徒の興味・関心に基づく学習などを通じて、自分で課題を見つけ、自ら学び、自ら考え、主体的に判断し、行動し、よりよく問題を解決する資質や能力を育成することとされており、平成10年の学習指導要領のキーワードである「生きる力」の育成に資するものとして設定されたのである。

　なお、1992（平成4）年9月から月1回、1995（平成7）年4月から月2回実施されてきた学校週5日制については、この学習指導要領の改訂によって授業時数の面での条件が整い、学習指導要領が全面実施された2002（平成14）年4月から完全実施された。

　これまで見てきたように、学習指導要領における「ゆとり」路線は、1977（昭和52）年の学習指導要領から基本的に継続されてきたわけであるが、

1998（平成10）年版はそれをさらに徹底し、教育内容の3割削減や横断的・総合的な学習である「総合的な学習の時間」といった特徴が取り上げられたことにより、いわゆる「ゆとり教育」と呼ばれるようになった。

【キーワード】
「生きる力」
　次のような資質や能力を指していわれている。
確かな学力：基礎・基本を確実に身に付け、いかに社会が変化しようと、自ら課題を見つけ、自ら学び、自ら考え、主体的に判断し、行動し、よりよく問題を解決する資質や能力
豊かな人間性：自らを律しつつ、他人とともに協調し、他人を思いやる心や感動する心などの豊かな人間性
健康・体力：たくましく生きるための健康や体力　など

　これらの「生きる力」の育成を重視する考え方は、1996（平成8）年の中央教育審議会の「21世紀を展望した我が国の教育の在り方について」（第一次答申）において提言され、1998（平成10）年及び2008・2009（平成20・21）年の学習指導要領の改訂に受け継がれている。なお、「生きる力」を知の側面からとらえた「確かな学力」という言葉と「基礎・基本を確実に身に付け」の部分は、1998（平成10）年の学習指導要領の改訂後、いわゆる「学力問題」が生起した際に、1996（平成8）年の中央教育審議会答申でも強調されていた基礎・基本の徹底を改めて明示する意味で加えられた。

第2章　教育課程と学習指導要領の変遷

小学校の授業時数　1998（平成10）年改訂

教科等		第1学年	第2学年	第3学年	第4学年	第5学年	第6学年
各教科	国語	272（8）	280（8）	235（6.7）	235（6.7）	180（5.1）	175（5）
	社会	—	—	70（2）	85（2.4）	90（2.6）	100（2.9）
	算数	114（3.4）	155（4.4）	150（4.3）	150（4.3）	150（4.3）	150（4.3）
	理科	—	—	70（2）	90（2.6）	95（2.7）	95（2.7）
	生活	102（3）	105（3）	—	—	—	—
	音楽	68（2）	70（2）	60（1.7）	60（1.7）	50（1.4）	50（1.4）
	図画工作	68（2）	70（2）	60（1.7）	60（1.7）	50（1.4）	50（1.4）
	家庭	—	—	—	—	60（1.7）	55（1.6）
	体育	90（2.6）	90（2.6）	90（2.6）	90（2.6）	90（2.6）	90（2.6）
道徳		34（1）	35（1）	35（1）	35（1）	35（1）	35（1）
特別活動		34（1）	35（1）	35（1）	35（1）	35（1）	35（1）
総合的な学習の時間		—	—	105（3）	105（3）	110（3.1）	110（3.1）
総授業時数		782（23）	840（24）	910（26）	945（27）	945（27）	945（27）

備考
1　この表の授業時数の1単位時間は、45分とする。
2　特別活動の授業時数は、小学校学習指導要領で定める学級活動（学校給食に係るものを除く）に充てるものとする。
※　かっこ内の数字は、各時期の授業時数を比較するため、筆者が年間標準授業時数を授業週数35週（第1学年は34週）で割って週当たりに換算したもの。
※　学習指導要領総則において、特別活動の授業のうち、児童会活動、クラブ活動および学校行事については、それらの内容に応じ、年間、学期ごと、月ごとなどに適切な授業時数を充てるものとするとされている。
※　学習指導要領総則において、「各教科等のそれぞれの授業の1単位時間は、各学校において、各教科等の年間授業時数を確保しつつ、児童の発達段階及び各教科等や学習活動の特質を考慮して適切に定めるものとする」とされている。

第2節　現代の教育課程（戦後から）

中学校の授業時数　1998（平成10）年改訂

教科等		第1学年	第2学年	第3学年
必修教科	国語	140 (4)	105 (3)	105 (3)
	社会	105 (3)	105 (3)	85 (2.4)
	数学	105 (3)	105 (3)	105 (3)
	理科	105 (3)	105 (3)	80 (2.3)
	音楽	45 (1.3)	35 (1)	35 (1)
	美術	45 (1.3)	35 (1)	35 (1)
	保健体育	90 (2.6)	90 (2.6)	90 (2.6)
	技術・家庭	70 (2)	70 (2)	35 (1)
	外国語	105 (3)	105 (3)	105 (3)
	小計	810 (23.2)	755 (21.6)	675 (19.3)
道徳		35 (1)	35 (1)	35 (1)
特別活動		35 (1)	35 (1)	35 (1)
選択教科等		0～30 (0～0.8)	50～85 (1.4～2.4)	105～165 (3～3.7)
総合的な学習の時間		70～100 (2～2.8)	70～105 (2～3)	70～130 (2～3.7)
総授業時数		980 (28)	980 (28)	980 (28)

備考
1　この表の授業時数の1単位時間は、50分とする。
2　特別活動の授業時数は、中学校学習指導要領で定める学級活動（学校給食に係るものを除く）に充てるものとする。
3　選択教科等に充てる授業時数は、選択教科の授業時数に充てるほか、特別活動の授業時数の増加に充てることができる。
4　選択教科の授業時数については、中学校学習指導要領で定めるところによる。
※　かっこ内の数字は、各時期の授業時数を比較するため、筆者が年間標準授業時数を授業週数35週で割って週当たりに換算したもの。
※　学習指導要領総則において、特別活動の授業のうち、生徒会活動および学校行事については、それらの内容に応じ、年間、学期ごと、月ごとなどに適切な授業時数を充てるものとするとされている。
※　学習指導要領総則において、「各教科等のそれぞれの授業の1単位時間は、各学校において、各教科等の年間授業時数を確保しつつ、生徒の発達段階及び各教科等や学習活動の特質を考慮して適切に定めるものとする」とされている。

第2章　教育課程と学習指導要領の変遷

高等学校の授業時数　1999（平成11）年改訂

教科等	科目	標準単位数	すべての生徒に履修させる科目
国語	国語表現Ⅰ 国語表現Ⅱ 国語総合 現代文 古典 古典講読	2 2 4 4 4 2	うち１科目
地理歴史	世界史A 世界史B 日本史A 日本史B 地理A 地理B	2 4 2 4 2 4	うち１科目 うち１科目
公民	現代社会 倫理 政治・経済	2 2 2	「現代社会」又は「倫理」・「政治・経済」
数学	数学基礎 数学Ⅰ 数学Ⅱ 数学Ⅲ 数学A 数学B 数学C	2 3 4 3 2 2 2	うち１科目
理科	理科基礎 理科総合A 理科総合B 物理Ⅰ 物理Ⅱ 化学Ⅰ 化学Ⅱ 生物Ⅰ 生物Ⅱ 地学Ⅰ 地学Ⅱ	2 2 2 3 3 3 3 3 3 3 3	うち２科目（「理科基礎」「理科総合A」又は「理科総合B」を少なくとも１科目含む）
保健体育	体育 保健	7〜8 2	○ ○

第2節　現代の教育課程（戦後から）

芸術	音楽Ⅰ	2	うち1科目
	音楽Ⅱ	2	
	音楽Ⅲ	2	
	美術Ⅰ	2	
	美術Ⅱ	2	
	美術Ⅲ	2	
	工芸Ⅰ	2	
	工芸Ⅱ	2	
	工芸Ⅲ	2	
	書道Ⅰ	2	
	書道Ⅱ	2	
	書道Ⅲ	2	
外国語	オーラル・コミュニケーションⅠ	2	うち1科目
	オーラル・コミュニケーションⅡ	4	
	英語Ⅰ	3	
	英語Ⅱ	4	
	リーディング	4	
	ライティング	4	
家庭	家庭基礎	2	うち1科目
	家庭総合	4	
	生活技術	4	
情報	情報A	2	うち1科目
	情報B	2	
	情報C	2	
総合的な学習の時間	3～6	○	
農、工、商、水、家、看、情報、福祉、理数、体、音、美、英			
普通科必修　13～14科目（31単位）			
専門学科必修　13～14科目（31単位 　　　　　　　専門教科・科目：25単位 　（商業学科は、外国語5単位、他は、専門教科・科目と同様の成果が期待できる場合には、普通教科・科目5単位を含めても可）			
卒業単位数74単位以上			

第 2 章　教育課程と学習指導要領の変遷

7．2003（平成15）年一部改正の学習指導要領

> 中央教育審議会答申「初等中等教育における当面の教育課程及び指導の充実・改善方策について」2003（平成15）年
> 小学校学習指導要領　2003（平成15）年一部改正　2003（平成15）年実施
> 中学校学習指導要領　2003（平成15）年一部改正　2003（平成15）年実施
> 高等学校学習指導要領　2003（平成15）年一部改正　2003（平成15）年度実施（学年進行）

　1998（平成10）年の学習指導要領改訂後、教育内容の厳選や授業時数の縮減、総合的な学習の時間の在り方などをめぐって、学力の低下を懸念する議論が起こった。このような状況の中、学習指導要領に示す基礎的・基本的な内容の確実な定着を図るとともに、各学校の裁量によって創意工夫を生かした特色ある取り組みを行うことによって「確かな学力」を育成し、「生きる力」をはぐくむという学習指導要領のねらいの一層の実現を図る観点から、2003（平成15）年に学習指導要領が一部改正され、次のような改善が行われた。

① 学習指導要領の基準性を踏まえた指導の一層の充実

　学習指導要領に示されているすべての児童生徒に指導するものとする内容等を確実に指導した上で、児童生徒の実態を踏まえ、学習指導要領に示されていない内容を加えて指導することも可能であるという学習指導要領の基準性が明確にされた。また、内容の範囲や程度等を示す事項は、すべての児童生徒に対して指導するものとする内容の範囲や程度等を示したものであり、学校において特に必要がある場合には、この事項にかかわらず指導できることが明確にされた。

② 総合的な学習の時間の一層の充実

　総合的な学習の時間について、各教科等で身に付けた知識や技能等を相互に関連付け、学習や生活において生かし、それらが総合的に働くようにする

第 2 節　現代の教育課程（戦後から）

こと、各学校において目標及び内容を定め、全体計画を作成する必要があること、児童生徒の学習状況に応じて教師が適切な指導を行う必要があることなどが明確にされた。
③　個に応じた指導の一層の充実
　指導方法等の例示として、学習内容の習熟の程度に応じた指導、児童生徒の興味・関心等に応じた課題学習、補充的な学習や発展的な学習などの学習活動を取り入れた指導が加えられた。
　学習指導要領の基本方針に変更はないが、いずれも「一層の充実」を示すことによって、「確かな学力」を育成するための具体的な手立てについて改めて周知したのである。

8．2008（平成20）・2009（平成21）年改訂の学習指導要領

> 中央教育審議会答申「幼稚園、小学校、中学校、高等学校及び特別支援学校の学習指導要領等の改善について」2008（平成20）年
> 小学校学習指導要領　2008（平成20）年改訂　2011（平成23）年度実施
> 中学校学習指導要領　2008（平成20）年改訂　2012（平成24）年度実施
> 高等学校学習指導要領　2009（平成21）年改訂　2013（平成25）年度実施（学年進行）

　1　改訂の背景
　学習指導要領の改訂は、一般的には、社会の変化に対応することや実施の経験で明らかになった課題の解決などを意図して行われる。そのような意味では、「これから」と「これまで」という視点で改訂の背景をとらえることができる。これらに加えて、2008（平成20）・2009（平成21）年の学習指導要領の改訂では、教育基本法や学校教育の改正が行われたことを押さえる必要がある。つまり、2008（平成20）年の学習指導要領の改訂は、次の3点を背景としていると整理できる。
①　教育基本法・学校教育法の改正を踏まえる
　2006（平成18）年には教育基本法が、翌2007（平成19）年には学校教育法

が改正され、教育の目標や育成に留意すべき学力の要素などが新たに規定された。これらの上位の法律の改正を受け、学習指導要領を改訂する必要があった。
② 「知識基盤社会」などこれからの社会の変化への対応
　子どもたちが生きていく21世紀は、新しい知識・情報・技術が政治・経済・文化をはじめ社会のあらゆる領域での活動の基盤として飛躍的に重要性を増す「知識基盤社会」の時代であるといわれている。さらに、グローバル化、情報化、環境問題への対応、少子高齢化など、各方面で社会の変化が進んでいる。このような中で、確かな学力、豊かな心、健やかな体の調和を重視する「生きる力」の育成が一層重要になると考えられる。
③ 国内外の学力調査の結果などに見られるこれまでの教育の課題を解決する
　我が国の児童生徒について、教育課程実施状況調査や全国学力・学習状況調査、国際的な学力調査（OECD・PISA、IEA・TIMSS）などの結果から、次のような課題が指摘され、これらの課題を解決することが求められていた。
　・　思考力・判断力・表現力等を問う読解力や記述式の問題、知識・技能を活用する問題に課題があること。
　・　読解力で成績分布の分散が拡大しており、その背景には家庭での学習時間などの学習意欲、学習習慣・生活習慣に課題があること。
　・　自信の欠如や自らの将来への不安、体力の低下といった課題があること。

2　改訂の基本的な考え方と主な改善事項

　2008（平成20）年、教育基本法及び学校教育の改正を受け、これらにおいて明確となった教育の目的及び目標に基づき、中央教育審議会の答申を踏まえて学習指導要領が改訂された。その方針について、文部科学省の通知で次のように示されている。
① 教育基本法改正等で明確となった教育の理念を踏まえ、「生きる力」を育成すること
　・　「知識基盤社会」の時代においてますます重要となる「生きる力」と

第2節　現代の教育課程（戦後から）

いう理念を継承し、また、「生きる力」を支える「確かな学力」、「豊かな心」、「健やかな体」の調和を重視したこと。
・　教育基本法及び学校教育法の改正により明確となった教育の理念を踏まえ、学校教育においては、伝統と文化を尊重し、それらをはぐくんできた我が国と郷土を愛し、公共の精神を尊び、他国を尊重し、国際社会の平和と発展や環境の保全に貢献する主体性ある日本人を育成することを明確にしたこと。これを踏まえ、伝統や文化に関する教育や道徳教育、体験活動、環境教育等を充実させたこと。
② 　知識・技能の習得と思考力・判断力・表現力等の育成のバランスを重視すること
・　各教科等において、基礎的・基本的な知識・技能の習得を重視した上で、観察・実験やレポートの作成、論述など知識・技能の活用を図る学習活動を充実し、思考力・判断力・表現力等の育成を重視したこと。
・　あらゆる学習の基盤となる言語に関する能力について、国語科のみならず、各教科等においてその育成を重視したこと。
・　これらの学習を充実させるため、国語、社会、算数・数学、理科及び外国語等の授業時数を増加したこと。
・　これらの学習や勤労観・職業観を育てるためのキャリア教育などを通じ、学習意欲を向上するとともに、学習習慣の確立を図るものとしたこと。
③ 　道徳教育や体育などの充実により、豊かな心や健やかな体を育成すること
・　体験活動を活用しながら、道徳教育や体力の向上についての指導、安全教育や食育などを発達の段階に応じ充実し、豊かな心や健やかな体の育成を図るものとしたこと。

2008（平成20）年の学習指導要領の改訂について、その基本的な考え方を簡潔に整理すると、「生きる力」を育成するという理念は継承し、その具体的な手立てを確立する観点から改訂が行われたものであり、その主なポイントは次のとおりである。
① 　改正教育基本法等を踏まえた学習指導要領改正

② 「生きる力」という理念の共有
③ 基礎的・基本的な知識・技能の習得
④ 思考力・判断力・表現力等の育成
⑤ 確かな学力を確立するため必要な授業時数の確保
⑥ 学習意欲の向上や学習習慣の確立
⑦ 豊かな心や健やかな体の育成のための指導の充実

　この改訂に当たっては、上記の通知にも示されていたように、「ゆとり」か「詰め込み」かではなく、基礎的・基本的な知識・技能の確実な習得と、それらを活用して課題を解決するために必要な思考力・判断力・表現力その他の能力の育成の両方が重要であるとされ、それらを関係付けつつバランスよく伸ばしていくことが求められている。このような考え方に立って、教育内容が改善された。また、国語、社会、算数・数学、理科、外国語、体育・保健体育の授業時数が増加され、週当たりの時間数も増えることになった。これらの増加した授業時数は、各教科における指導事項の充実のほか、つまずきやすい内容の確実な習得を図るための繰り返し学習や知識・技能を活用する学習（観察・実験やレポート作成、論述など）に充て、きめ細やかで質の高い教育を進めることが求められている。

　なお、小学校では、積極的にコミュニケーションを図ろうとする態度を育成し言語・文化に対する理解を深めるために第5・6学年に外国語活動が新設され、中学校では、教育課程の共通性を高めるために必修教科の教育内容や授業時数が増加され、選択教科は標準授業時数の枠外で各学校において開設できるように改められたことに留意しておきたい。

　小学校及び中学校を中心に、文部科学省の通知をもとに、主なトピックごとの改善事項を見ると、次のとおりである。
① 言語活動の充実
　・ 言語は、知的活動やコミュニケーション、感性・情緒の基盤である。このため、国語科における読み書きなどの基本的な力の定着を図るとともに、各教科等における記録、説明、論述、討論といった学習活動を充実させたこと。
② 理数教育の充実

- 科学技術の土台である理数教育の充実を図るため、国際的な通用性、内容の系統性、小・中学校での学習の円滑な接続を踏まえて、指導内容を充実させたこと。

③ 伝統や文化に関する教育の充実
- 国際社会で活躍する日本人の育成を図るため、各教科等において、我が国や郷土の伝統や文化を受け止め、それを継承・発展させるための教育を充実させたこと。
- 具体的には、国語科での古典、社会科での歴史学習、音楽科での唱歌・和楽器、美術科での我が国の美術文化、保健体育科での武道の指導などを充実させたこと。

④ 道徳教育の充実
- 道徳教育は、道徳の時間を要として学校の教育活動全体を通じて行うものであることを明確化したこと。
- 発達の段階に応じて指導内容を重点化し、体験活動を充実させたこと。
- 道徳教育推進教師(道徳教育の推進を主に担当する教師)を中心に、全教師が協力して道徳教育を展開することを明確化したこと。
- 先人の伝記、自然、伝統と文化、スポーツなど、児童生徒が感動を覚える教材を活用することとしたこと。

⑤ 体験活動の充実
- 児童生徒の社会性や豊かな人間性をはぐくむため、その発達の段階に応じ、集団宿泊活動や自然体験活動(小学校)、職場体験活動(中学校)を重点的に推進することとしたこと。

⑥ 外国語教育の充実
- 積極的にコミュニケーションを図る態度を育成し、言語・文化に対する理解を深めるために、小学校高学年に外国語活動を導入したこと。
- 中学校においては、コミュニケーションの基盤となる語彙数を充実させるとともに、聞く・話す・読む・書くを総合的に行う学習活動を充実させたこと。

2008(平成20)・2009(平成21)年の学習指導要領の改訂では、「生きる力」という理念は継承しつつ、「学力低下」批判への対応、具体的には

第2章 教育課程と学習指導要領の変遷

OECD・PISA、IEA・TIMSSなどの国際的な学力調査に対応することのできる学力の育成も目指されている。また、小学校高学年における「外国語活動」の導入に象徴されるように、外国語教育の一層の充実もこの学習指導要領の特色といえるであろう。

小学校の授業時数　2008（平成20）年改訂

	教科等	第1学年	第2学年	第3学年	第4学年	第5学年	第6学年
各教科	国語	306（9）	315（9）	245（7）	245（7）	175（5）	175（5）
	社会	—	—	70（2）	90（2.6）	100（2.9）	105（3）
	算数	136（4）	175（5）	175（5）	175（5）	175（5）	175（5）
	理科	—	—	90（2.6）	105（3）	105（3）	105（3）
	生活	102（3）	105（3）	—	—	—	—
	音楽	68（2）	70（2）	60（1.7）	60（1.7）	50（1.4）	50（1.4）
	図画工作	68（2）	70（2）	60（1.7）	60（1.7）	50（1.4）	50（1.4）
	家庭	—	—	—	—	60（1.7）	55（1.6）
	体育	102（3）	105（3）	105（3）	105（3）	90（2.6）	90（2.6）
道徳		34（1）	35（1）	35（1）	35（1）	35（1）	35（1）
外国語活動		—	—	—	—	35（1）	35（1）
総合的な学習の時間		—	—	70（2）	70（2）	70（2）	70（2）
特別活動		34（1）	35（1）	35（1）	35（1）	35（1）	35（1）
総授業時数		850（25）	910（26）	945（27）	980（28）	980（28）	980（28）

備考
1　この表の授業時数の1単位時間は、45分とする。
2　特別活動の授業時数は、小学校学習指導要領で定める学級活動（学校給食に係るものを除く）に充てるものとする。
※　かっこ内の数字は、各時期の授業時数を比較するため、筆者が年間標準授業時数を授業週数35週（第1学年は34週）で割って週当たりに換算したもの。
※　学習指導要領総則において、特別活動の授業のうち、児童会活動、クラブ活動および学校行事については、それらの内容に応じ、年間、学期ごと、月ごとなどに適切な授業時数を充てるものとするとされている。
※　学習指導要領総則において、「各教科等のそれぞれの授業の1単位時間は、各学校において、各教科等の年間授業時数を確保しつつ、児童の発達の段階および各教科等や学習活動の特質を考慮して適切に定めるものとする」とされている。

第 2 節　現代の教育課程（戦後から）

中学校の授業時数　2008（平成20）年改訂

教科等		第1学年	第2学年	第3学年
各教科	国語	140（4）	140（4）	105（3）
	社会	105（3）	105（3）	140（4）
	数学	140（4）	105（3）	140（4）
	理科	105（3）	140（4）	140（4）
	音楽	45（1.3）	35（1）	35（1）
	美術	45（1.3）	35（1）	35（1）
	保健体育	105（3）	105（3）	105（3）
	技術・家庭	70（2）	70（2）	35（1）
	外国語	140（4）	140（4）	140（4）
道徳		35（1）	35（1）	35（1）
総合的な学習の時間		50（1.4）	70（2）	70（2）
特別活動		35（1）	35（1）	35（1）
総授業時数		1015（29）	1015（29）	1015（29）

備考
1　この表の授業時数の1単位時間は、50分とする。
2　特別活動の授業時数は、中学校学習指導要領で定める学級活動（学校給食に係るものを除く）に充てるものとする。
※　かっこ内の数字は、各時期の授業時数を比較するため、筆者が年間標準授業時数を授業週数35週で割って週当たりに換算したもの。
※　学習指導要領総則において、特別活動の授業のうち、生徒会活動および学校行事については、それらの内容に応じ、年間、学期ごと、月ごとなどに適切な授業時数を充てるものとするとされている。
※　学習指導要領総則において、「各教科等のそれぞれの授業の1単位時間は、各学校において、各教科等の年間授業時数を確保しつつ、生徒の発達段階および各教科等や学習活動の特質を考慮して適切に定めるものとする。なお、10分間程度の短い時間を単位として特定の教科の指導を行う場合において、当該教科を担当する教師がその指導内容の決定や指導の成果の把握と活用等を責任をもって行う体制が整備されているときは、その時間を当該教科の年間授業時数に含めることができる」とされている。

第2章 教育課程と学習指導要領の変遷

高等学校の授業時数　2008（平成21）年改訂

教科	科目	標準単位数	すべての生徒に履修させる科目
国語	国語総合 国語表現 現代文A 現代文B 古典A 古典B	4 3 2 4 2 4	○2単位まで減可
地理歴史	世界史A 世界史B 日本史A 日本史B 地理A 地理B	2 4 2 4 2 4	○ ○
公民	現代社会 倫理 政治・経済	2 2 2	「現代社会」又は「倫理」・「政治・経済」
数学	数学Ⅰ 数学Ⅱ 数学Ⅲ 数学A 数学B 数学活用	3 4 5 2 2 2	○2単位まで減可
理科	科学と人間生活 物理基礎 物理 化学基礎 化学 生物基礎 生物 地学基礎 地学 理科課題研究	2 2 4 2 4 2 4 2 4 1	「科学と人間生活」を含む2科目又は基礎を付した科目を3科目
保健体育	体育 保健	7〜8 2	○ ○
芸術	音楽Ⅰ 音楽Ⅱ 音楽Ⅲ	2 2 2	

第 2 節　現代の教育課程（戦後から）

	美術Ⅰ	2	○
	美術Ⅱ	2	
	美術Ⅲ	2	
	工芸Ⅰ	2	
	工芸Ⅱ	2	
	工芸Ⅲ	2	
	書道Ⅰ	2	
	書道Ⅱ	2	
	書道Ⅲ	2	
外国語	コミュニケーション英語基礎	2	
	コミュニケーション英語Ⅰ	3	○2単位まで減可
	コミュニケーション英語Ⅱコミュニ	4	
	ケーション英語Ⅲ	4	
	英語表現Ⅰ	2	
	英語表現Ⅱ	4	
	英語会話	2	
家庭	家庭基礎	2	
	家庭総合	4	○
	生活デザイン	4	
情報	社会と情報	2	○
	情報の科学	2	
総合的な学習の時間		3〜6	○2単位まで減可

普通科必修　13〜15科目（31単位）
専門学科必修　13〜15科目（31単位） （商業学科は、外国語5単位、他は、専門教科・科目と同様の成果が期待できる場合には、普通教科・科目5単位を含めても可）
卒業単位数74単位以上

第2章　教育課程と学習指導要領の変遷

学習指導要領の変遷

昭和
33～35
年改訂

教育課程の基準としての性格の明確化
（道徳の時間の新設、基礎学力の充実、科学技術教育の向上等）
（系統的な学習を重視）

〔実施〕
小学校：昭和36年度、中学校：昭和37年度、高等学校：昭和38年度（学年進行）

昭和
43～45
年改訂

教育内容の一層の向上（「教育内容の現代化」）
（時代の進展に対応した教育内容の導入）
（算数における集合の導入等）

〔実施〕
小学校：昭和46年度、中学校：昭和47年度、高等学校：昭和48年度（学年進行）

昭和
52～53
年改訂

ゆとりある充実した学校生活の実現＝学習負担の適正化
（各教科等の目標・内容を中核的事項にしぼる）

〔実施〕
小学校：昭和55年度、中学校：昭和56年度、高等学校：昭和57年度（学年進行）

平成
元年
改訂

社会の変化に自ら対応できる心豊かな人間の育成
（生活科の新設、道徳教育の充実）

〔実施〕
小学校：平成4年度、中学校：平成5年度、高等学校：平成6年度（学年進行）

平成
10～11
年改訂

基礎・基本を確実に身に付けさせ、自ら学び自ら考
える力などの［生きる力］の育成
（教育内容の厳選、「総合的な学習の時間」の新設）

〔実施〕
小学校：平成14年度、中学校：平成14年度、高等学校：平成15年度（学年進行）

学習指導要領のねらいの一層の実現の観点から学習指導要領の一部改正（平成15年）

平成
20～21
年改訂

［生きる力］の育成、基礎的・基本的な知識・技能の習得、
思考力・判断力・表現力等の育成のバランス
（授業時数の増、指導内容の充実、小学校外国語活動の導入）

〔実施〕小学校：平成23年度、中学校：平成24年度、高等学校：平成25年度
　　　（年次進行）
　　　※小・中は平成21年度、高は平成22年度から先行実施

出典：文部科学省ホームページ

3　学習指導要領の定着のための施策

①　説明会や連絡協議会などの開催

学習指導要領の円滑な実施のためには、まず、その趣旨を教師や教育委員会の指導主事などの関係者に普及し徹底することが必要になる。このため、文部科学省により学習指導要領改訂の考え方や要点を説明するために都道府県教育委員会の指導主事等を集めた講習会が開催され、それらが更に都道府県教育委員会から市町村教育委員会や学校に伝達される。また、学習指導要領の実施後も、教育課程の効果的な運営に資するため、毎年、都道府県教育委員会の指導主事等により情報を交換し合い課題解決のために話し合う連絡協議会などが開催される。このほか、PTAをはじめ関係者の会合に文部科学省の担当者が出向いて説明するなどして、学習指導要領の改訂の趣旨が広く普及し関係者の協力が得られるよう努められている。

②　解説や指導資料などの作成

学習指導要領は、教育課程の基準として必要なことに絞って示されており、各学校において学習指導要領を踏まえて実際に教育課程を編成・実施する上で、学習指導要領をどう解釈し具体化していくかが課題になる。このため、学校において学習指導要領についての理解を深め創意工夫を生かした特色ある教育課程を編成・実施することに資するため、文部科学省により総則と教科等ごとに学習指導要領の解説が刊行されている。また、教育課程の編成・実施に関わって学習指導要領の改訂の趣旨を実現するために特に必要な課題ごとに、教師向けの指導資料が作成されている。

③　研修の実施

各学校において教育課程をより効果的なものにしていくためには、教職員の力量の向上を図ることが重要になる。このため、独立行政法人教職員支援機構（旧教員研修センター）では、特に指導的立場にある教職員のために各種の研修が企画・実施されている。

【引用・参考文献】
柴田義松『教育課程 カリキュラム入門』有斐閣、2000（平成12）年
原清治『学校教育課程論』学文社、2005（平成17）年

第 2 章　教育課程と学習指導要領の変遷

鯨井俊彦・青木秀雄・林幹夫『現代教育課程入門』明星大学出版部、2009（平成21）年
田中耕治編『よくわかる教育課程』ミネルヴァ書房、2009（平成21）年
水原克敏『学習指導要領は国民形成の設計書　その能力観と人間像の歴史的変遷』東北大学出版会、2010（平成22）年
吉冨芳正編『現代中等教育課程入門』明星大学出版部、2014（平成26）年
山田恵吾・藤田祐介・貝塚茂樹『学校教育とカリキュラム 第三版』文化書房博文社、2015（平成27）年
田中耕治・水原克敏・三石初雄・西岡加名恵『新しい時代の教育課程 第 4 版』有斐閣、2018（平成30）年
文部省『学制百年史』
文部省『学制百二十年史』ぎょうせい、1992（平成 4 ）年
文部省『小学校指導書　教育課程一般編』教育出版、1978（昭和53）年
文部科学省『小学校学習指導要領解説　総則編』東洋館出版社、2008（平成20）年
文部科学省『中学校学習指導要領解説　総則編』ぎょうせい、2008（平成20）年
文部科学省ホームページ
　「新学習指導要領・生きる力」
　　http://www.mext.go.jp/a_menu/shotou/new-cs/index.htm
　　　・新学習指導要領・生きる力
　　　・新学習指導要領の基本的な考え方
　　　・ポイントがわかるパンフレット
　　　・新学習指導要領（本文、解説、資料等）（※新旧対照表を含む）
　　　　など
　「高等学校における各教科・科目及単位数等の変遷」
　　http://www.mext.ro.jp/b_menu/shingi/chukyo/chukyo3/028/siryo/06041807/008/002.pdf
　「学習指導要領の変遷」
　　http://www.mext.go.jp/b_menu/shingi/chukyo/chukyo3/004/siryo/_icsFiles/afieldfile/2011/04/14/1303377_1_1.pdf
　「教育基本法資料室へようこそ！」
　　http://www.mext.go.jp/b_menu/kihon/index.htm
　「教育三法の改正について」
　　http://www.mext.go.jp/a_menu/kaisei/index.htm
国立教育政策研究所ホームページ「学習指導要領データベース」
　　http://www.nier.go.jp/guideline/

第 3 節　道徳の特別の教科化と2017（平成29）・2018（平成30）年の学習指導要領改訂

1 ．道徳の特別の教科化等道徳教育の改善

　道徳教育については、1958（昭和33）年の学習指導要領の改訂において設けられた道徳の時間（小・中学校）を要として学校の教育活動全体を通じて

第3節　道徳の特別の教科化と2017（平成29）・2018（平成30）年の学習指導要領改訂

行うこととされ、教育が目指す「人格の完成」などの基盤となる道徳性を養うことが期待されてきた。学校の実態を見ると、道徳教育に熱心に取り組む学校が見られる一方、道徳の時間の指導が心情の理解に偏り形式的になりがちであるといった指摘がなされていた。また、いじめが大きな問題となり、自殺に至るという痛ましい事件が後を絶たない。

こうしたことから、内閣に設置された教育再生実行会議の第一次提言（2013（平成25）年）では、道徳教育の重要性を改めて認識し、その抜本的な充実を図るとともに、新たな枠組みによって教科化することが提言された。

これを踏まえ、中央教育審議会等での検討が行われ、2014（平成26）年には「道徳に係る教育課程の改善等について」中央教育審議会答申が示された。そこでは、道徳の時間を「特別の教科　道徳（仮称）」として制度上位置づけその充実を図ること、道徳教育の目標や内容の明確化、体系化を図ることなどが提言された。

この提言を受け、2015（平成27）年、学校教育法施行規則や学習指導要領の一部改正が行われた。この改正の特徴は、特別の教科である道徳（「道徳科」）を要として、児童生徒一人一人が道徳的な課題を自分自身の問題としてとらえ向き合い、多面的、多角的に深く考えたり、議論したりする、「考える道徳」「議論する道徳」へと転換を図るものといわれている。こうした考えに立って、道徳教育の目標や道徳科の目標、内容などをわかりやすく示すなどの改善が行われた。

この一部改正の内容については、小学校は2018（平成30）年度から、中学校は2019（平成31）年度からそれぞれ全面実施されている。

２．2017（平成29）・2018（平成30）年の学習指導要領改訂

中央教育審議会答申「幼稚園、小学校、中学校、高等学校及び特別支援学校の学習指導要領等の改善及び必要な方策等について」（2016（平成28）年）
小学校　2017（平成29）年改訂　2020年度実施＊
中学校　2017（平成29）年改訂　2021年度実施＊

第2章　教育課程と学習指導要領の変遷

> 高等学校　2018（平成30）年改訂　2022年度実施（学年進行）
> （＊本書執筆時点で改元が予定されているため、平成31年以降については西暦のみ表記した。以下、同じ）

1　改訂の背景

　2016（平成28）年12月21日の中央教育審議会答申（以下、「答申」という）を踏まえ、2017（平成29）年3月31日、小学校学習指導要領、中学校学習指導要領及び幼稚園教育要領が告示された。続いて、2018（平成30）年3月30日には、高等学校学習指導要領が告示された。

　今回の学習指導要領の改訂では、よりよい学校教育を通じてよりよい社会を創るという目標を共有し、社会と連携・協働しながら、未来の創り手となるために必要な資質・能力を育む「社会に開かれた教育課程」の理念を掲げ、教育課程を中核に据えて学校教育の改善を図ることが意図されている。

　これらの学習指導要領は、趣旨徹底と移行措置を経て、小学校は2020年度から、中学校は2021年度から、幼稚園は2018年度から、それぞれ全面実施され、高等学校については2022年度から学年進行で実施される。

　今回の学習指導要領改訂の背景として強く意識されているものは、社会の変化である。中央教育審議会の答申でも指摘されているように、今日、グローバル化の進展や人工知能（AI）の急速な進化など、社会の様々な領域で激しい変化が加速度的に進んでおり、将来を予測することは難しくなっている。子どもたちを含め私たちは変化する社会の中に生きており、社会の変化は私たちに大きな影響を及ぼしている。私たちは、これまでになかった豊かさや便利さなどを享受する一方で、多くの困難な問題に直面している。例えば、少子・高齢化、貧富の差の拡大、環境の変動、資源やエネルギーと持続可能な発展、対立や紛争といった問題は、私たちの生活や生き方に影響を及ぼし、人類や地球の未来にも関わっている。

　社会の変化に伴って生じる問題については、唯一の正解はなく、受身の考え方や後追いの対応では解決が難しい。大人はもとより、次代を担う子どもたちが、人間の尊さや生命のかけがえのなさ、他者への共感や思いやり、幸

第3節　道徳の特別の教科化と 2017（平成 29）・2018（平成 30）年の学習指導要領改訂

福を分かち合う態度など普遍的で共有できる価値を大切にしながら、柔軟な発想や豊かな感性をもってよりよい社会や世界の創造に積極的に取り組む必要がある。

　子どもたちの教育をあずかる学校教育は、このような変化する社会の中に存在することを強く意識し、社会や世界との接点を広げ多様なつながりを重視して、子どもたちが自ら新しい時代を創造し豊かに生きていくことができる資質・能力を育むことが求められる。

　こうしたこれからの時代の学校教育への期待について、文部科学省は「子供たちが様々な変化に積極的に向き合い、他者と協働して課題を解決していくことや、様々な情報を見極め知識の概念的な理解を実現し情報を再構成するなどして新たな価値につなげていくこと、複雑な状況変化の中で目的を再構築することができるようにすることが求められている」[1]と指摘している。

　このような社会の変化と学校教育への期待を背景として、2017（平成29）・2018（平成30）年の学習指導要領の改訂が行われた。

2　改訂の基本的な考え方と主な改善事項

　ここでは、文部科学省による通知[2]を手がかりに、2017（平成29）・2018（平成30）年の学習指導要領改訂の基本的な考え方と主な改善事項を整理する。通知では、「幼稚園、小学校及び中学校の教育課程の基準の改善の基本的な考え方」として、次の事項を掲げている。

・教育基本法、学校教育法などを踏まえ、我が国のこれまでの教育実践の蓄積を活かし、豊かな創造性を備え持続可能な社会の創り手となることが期待される子供たちが急速に変化し予測不可能な未来社会において自立的に生き、社会の形成に参画するための資質・能力を一層確実に育成することとしたこと。その際、子供たちに求められる資質・能力とは何かを社会と共有し、連携する「社会に開かれた教育課程」を重視したこと。
・知識及び技能の習得と思考力、判断力、現力等の育成のバランスを重視する現行学習指導要領の枠組みや教育内容を維持した上で、知識の

理解の質をさらに高め、確かな学力を育成することとしたこと。
・先行する特別教科化など道徳教育の充実や体験活動の重視、体育・健康に関する指導の充実により、豊かな心や健やかな体を育成することとしたこと。
・新たに「前文」を設け、新学習指導要領等を定めるに当たっての考え方を、明確に示したこと。

　新学習指導要領では、新たに前文が付されている。この前文では、これからの学校の役割について、「教育の目的及び目標の達成を目指しつつ、一人一人の児童生徒が、自分のよさや可能性を認識するとともに、あらゆる他者を価値のある存在として尊重し、多様な人々と協働しながら様々な社会的変化を乗り越え、豊かな人生を切り拓き、持続可能や社会の創り手をなることができるようにすることが求められる」と示されている。このような学校教育を実現するための鍵となる概念として、「社会に開かれた教育課程」という考え方が示されている。「社会に開かれた教育課程」とは、「よりよい学校教育を通してよりよい社会を創るという理念を学校と社会とが共有し、それぞれの学校において、必要な学習内容をどのように学び、どのような資質・能力を身に付けられるようにするのかを教育課程において明確にしながら、社会との連携及び協働によりその実現を図っていく」（学習指導要領前文）という考え方をいう。

　このような理念を実現するためには、各教科等の内容の見直しにとどまらず、教育課程全体を構造的に見直す必要がある。このため、次の点に沿って学習指導要領の改善が行われた。
① 「何ができるようになるか」（育成を目指す資質・能力）
② 「何を学ぶか」（教科等を学ぶ意義と、教科等間・学校段階間のつながりを踏まえた教育課程の編成）
③ 「どのように学ぶか」（各教科等の指導計画の作成と実施、学習・指導の改善・充実）
④ 「子供一人一人の発達をどのように支援するか」（子供の発達を踏まえた指導）

⑤ 「何が身に付いたか」（学習評価の充実）
⑥ 「実施するために何が必要か」（学習指導要領等の理念を実現するために必要な方策）

　こうした考え方のもと、学習指導要領の前文と総則においてこれからの学校教育と教育課程についての基本的な考え方が示されるとともに、総則の構成が改められ、教育課程の編成・実施の基本方針や配慮事項などが手順を追ってわかりやすく整理された。

　そして、「何ができるようになるか」という観点からは、「子供たちに育む『生きる力』を資質・能力として具体化し、『何のために学ぶのか』という学習の意義を共有しながら、授業の創意工夫や教科書等の教材の改善を引き出していけるよう」（通知）、各教科等の目標及び内容が、「①知識及び技能、②思考力、判断力、表現力等、③学びに向かう力、人間性等の三つの柱に沿って整理」された。

　これらの資質・能力の育成を実現するため、各教科等の特質に応じた物事を捉える視点や考え方（見方・考え方）を働かせ、単元や題材など内容や時間のまとまりを見通しながら、児童生徒の主体的・対話的で深い学びの実現に向けた授業改善を行うことが求められている。その際、「我が国のこれまでの教育実践の蓄積に基づく授業改善の活性化により、児童生徒の知識の理解の質の向上を図り、これからの時代に求められる資質・能力を育んでいくことが重要」であって、「これまでと全く異なる指導方法を導入しなければならないなどと浮足立つ必要はなく、これまでの教育実践の蓄積をしっかりと引き継ぎ、子供たちの実態や教科等の学習内容等に応じた指導の工夫改善を図ること」（通知）とされている。

　そして、学習指導要領の趣旨を実現するために、各学校でカリキュラム・マネジメントを確立することが求められている（カリキュラム・マネジメントについては、第3章第3節参照）。カリキュラム・マネジメントについて、通知では次のように示されている。

・教科等の目標や内容を見渡し、特に学習の基盤となる資質・能力（言語能力、情報活用能力、問題発見・解決能力等）や豊かな人生の実現

> や災害等を乗り越えて次代の社会を形成することに向けた現代的な諸課題に対応して求められる資質・能力の育成のためには、教科等横断的な学習を充実する必要があること。
>
> また、主体的・対話的で深い学びの実現に向けた授業改善については、1単位時間の授業の中で全てが実現できるものではなく、単元など内容や時間のまとまりの中で、習得・活用・探究のバランスを工夫することが重要であるとしたこと。
>
> ・そのため、学校全体として、子供たちや学校、地域の実態を適切に把握し、教育内容や時間の適切な配分、必要な人的・物的体制の確保、実施状況に基づく改善などを通して、教育課程に基づく教育活動の質を向上させ、学習の効果の最大化を図るカリキュラム・マネジメントに努めるものとしたこと。

そのほか、通知をもとに、小・中学校を中心に、教育内容の主な改善事項を紹介すると、次のとおりである。

> ① 言語能力の確実な育成
> ・発達の段階に応じた、語彙の確実な習得、意見と根拠、具体と抽象を押さえて考えるなど情報を正確に理解し適切に表現する力の育成を図ることとしたこと。
> ・学習の基盤としての各教科等における言語活動（実験レポートの作成、立場や根拠を明確にして議論することなど）を充実させたこと。
> ② 情報活用能力の育成
> ・コンピュータや情報通信ネットワークなどの情報手段を活用するために必要な環境を整え、これらを適切に活用した学習活動の充実を図ることとしたこと。
> ・小学校においては、各教科等の特質に応じて、コンピュータでの文字入力等の習得、プログラミング的思考の育成のための学習活動を実施することとしたこと。
> ③ 理数教育の充実

- 前回改訂において2～3割程度授業時数を増加し充実させた内容を今回も維持した上で、日常生活等から問題を見いだす活動や見通しをもった観察・実験などを充実させたこと。
- 必要なデータを収集・分析し、その傾向を踏まえて課題を解決するための統計教育や自然災害に関する内容を充実させたこと。

④ 伝統や文化に関する教育の充実
- 古典など我が国の言語文化や、県内の主な文化財や年中行事の理解、我が国や郷土の音楽、和楽器、武道、和食や和服などの指導を充実させたこと。

⑤ 体験活動の充実
- 生命の有限性や自然の大切さ、挑戦や他者との協働の重要性を実感するため、体験活動を充実させ、自然の中での集団宿泊体験活動や職場体験を重視したこと。

⑥ 外国語教育の充実
- 小学校において、中学年で「外国語活動」を、高学年で「外国語科」を導入したこと。(これに伴い、小学校の標準授業時数は増加している)
- 小・中・高等学校一貫した学びを重視し、外国語能力の向上を図る目標を設定するとともに、国語教育との連携を図り日本語の特徴や言語の豊かさに気付く指導を充実させたこと。

第2章　教育課程と学習指導要領の変遷

小学校の授業時数　2017（平成29）年改訂

教科等		第1学年	第2学年	第3学年	第4学年	第5学年	第6学年
各教科	国語	306（9）	315（9）	245（7）	245（7）	175（5）	175（5）
	社会	—	—	70（2）	90（2.6）	100（2.9）	105（3）
	算数	136（4）	175（5）	175（5）	175（5）	175（5）	175（5）
	理科	—	—	90（2.6）	105（3）	105（3）	105（3）
	生活	102（3）	105（3）	—	—	—	—
	音楽	68（2）	70（2）	60（1.7）	60（1.7）	50（1.4）	50（1.4）
	図画工作	68（2）	70（2）	60（1.7）	60（1.7）	50（1.4）	50（1.4）
	家庭	—	—	—	—	60（1.7）	55（1.6）
	体育	102（3）	105（3）	105（3）	105（3）	90（2.6）	90（2.6）
	外国語	—	—	—	—	70（2）	70（2）
特別の教科である道徳		34（1）	35（1）	35（1）	35（1）	35（1）	35（1）
外国語活動		—	—	35（1）	35（1）	—	—
総合的な学習の時間		—	—	70（2）	70（2）	70（2）	70（2）
特別活動		34（1）	35（1）	35（1）	35（1）	35（1）	35（1）
総授業時数		850（25）	910（26）	980（28）	1015（29）	1015（29）	1015（29）

備考
1　この表の授業時数の1単位時間は、45分とする。
2　特別活動の授業時数は、小学校学習指導要領で定める学級活動（学校給食に係るものを除く）に充てるものとする。
※　かっこ内の数字は、各時期の授業時数を比較するため、筆者が年間標準授業時数を授業週数35週（第1学年は34週）で割って週当たりに換算したもの。
※　学習指導要領総則において、特別活動の授業のうち、児童会活動、クラブ活動および学校行事については、それらの内容に応じ、年間、学期ごと、月ごとなどに適切な授業時数を充てるものとするとされている。
※　学習指導要領総則において、「各教科等のそれぞれの授業の1単位時間は、各学校において、各教科等の年間授業時数を確保しつつ、児童の発達の段階及び各教科等や学習活動の特質を考慮して適切に定めること」、「各教科等の特質に応じ、10分から15分程度の短い時間を活用して特定の教科等の指導を行う場合において、教師が、単元や題材など内容や時間のまとまりを見通した中で、その指導内容の決定や指導の成果の把握と活用等を責任をもって行う体制が整備されているときは、その時間を当該教科等の年間授業時数に含めることができること」とされている。

第3節　道徳の特別の教科化と2017（平成29）・2018（平成30）年の学習指導要領改訂

中学校の授業時数　2017（平成29）年改訂

教科等		第1学年	第2学年	第3学年
各教科	国語	140 (4)	140 (4)	105 (3)
	社会	105 (3)	105 (3)	140 (4)
	数学	140 (4)	105 (3)	140 (4)
	理科	105 (3)	140 (4)	140 (4)
	音楽	45 (1.3)	35 (1)	35 (1)
	美術	45 (1.3)	35 (1)	35 (1)
	保健体育	105 (3)	105 (3)	105 (3)
	技術・家庭	70 (2)	70 (2)	35 (1)
	外国語	140 (4)	140 (4)	140 (4)
特別の教科である道徳		35 (1)	35 (1)	35 (1)
総合的な学習の時間		50 (1.4)	70 (2)	70 (2)
特別活動		35 (1)	35 (1)	35 (1)
総授業時数		1015 (29)	1015 (29)	1015 (29)

備考
1　この表の授業時数の1単位時間は、50分とする。
2　特別活動の授業時数は、中学校学習指導要領で定める学級活動（学校給食に係るものを除く）に充てるものとする。
※　かっこ内の数字は、各時期の授業時数を比較するため、筆者が年間標準授業時数を授業週数35週で割って週当たりに換算したもの。
※　学習指導要領総則において、特別活動の授業のうち、生徒会活動および学校行事については、それらの内容に応じ、年間、学期ごと、月ごとなどに適切な授業時数を充てるものとするとされている。
※　学習指導要領総則において、「各教科等のそれぞれの授業の1単位時間は、各学校において、各教科等の年間授業時数を確保しつつ、生徒の発達段階及び各教科等や学習活動の特質を考慮して適切に定めること」、「各教科等の特質に応じ、10分から15分程度の短い時間を単位として特定の教科等の指導を行う場合において、当該教科等を担当する教師が、単元や題材など内容や時間のまとまりを見通した上で、その指導内容の決定や指導の成果の把握と活用等を責任をもって行う体制が整備されているときは、その時間を当該教科の年間授業時数に含めることができること」とされている。

第2章　教育課程と学習指導要領の変遷

高等学校の授業時数　2018（平成30）年改訂

教科等	科目	標準単位数	必履修科目
国語	現代の国語	2	○
	言語文化	2	○
	論理国語	4	
	文学国語	4	
	国語表現	4	
	古典探究	4	
地理歴史	地理総合	2	○
	地理探究	3	
	歴史総合	2	○
	日本史探究	3	
	世界史探究	3	
公民	公共	2	○
	倫理	2	
	政治・経済	2	
数学	数学Ⅰ	3	○2単位まで減可
	数学Ⅱ	4	
	数学Ⅲ	3	
	数学A	2	
	数学B	2	
	数学C	2	
理科	科学と人間生活	2	「科学と人間生活」を含む2科目又は基礎を付した科目を3科目
	物理基礎	2	
	物理	4	
	化学基礎	2	
	化学	4	
	生物基礎	2	
	生物	4	
	地学基礎	2	
	地学	4	
保健体育	体育	7〜8	○
	保健	2	○

第3節 道徳の特別の教科化と2017（平成29）・2018（平成30）年の学習指導要領改訂

芸術	音楽Ⅰ	2	○
	音楽Ⅱ	2	
	音楽Ⅲ	2	
	美術Ⅰ	2	
	美術Ⅱ	2	
	美術Ⅲ	2	
	工芸Ⅰ	2	
	工芸Ⅱ	2	
	工芸Ⅲ	2	
	書道Ⅰ	2	
	書道Ⅱ	2	
	書道Ⅲ	2	
外国語	英語コミュニケーションⅠ	3	○2単位まで減可
	英語コミュニケーションⅡ	4	
	英語コミュニケーションⅢ	4	
	論理・表現Ⅰ	2	
	論理・表現Ⅱ	2	
	論理・表現Ⅲ	2	
家庭	家庭基礎	2	○
	家庭総合	4	
情報	情報Ⅰ	2	○
	情報Ⅱ	2	
理数	理数探究基礎	1	
	理数探究	2～5	
総合的な探究の時間		3～6	○2単位まで減可

引用・参考文献

1）文部科学省『中学校学習指導要領（平成29年告示）解説　総則編』2018（平成30）年、東山書房、1頁。
2）文部科学省「学校教育法施行規則の一部を改正する省令の制定並びに幼稚園教育要領の全部を改正する告示、小学校学習指導要領の全部を改正する告示及び中学校学習指導要領の全部を改正する告示等の公示について」（平成29年3月31日付け28文科初第1828号、各都道府県教育委員会教育長等あて文部科学事務次官通知）。

第3章

学校における教育課程の編成と実施

第1節　学校における教育課程の編成

1．教育課程の編成

　第1章で整理したように、学校の教育活動全体についての基幹となる計画である教育課程を作成することを「教育課程の編成」という。つまり、「教育課程の編成」とは、各学校において、「学校教育の目的や目標を達成するために、教育の内容を児童生徒の心身の発達に応じ、授業時数との関連において総合的に組織した学校の教育計画」について、構想を立て基本的な考え方を明らかにし、成文化したり表や図などを含めて視覚化したりする作業過程のすべてを指している。

　教育基本法第6条第2項では、「学校においては、教育の目標が達成されるよう、教育を受ける者の心身の発達に応じて、体系的な教育が組織的に行わなければならない」と定められている。この規定の趣旨を踏まえ、学校の教育課程は、「教育の目標が達成」されるよう、「教育を受ける者の心身の発達」その他の実態を踏まえ、「体系的な教育が組織的に」行われるよう編成する必要がある。

　各学校では、校長の指導のもと、教職員が協働し、学校としての教育目標を明確に掲げ、各教科等の教育活動全体を視野に入れた体系的な「本校の教育課程」をつくる必要がある。校内組織等の役割を明確にして、各学年や各教科等の連携・協力を図り組織的な実施につなげていくことが求められる。

2．教育課程の編成の手順

　教育課程の編成の手順については、法令上の定めがあるわけではない。各

学校の実態に即して工夫していくことになる。教育委員会によっては、独自に管下の学校における教育課程の編成の要領や指針などを示しているところもある。その場合は、それらに従うことが必要である。

　例えば、『中学校学習指導要領解説　総則編』では、次の（１）から（６）までのように大きく六項目にわたって手順が例示されている。学校における教育課程編成の具体的な作業のイメージを描く上で一つの手がかりとなるので、少し長くなるが紹介する。

（１）教育課程の編成に対する学校の基本方針を明確にする。
　　基本方針を明確にするということは、教育課程の編成に対する学校の姿勢や作業計画の大綱を明らかにするとともに、それらについて全教職員が共通理解をもつことである。
　ア　学校として教育課程の意義、教育課程の編成の原則などの編成に対する基本的な考え方を明確にし、全教職員が共通理解をもつ。
　イ　編成のための作業内容や作業手順の大綱を決め、作業計画の全体について全教職員が共通理解をもつ。
（２）教育課程の編成・実施のための組織と日程を決める。
　　教育課程の編成・実施は、校長のリーダーシップの下、組織的かつ計画的に取り組む必要がある。教育課程の編成・実施を担当する組織を確立するとともに、それを学校の組織全体の中に明確に位置付ける。
　　また、編成・実施の作業日程を明確にするとともに、学校が行う他の諸活動との調和を図る。その際、既存の組織や各種会議の在り方を見直し必要に応じ精選を図るなど業務改善の視点をもつことも重要である。
　ア　編成・実施のための組織を決める。
　　（ア）編成・実施に当たる組織及び各種会議の役割や相互関係について基本的な考え方を明確にする。
　　（イ）編成・実施に当たる組織及び各種会議を学校の組織全体の中に位置付け、組織内の役割や分担を具体的に決める。

イ　編成・実施のための作業日程を決める。
　　　　分担作業やその調整を含めて、各作業ごとの具体的な日程を決める。
（3）教育課程の編成のための事前の研究や調査をする。
　　事前の研究や調査によって、教育課程についての国や教育委員会の基準の趣旨を理解するとともに、教育課程の編成に関わる学校の実態や諸条件を把握する。
　　ア　教育課程についての国の基準や教育委員会の規則などを研究し理解する。
　　イ　生徒の心身の発達の段階や特性、学校及び地域の実態を把握する。その際、保護者や地域住民の意向、生徒の状況等を把握することに留意する。
（4）学校の教育目標など教育課程の編成の基本となる事項を定める。
　　学校の教育目標など教育課程の編成の基本となる事項は、学校教育の目的や目標及び教育課程の基準に基づきながら、しかも各学校が当面する教育課題の解決を目指し、両者を統一的に把握して設定する。
　　ア　事前の研究や調査の結果を検討し、学校教育の目的や目標に照らして、それぞれの学校や生徒が直面している教育課題を明確にする。
　　イ　学校教育の目的や目標を調和的に達成するため、各学校の教育課題に応じて、学校の教育目標など教育課程の編成の基本となる事項を設定する。
　　ウ　編成に当たって、特に留意すべき点を明確にする。
（5）教育課程を編成する。
　　教育課程は学校の教育目標の実現を目指して、指導内容を選択し、組織し、それに必要な授業時数を定めて編成する。
　　ア　指導内容を選択する。
　　　（ア）指導内容について、その基礎的・基本的な知識及び技能を明確にする。

（イ）学校の教育目標の有効な達成を図るため、重点を置くべき指導内容を明確にする。
　　（ウ）各教科等の指導において、基礎的・基本的な知識及び技能の確実な習得と思考力、判断力、表現力等の育成を図るとともに、主体的に学習に取り組む態度を養う指導の充実や個に応じた指導を推進するよう配慮する。
　　（エ）学校の教育活動全体を通じて行う道徳教育及び体育・健康に関する指導について、適切な指導がなされるよう配慮する。
　　（オ）学習の基盤となる資質・能力や現代的な諸課題に対応して求められる資質・能力など、学校として、教科等横断的な視点で育成を目指す資質・能力を明確にし、その育成に向けた適切な指導がなされるよう配慮する。
　　（カ）生徒や学校、地域の実態に応じて学校が創意を生かして行う総合的な学習の時間を適切に展開できるよう配慮する。
　　（キ）各教科等の指導内容に取り上げた事項について、主体的・対話的で深い学びの実現に向けた授業改善を通して資質・能力を育む効果的な指導ができるよう、単元や題材など内容や時間のまとまりを見通しながら、そのまとめ方や重点の置き方を検討する。
　イ　指導内容を組織する。
　　（ア）各教科、道徳科、総合的な学習の時間及び特別活動について、各教科等間の指導内容相互の関連を図る。
　　（イ）各教科等の指導内容相互の関連を明確にする。
　　（ウ）発展的、系統的な指導ができるように指導内容を配列し組織する。特に、内容を2学年まとめて示した教科については、2学年間を見通した適切な指導計画を作成する。
　　（エ）各学年において、合科的・関連的な指導について配慮する。
　ウ　授業時数を配当する。
　　（ア）指導内容との関連において、各教科、道徳科、総合的な学習の時間及び特別活動の年間授業時数を定める。

第3章　学校における教育課程の編成と実施

> 　　（イ）各教科等や学習活動の特質に応じて、創意工夫を生かし、1年間の中で、学期、月、週ごとの各教科等の授業時数を定める。
> 　　（ウ）各教科等の授業の1単位時間を、生徒の発達の段階及び各教科等や学習活動の特質を考慮して適切に定める。
> （6）教育課程を評価し改善する。
> 　　実施中の教育課程を検討し評価して、その改善点を明確して改善を図る。
> 　　ア　評価の資料を収集し、検討する。
> 　　イ　整理した問題点を検討し、原因と背景を明らかにする。
> 　　ウ　改善案をつくり、実施する。[1]

　教育課程の編成に当たっては、高等学校の場合には、教科・科目の種類や単位数、必履修教科・科目と選択科目の関係などから、中学校の教育課程編成とは異なった視点からの配慮が必要になる。これに関わって、『高等学校学習指導要領解説　総則編』では、次のような事項も示されている。

> ○　学校の教育目標の効果的な達成を図るため、重点を置くべき事項を明確にしながら、修得総単位数や各年次の修得単位数、類型の有無や種類、必履修教科・科目と選択科目などの構成と履修年次、総合的な探究の時間、特別活動の位置付け等教育課程の基本的な構造について、相互の関連を考慮しながら定める。
> ○　各教科・科目（必履修教科・科目、選択科目、学校設定教科・科目）の構成、総合的な探究の時間の内容、特別活動の構成等を具体的に定める。[2]

　また、教育課程の編成に当たっては、学習指導要領の構成を理解しておくことが必要である。例えば中学校学習指導要領は、次表のような構成で示されている。教育課程全体に関する事項や各教科等に共通する事項は、前文と総則に示されている。適切な教育課程の編成のためには、前文と総則と各教科等の規定を一体的にとらえることが重要である。

第1節　学校における教育課程の編成

中学校学習指導要領

前文	【総則】
第1章　総則	第1　中学校教育の基本と教育課程の役割
第2章　各教科	第2　教育課程の編成
第1節　国語	第3　教育課程の実施と学習評価
第2節　社会	第4　生徒の発達の支援
第3節　数学	第5　学校運営上の留意事項
第4節　理科	第6　道徳教育に関する配慮事項
第5節　音楽	【各教科等】
第6節　美術	第1　目標　‥‥（教科目標）
第7節　保健体育	第2　各学年・分野の目標及び内容
第8節　技術・家庭	〔学年〕‥‥（複数学年まとめた教科も）
第9節　外国語	1　目標　‥‥（学年・分野目標）
第3章　特別の教科道徳	2　内容
第4章　総合的な学習の時間	3　内容の取扱い
第5章　特別活動	‥‥（示していない教科もある）
	第3　指導計画の作成と内容の取扱い

　また、安彦は、カリキュラムのプランニングの手法として次の四点を挙げている。
（1）学校の教育目標を明確にし、その達成度がわかるように示す
（2）教育目標を達成する上で最も効果的な経験を用意する
（3）用意した教育的経験を効果的に組織する
（4）教育目標の達成度を評価する方法を明確にする[3]
　これらも、学校で教育課程を編成する上で参考になるであろう。
　さらに、ウィギンズとマクタイが提案し、西岡が我が国に紹介したカリキュラムの「逆向き設計」論が一つの参考となる。「逆向き設計」論とは、まず、①求められている結果を明確にし、次に、②結果を達成したかどうか承認できる証拠を決め、そして、③そのような証拠が生み出されるような学

習経験と指導を計画するものである。このように、まず教育の結果から考えていくこと、後回しにされがちな評価方法を先に考えることから「逆向き設計」といわれている[4]。

このように、評価までを見通して目標の設定をはじめとする計画を作っていくことの重要性に特に注目したい。我が国においても、目標に準拠した評価が基本とされて以降、単元などの指導計画で目標を掲げた後に評価規準を示すことが一般的になりつつある。このような我が国の動向は、指導計画と評価計画を併せて作成し、目標と評価規準や評価方法を同時に考えようとする点で「逆向き設計」論の方向性と近いものがある。また、先の安彦が示したカリキュラムのプランニングの手法においても、学校の教育目標はその達成度がわかるように示すことが強調され、それが教育的経験の選択と組織や評価につながっていることに留意する必要がある。

評価を重視する理論や実践の中で、「逆向き設計」論は、証拠を生み出すように経験や教授方法を設計していく点でより徹底したものであると考えられる。

3．教育課程編成の原則

学校における教育課程の編成については、学習指導要領の総則の第1の1にその原則が次のように示されている。

> 各学校においては、教育基本法及び学校教育法その他の法令並びにこの章以下に示すところに従い、児童・生徒の人間として調和のとれた育成を目指し、児童・生徒の心身の発達の段階や特性及び学校や地域の実態を十分考慮して、適切な教育課程を編成するものとし、これらに掲げる目標を達成するよう教育を行うものとする。

ここでは、まず教育課程の編成の主体は、「各学校」であることが示されている。つまり、国が示している学習指導要領は教育課程の基準なのであって、教育課程そのものは各学校が編成するということである。したがって、学校の教育課程は、学校の数だけ存在するということになる。

第1節　学校における教育課程の編成

　各学校において教育課程を編成する際の責任者は、校長である。これは、学校教育法に「校長は、校務をつかさどり、所属職員を監督する」（第37条第4項）と規定されていることを根拠とする。さらに、教育委員会によっては、学校管理規則において校長が教育課程編成の責任者であることを規定しているところもある。

　実際の教育課程の編成作業は、校長が見識や指導力を発揮する中で、教職員の参画と協働によって進められることが重要である。一般的に、校長が示す学校経営の方針を踏まえて、副校長、教頭、主幹教諭、教務主任を中心として教職員が役割を分担して教育課程の要素を踏まえて必要な作業を行っていく。学校の教育活動全体の基本的な計画である教育課程は、すべての教職員の仕事に関わるものであり、教職員の経験や創意工夫を生かした適切な教育課程を編成し実施することが求められる。

　教育課程の編成に関わる学校内の組織や会議などは複数にわたることが考えられる。それらが学校としての基本的な方針のもとで役割を発揮し、相互に連携を図ることが大切である。教育課程編成に関わる学校内の体制や組織を整えるところから、学校の教育活動の改善がはじまっているということができる。

　次に、教育課程の編成の原則として、次のような事項を挙げることができる。

　1　教育基本法及び学校教育法その他の法令並びに学習指導要領の示すところに従うこと

　教育課程に関係する法令としては、教育基本法や学校教育法、学校教育法施行規則のほか、地方教育行政の組織及び運営に関する法律などがある。

　2　児童生徒の人間として調和のとれた育成を目指し、子どもたちの心身の発達の段階や特性及び学校や地域の実態を十分考慮すること

（1）人間として調和のとれた育成を目指す

　教育基本法では、教育の目的として人格の完成を目指すことが示されており、そのため、学校の教育課程の編成において人間として調和のとれた育成が求められるということである。学習指導要領では、育成を目指す資質・能力が三つの柱で掲げられており、そうした資質・能力をバランスよく育成す

第3章　学校における教育課程の編成と実施

ることが大切である。

(2) 児童生徒の心身の発達の段階や特性を考慮する

　学校段階や学年によって、児童生徒の心身の発達は異なっており、それぞれの特性などが見られる。学校が教育課程を編成するに当たっては、能力・適性、興味・関心等の状況、心の内面や身体の発達、抽象的、論理的な思考や社会性の発達など様々な観点から児童生徒の実態を把握し、これらに応じて適切な教育を展開できるようにすることが大切である。

　その際、同一学年の児童生徒であっても、発達の状況や個性に違いがあり、それらを踏まえて、個に応じた指導の充実を図るようにすることが必要である。個に応じた指導については、学習指導要領の総則にその配慮事項が示されている。

(3) 学校の実態を考慮する

　学校は、それぞれに異なっている。児童生徒の状況や教職員の配置などの人的条件、施設設備や教材教具などの物的条件、学校予算などの財政的条件、組織運営の在り方など様々な面での特色が見られる。学校が教育課程を編成するに当たっては、これらを十分把握して、学校の諸条件などが最も効果的に活用され、よさが発揮されるようにすることが大切である。

(4) 地域の実態を考慮する

　児童生徒は、地域の中で生き、様々な経験をし学んでいる。学校は地域の中に存在し、地域に支えられたり、地域を担う人材を育成し地域づくりの核になったりしている。各学校が教育課程を編成するに当たっては、地域の生活、環境、自然、産業、経済、文化、歴史などに目を向け、地域の先人の努力、現在抱えている問題、将来への展望などを含めて実情の把握に努め、それらを生かして学校の教育目標の設定や指導内容の選択などに工夫を加えることが大切である。

　なお、これに関わって、教育基本法で「学校、家庭及び地域住民その他の関係者は、教育におけるそれぞれの役割と責任を自覚するとともに、相互の連携及び協力に努めるものとする」(第13条)、学校教育法で学校は「保護者及び地域住民その他の関係者の理解を深めるとともに、これらの者との連携及び協力の推進に資するため」、学校の「教育活動その他の学校運営の状況

に関する情報を積極的に提供するものとする」(第43条) と規定されているように、学校が地域と積極的に関わり、互いに連携して教育の質を高めていくことが求められている。

4．教育目標の設定

　学校の教育活動は目標の実現を目指して展開されるのであるから、学校の教育課程や各種の指導計画において、目標を適切に設定することは、教育活動の方向性を明確にするために不可欠なことである。各学校では、教育基本法と学校教育法に定められた教育の目的や目標に関する規定や児童生徒、学校、地域の実態を踏まえ、教育課程の最も基本となる学校の教育目標を掲げ、これを実現するよう各教科等の目標を位置づけ、更に学年ごと、単元や題材ごとなどに順次具体化するよう目標を設定していく必要がある。

　学校の教育目標が備えるべき要件として、『学習指導要領解説　総則編』には、次のような事項が示されている。

（1）法律及び学習指導要領に定められた目的や目標を前提とするものであること
（2）教育委員会の規則、方針等に従っていること
（3）学校として育成を目指す資質・能力が明確であること
（4）地域や学校の実態等に即したものであること
（5）教育的価値が高く、組織的な実践が可能なものであること
（6）評価が可能な具体性を有すること

　各学校の教育目標の設定に当たっては、学習指導要領総則の第1や第2に示されている教育課程編成の基本的な方針に十分配慮することが必要である。

　まず、学習指導要領総則第1（高等学校は「第1款」。以下、同じ）の2では、「生きる力」を育む上で実現が必要な事項を（1）から（3）まで掲げている。（1）では、次の事項が示されている。

　「基礎的・基本的な知識及び技能を確実に習得させ、これらを活用して課題を解決するために必要な思考力、判断力、表現力等を育むとともに、主体的に学習に取り組む態度を養い、個性を生かし多様な人々との協働を促す教育の充実に努めること。その際、児童生徒の発達の段階を考慮して、生徒の

言語活動など、学習の基盤をつくる活動を充実するとともに、家庭との連携を図りながら、児童生徒の学習習慣が確立するよう配慮すること」

ここでは、学校教育法第30条第2項に規定されている学力の主な要素、①基礎的・基本的な知識及び技能、②これらを活用して課題を解決するために必要な思考力、判断力、表現力等、③主体的に学習に取り組む態度が再度掲げられている。各学校の教育課程の編成・実施に当たって、このような学力の育成に努めることが強く求められているものであり、学校では、その教育目標以下の種々の目標に体系的に位置付けることが必要である。

このほか、学習指導要領の総則第1の2には、(2)として豊かな心や創造性を目指した教育や(3)として体育・健康に関する指導についての基本となる事項が示されている。

道徳教育については、特別の教科である道徳を「要（かなめ）」として学校の教育活動全体で行うものであり、各教科等の特質に応じて、児童生徒の発達の段階を考慮して適切な指導を行わなければならないという原則、教育基本法や学校教育法に定められた教育の根本精神に基づき、よりよく生きるための基盤となる道徳性を養うという道徳教育の目標、道徳教育を進めるに当たっての留意事項などが示されている。道徳教育の目指すものについては、特別の教科である道徳の目標や内容と併せて理解する必要がある。

体育・健康に関する指導については、生徒の発達の段階を考慮して学校の教育活動全体を通じて適切に行うことより、健康で安全な生活と豊かなスポーツライフの実現を目指した教育の充実に努めること、特に、①食育の推進、②体力の向上に関する指導、③安全に関する指導、④心身の健康の保持増進に関する指導は、保健体育科はもとより技術・家庭科、特別活動はもとより各教科等の特質に応じ行うこと、家庭や地域社会との連携を図りながら、日常生活における適切な体育・健康に関する活動の実践を促し、生涯を通じて健康・安全で活力ある生活を送るための基礎を培うよう配慮することが求められている。

さらに、学習指導要領の総則では、「生きる力」を学校教育全体及び各教科等で育てるに際して、次の三つの柱で示す資質・能力の育成を偏りなく実現することが求められている。

（1）知識及び技能が習得されるようにすること
（2）思考力、判断力、表現力等を育成すること
（3）学びに向かう力、人間性等を涵養すること

　学習指導要領では、総則にとどまらず、各教科等の目標や内容の示し方もこうした資質・能力の柱で貫かれていることに特に留意する必要がある。
　これらのことを踏まえつつ、各学校での目標の設定に関する工夫として、例えば、次のような着眼点が考えられる。

（1）法令に掲げられた普遍的・共通的な目標を踏まえつつ、自校の実態に即して、一定期間をかけて実現を目指すものと短期的に重点を置いて力を注ぐものを整理する。
（2）学校の教育目標をはじめ全体的な目標とその実現のための具体的・個別的な目標の関係を構造化、体系化する。その際、各学年や各教科等で担うものや、教科等横断的に相互の関わりを明確にするとともに、授業レベルでの具体化までを視野に入れる。
（3）目標とともに、その実現の手立て（内容の組織、授業時数の配当、教材や指導方法の工夫、学校内外の諸条件の活用など）や評価（目標の実現状況を判断するよりどころや方法など）について一貫性をもって検討する。
（4）目標自体も評価・改善の対象となる。目標が子どもたちの実態に即していなかったりあいまいだったりする場合には、方向性を変えたり焦点を明確にしたりする。
（5）学校の教育目標は、全教職員による授業をはじめ教育活動全体を通じた意図的・計画的・組織的な取組によって実現するものであるから、その設定・実施・評価・改善に全教職員が参画意識を持ち共有できるようにする。

5．教育内容の組織

　学校の教育課程や各種の指導計画の主な要素である教育内容を選択し配列して組織することは、学校として教育の目標の実現を担保する上で不可欠なことである。にもかかわらず、学校や教育委員会では、教育内容の組織にあまり関心が払われていないところがある。しかし、学校として教育内容の組

第3章　学校における教育課程の編成と実施

織が不明確なままでは、教育活動全体の体系性も相互の関連性もわからず、組織的に教育を展開することが難しい。

　教育内容の組織に関わっては、学校教育法施行規則で教育課程を編成する教科等の種類が定められている。また、各教科等の内容やその取扱いについては、学習指導要領に定められている。

　学習指導要領の総則においては、各教科等の内容の共通的取扱いとしては、学習指導要領に示された内容は、特に示されたものを除き、いずれの学校においても取り扱わなければならない。学校において特に必要がある場合には、内容を加えて指導することができる。指導の順序については、特に学習指導要領で示されたものを除き、学校で適切に工夫を加えることとされている。なお、中学校では、学校の主体的な判断による選択教科の開設、その学習活動、選択教科として開設できる教科の種類についても総則に示されている。

　学習指導要領で内容の示し方の大綱化や取扱いの弾力化が図られている中で、上下巻に分かれた教科書が一度に給与されないという現実的な制約が残るとはいえ、各学校による内容の組織の工夫は、教育課程の編成・実施上の極めて大きな課題である。また、総合的な学習の時間については、各学校で目標や内容を適切に定めなければならない。

　各学校での内容の組織に関する工夫として、例えば、次のような事例が一つの参考になろう。ある学校では、学校の教育目標の実現を目指し、学年・学級経営と教育課程を強く結び付けて、経営の基本方針の設定と内容の組織を一体的に行う工夫を行っている。そこでは、各学年部を中心に、①学年経営のテーマと学年部の基本方針、②学校全体で目指す子ども像への当該学年での取組、③学年としての研究教科と取組、④月ごとの行事と各教科等の内容の組織について検討を行い、その全体を一覧表にして共有している。また、中学校や高等学校では、教科等ごとに目標、各回の内容、教材、授業の準備や学習の課題、評価の方法や基準などを盛り込んだシラバス（授業実施計画の大綱）を作成して生徒に配布している学校もある。シラバスは、教師間で互いの授業の内容などを知り、相互に関連を図った授業を展開することにも資する。

　各学校において、総合的な学習の時間の内容を含め、教育内容を選択し組

織する上で、安彦が整理する教育内容構成における「学問的要請」の柱、「社会的要請」の柱、「心理的要請」の柱、そして「人間的要請」の柱の考え方が一つの手がかりになる[5]。

　「学問的要請」の柱は、「文化的要請」の柱ともいえるもので、学問が求める文化的な基礎知識の体系化されたまとまりとして「教科」ができてきたことに由来する考え方である。「社会的要請」の柱は、公権力の求める政治的・経済的要請を含む社会からの様々な要請に対応する教育課程にしようとする考え方である。「心理的要請」の柱は、子ども側から見て、興味・関心、個人差・個性、生活・経験などの面や、発達・成長などの面から考えるものである。

　これらの伝統的に見られた三つの柱に加え、「人間的要請」の柱がある。1960年代の教育内容の現代化への批判から、人間とは何かを問うことを含め人間中心に教育課程を考える動きが生まれた。今日、社会の各方面で生じている変化に向き合い様々な困難な問題の解決に取り組むことができる人間を育てる上で、重要な柱ということができる。

6．授業時数の計画と運用

　各学校における教育課程の編成において、授業時数は、目標や内容と並んで重要な要素である。各学校では、量的な処理だけでなく、質的な意味を考えて計画や運用の工夫に努める必要がある。教育課程や指導計画において授業時数を配当するという作業は、目標を実現するための指導の重点の置き方を考えそれを明示的に計画に表していくということである。児童生徒の側から考えれば、学習指導の過程や方法等を考慮しながら、児童生徒の学習が成り立つよう学習の時間を保障していくということである。そのような適切な計画があってはじめて、教育活動の進み方や児童生徒の理解度など運用の状況を常に把握し、教育の効果をより高めるために計画を柔軟に変更していくことができる。

　授業時数に関わっては、学校教育法施行規則で小・中学校については各教科等の年間標準授業時数と各学年の年間標準総授業時数が示されている。学習指導要領総則では、授業時数等の取扱いについて、年間授業週数の原則と

第3章　学校における教育課程の編成と実施

弾力的な取扱い、特別活動への授業時数の充て方、授業の1単位時間の各学校における設定、時間割の弾力的な編成、総合的な学習の時間による学校行事の代替などが示されている。

　これらの趣旨を生かし、先進校での取組を参考にすると、各学校での授業時数に関する工夫として、例えば、次のような着眼点が考えられる。

（１）効果的な授業の展開を目指した授業時数の配当

　各学校において各教科等の年間授業時数と内容ごとの授業時数を定める際には、時数を形式的に決定し配当するのではなく、子どもたちの実態と目標、内容、教材、指導の方法や体制などを考慮し、授業が効果的に展開できるようにする。指導する側から見れば重点を明確にすること、学習する側から見れば一人一人の学習の成立を保障することが求められる。

（２）テーマを設け焦点化する授業時数の運用

　一定の期間ごとに時間を費やすテーマを明確にする。例えば、1年間をいくつかの期（ステージ）に区切ってそれぞれにテーマを設定し、教育活動の焦点化に即した授業時数の配当を行う。学校・学年・学級経営や生徒指導とカリキュラムを密接に関係づけ、各時期のテーマとの関連において各教科等で重視したい資質や能力などを見出しやすくする。

（３）授業の特質と効果を考慮した授業時数の集中的運用

　学習指導要領総則では、各教科等の授業は年間35週（小学校第1学年は34週）以上にわたって行うよう計画することとされているが、各教科等や学習活動の特質に応じ効果的な場合には授業を特定の期間に行うことができる。この趣旨を踏まえ、教育の効果が大きいと判断する場合には、特定の期間に集中して授業を行う。

（４）授業にゆとりと工夫をもたらす授業時数の配当計画

　単元等の計画の段階で、学年共通の内容を指導するための授業時数に加えて教師の裁量で使える授業時数をあらかじめ設定しておく。このことによって、子どもたちの状況に応じ、補充的な学習や発展的な学習など様々な授業の工夫が行いやすくなる。

　また、学校によっては、モジュール制がとられる場合もある。これは、授業の1単位時間を50分などではなく、15分や20分といった小さな単位（モ

ジュール）で設定し、学習活動の特質に応じて弾力的にそれを組み合わせる方法である。なお、この場合、特別教室や体育館の使用時間帯の調整に工夫が必要なほか、ノーチャイム制を伴うことになる。

（5）カリキュラムの進行状況の日常的把握と柔軟な修正

　1998（平成10）年の改訂において35週で割り切れない標準授業時数が規定されて以来、また子どもたちが確かな学力を獲得するための観点や学校評価における必要性から、各学校で授業時数の管理に相当な注意と努力が払われている。授業の実施時間数とともに、目標の実現状況の把握が大切である。授業時数は計画どおりに消化されていても目標の実現状況が不十分と考えれば、速やかに計画を見直して補充を行うなど、柔軟に修正する必要がある。

第2節　学校における教育課程の実施

1．適切な指導計画の作成

　教育課程をもとに、それを具体化するための指導計画を作成し、学校の教育活動を展開していく一連の過程を「教育課程の実施」という。教育課程は学校の教育活動全体についての基幹となる計画であるから、これを適切に実施するために指導計画が作成される。指導計画は、教育課程を具体化した計画のことであるということができる。

　2006（平成18）年に教育基本法が全部改正された際に、学校教育の在り方として、「学校においては、教育の目標が達成されるよう、教育を受ける者の心身の発達に応じて、体系的な教育が組織的に行われなければならない」と新たに規定された（第6条第2項）。このことは、学校の教育課程とそれを具体化した指導計画が明確な体系性を有し、それらをもとにした組織的な教育活動の展開によって教育の目標が達成されるようにしなければならないということである。

　そして、2008（平成20）・2009（平成21）年の学習指導要領の改訂でも、各学校において適切な教育課程を編成し、教育基本法や学校教育法、学習指導要領に掲げる目標を達成するよう教育を行うことが強調された。学習指導要領の総則において、従前は、「各学校においては、（中略）適切な教育課程

を編成するものとする」とされていたものが、この改訂において「各学校においては、(中略) 適切な教育課程を編成するものとし、」の次に「これらに掲げる目標を達成するよう教育を行うものとする」と記述が加えられた (総則第1-1)。この規定の仕方は、2017 (平成29)・2018 (平成30) 年の学習指導要領の改訂においても受け継がれている。

このことは、教育基本法に定める教育の目標に関する規定 (第2条) や学校教育に関する規定 (前述、第6条第2項)、学校教育法に定める義務教育の目標に関する規定 (第21条)、各学校段階における教育の目標に関する規定 (第30条第1項、第46条、第51条) が、いずれも、教育は「目標を達成するよう行われるものとする」とされていることを踏まえたものである。各学校において適切な教育課程を編成した上で、教育の目標を達成するよう教育を行うということは、指導計画の作成から授業の展開へと続く教育課程の実施がこれまで以上に重要になるということである。

指導計画には、目標、内容、授業時数、指導方法、教材などが示される。近年では、評価の観点や規準、場面、方法などの評価の計画も盛り込まれることが多い。指導計画は、年間や複数学年間、学期、月、週、単位時間、単元や題材、主題など、様々な単位で作成される。なお、実践研究のために作成される指導計画には、単元観、教材観、児童生徒観など、その指導計画を作成するに当たって押さえておくことが必要な要素についての基本的な考え方も示される。

また、学校における教育の計画には、全体計画と呼ばれるものがある。全体計画は、総合的な学習の時間、道徳教育、特別活動など学校の教育活動全体に関わるものについて作成される。全体計画は、学校の教育課程と年間指導計画の間にあって、それぞれの教育の目標を達成するための基本的な方針や方策などを総合的に示すものである。

各学校では、学習指導要領の総則に示されている配慮事項を踏まえて、創意工夫を生かし、全体として調和のとれた具体的な指導計画を作成することが求められている。学習指導要領総則では、次のような配慮事項が示されている。

○　各教科等の指導内容については、単元や題材など内容や時間のまとまり

を見通しながら、そのまとめ方や重点の置き方に適切な工夫を加え、主体的・対話的で深い学びの実現に向けた授業改善を通して資質・能力を育む効果的な指導ができるようにすること。
○　各教科等及び各学年相互間の関連を図り、系統的、発展的な指導ができるようにすること。

2．教育課程実施上の配慮事項

　学習指導要領総則では、各教科等の指導など教育課程の実施上の配慮事項が主体的・対話的で深い学びの実現を中核にして数多く示されている。2017（平成29）・2018（平成30）年改訂の学習指導要領総則では、従前に比べて配慮事項の記述の充実が図られている。これらは、教育課程の基準であるとともに、教育活動を効果的に進める上で創意工夫を積極的に行うに当たっての着眼点としてもとらえることができる。

　学習指導要領総則で教育課程実施上の配慮事項として示されているのは次の事項である。
（1）主体的・対話的で深い学びの実現に向けた授業改善
（2）言語環境の整備と言語活動の充実
（3）コンピュータ等や教材・教具の活用
（4）見通しを立てたり、振り返ったりする学習活動
（5）体験活動
（6）課題選択及び自主的、自発的な学習の促進
（7）学校図書館、地域の公共施設の利活用

　また、評価について、児童生徒のよい点や進歩の状況などを積極的に評価し、学習したことの意義や価値を実感できるようにすることや、各教科等の目標の実現に向けた学習状況を把握する観点から、単元や題材など内容や時間のまとまりを見通しながら評価の場面や方法を工夫して学習の過程や成果を評価し、指導の改善や学習意欲の向上を図り、資質・能力の育成に生かすようにすることなどが求められている。

　さらに、児童生徒の発達の支援についての配慮事項として、学校や児童生徒の実態に応じ、個別学習やグループ別学習、繰り返し学習、学習内容の習

第3章　学校における教育課程の編成と実施

熟の程度に応じた学習、児童生徒の興味・関心等に応じた課題学習、補充的な学習や発展的な学習などの学習活動を取り入れることや、教師間の協力による指導体制を確保することなど、指導方法や指導体制の工夫改善により、個に応じた指導の充実を図ることなどが求められている。

　例えば、前記（1）については、「第1の3の（1）から（3）までに示すことが偏りなく実現されるよう、単元や題材など内容や時間のまとまりを見通しながら、児童生徒の主体的・対話的で深い学びの実現に向けた授業改善を行うこと。特に、各教科等において身に付けた知識及び技能を活用したり、思考力、判断力、表現力等や学びに向かう力、人間性等を発揮させたりして、学習の対象となる物事を捉え思考することにより、各教科等の特質に応じた物事を捉える視点や考え方が鍛えられていくことに留意し、児童生徒が各教科等の特質に応じた見方・考え方を働かせながら、知識を相互に関連付けてより深く理解したり、情報を精査して考えを形成したり、問題を見いだして解決策を考えたり、思いや考えを基に創造したりすることに向かう過程を重視した学習の充実を図ること」といった学習指導要領の改訂の趣旨を実現するためのポイントとなる事項が示されている。

　このような配慮事項を教育課程上にどのように位置付け、授業レベルで具体化し、更に実施の状況を踏まえてよりよく改善していくかについて、各学校で十分な検討が求められる。

第3節　カリキュラム・マネジメント

1．いま求められるカリキュラム・マネジメント

1　学習指導要領とカリキュラム・マネジメント

　2017（平成29）・2018（平成30）年改訂の学習指導要領では、その基本理念として、2016（平成28）年の中央教育審議会答申を踏まえ、「社会に開かれた教育課程」という考え方が掲げられている。「社会に開かれた教育課程」とは、社会の様々な領域で激しい変化が加速度的に進む時代に、「よりよい学校教育を通してよりよい社会を創るという理念を学校と社会とが共有し、それぞれの学校において、必要な学習内容をどのように学び、どのような資

第3節　カリキュラム・マネジメント

質・能力を身に付けられるようにするのかを教育課程において明確にしながら、社会との連携及び協働によりその実現を図っていく」（学習指導要領前文）ことを指す。

　学習指導要領では、子どもたちが新しい時代を切り拓いていくために必要な力を育成するために、①子どもたちが「何ができるようになるか」という視点から育成を目指す資質・能力の在り方を明確にし、②子どもたちが「何を学ぶか」という視点から教科・科目等の構成や目標・内容等を見直すとともに、③子どもたちが「どのように学ぶか」という視点から単元などのまとまりを見通しながら主体的・対話的で深い学びを実現する授業改善が目指されている。

　こうした学習指導要領の趣旨を実現するための重要な考え方の一つとして、各学校におけるカリキュラム・マネジメントの確立が求められている。

　学習指導要領の総則では、カリキュラム・マネジメントについて二カ所にわたって記述されている。まず、総則第1（高等学校では第1款）の「小学校（中学校、高等学校）教育の基本と教育課程の役割」で、次のように示されている。

　「各学校においては、児童（生徒）や学校、地域の実態を適切に把握し、教育の目的や目標の実現に必要な教育の内容等を教科等横断的な視点で組み立てていくこと、教育課程の実施状況を評価してその改善を図っていくこと、教育課程の実施に必要な人的又は物的な体制を確保するとともにその改善を図っていくことなどを通して、教育課程に基づき組織的かつ計画的に各学校の教育活動の質の向上を図っていくこと（以下「カリキュラム・マネジメント」という）に努めるものとする」

　次に、総則第5（高等学校では第6款）の「学校運営上の留意事項」で、次のように示されている。

　「各学校においては、校長の方針の下に、校務分掌に基づき教職員が適切に役割を分担しつつ、相互に連携しながら、各学校の特色を生かしたカリキュラム・マネジメントを行うよう努めるものとする。また、各学校が行う学校評価については、教育課程の編成、実施、改善が教育活動や学校運営の中核となることを踏まえ、カリキュラム・マネジメントと関連付けながら実

第3章　学校における教育課程の編成と実施

施するよう留意するものとする」

　各学校では、学習指導要領についての理解を深めるとともに、カリキュラム・マネジメントを着実に進めていくことが求められている。

2　カリキュラム・マネジメントの考え方

　カリキュラム・マネジメントは、学校の教育目標を実現するため、教育活動と経営活動とを関連付けて、計画・実施・評価・改善の過程を循環させ、学校内外の資源を最大限に活用しながら教育の質を高めていくことである。その鍵は、ばらばらにとらえられがちな学校の教育活動と経営活動に関係する諸要素を「つなげて考える」ところにある。

　カリキュラム・マネジメントのとらえ方について、2016（平成28）年の中央教育審議会答申では次の三つの側面が提示されている。新学習指導要領の総則の記述は、これらを簡潔に要約したものとなっている。

（1）各教科等の教育内容を相互の関係で捉え、学校の教育目標を踏まえた教科横断的な視点で、その目標の達成に必要な教育の内容を組織的に配列していくこと。

（2）教育内容の質の向上に向けて、子どもたちの姿や地域の現状等に関する調査や各種データ等に基づき、教育課程を編成し、実施し、評価して改善を図る一連のPDCAサイクルを確立すること

（3）教育内容と、教育活動に必要な人的・物的資源等を、地域等の外部の資源も含めて活用しながら効果的に組み合わせること

　教育基本法では、「学校においては、教育の目標が達成されるよう、教育を受ける者の心身の発達に応じて、体系的な教育が組織的に行われなければならない」（第6条第2項）と規定されているように、学校教育は、意図的、計画的、組織的に行われ、学校の教育目標の実現に結びついているかどうかが問われている。加えて、学習指導要領では、子どもたちがよりよい人生や社会を創造できる資質・能力を、「知識・技能」・「思考力・判断力・表現力等」・「学びに向かう力・人間性等」の三つの柱で整理し、すべての教科等を貫いて育成しようとしている。こうしたことから考えると、上述のカリキュラム・マネジメントの三つの側面のうち（1）についてはこれまで学校で見

落としがちであったことであり、改めて意識を向けることが大切である。

2．カリキュラム・マネジメントについての理論と研修
1　カリキュラム・マネジメントの着眼点

　各学校においてカリキュラム・マネジメントに取り組もうとするとき、学校の営み全体を念頭に置いてどのような点に着目すればよいかを考えることが重要である。天笠は、カリキュラム・マネジメントについて、学校において授業の組織的な展開を中心とした教育活動が成立するよう、PDCAの流れを生み出すことであり、それを促し支えるシステムの設計及び運用を図ることであるとする。そして、それは、次の点に向けた学校づくりと重なると指摘する。

・個業から協業の世界へ
・協働の核をカリキュラムに求める
・授業とカリキュラムをつなげる
・カリキュラムとマネジメントをつなげる
・授業と学校経営を結び参画を促す[6]

　各学校においてカリキュラム・マネジメントを効果的に進める上で、教職員が学校の教育活動や経営活動に関わる諸要素の全体像や相互の関係を把握することが大切になる。それらを視覚化し共有する視点から、田村による「カリキュラムマネジメント・モデル」[7]が役に立つ（右図参照）。

　学校の教育活動と経営活動は、「ア．教育目標の具現化」を目指して行われる。そのための活動の中心となるのは「イ．カリキュラムのPDCA」（P（Plan）：計画、D（Do）：実施、C（Check）：評価、A（Act）：改善）のサイクルである。学校の計画には、学校の教育課程を基軸として、各種の全体計画や各教科等の年間指導計画、それらを具体化した単元等ごとの指導計画などがあり、それぞれについてPDCAサイクルが循環している。

　それを支えているのが、人、物、財、組織運営などの「ウ．組織構造」と、教員や児童生徒の考え方や価値観などの「エ．学校文化」、校長をはじめ学校の成員が職責や分掌等をもとに果たす「オ．リーダー（シップ）」である。さらに、学校外の「カ．家庭・地域社会等」、や「キ．教育課程行政」との

第3章　学校における教育課程の編成と実施

田村によるカリキュラムマネジメント・モデル

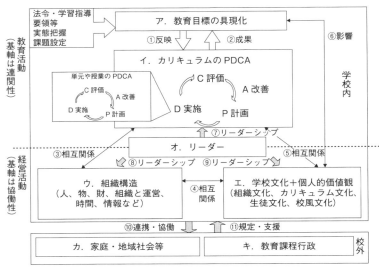

出典：田村知子、村川雅弘、吉冨芳正、西岡加名恵編著『カリキュラムマネジメント・ハンドブック』ぎょうせい、2016年

関係も重要な要素である。

　カリキュラム・マネジメントにおいては、先にも触れたように、教育活動と経営活動、それから各要素間をつなげて考えることが重要である。このため、図の中では、教育活動と経営活動が一体的に示されるとともに、教育活動については「連関性」、経営活動については「協働性」という言葉で要素間をつなげて考えることの大切さが示されている。

　カリキュラム・マネジメントの考え方について、このモデルを用いると、教育活動と経営活動にわたって目を向けるべきポイントが具体的に明確になる。学校においては、実際、カリキュラム・マネジメントに相当することがある程度行われてはいる。各学校では、自分たちが行っていることをカリキュラム・マネジメントの考え方に位置付け、目標をはじめ様々な要素を関係付け、意義や課題を検討し、取組を効果的なものにしていくことが求められる。

第3節　カリキュラム・マネジメント

2　カリキュラム・マネジメントの理解の促進

各学校では、教師のカリキュラム・マネジメントに関する理解を深めることが求められる。そのための研修の内容として、例えば次のような事項が考えられる。教育委員会や教育センターの指導・助言、研究者の支援を受け、ワークショップ型などの方法を工夫しながら適切な研修を行うようにしたい。

（1）学校の教育課程と学習指導要領、カリキュラムの理論について基本的な知識を得る
（2）カリキュラム・マネジメントの必要性、概念や要素などについて考える
（3）（1）や（2）を踏まえ、自校の状況を確かめ、うまくいっている点や課題を明らかにする
（4）教育課程編成やカリキュラム開発のポイントについて考える
（5）カリキュラム・マネジメントと授業の改善充実について考える
（6）カリキュラム評価の方法と改善への生かし方について考える
（7）教職員のカリキュラム・マネジメントの力量向上と参画・協働について考える

また、学校で一般的に行われている教科等の研究や日常的な授業研究にカリキュラム・マネジメントの視点を取り入れることで、それらは一層効果的なものとなるし、教職員のカリキュラム・マネジメントの意識や力量を高めることにつながるであろう。

【引用・参考文献】
1）文部科学省『中学校学習指導要領（平成29年告示）解説　総則編』東山書房、平成2018（平成30）年、44-46頁
2）文部科学省『高等学校学習指導要領解説　総則編』、平成2018（平成30）年、49頁
3）安彦忠彦『カリキュラム開発で進める学校改革』明治図書、平成2003（15）年、50-51頁
4）西岡加名恵『理解をもたらすカリキュラム設計─「逆向き設計」の理論と方法』日本標準、2012（平成24）年、21-22頁
5）安彦忠彦『改訂版教育課程編成論─学校は何を学ぶところか─』放送大学教育振興会、2006（平成18）年、69-75頁
6）天笠茂『カリキュラムを基盤とする学校経営』ぎょうせい、平成25（2013）年、25頁
7）田村知子・村川雅弘・吉冨芳正・西岡加名恵『カリキュラムマネジメント・ハンドブック』ぎょうせい、平成28（2016）年、36-40頁

第4章

教育課程（カリキュラム）と教育方法

第1節　教育課程と学力観

1．教育課程と学力
1　教育課程について

　教育としての営みが行われるところにおいては必ず目的があり、その意味で、教育は目的意識的な営みである。現在、日本の教育における最も大きな教育目的は「教育基本法」の第1条に定められており、教育的な営みは、すべて根本においてこの目的に沿って行われることになっている。そして、「学校教育法」では、これを受けて各学校ごとの教育目的も設定されている。

　こうした教育目的は、抽象的な教育的価値や方向性などを示すものであり、そのままでは教育活動につながらない。そこで、教育目的に沿ってより具体的な道しるべとしての教育目標も設定することになる。教育目的を分析し、より具体的なターゲットとして設定される。この教育目標の実現に向けて、各教科の目標などを設定したものが「学習指導要領」である。

　さらにこれらの目標は、各学校や学年、学期、そして各授業時の目標へと細分化され、具体的に分析されて積み重ねられていく。こうして具体化された目標は、実際に授業を行うための教育内容として構成されることになる。つまり、教育目的に即して選ばれた文化内容を個別・具体的な教育目標へと分析し、それに対応する教材、指導過程と学習形態、さらには学力評価法が選ばれて、実際の授業が組み立てられるわけである。この一連の内容をプログラム化したものが教育課程である。その意味で、教育課程とは、教育目的を達成するために教育内容を選択し、さらに整備し組織化したものと定義づけることができるわけであり、カリキュラム（curriculum）の訳語と考えら

れている。目的に沿って目標も設定し、それに即して教育課程を編成する。この目標はまさに教育実践の指標となるものであり、それゆえに教育実践は目的意識的な営みである。

　この教育目的・教育目標は、教育課程の目指すゴール地点である。教育内容を選択・組織する際に、選択の基準をどこに置くか、どのような内容を盛り込み、またそれをどう配列するかについては、教育課程を支える教育目的や教育観によって、大きく変わってくる。また、社会の変化や文化の違いにも影響を受ける。そこで大きな問題となってくるのが学力観である。つまり、ゴール地点となる教育目的や教育目標をどのように定めるかという問題は、児童に育む学力をどのようにとらえるのかという問題と密接に関係してくることになる。教育目標の設定の仕方としては、「方向目標」と「到達目標」がある。「方向目標」とは、教育目標を方向として示しているもので、例えば、「読書しようとする態度を育てる」、「楽しく音楽にかかわる」といった類のものである。これらは関心・意欲・態度といった学習の方向性を示している。一方、「到達目標」は、ここまでできる必要があるという到達点を示しているもので、例えば、「そろばんを用いて、加法及び減法の計算ができる」、「技ができる」といった類のものであり、「方向目標」と比べて、こちらは知識や技能などについての到達性を示している。どのように設定するかは、やはり学力をどのようにとらえるかといった学力観に左右されることになるのである。

2　今日の学校教育における教育課程の仕組み

　現在、日本の学校教育においては、教育課程について、主として大きく二つに分けてとらえることができる。一つは、国語や算数などの各教科で構成される教科課程、もう一つは道徳や特別活動などの各教科以外の領域で構成される教科外課程である。つまり、学校の教育課程は、教科課程と教科外課程からなっている。教科課程は、主として認識能力の発達に関わる知育を中心に、知識や技能を習得させる陶冶を担当する。一方で、教科外活動は、主として徳育を中心に、集団活動などを通じて行動や意志、感情の統御をはかる訓育を担当する。知育と徳育、あるいは陶冶と訓育、この二つの教育機能

を、学校教育の中でどのように統合すればよいのかということは、学校教育成立以来、常に問われてきた問題である。両者のバランスをどう保つかということが、教科課程と教科外課程とのバランスにつながり、ひいては教育課程のあり方に関わる問題となる。ここでもやはり、学力をどうとらえるのかが大きなポイントになる。

3　教育課程における履修原理

　何をもってその教育課程を履修したと判断するのか。それは、その教育課程を履修するなかで、児童が身につけるべき学力について、どのような学力を期待するのかという問題に大きく関わってくる。それにより、大きく二つに分類することができる。すなわち、履修主義と修得主義という分類と、年数（年齢）主義と課程主義という分類である。

（1）履修主義と修得主義、年数（年齢）主義と課程主義

　履修主義とは、児童が所定の教育課程を、その能力（または心身の状況）に応じて一定年限の間履修すればよいとする考え方である。この場合、所定の目標を満足させるだけの履修の成果を上げることは、求められていない。日本の義務制諸学校では、基本的にこの履修主義が採用されている。この原理においては、「学年」というものは、教育あるいは学習成果がある一定程度以上であることを意味するものではなく、入学後、在籍何年目であるかということを示すにすぎない。

　一方、修得主義とは、児童が所定の課程を履修して、目標に関して一定の成果を上げることが求められる。履修したという資格がなければ、その課程の学習が修了したとは認められない。したがって原級留置（留年）もあり得る。現実に、どの程度厳密に実行されているかは別として、フランスやドイツ、または日本の高等学校や大学では、この修得主義を採用している。この修得主義の場合には、教育目標の設定において、被教育者が多数であっても、一定の水準以上の履修の成果を、できるだけ多くの者（願わくば全員）が示すように期待されている。

　この履修主義と修得主義という分類について、それとほぼ同じ意味で使用されているのが、年数（年齢）主義と課程主義という分類になる。

年数（年齢）主義は、卒業要件として、一定年限の在学を要求する。この場合、「グレイド」(grade) とは、「在学年数」（学年）を意味する。

一方、課程主義は、卒業要件として、一定の課程の修了を要求する。この場合、「グレイド」(grade) とは、「教材習得の段階」（等級）を意味する。

（2）履修主義・年数（年齢）主義と修得主義・課程主義

履修主義と修得主義、年数（年齢）主義と課程主義、このような履修や進級の原理の相違には、歴史的には、経験主義と系統主義というそれぞれの立場が反映している。つまり、履修主義・年数（年齢）主義には、児童の社会的・集団的な成熟や自発性を重視する考え方が反映している。一方で、修得主義・課程主義には、ある教科内容の獲得を重視する考え方が反映している。

日本のナショナルカリキュラムともいえる「学習指導要領」は、成立当初は、履修主義・年数（年齢）主義の原理に基づく限り、児童全員が到達すべき最低ラインではなく、それをどの程度理解するかは本人と教師次第という性格を保ってきた。しかし、1999（平成11）年から本格化した「学力低下」批判を背景として、「学習指導要領」では「最低基準」という性格が強調され、文部科学省から、修得主義・課程主義に転換する主張がなされ始めた。ここで、あらためて先に説明した履修原理の二つの考え方を踏まえると、実際には、履修主義・年数（年齢）主義を維持しつつ（「飛び級」「落第」などを基本的には認めずに）、その「学年」に属する児童に共通の「課程」の修得を求めるという、履修主義・年数主義的な修得主義・課程主義とでも呼称できるような原理になっている。

4　機会の平等と結果の平等

これに関係する問題として、機会の平等と結果の平等という問題がある。機会の平等は、出発点における平等を保障するものである。「能力主義」(meritocracy) の中で理解されると、それはあくまで出発点・スタートラインにおける平等であり、その後の結果としての成功・不成功（学力格差）の責任は、個人の能力に帰せられることになる。この場合の機会の平等は、結局のところ、「不平等になるための機会の平等」を提供しているにすぎないともいえる。したがって、これだけでは真の意味での平等とはいえず、その

第4章　教育課程（カリキュラム）と教育方法

意味では「形式的な平等」ということができる。この「形式的な平等」を真の意味での平等にしようとするのが結果の平等という考え方になる。結果の平等は、機会の平等を「実質的な平等」とするために、同じ出発点に並ぶことができる能力（学力）を平等に持たせるということを意味する。いわば、機会の平等が「形式的平等」であるのに対して、結果の平等は「実質的平等」ということになる。つまり、この場合の「結果」は最終的な到着点・ゴールの「結果」ではなく、あくまでもその後の出発点・スタートラインを想定しており、例えば、学校を卒業した時に、卒業後の新たなスタートを切る際に必要な学力を持たせるということになる。機会の平等が「実質的平等」になるためには、出発点だけでなく、まさしく学年末や卒業時という終着点においてこそ、すべての児童の学力が保障されていなくてはならないことになる。これを結果の平等という。

結果の平等を主張した代表的な人物がブルーム（Benjamin Samuel Bloom）である。ブルームによれば、学校は、一部のエリートに高位の社会的地位を付与する選別機関から、すべての子どもたちに質の高い学力を保障する機関に転換すべきことを強調した。つまり、「すべての子どもたちに確かな学力を保障する」（All Our Children Learning）という考え方になる。

本来の平等が目指すものは、共通の文化内容を万人に保障することによって、児童がそれに基づいて、多様な自立のあり方を熟慮、模索、判断などができるようにすることにある。また、平等を追求することは、画一的な教育方法に固執することではなく、児童の学力の実態に即して、教育方法を柔軟に「個別化」することでもある。

2．学力観
1　学力のとらえ方

学校目標を、年間指導計画や毎時の指導案などに具体化していく際、学力をどうとらえ、すべての児童に学力をどう保障していくかが、課題となる。逆にいえば、学力を形成していくためには、学校目標などに即した指導目標の設定や、学習指導の工夫改善、及び評価の方法などの見直しが常に必要となる。

第1節　教育課程と学力観

　学力について、『広辞苑』（第7版）によれば、「学習によって得られた能力。学業成績として表される能力」と定義づけられている。[1]「学習によって得られた能力」は、「学ぶ」能力とも考えられる。教育の本質的な機能の一つとして、「教える」ことと「学ぶ」ことの結びつきと考えることができる。「学ぶ」ことの語源は、真似をする、真似ぶにある。つまり、まだ自分に持っていない能力などを、他のものを見たりしながら真似をするところから来ている。

　どの子どもも、自らの学力を高めたいと願い、そして親も、学校や教師に対して確かな学力をつけてほしいと願う。しかしそこで求められている学力とは、例えば受験学力であったり、他人との競争に勝ち抜くための学力であったり、あるいは知識量や理解力に限定されたものであったりなどと、学力のとらえ方が様々な状態にある。

2　学力に関する様々な問題

　学校における教育課程を考える時、学力をどうとらえるかという問題は重要なテーマである。現代の教育課程が直視すべき学力問題についていくつか見てみると、次のような問題がある。

　まず「学力水準」という問題がある。IEA（国際教育到達度評価学会）が行うテスト、あるいはOECD（経済協力開発機構）が行うPISA（国際学習到達度調査）を見ると、日本の子どもたちは、算数・数学や国語、あるいは理科に関する基礎知識を問う問題について、世界の中でも常に上位に位置している。しかしその一方で、課題もある。例えば、文部科学省が実施した「平成30年度全国学力・学習状況調査の結果（概要）」を見ると、基礎的な知識を見る問題Aと比較して、その知識を活用する力を問う問題Bの正答率は例年どおりに低く、応用・表現領域の学力不足は依然として改善されていないことがわかる。仮に学力について、こうした教科などの基礎知識を学力と定義づけるならば、日本の子どもの学力は国際的に見ても比較的高いと判断できることになる。しかし、その活用・応用という点をも学力に含めて定義づけるならば、それほど学力は高いとはいえず、むしろ低下傾向にあると見ることもできる。こうした結果を踏まえれば、基礎知識のみならず、知識の

活用力という観点での学力に関する教育課程の問題点・課題点が浮かび上がってくることになる。

　次に、「学力格差」の問題がある。「学力水準」はあくまでも平均値であり、子ども一人一人の学力を細かく表しているものではない。したがって、テストの点数などが高得点の子ども（いわゆる「できる子」）もいれば、反対に低得点の子ども（いわゆる「できない子」）もいるわけである。この問題は、主として「できない子」の視点でとらえた問題となる。平均値を示す「学力水準」は、「できる子」によって平均値が押し上げられている可能性がある。特に小学校4年生あたりから「学力格差」が顕在化し、その傾向が中学校になっても改善されず継続されている動きが見られるのである。2015（平成27）年のPISA（国際学習到達度調査）による「協同問題解決能力調査」において、日本はトップのシンガポールに次いで2位となり、集団で力を出し合う協調性が表れた一方で、異なる意見を認めたり相手を注意したりすることが苦手という調査結果が示された。「できる子」と「できない子」の関係をどうとらえるかという問題もある。一方で、「学力格差」においては、子どもたちが属している家庭の経済状況や文化の格差（親の学歴など）も大きく影響しているという見方もある。この問題は、「教育基本法」の第4条で定められている「教育の機会均等」にも関係してくる問題であり、先にあげた機会の平等を崩しかねないものとして深刻に受け止められている。

　また、「できる子」の「学力構造」という問題も指摘されている。1970年代頃から学力について、例えば「受験に必要な知識を効率よく暗記する力が学力になるのか」、「自然や人々の中で多様な体験を積み重ねないままに学力が形成されるようになった」、「なぜそうなるのかを考えない」、「その事象の意味や関係をじっくりと考えない」などといった学力に関する様々な問題提起が巻き起こってきた。学力をいわゆる「暗記力」とする学力観は、近代学校が成立する明治時代からすでに存在しており、今日も強調されることがある。しかし一方で、学力イコール「暗記力」とすれば、学力を身につけることが重荷となり、結局のところ、「暗記力」が必要な受験や試験が終わると同時に学力は消滅してしまう。こうした学力観は特に受験競争が激化する中で助長されたものであり、そのために、「学力低下」を防ぐためにはさらに

受験競争を激化させたり、「暗記力」を効率よく機械的に訓練していくべきであるとする考え方が起こるわけである。

「学力水準」や「学力格差」、あるいは「学力構造」の問題と関連して、「学習意欲」の問題がある。この問題の重要性については、例えば、文部科学省『小学校学習指導要領（平成29年告示）解説　総則編』（2017）、あるいは同省『中学校学習指導要領（平成29年告示）解説　総則編』（2017）などにおいて、繰り返し「学習意欲の向上」というキーワードが示されていることからもわかる。意欲の向上がままならない原因は、勉強時間の不足ではなく、勉強に対する意欲（モチベーション）が低いところに問題がある。今日、学力の向上という課題が重要視されている。しかし、そのためには学力向上の前に子どもの「学習意欲」の喚起のほうが先決問題である。子どもがその気にならなければ、結局学力は定着しないからである。ゆえに、子どもの「学習意欲」を喚起させるような学習指導法、教材開発などが重要になってくる。子どもが学ぶことの意味を理解した上で、「学習意欲」をいかに喚起していく授業を行っていくか、そしてそのための教育課程はいかにあるべきかということが、現在の日本の学校教育現場が抱える重要な課題である。

3　公教育制度の変遷から見た学力観

日本における近代学校の制度の確立は、1872（明治5）年の「学制」に始まり、実質的な公教育制度もここから始まった。この時、学校教育の中で子どもたちに求められた学力は、主として欧米諸国で広まっていた学問の知識や技術などであった。1880（明治13）年の「教育令」改正を機に道徳教育に力を入れるようになり、1890（明治23）年の「教育ニ関スル勅語」が発布されると、これが教育の目的となった。そして戦後になり、1947（昭和22）年に、教育の機会均等などの理念を盛り込んだ「教育基本法」や単線型の学校体系でまとめた「学校教育法」、さらにはそれまでの「教授細目」に代わる「学習指導要領」が成立した。その後、指導要領の改訂に伴い学力観が移り変わる。まず1951（昭和26）年に、初の改訂となり、それまでの教科中心の教科課程から教科以外の領域にも教育的意義を見出そうということで教育課程というとらえ方を公にした。一方、幼稚園に関して、1948（昭和23）年に、

第4章　教育課程（カリキュラム）と教育方法

「保育要領」（試案）が出され、その改訂版として1956（昭和31）年に、「幼稚園教育要領」が出され、さらに1964（昭和39）年の改訂で告示形式をとることになった。しかし小学校などにおいてはそれよりも早く、1958（昭和33）年から「小学校学習指導要領」などとして告示形式をとっており、どちらも法的拘束力を持つものと解釈されるようになった。基礎学力の低下という指摘を受けて、基準を明確にし、教科の授業に力を入れるようになったのである。その後知識の詰め込み教育などという指摘もあって、1977（昭和52）年からの改訂で、ゆとりある教育を重視した。1989（平成元）年の改訂では、「新学力観」として児童・生徒の関心・意欲・態度といった情意的側面を重視した学力の育成を重視するようになった。これに伴い教育の評価も見直され、戦後続いてきた相対評価から到達度評価・観点別評価の方法が採用されるようになった。そして1998（平成10）年から「生きる力」という学力観が打ち出され、「確かな学力」「豊かな人間性」「健康や体力」に裏づけられたものを育むこととなった。また形式陶冶と実質陶冶にもつながる基礎・基本の大切さを強調し、両者のバランスの取れた学力が重視された。この概念は2008（平成20）年以降の改訂においても共有され、特に「確かな学力」に必要な授業時数の確保などに力が入れられるようになった。一方、「道徳の時間」を要としたり、情報モラルの育成という新たな課題も提起した。その後、2015（平成27）年には指導要領を一部改訂して、「特別の教科」としての道徳科を盛り込んだ。さらに、2017（平成29）年から新たな改訂が実施され、「主体的・対話的で深い学び」を目指すアクティブ・ラーニングが重視された。これは、先にあげたOECDの考え方、すなわち「知識の受け手だった生徒たちが知識の作り手に変わるよう、主体性を育成する」[2]という考え方に沿った対応である。また、AI（人工知能）やICT（情報通信技術）の進展を見越して情報活用能力を育成すべくプログラミング教育を必修にしたり、グローバル化を意識して小学校で教科としての英語の授業も行うことになった。こうして、今日においては、特に学校教育ではまさに現代社会を「生きる力」が主要な学力観として位置づけられている。

　学力論議は、学力、あるいは基礎学力とは何かという定義のレベルの問題にとどまることなく、国民の要求する学力とは何か、国民教育の目指す最低

第1節　教育課程と学力観

必要量（ミニマム・エッセンシャルズ）の学力とは何か、それを可能にする内容と方法、組織や体制はどうあるべきかという、すぐれて教育の本質に関わる問題に発展していく。つまり、学力の内容は、歴史的・社会的規定を受け、それらの条件によって変化する。学力は、個人の人間的能力として育ち、獲得されるものであるが、同時にそれは、社会発展（経済や産業の発展）の要因でもある子ども自身や親にとって、高い学力形成への期待と要求は大きい。そして学力は、労働力の内実を形成する要素であるから、技術革新や経済成長を求める産業界の要請を受け止めることになる。それゆえ、どのような学力を形成するかは、常に国家の教育課程政策の中心課題となる。

　以上のような学力問題は、これからの教育課程のあり方を考える上で、多くの課題を投げかけている。

（注）
1）新村出編『広辞苑　第七版』岩波書店、2018年、527頁
2）OECD教育・スキル局長アンドレアス・シュライヒャー（Andreas Schleicher）のインタビュー記事『読売新聞』2018（平成30）年8月29日朝刊

【参考文献】
・田中耕治ほか『新しい時代の教育課程』有斐閣、2005年
・梅原利夫編『カリキュラムをつくりかえる』（教育への挑戦2）国土社、1995年
・田嶋一ほか『やさしい教育原理』有斐閣、1997年
・文部科学省『小学校学習指導要領解説　生活編』2008年6月
・新藤啓二「第49回小学校代表者研修会　同志社小学校の使命と目指すもの」『キリスト教学校教育』キリスト教学校教育同盟、2007年4月号2面
・下田好行「学習意欲向上のための総合的戦略に関する研究―「活用型・探求型の教育」の教材開発を通して―研究成果最終報告書」国立教育政策研究所　初等中等教育研究部、2007年
・加藤幸次ほか編著『学校五日制と教育課程の創造』黎明書房、1996年
・山内亮史ほか編『学校五日制と教育課程改革』明治図書、1994年
・長尾彰夫『教育課程編成を学校づくりの核に』（教育新書96）明治図書、1990年
・長尾彰夫『新カリキュラム論』有斐閣、1989年
・佐藤秀夫『学校教育うらおもて事典』小学館、2000年
・苅谷剛彦『学校って何だろう』講談社、1998年
・小島弘道ほか編『教育を考えるための資料便覧』高陵社書店、1987年
・山崎英則ほか編『教育用語辞典』ミネルヴァ書房、2003年
・岩内亮一ほか編著『新版教育学用語辞典』学文社、1986年
・奥田真丈ほか編『現代学校教育全集第4巻　教育課程の編成』ぎょうせい、1979年

第4章　教育課程（カリキュラム）と教育方法

第2節　教育課程の構造と類型

　教育目標を達成するために選択・配列された教育内容は、それらを実行するための教育方法と、教育目標が達成されるために実施される事前的、形成的、総括的及び外在的な各種の教育評価を伴って全体として編成され、まとまりある一つの教育課程として統合される。これらの教育課程の構造は、教師などの大人中心のカリキュラムであるか、それとも子ども中心のカリキュラムであるかといった視点や、教科中心であるか経験中心であるかといった視点、教科相互の関係を分化的にとらえるか統合的にとらえるかといった視点など、着眼点に応じて変化する。その結果、カリキュラムの構造は多様なカリキュラムの類型を生み出している。本節ではこれらの類型について検討するため、カリキュラム研究の分野で我が国のみならず世界中に影響を与えているアメリカにおけるカリキュラム構造の開発研究の歴史を最初に概説する。

1．カリキュラム構造の開発研究の歴史

　19世紀末のアメリカでは、デューイがシカゴ大学に実験学校を設置し、それまで行われてきた教科内容の教授を中心とした教科カリキュラムではなく、作業を中心とした経験カリキュラムを実践する児童中心主義の教育を主張した。

　デューイの主張に端を発した新教育運動が展開された20世紀前半には、教科を統合する方式（合科教授、融合カリキュラム、広域カリキュラムなど）や、生活的問題を解決する中で知識・技能を習得する方式（プロジェクト法、コア・カリキュラム、生活単元など）、生徒個々人の興味・関心を軸とする方式（ドルトン・プラン、ウィネトカ・プランなど）といったカリキュラムの多様な方式が追究された。1930年代から1940年代にかけては、カスウェル（H. L. Caswell）やアルバーティ（H. Alberty）らが、これまで開発されたカリキュラムの分類を試みた。

　第二次世界大戦終了後にソビエト連邦との冷戦状態に突入したアメリカでは、科学技術政策にそぐわないと見なされた経験カリキュラムを中心とする

児童中心主義教育が批判された。ソビエト連邦とアメリカのどちらが早く宇宙ロケットを打ち上げられるか競っていた1955（昭和30）年頃から児童中心主義教育及び経験主義教育は衰退を始め、科学技術革新を目的とした教育を実施するための科学の系統的学習を進めるカリキュラムが追及されていくこととなった。

1970年代以降、教育の現代化によって学習者の人間性や個性が無視されたとして科学重視の系統主義カリキュラムに反省が生じた。情意的側面と認知的側面などの人間性を重視したアーサー・フォーシェイ（Arthur W. Foshay）は、「人間味のあるカリキュラム（humane curriculum）」を提唱し、1970年代の後半から1980年代初頭にかけて「人間化されたカリキュラム（humanized curriculum）」や基礎学力の向上を目指す「基礎に返れ（back to basics）」などの様々な運動がアメリカで起こった。

1980年代に入ると、アラン・グラットホーン（Allan A. Glatthorn）はカリキュラムを教師や児童生徒に対する作用であるととらえ、カリキュラムを多面的に解釈し類型化したうえで、「推奨カリキュラム（recommended curriculum）」、「文書カリキュラム（written curriculum）」、「授業カリキュラム（taught curriculum）」といったカリキュラムが持つ作用の基本類型化を試みた。更に1990年代に入り、グラント・ウィギンス（Grant Wiggins）＆ジェイ・マクタイ（Jay McTighe）らは、評価的関心の高まりに沿ったカリキュラム作りを試みた。これは、従来のように目標からカリキュラムを考えていくのではなく、評価項目にあたる「何ができるようになるか」を構造の出発点として、そのためにどうすればよいか方略を立てていくという「逆向き設計（backward design）」論と呼ばれている。

カリキュラムの構造は、上述したとおり19世紀末から今日まで研究が続けられており、今後もカリキュラムの構造に関する研究は続けられるであろう。とりわけ、我が国のカリキュラムの構造編成の課題としてはOECD（経済協力開発機構）が実施するPISA（生徒の学習到達度調査）や、IEA（国際教育到達度評価学会）が実施するTIMMS（国際数学・理科教育動向調査）といった国際学力調査の結果が教育政策に影響を与えているため、科学的リテラシー、読解力、数学的リテラシーなどを向上させうるカリキュラムの開

第4章　教育課程（カリキュラム）と教育方法

発が目下のところ求められているといえよう。

2．カリキュラムの類型

上述した各種のカリキュラムのうち、カスウェルやアルバーティが分類したカリキュラムについて紹介する。なお、各カリキュラムで取り上げた具体例は、考察する視点によって同じものが別の分類に変化したり、論者によって解釈が異なる場合があったりするため、あくまでも参考としてとらえてほしい。

1　教科カリキュラム（Subject Curriculum）

論理的に組織された学問体験を重視し、それぞれの学問領域ごとに系統化された内容からなる「教科」「科目」によって構成される。古くはコメニウスが記した『大教授学』に、このカリキュラムの萌芽を確認することができる。文化遺産から選択された内容（教材・陶冶文化材）を論理的な順序によって系統的に構成し、次世代を担う子どもたちに可能な限り多く正確に内容を伝授し、それを習得させようとして組織される。青木は『現代初等教育課程入門』において「児童生徒の経験が分裂し、暗唱・暗記に傾きがちになる。創造性、社会的感受性、反省的思考力、寛容といった人格特性を育てにくい等の特徴がみられる」と指摘している。しかし、学問体系に即して系統的にカリキュラムを構成されているために組織化が容易なため、我が国の教育課程は基本的に教科カリキュラムを基盤としている。

2　相関カリキュラム（Correlated Curriculum）

教科カリキュラムの改善を目指したもので、並列的な教科の間に相関を見つけ、それを活かす形で効果的な学習を成立させようとする。教科カリキュラムによる教科の区分はそのままにしておき、特に関係の深い教科間の内容の関連を図ることで相乗効果を得ようとするねらいがある。教科の枠は残されているものの、各教科の内容で他教科の内容と関連する部分があれば、積極的に関係づけて学習を進めていこうとする。世界史や日本史と地理を関連させて問題をとらえるといった教科の枠を越えた有意味受容学習や、学習指

導要領において示されている「教科横断的な視点」、各教科及び特別活動等において「道徳科などとの関連を考慮しながら」適切な指導を行うことなども相関カリキュラムの考え方の表れであると考えられる。

3　融合カリキュラム（Fused Curriculum）
　相関カリキュラムの一種と見られることが多い。教科の枠を取り外し、いくつかの教科を融合して広い領域を構成し、教科の内容の組織や配列に手を加えてより広い観点から教材の統一性を新たに作るものである。生物・化学・物理・地学などを「理科」にしたり、日本史・世界史・地理・公民・倫理などを「社会科」にしたりするのはこの例にあたると考えられる。

4　統合カリキュラム（Integrated Curriculum）
　融合カリキュラムが類似の教科間の統一を図るのに対して、更に進んで異質の教科間の統一を図り、一つのまとまりに統合する。例えば、国語と歴史、理科と数学等に教科間の相関を強める。教科ではない点に留意する必要があるが、幼稚園教育要領において示されている、周囲の自然環境や社会環境に親しんだり、物の性質や数量、文字などに対する感覚を豊かにしたりしようとする「環境」の領域や、音楽科や図画工作科、体育科の視点を取り入れた「表現」の領域も、領域単独でとらえるならばこれに該当すると考えられる。小学校低学年の社会科と理科を廃止したうえで新たに設置した「生活科」もこれに該当しよう。

5　広域（広領域）カリキュラム（Broad-field Curriculum）
　統合カリキュラムや融合カリキュラムがさらに大きな観点から広くくくられる場合や、教科を解体して人文・社会・自然の領域のように大きな領域で再編成されたものである。
　一例として、幼稚園での教育課程が挙げられよう。幼稚園では、「健康」「人間関係」「環境」「言葉」「表現」という5つ領域を複合的に取り上げることが幼稚園教育要領などによって求められている。したがって、保育者主導の設定保育は、広域カリキュラムととらえることもできよう。

第4章　教育課程（カリキュラム）と教育方法

　また、小学校中学年以上から実施されている「総合的な学習の時間」も、各教科とは独立している点や、様々な教科の視点を活かしつつ児童生徒一人ひとりの資質能力を育む点、更に各学校独自の目標や内容を定めるように示されている点などから、広域カリキュラムに該当すると考えらえる。

6　コア・カリキュラム（Core Curriculum）

　教育課程に生活現実の問題解決を学習する「中心課程」と、それに必要な限りでの基礎的な知識や技能を学習する「周辺課程」によって構成される。中核（Core）として特定の教科あるいは活動、領域などを設定することも可能であり、後述する経験主義カリキュラムを「中心課程」に置くことも可能である。中核の周辺に選択学習や基礎学習を配置して構成するカリキュラムであると換言することもできよう。鯨井は「コア・カリキュラムの特に強調するところは、それが、あらゆる子どもの特有な要求および興味を基として規定された必修教材から成り立つ、という点である」と述べている。つまり、必修教材選択の基礎には、一人ひとりの児童生徒の経験を前提として、彼ら彼女ら自身の要求と興味を念頭に置いたうえで、彼ら彼女らを満足させるような教材が前もって選ばれて用意されるのである。

　我が国においても第二次世界大戦後の昭和20年代にコア・カリキュラムに関する研究が活発に行われた。コア・カリキュラム運動の提唱は、新教育の立場から「経験」を重視する「社会科」を中核に、周辺に国語や算数等の教科を道具教科として配置するものであった。

7　経験・生成カリキュラム（Experience and Emergent Curriculum）

　経験カリキュラムは、教科を構成する知識や文化は排除され、子どもたちの日常生活に即して経験を活用し、その興味・関心・欲求に従って編成する。教科構造を配することで、幼児児童生徒の興味・関心・欲求に基づきつつ、社会機能によって教育内容を選択し組織するのである。この類型の最も純粋なものは「生成カリキュラム」と呼ばれ、子どもの経験だけから構成され、毎日の生活経験の中から、そのときその場で幼児児童生徒と教師が価値ある経験を選択し、協働してカリキュラム化する。経験カリキュラムを理論化し

たのは上述したシカゴ大学付属実験学校でこれを実践したデューイであるが、経験カリキュラムをより具体化・方法化したものとして、デューイに学んだキルパトリック（William H. Kilpatrick）が考案したプロジェクト法が挙げられる。これは、学習活動における子どもの主体性や、学習活動と実際生活との関連性を重視するというねらいをもって、1920年代にアメリカで始められた。プロジェクト法の特徴として、子ども自身がプロジェクトとしてどのような内容を設定するかのみならず、学習計画をも子ども自身に立てさせることが重視された。

今日でも行われている夏休みの自由研究課題や、完全に生徒が主体となって行う「総合的な学習の時間」などは、今日における経験カリキュラムと考えられる。我が国において経験カリキュラムの色彩が最も強いのは、幼稚園や保育所等の就学前機関であろう。そこで実践される保育、とりわけ自由保育は、5領域を意識しつつも遊びを学習ととらえて、上述した生成カリキュラムが実践されているためである。また、日本においては、児童の感情や発想を作文にし、生活を見つめ直すことを重視した生活綴方運動も経験カリキュラムの影響を受けた面があるのではないだろうか。

以上、本節では教育課程の構造と類型を概説した。これらの構造と類型は、様々な視点や原理によって支えられており、国家レベル、学校レベル、学級レベル、更には教科レベルと論者の持っている視点によってとらえ方が異なっていくという点が明らかになった。しかし、これまで論じてきた教育課程の構造と類型は、すべて共通して教育目的を達成するために存在するという事実を挙げておくべきであろう。我が国においては、教育基本法で示されている「人格の完成を目指し、平和で民主的な国家及び社会の形成者として必要な資質を備えた心身ともに健康な国民の育成」を達成するために、様々な教育課程の類型を考慮しながらよりよい教育方法を模索し続ける必要があるのである。

第4章 教育課程（カリキュラム）と教育方法

【引用文献】
青木秀雄編『現代初等教育課程入門』明星大学出版部、2014年、99頁
鯨井俊彦・青木秀雄・林幹夫著『現代教育課程入門』明星大学出版部、2009年、82-83頁

【参考文献】
青木秀雄編『現代初等教育課程入門』明星大学出版部、2014年
青木一、大槻健、小川利夫、柿沼肇、斎藤浩志、鈴木修一、山住正己編『[現代]教育学事典』労働旬報社、1988年
鯨井俊彦・青木秀雄・林幹夫著『現代教育課程入門』明星大学出版部、2009年
日本比較教育学会編『比較教育学事典』東信堂、2012年

第3節　教育方法の系譜　「経験主義」と「系統主義」

　教育課程を編成するにあたっては、内容の範囲および種類を問題とするスコープ（scope）と、その内容の順序・配列を問題とするシークエンス（sequence）についての検討が課題となる。すなわち、教育の目的・目標を踏まえながら、どのような観点から教育内容を選択・配列するかが問題となるのである。こうした教育に対する観点は様々あって、日本においても現在に至るまでしばしば対立が生じており、学校教育を展開していく上での要諦となる教育課程や教育方法のあり方は、一定の周期で左右の往復運動を繰り返す「振り子」に例えられるように揺れ動いてきた。

　ここでは、特に教育課程の異なる重要な要素として、児童生徒の成長や生活経験を重視する立場である「経験主義」と、科学・学問の理論体系を重視する立場である「系統主義」という二つの立場に着目し、教育課程編成の理論的な根拠を支えてきた思想について論じていく。

1．経験主義の教育課程
1　経験を重視する教育思想

　学校教育における生活や経験と学問や科学のどちらかを重視するのかという対立は、近代公教育を巡る歴史的な課題に根ざしている。近代科学の成立を背景として誕生し拡充してきた学校教育制度は、家庭や地域といった日常生活からあえて乖離することによって、日々の生活をより深く認識する機関として機能しなければならないという矛盾する役割を担ってきたのである。

第 3 節　教育方法の系譜　「経験主義」と「系統主義」

経験主義とは、子どもの生活経験の広がりや発達を第一の条件として、教育課程を編成する立場を指す。これは教育思潮の上からはルソー（Rousseau, J-J.）にはじまり、19世紀末から20世紀初めのデューイ（Dewey, J.）の進歩主義教育の思想に結びついていく。そして特に、アメリカにおける新教育運動に大きな影響を与えていった。こうした経験主義の考えは、子どもたちの活動や興味・関心を重視することから、「児童中心主義」とも称される立場であり、日本でも第二次世界大戦後の戦後新教育期に盛んに提唱され、注目を集めたのである。

2　戦後教育改革と教育課程

1945（昭和20）年 8 月15日、日本はポツダム宣言を受諾し、アメリカ合衆国を中心とした占領軍統治の下、戦後の教育改革が進められることとなる。連合国最高司令官総司令部（GHQ）の要請によって、1946（昭和21）年に第一次アメリカ教育使節団が日本に派遣され、日本側の教育関係者等と協議して作成された『米国教育使節団報告書』（1946（昭和21）年）は、戦前の日本の学校教育のあり方を手厳しく批判するものであった。

報告書によると、戦前の日本の教育は、「過激な国家主義、軍国主義」の教育であるとともに、「大衆と少数の特権階級とに対して別々な教育」を行う「高度に中央集権化された19世紀型」の教育制度であって、「近代の教育原理に従って当然改正されるべき」ものであるという。そこで、中央集権的で画一的な教育課程編成に代わるものとして、同報告書が提示したのは、「生徒が出発点でなければならない」というアメリカの進歩主義教育の思想に基づく教育課程編成論であった。そして、教育課程の構成にあたっては、「特定の環境にある生徒が出発点でなければならない」という児童中心主義の思想は、その後文部省が出した『新教育指針』（1946（昭和21）年）や『学習指導要領　一般編（試案）』（1947（昭和22）年）に忠実にそのまま反映されていったのである。

「試案」の形でとりあえず発行された「一般編」は、戦後新教育の唯一の指針とされたものである。「一般編」の解説では、「この書は、学習の指導について述べるのが目的であるが、これまでの教師用書のように、1つの動か

すことのできない道をきめてそれを示そうとする目的でつくられたものではない。新しく児童の要求と社会の要求とに応じて生まれた教科課程をどんなふうに生かして行くかを教師自身が自分で研究して行く手びきとして書かれたものである」とし、これによって、「児童の現実の生活」を「教育の出発点」として、「現在ならびに将来の生活に起る、いろいろな問題を適切に解決」していく「生活を営む力」を養うことが基本目標であると述べられている。これこそが戦後新教育の経験主義的、児童中心主義的な教育方法のあり方にほかならないであろう。

　また、「経験主義」の教育課程については、1951（昭和26）年度版『学習指導要領　一般編（試案）』「Ⅲ　学校における教育課程の構成」の「教育課程とは何を意味しているか」に詳しく述べられている。文部省はこの中で、学習指導要領とは学校において教科内容や学習活動を選択する場合に、その手がかりとなるものであり、教師に有益な示唆を与えるものであるとした上で、教育課程について次のように規定している。

「本来、教育課程とは、学校の指導のもとに、実際に児童・生徒がもつところの教育的な諸経験、または、諸活動の全体を意味している。これらの諸経験は、児童・生徒と教師との間の相互作用、さらに詳しくいえば、教科書とか教具や設備というような物的なものを媒介として、児童・生徒と教師との間における相互作用から生じる。これらの相互のはたらきかけあいによって、児童・生徒は、有益な経験を積み教育的に成長発達するのである。しかも、児童・生徒は一定の地域社会に生活し、かつ、それぞれの異なった必要や興味をもっている。それゆえ、児童・生徒の教育課程は、地域社会の必要、より広い一般社会の必要、およびその社会の構造、教育に対する世論、自然的な環境、児童・生徒の能力・必要・態度、その他多くの要素によって影響されるのである。これらのいろいろな要素が考え合わされて、教育課程は個々の学校、あるいは個々の学級において具体的に展開されることになる。いわゆる学習指導要領は、この意味における教育課程を構成する場合の最も重要な資料であり、基本的な示唆を与える指導書であるといえる。このように考えてくると、教育課程の構成は、本来、教師と児童・生徒によって作られるといえる」

第3節　教育方法の系譜　「経験主義」と「系統主義」

　さらに、経験主義の教育の課程を構成する重要な要素である「経験」の意味を取り上げ、次のように述べている。「過去においていろいろな経験をもった児童・生徒が、かれらにとって新奇なある状況に当面したり、あるいは問題にぶつかったとき、環境に対して緊張した態度をとり、活動的な交渉を行う。児童・生徒は、自己の当面する環境を切り開くために、また問題を解決するために、いろいろな活動を行うようになる。すなわち、既往の知識・経験を生かし、さらに、他の知識を求めたりすることによって、環境に働きかけることになる。このような環境との相互の働きかけあいによって、他の知識は自分のものとなり、新たな経験が、自己の主体の中に再構成され、児童・生徒は成長発達していくということができる。したがって、教育課程は、このような経験の再構成を有効にさせるように、学習経験を組織することでなければならない。その意味で、教育課程の構成において問題となってくる経験は、単なる児童・生徒の既往の経験ではなく、児童・生徒の発達段階に即して、かれらの現在もっている経験を発展させ、それを豊かにするのに役だつようなものでなければならない。したがって、望ましい経験とは、無数の経験の中で、児童・生徒の発達を促し、教育の目標を達成するのに有効なもので、かれらの発達段階に即した、可能的なものをいうのである」

　このように、経験主義の考え方を反映した教育課程では、児童生徒の興味・関心、必要性などを中心に教育内容が選択・組織される。そのため、教師は児童生徒の生活経験、活動を重視し、それらを通して彼らが積極的に学習活動を展開していく過程を適切に援助していく必要がある。

　しかしながら、この「自己の当面する環境を切り開くために、また問題を解決するために、……既往の知識・経験を生かし、さらに、他の知識を求めたりすることによって、環境に働きかけ……相互の働きかけあいによって、他の知識は自分のものとなり、新たな経験が、自己の主体の中に再構成され」るという原理、つまり学習者自身が知識を自ら構成するのだ、という学習の原則、すなわち構成主義の考え方が本当には理解されないままに、ただ経験が重視され今日にいたっているところに問題がある。

第4章 教育課程（カリキュラム）と教育方法

3 「経験の再構成」の場としての学校

日本では、戦後の新教育の実践の中で経験主義の考えが注目を集めた。それは、児童生徒が直面する諸問題を主体的に解決しながら知識・技能を習得し、あわせて全人的な成長を図ることを目指した意欲的な教育課程であった。こうした戦後初期の教育課程に少なからぬ影響を与えたのが、アメリカ合衆国の哲学者ジョン・デューイ（Dewey, J.）の教育思想である。

デューイは、19世紀後半のアメリカ合衆国において、産業革命の進展する中、農業の集中化と労働の分業によって、従来機能していた家庭や地域の教育力が衰弱したという意識のもとに、学校に家庭や地域のもつ教育力を導入することで、「経験の再構成」としての学校教育の活性化を試みようとした。「学校」を家庭生活・社会生活と密接に結びついた「小型の共同社会」「胎芽的な社会」にしようしたのである。したがって、彼にあっては、「教育は、生活の過程であって将来の生活の準備ではない」（生活準備説批判）、むしろ「学習は生活することを通してまた生活することとの関連において行われる」（「なすことによって学ぶ」learning by doing）と主張され、いま生起している具体的な問題に自ら意欲的に取り組むことが重視された。

このように、デューイは「経験の再構成」として教育を定義していたが、しかし、すべての経験を教育的と見なしていたわけではない。学校に組織されている経験には、児童生徒の成長を促進する「教育的経験」もあるが、成長とは無関係な「非教育的経験」もある。さらには、児童生徒の成長に有害な「反教育的経験」も存在している。デューイは、学校に組織される経験は、学問的経験との連続性をもち、学校外の社会や産業との連続性をもち、公共生活の倫理との連続性をもつ経験が選択されるべきだと主張している。つまり、学校は、学校外の社会と共同体との連続性を保持しながら、知的で社会的で倫理的な経験を構成することを通して、「民主主義の社会」の実現に向けた準備をする使命を負った場所なのである。そして、このような「教育的経験」の組織こそが、デューイの求めた教育課程のあり方であった。

経験主義に基づく教育が活発に展開されていくと、それに対する批判も起こってくる。その一つが系統主義からの批判であって、問題解決の必要に応じて事実や知識が選択されるとすれば、結果的に断片的経験に断片的知識を

第3節　教育方法の系譜　「経験主義」と「系統主義」

かぶせたものであって、科学的概念や理論的知識を系統的に学習することは困難であるとの主張がなされたのであった。

２．系統主義の教育課程
１　知識重視の教育課程

　生活に根ざした体験や問題解決を重視する「経験主義」の対極にある考え方が、知識・技能を教科の体系に沿って教授すべきであるとする「系統主義」の立場である。教育方法として前者は「児童生徒主導型」となり、後者は「教師主導型」となり、評価方法として、前者は「行動指標」「作品評価」、後者は「ペーパーテスト」を採用する傾向がある。

　系統主義は、児童生徒に継承・発展されるべき文化の伝達に重点を置く立場で、「本質主義」の教育観を教育課程に反映したものであり、「教科主義」ともいえるものである。そもそも、学校自体が特有の文化を伝達するための機関として成立したことから、最も伝統的な教育課程であるといえるが、今日でも形式と内容の両面において学校の教育現場に影響を与えている。

　一定の知識を教え込むことが教育であるという立場からすれば、極めて有効な教育課程であるといえるであろう。事実、組織された教材をもとに多数の児童生徒に対して、ある一定の事柄を一斉に教授していくには、確かに効率的な考え方である。

　近代の日本社会では、競争社会的な、追いつき追い越せの精神は国内のみにとどまらず、諸外国に対しても適用され、次第に国際化が進展していった。国際化にあたっては、国内競争に必要な技術力・生産力に加え、語学力も大変重要なものと考えられてきた。企業では、自社の利益追求が絶え間なく行われ、そのために必要な技術革新や、優秀な人材の採用に力を注いできた。このような諸事情を背景に、日本は学歴重視の高学歴社会へと発展していき、近年は学歴よりも個人のもつ考え方や意欲を重視し始めたとはいうものの、現在でもなお、学歴重視の考え方は根強く残っている。こうした経済界の要請、すなわち、企業に求められる高学歴者を育成するために必要とされるのが教育の重要な役割だとされている。

　ここでいう「教育」とは、他者よりもいかに多くの知識を身につけ、ペー

第4章　教育課程（カリキュラム）と教育方法

パーテストの正答として反映させていくことができるかであって、どのような思考力を身につけたかではない。教育の受容者である児童生徒は、より深く専門的な知識を学ぼうとし、それに応えるかのように学校側の知識重視の教育が展開されていったのである。

その結果、学校で行われる知識重視の教育は「詰め込み教育」と呼ばれるようになり、時代の変化とともに変わっていった児童生徒を重視するという思想とは異なるものとなっていった。

2　科学を重視する教育思想―教育内容の現代化―

系統主義の特徴は、科学・技術等の知識や原理を第一の条件とし、児童生徒の発達段階を考慮して教育課程を編成することにある。系統主義の考え方の典型として、「現代化」と総称される動向がある。それは日本では、1960〜70年代のいわゆる「教育内容の現代化」期に体系化されていった。

系統主義は、経験主義（誤解されたものであった）のように、児童生徒の日常生活から直接的に教材を拾い、それをそのままの形で教え、学ぶことを「這い回る経験主義」と呼んで激しく批判した。つまり、いつまでたっても児童生徒の認識が日常生活のレベルにとどまったままで、成長の度合いが限りなく小さいということである。

また、飛躍的に進展する現代の科学技術に比して、学校で教えている教育内容はもはや時代遅れになっているという認識のもとに、現代科学の内容と方法をもって教育内容をドラスチックに再編成することを要求し、かつそのことは児童生徒にとっても学習可能であるという主張であった。特にアメリカ合衆国や日本においては、進歩主義や経験主義に対する批判意識とそれに代わる知的卓越性（excellence）をめざす教育方法の確立ということが強く自覚されたのである。そして、こうした科学を重視する系統主義に対して、その思想的な根拠を提供するのに影響力をもったのがアメリカ合衆国の心理学者ブルーナー（Bruner, J. S.）であった。

ブルーナーは教材中心の性格を保持しながらも、教材の背景にある学問の基本的観念や原理を学問の「構造」として教材化し、それらを児童生徒の認知の発達段階にあわせて発見的に学ばせようとする新たな教育課程（「学問

第3節 教育方法の系譜 「経験主義」と「系統主義」

中心カリキュラム」）を提唱した。PSSC（物理）、BSCS（生物）、CBA（科学）、SMSG（数学）などに代表される自然科学分野の教育課程は、中等教育における学問中心カリキュラムとして開発されたものである。

系統主義では、授業で教える内容を組織・配列するにあたって、経験主義のように最初に日常生活に向かうのではなく、科学・知識等の成果としての知識体系に目が向けられることになる。そして、教える内容に関係して、要素が複雑に絡み合っていない最も単純で一般的な事柄から、徐々に複雑で特殊な事例を分析し、その順序で教えていくことを提唱している。

系統主義に基づく教育方法が教育現場に導入されると、それに対する批判も起こってくる。特に経験主義の立場からは、系統主義は学問系統を優先するあまり、個別性を無視し、児童生徒の興味・関心から離れた学習を押しつける教師主導の注入型教育であるとの批判がなされた。

本節では、児童生徒の成長や生活経験を重視する立場である「経験主義」と、科学・学問の理論体系を重視する立場である「系統主義」という二つの立場から教育課程・教育方法のあり方について検討を加えた。

このような教育課程の考え方に関する二つの流れの間には一定の緊張があり、それは形を変えて現在にまで及んでいる。戦前の日本では系統主義に傾いていたが、戦後にはその反動とアメリカ合衆国からの影響によって経験主義が一時期力を得たものの、それに対する批判も強く、1960年代からは、いずれかの主義が学術的に力を得たというよりは、むしろ現実の入学試験の圧力のもとで系統主義が実質的に現実を支配した。

しかし、1990年代からこうした構図に変化が見られるようになる。日本では、所得水準の向上や高等教育への進学率の上昇に伴い、児童生徒に対する学習への社会的な強制力が低下し、教科を中心とする系統主義の学習に児童生徒が十分に対応できなくなっていった。その結果として、むしろ経験主義の導入が様々な形で試みられてきており、「新学力」の考え方や「総合的な学習の時間」はこうした動きを反映してきたものであるととらえてよいであろう。

さらに近年においては、OECD（経済協力開発機構）のPISA（国際学力

第4章 教育課程（カリキュラム）と教育方法

比較調査）や TIMSS（国際教育到達度評価学会の数学・理科調査）の結果を受けて、いわゆる「学力低下論」が問題とされたことにより学習指導要領が改訂され、経験主義から系統主義への修正が試みられた。

　以上、教育課程に関する二つの立場やその変遷について概観してきた。確かに経験主義からすると、系統主義は学問的系統主義を優先して、児童生徒に興味・関心から離れた学習を押し付けようとしているようにも見える。反対に、系統主義から見ると、経験主義の教育は放任的で無責任であり、明確な知識・技能を身につけることになっていないという結論に至るであろう。

　本節の冒頭でも述べたように、いわゆる教育界の「振り子」は、「経験主義」と「系統主義」の一方の考え方が強くなって行き過ぎが生じると、他方からの批判が高まって反対の方針になり、それがまたうまくいかなくなると批判が出て反対に動くということを繰り返してきた。

　現在の社会は以前にも増して急速な変化を遂げており、様々な教育問題を顕在化させている。だからこそ、これからの教育には、今までのように「経験主義」と「経験主義」とを単に対立させるのではなく、客観的で正確な現状認識のもと、教育課程・教育方法の新たなあり方を模索し、学校教育に反映させていくことが強く求められているのではないだろうか。

【引用・参考文献】
城丸章夫著作集第8巻『教育課程論・授業論』青木書店　1993（平成5）年
安彦忠彦編『新版 カリキュラム研究入門』勁草書房　1999（平成11）年
柴田義松『教育課程』有斐閣　2000（平成12）年
平野智美編著『教育の理論 第2版』八千代出版　2000（平成12）年
安彦忠彦『改訂版 教育課程編成論』放送大学振興会　2006（平成18）年
明星大学初等教育研究会編『初等教育原理』　2007（平成19）年
柴田義松編著『教育課程論 第二版』学文社　2008（平成20）年
鯨井俊彦・青木秀雄・林幹夫『現代教育課程入門』明星大学出版部　2009（平成21）年
山﨑準二編『教育課程』学文社　2009（平成21）年
田中耕治編『よくわかる教育課程』ミネルヴァ書房　2009（平成21）年
加藤幸次編『教育課程編成論 第二版』玉川大学出版部　2011（平成23）年
佐々井利夫・樋口修資・廣嶋龍太郎『教育原理』明星大学出版部　2012（平成24）年
臼井嘉一・金井香里編著『現代教育課程論とカリキュラム研究』成文堂　2012（平成24）年

第4節　共通カリキュラムと個性

　我が国では全国的な基準を示してカリキュラムを編成しているが、地域や各学校レベルで子供たちの姿や地域の現状等を踏まえたカリキュラムの編成もまた求められている。国の基準を前提としつつも、現実的にどうあることが望ましいかは、常に問い続けるべき課題であると考えられる。そのため、ここではまずカリキュラムの共通化について概観し、我が国におけるカリキュラムの共通化と「個性」の関係を確認した上で、学習指導要領今次改訂における「個性」の重視を説明したい。

1．カリキュラムの共通化と多様化の歴史

　我が国の学校のカリキュラムを問題とする場合、文部科学省告示の学習指導要領によって、その基準が示されていることが前提となる。学校教育法施行規則によって、学習指導要領が「教育課程の基準」と示されたことで、我が国では学校教育法に定められた学校は、学校教育法その他の法令の定めるところに従って、教育課程を編成することになっている。この場合、規定される項目としては、各学校で教える教科、授業時数あるいは単位数などであり、授業内容についてはこれを大綱的に示している。

　このように、我が国の教育課程の編成においては各学校の裁量もあるものの、万人に普通教育を保障するという観点から、「カリキュラムの共通化」がすすめられている。『現代カリキュラム事典』によると、「カリキュラムの共通化」とは、同一学年に属するすべての子どもに同じ教育内容を提供することであり、逆にあるカリキュラムに様々な内容を含めることは「カリキュラムの多様化」という。

　教育において共通水準の学力を保障するか、個に応じた多様性を保障するかということは、いずれも重要な課題である。例えば、イギリスにおいては従来国レベルの明確な教育課程の基準がなく、共通の学力水準よりも多様性の保障の観点によって教育課程が編成されてきた。しかし、1989年になると、国の基準としてナショナルカリキュラム（national curriculum）と呼ばれる

第4章　教育課程（カリキュラム）と教育方法

全国共通カリキュラムの導入に踏み切った。これは、日本の学習指導要領に影響を受け、義務教育終了までに達成すべき水準を示したものであり、その水準を基にナショナル・テスト（national test）と呼ばれる全国統一の学力試験の実施と、学校ごとの成績の水準（standard）も公表した。このような方針は、同時期のアメリカ各州でも導入する動きが見られた。

　現代の学校教育の教育内容は、国家が独自の学校教育制度を有して独自の教育内容を持っている。一国の中で各学校が独自の教育内容を持つようにしている国もあれば、一国の学校全部が同一の教育内容になるように指示・統制している国もある。後者の典型は第二次世界大戦後の社会主義国であると指摘されるが、同時期の日本も、日本国憲法、教育基本法の下で法的拘束力のある学習指導要領と検定教科書を導入していったことから、基本的には後者に属すものと考えられてきた。

　そこで、次に我が国のカリキュラムの共通化の歴史について概観したい。我が国のカリキュラムの共通化の出発点は1872（明治5）年の学制にはじまる近代学校教育制度の導入にまでさかのぼる。明治期前半の学校教育制度は就学率が低く、制度の改正に伴い徐々に複線型の学校体系に移行していったことから、共通のカリキュラムとは言い難い点もあった。制度・内容・方法などすべての面で共通化が進行したのは、上述のように第二次世界大戦後の学校教育である。戦後教育において単線型の学校体系を導入したことに加え、1958（昭和33）年の学習指導要領の告示化によって法的拘束性を持たせたことで、指導内容の画一化がより強固なものとなった。他方、指導方法はいわゆる一斉授業であり、教育の機会均等の理念の原則と相まって画一化が進行した。

　1970年代に入ると、「機会の平等」という原則に対して「結果の平等」が問題にされるようになり、従来の画一化に対して多様化を求める動きが活発になった。学校制度においては、高等学校の多様化、個性化に端を発し、「特色ある学校づくり」の提唱や学校裁量時間の導入、「個に応じた指導」の実践によって、戦後の学校教育の持つ画一性を改善しようとする動きが活発化した。このような流れの中で、日本のこれまでの学校教育の弊害である画一性や硬直性、閉鎖性を打破し、個性重視の原則を確立することが提言され

第4節 共通カリキュラムと個性

た。特に、1998（昭和62）年の臨時教育審議会第4次答申では、①自由の重み、自己責任の増大に耐える能力、②創造性・考える力・表現力、③教育環境の人間化、④選択の機会の拡大を図ることが提言されている。このように個性の尊重を目指した教育改革の理念は、その後の制度改革の指針となった。

たとえば高校教育の制度改革としては、単位制高校の設置、総合学科の創設、選抜方法の多様化などが図られ、大学教育にも影響を与えた。このような多様化やそれに伴う個性化を進める考え方は、一方で共通の基礎・基本の学力とカリキュラムをどのように考えるかという問題を含むものであると指摘されてきた。また、授業方法の改革としては、従来の教師中心の画一・一斉教授に対して、学習習熟度別授業や個別学習、学習者の興味・関心を重視した選択学習などが提唱され、後の総合的な学習の時間などの導入にもつながった。しかし、他方で、この方法にも個別学習と学習集団の人間関係などといった個性化と社会化の問題が指摘されてきた。

1998（平成10）年から1999（平成11）年改訂の学習指導要領では、小学校、中学校、高等学校に総合的な学習の時間が導入され、名称・内容ともに各学校の独自性に任せられる形で新設された。総合的な学習の時間には検定教科書もなく、各学校に通う児童・生徒の特色や個性に応じ、さらには地域性を踏まえた内容を用意することが可能になった。

1998（平成10）年から1999（平成11）年の改訂方針は中央教育審議会「幼稚園、小学校、中学校、高等学校、盲学校、聾学校及び養護学校の教育課程の基準の改善について（答申）」に示されている。この答申には、「各学校段階を通じて、幼児児童生徒の興味・関心等を生かし、主体的な学習の充実を図るとともに、個に応じた指導の一層の工夫改善を図ることが大切である」との考え方から、「小学校高学年から、選択能力の育成を重視し課題選択などを取り入れ、中学校においては、学年段階に応じ漸次選択幅の拡大を図るとともに、高等学校においては、生徒による選択を基本とし、共通に履修させる内容はいずれの分野に進路を選択しようとも最低限必要な内容にとどめるようにすることが望ましい」と指摘されている。

2008（平成20）年から2009（平成21）年の改訂では、総合的な学習の時間は引き続き小学校、中学校、高等学校で実施されることとなったが、その授

第4章　教育課程（カリキュラム）と教育方法

業時数は減少した。各教科で知識・技能を活用する学習活動を充実させるため、授業時数は全面的に増えている中で、総合的な学習の時間は「質的な充実を図る」との文言で時数の縮減が行われている。また、中学校においては、1998（平成10）年の改訂で示されていた選択教科等にあてる授業時数が2008（平成20）年の改訂ではなくなっている。しかしながら、中学校学習指導要領の総則において「課題学習、補充的な学習や発展的な学習など、生徒の特性等に応じた多様な学習活動が行えるよう各学校において適切に定めるものとする」と示されていることから、各学校において選択教科を開設することは「生徒の負担過重にならない」程度においては認めている。一方で、中央教育審議会「幼稚園、小学校、中学校、高等学校及び特別支援学校の学習指導要領等の改善について（答申）」の改訂の基本方針には「学習意欲の向上や学習習慣の確立」が示されており、かつ総則の文言には「主体的に学習に取り組む態度を養い、個性を生かす教育の充実に努めなければならない」（小学校学習指導要領、中学校学習指導要領、高等学校学習指導要領に共通）といった「個性」との関連が明示された。

　以上のように、歴史的に見ると、明治期の学制以降、我が国では複線型の学校体系が構築されてきたが、第二次世界大戦後の教育改革で単線型の学校体系への移行を果たし、カリキュラムの共通化が進められてきた経緯がある。しかし、単線型学校体系の中でも、コース制や教科選択などにより、学校内でのカリキュラムの複線化が起こりうる。カリキュラムの共通化を重視するか、あるいは多様化を保障するかという方針は、学習指導要領の改訂に伴ってその姿を変えつつ学校教育に継承されてきた。これらの意義を踏まえつつ、教育課程を編成していくことが必要であろう。

２．カリキュラムの共通化と個性

　戦前の日本の複線型学校体系に見られるように、カリキュラムの多様化は階層分化を反映し、不平等を拡大するとも指摘されてきた。そのため、単なる多様化ではなく、すべての学習者に対して将来の生活に向けて役立つような一般的準備を前提とした共通のカリキュラムを提供することが提唱されてきた。これに加えて今日では、多様化を放棄するのではなく、「個性」を尊

第4節　共通カリキュラムと個性

重し、個々の学習者にふさわしいカリキュラムを保障することも求められている。

辞典などに示される一般的な観念としての個性は「他の人にはないその人独自の特性」と説明される。萩原は、上記の意味を踏まえた上で、個性を「意思決定の過程において、他者とのかかわりで自由な選択力を持つその人独自の行動的ないし能力的特性」と定義して、「人間の個性は他の人間の個性とふれあうことにより生じ、発達する」ものであり、「個性が個性と自覚されるのは、例えば他者の個性と出会ったときであり、もっと根源的にいえば、他者の求めに応じて援助ができ感謝されたと意識されるときである」と説明している。

また、安彦は、個性を「個人の全体的特性」とした上で、「その特性でその人の個人的な全体像が示されるもの」と定義する。この個性とは、単なる個人差の意味領域を超える、個体の持つ独自性や代えることのできない性質であり、この場合の個性とは、身長や体重のような客観的な数値で示せる「個人差」ではなく、いわゆる学力テストによる数値化された学力でもないと指摘する。そして、個性が主体的な個人の性格である以上、カリキュラムにおいても自由選択を認める選択制・選択学習が「個性化」に配慮することが教育課程の編成上の原則であると指摘する。

個性というものをどうとらえるかは人によって様々であるが、従来の教育学や教育心理学においては、「個性」とは「個人差」「特性」「適性」とは別のものとして項目だてられ、特に「個人差」とは明確に異なるものとして定義される。個人差は個性の一部を成す、量的で、測定可能な、客観的な心身の諸特性である一方で、個性はその個人差を内に含む、質的で、測定不能・不可の、主観的、主体的判断を伴う全体的な心理的性質であるとされる。この点で、計測可能な学力などの客観的・部分的特性だけでない、主体的で質的な特性として個性をとらえる必要がある。

また、学習者の個性の重視と関連して、学習の効果に大きな影響を与えるものに、「興味・関心」がある。これは、「学習意欲」や「動機づけ」の観点から見たものであり、教育課程の編成上、必要な留意点とされている。

「学習意欲」は「興味・関心」から生まれるため、子どもの興味・関心を

第4章　教育課程（カリキュラム）と教育方法

第一に考えることに配慮した教育課程上の工夫が既に述べた「選択制」であるといえる。子どもの興味・関心は個々に違って当然であるため、ある程度の選択の幅を持たせた学習経験は、カリキュラムの共通化だけでは達成しえない「学習意欲」を満たす要素がある。また、カリキュラムの共通化に対する批判として生ずる「強制的な教育」によって自立を妨げることを回避する効果も期待される。このような選択制においては学習者の意志や問題意識を持たせることも大切である。

このように考えた場合、個性に応じる教育とは、「主体的な選択」が許されるものでなければならず、その場合、学習者本人がその「個性」を一層よいものにしようと伸ばす方向で選択する「個性化」を目指す状況でなければならない。そのため、基本的に、学習者自身の主体性や自主性が尊重されることが原則となる。

青木によると、共通カリキュラムとは「学校ですべての子どもたちが共通に学習しなければならないカリキュラム」のことであり、教師の視点からは、すべての子どもたちに同じ内容を教えることが計画されたものである。その意義は、子どもたちに共通水準の学力を保障することにあり、特に自ら学ぶために必要な基礎・基本となる知識や技能をすべての子どもたちに習得させるために必要となる。一方で、今日の学校教育の目標の一つである「生きる力」が示すとおり、基礎・基本の土台の上に、それぞれの児童・生徒が「自ら学び、自ら考え、主体的に判断する」といった、個に応じた多様な教育を保障することも同時に求められている。

3．今日の学習指導要領における「個性」の重視

2017（平成29）年から2018（平成30）年にかけて、小学校、中学校、高等学校の学習指導要領が改訂された。中央教育審議会「幼稚園、小学校、中学校、高等学校及び特別支援学校の学習指導要領等の改善について（答申）」の学習指導要領等の改善の方向性には、アクティブ・ラーニングの視点からの授業改善に関連して、「形式的に対話型を取り入れた授業や特定の指導の型を目指した技術の改善にとどまるものではなく、子供たちそれぞれの興味や関心を基に、一人一人の個性に応じた多様で質の高い学びを引き出すこと

第4節　共通カリキュラムと個性

を意図するものであり、さらに、それを通してどのような資質・能力を育むかという観点から、学習の在り方そのものの問い直しを目指すものである」として、一人ひとりの個性に応じた学びを一層重視する姿勢を明示している。

　また、同答申ではカリキュラム・マネジメントの実現に向けて、「学習指導要領等の趣旨や枠組みを生かしながら、各学校の地域の実情や子供たちの姿等と指導内容を見比べ、関連付けながら、効果的な年間指導計画等の在り方や、授業時間や週時程の在り方等について、校内研修等を通じて研究を重ねていくことも重要である」と指摘している。加えて、「特別活動や総合的な学習の時間においては、各学校の教育課程の特色に応じた学習内容等を検討していく必要があることから、「カリキュラム・マネジメント」を通じて、子供たちにどのような資質・能力を育むかを明確にし、それを育む上で効果的な学習内容や活動を組み立て、各教科等における学びと関連付けていくことが不可欠である」と指摘して、特別活動と総合的な学習の時間における各学校の特色に応じた学習内容の検討を明示している。

　我が国の学習指導要領や、イギリスのナショナルカリキュラムのように、全国的なカリキュラムを編成するための基準を示すことは、全国的な達成水準を示しそれを目指すという点では意義がある。しかし、これらは全国的な集団に対する統一的な枠組みを許容することを前提とするものであり、小集団や個人の利益を優先する考え方と相いれない点があると指摘されてきた。このような方針に対して、アメリカのバウチャー制度やチャータースクール制度などは個人の選択の自由を保障する観点から登場したものであり、我が国の教科選択制度なども、児童・生徒個人の自由を保障するものであった。この点で、「個に応じた指導」といった個別の対応だけではなく、児童・生徒の個性を本質的に認める取り組みが求められる。

　一方で、学校教育を受ける子どもたちは、個人であるとともに社会の一員となっていく存在であり、その両者には発達に応じた配慮が必要である。安彦は「特に初等教育においては、個人に対して選択活動の自由を与え、個々人の興味関心や適性、個性に応じた学習が自らの責任で展開できるようなイメージも必要」であると指摘する。さらに「個人が社会を検討・批判し、再構築することができる自由があってはじめて、中等教育段階以降において公

第 4 章　教育課程（カリキュラム）と教育方法

民的資質の基礎を養う教育が可能になる」と指摘している。カリキュラムの共通化は、同時に子どもたち自身の未来決定の自由を保障し、個性を重視したものであるべきであって、それを失った状態では、規律と社会的要請のみを意図した訓練の場となる恐れがある。学習指導要領の今次改訂でアクティブ・ラーニングの視点からの授業改善が提言されたことは大きな意味を持つであろう。

　このように、カリキュラムの共通化と多様化の観点は、国の基準を前提としてどの次元で共通性を持たせるか明確にした上で、必要に応じて多様化の観点を持たせることが望ましいと考えられる。

【参考文献】
萩原元昭編『個性の社会学』学文社、1997年
安彦忠彦『新版　カリキュラム研究入門』勁草書房、1999年
日本カリキュラム学会編『現代カリキュラム事典』ぎょうせい、2001年
安彦忠彦『改訂版　教育課程編成論　―学校は何を学ぶところか―』放送大学教育振興会、2006年
青木秀雄『人間性と人間形成の教育学』明星大学出版部、2007年
加藤幸次編『教育課程編成論』玉川大学出版部、2010年
鯨井俊彦、岡本富郎『初等教育課程入門』明星大学出版部、2011年
田中博之『カリキュラム編成論―子どもの総合的学力を育てる学校づくり』放送大学教育振興会、2017年

第5章

カリキュラム（教育課程）の評価

第1節 カリキュラム評価

1．カリキュラムの評価導入と必要性

　「教育課程の評価」という用語が最初に登場したのは、戦後初期の学習指導要領（一般編、1951（昭和26）年改訂）からである。そこには、今日に通じる教育課程の評価の意義や目的についてつぎの二点が明記されていた。①教育課程がめざす教育目標が、どの程度に実現されるかどうかを知ること、②教育課程の改善と再構成の仕事の資料を得ること。加えて、「教育課程の評価と改善とは連続した一つの仕事」であるとする高い見識がうかがえる。

　さらに、教育課程の評価主体と改善主体として、実践の直接的な責任者である教師の役割が重視され、つぎのように示されていた。「本来、教育課程の計画や展開について、示唆を与えている学習指導要領や、その他の文書は、あくまで、実施のための手引書であって、それをどのように生かしていくかは、教育を実践する教師一人ひとりの責任にかかっている。その意味で、みずから実施した活動について、絶えずあらゆる機会においてそれを検討し、評価し、これに改善を加えていく責任が、とりわけ個々の教師には課せられている」。

　ただし、その後の展開を見ると、このような高い見識に基づいて出発した戦後のカリキュラム評価は、その後長い間十分機能したとはいえなかった。その大きな原因の一つとして、学習指導要領が1958（昭和33）年より「告示」され、教育実践に対する拘束性を強めていくなかで、評価行為の結果に照らして教育課程の改善を志向するという条件が弱まっていったことがある。これ以降、学習指導要領の文言から「教育課程の評価」の項目が削除された。

第5章　カリキュラム（教育課程）の評価

近年になって「規制緩和」による地方分権化の時代を迎え、「学校を基礎にした教育課程開発」の必要性が強調され、さらに今日、カリキュラム・マネジメントの施策が展開されるようになってきたのである。

2．学校経営と教育評価の次元

　学校経営とは、学校教育目標の効果的な達成をめざし、学校づくりのビジョンと戦略を設定して教育活動を編成・展開するなかで、経営資源として必要な教育諸条件（人、物、金、情報、組織、ネットワークや学校力など）をPDCAマネジメント・サイクル、すなわち計画（Plan）、実行（Do）、評価（Check）、改善（Action）のプロセスに従って調達・運用・整備し、その組織運営に関わる諸活動を管理し、意思決定を図って実現するとともに、その計画的で持続的な改善を求める創意的な機能をさす。

　学校づくりは、学校力の構築と質的向上をめざすので、「チーム学校」の一員である教職員の学校経営への参画と学校組織マネジメントに成否の多くを依存する。したがって学校経営は、学校教育目標―学校教育計画―教育活動―学校評価・改善といった内容や活動を中軸とする「内容系列」あるいは「目標系列」と、教職員や児童生徒の人的条件、施設・設備や教材・教具等の物的条件、学校予算等の財政的条件、さらには情報環境・組織運営等からなる「条件系列」あるいは「組織系列」の二つから成立している。

　カリキュラムの次元は、IEA（国際到達度評価学会）の国際調査で採用されたものである。学校教育において教育評価が機能している場面としては、日常的な授業場面が最も目に入りやすい。しかし、教育評価は授業場面に限って行われるのではない。カリキュラムの三つの次元に即して下記のように行われる。

　①文部科学省による大規模な教育課程評価→意図した教育課程が対象。つまり、国家または教育制度の段階で決定された内容であり、教育政策・教育行政や法規、学習指導要領の内容、教科書、指導書などに示されており、概念、手法、態度などで記述されている。

　②学校評価、カリキュラム評価、教員評価、学区または学校単位の学力実態調査→実施したカリキュラムが対象。つまり「意図した教育課程」を念頭

に置きながら、学校・教師が解釈して幼児・児童生徒に与える内容であり、実際の指導、教室経営、教育資源の利用、教師の態度や背景などが含まれる。

③学習評価、学力評価、授業評価→達成されたカリキュラムが対象。つまり「実施したカリキュラム」を通じて、幼児・児童生徒が学校教育のなかで獲得した概念、手法、態度等である。

3．カリキュラム評価と教育評価

　カリキュラムとは、子どもたちの成長と発達に必要な文化を組織した体系的な計画と、それに基づく実践と評価・改善を統合した営みと広く定義できよう。この編成と組織に関する評価をカリキュラム評価という。教育課程と、授業実践や教育実践とは一体の関係にあるが、カリキュラムにはそれ独自の領域や課題がある。カリキュラム評価を基本的な軸にし、授業評価を基盤に据えつつ、カリキュラム全体における目標の内実と配置を問うものである。

　そこで、カリキュラム評価と密接に関連した教育評価には、学習指導要領の目標に基づく学習評価、単元や授業目標を対象とする学力評価、教材や授業技術を対象とする授業評価、総合的な学習の時間の評価、教科外教育の評価、また学校評価、教員評価、教育制度評価などがある。

　カリキュラム評価の対象（領域）として、具体的には、まずカリキュラム全体の理念や各教科・領域等の目的、授業、単元の配置、編成原理（経験主義か系統主義かなど）、履修原理（履修主義か修得主義か、必修か選択か）といったカリキュラムの基本要件についての評価がある。また、カリキュラムを直接的に成立させている教育諸条件、すなわち時間配分、集団編成、教職員の配置、施設・設備などについても評価する必要がある。

　カリキュラム評価は、学習評価、学力評価や授業評価と同じく、目標に準拠した評価が基本になる。後で詳述するように、診断的評価、形成的評価、総括的評価それぞれの役割を駆使し、その目標に対してどのような成果が期待されたのか、その結果はどうだったかを踏まえ、カリキュラム（教育課程）の取り組みはどのように改革されるべきかが問われる。たとえば、カリキュラム編成の前提条件として、入学者、保護者や地域社会の特徴、学校の特色、継続する近隣校との関係について、診断的な評価が求められる。

第5章　カリキュラム（教育課程）の評価

　ただし、カリキュラム評価には、もう一つの方法論である「羅生門的アプローチ」（本章第8節2．）も考慮されるべきである。後述するように、これによって、目標（仮説）からはみ出した豊かな成果への目配りや、教育実践の質的な側面がさまざまに評価できるからである。

4．教育評価の主体

　教育評価は子どもたちを序列化し、選別するのではなく、教育活動それ自体に反省を加え、教育活動を修正・改善するために行われる。「意図」から「実施」をへて、どの程度「達成」されたのかを評価する場合に、その修正・改善のまなざしは逆に「達成」の程度を踏まえ、「実施」や「意図」のあり方に向かわなくてはならない。

　「意図」→「実施」→「達成」というトップダウンだけでは、教育現場を管理・拘束する行為となって、評価を生かした教育経営にはならない。たとえば、文部科学省が全国的な義務教育の機会均等と水準向上のために2007（平成19）年度から導入した「全国学力・学習状況調査」も、その結果を分析・検証し、改善を図るものであって、各学校の達成度を競わせるものであってはならない。

　また、学校現場の日常では、教師こそが評価の主体と思われがちである。しかし教育評価は、つぎにあげる人々・機関にとっても重要な意味をもっていて、それぞれが評価の主体と考えてよい。

①子どもたち—評価結果のフィードバックを受けて学習を改善するとともに、さらには評価行為そのものに参加する存在。
②教師たち—評価結果のフィードバックを受けて授業を改善するとともに、子どもたちの学習をふまえて教師自身および相互の評価がなされる。
③保護者たち—学校の説明責任（アカウンタビリティ）により、さまざまな評価情報を得るとともに、保護者の立場から評価行為に参加する存在。
④教育行政機関—学校や保護者からの評価情報、行政機関が実施する各種調査情報に基づいて、各学校、学区単位でサポートを行う。
⑤第三者機関—学校、教育関係者以外で構成されたメンバーによる外部評価機関として公正な評価を行う。

第 2 節　学校評価

1．学校評価と学校経営評価

　学校評価とは、各学校が設定した教育目標を達成するために行うすべての活動を対象とし、一定の基準に基づき客観的かつ総合的に評価し、改善の方向や改善点を明らかにすることである。組織としての学校が、全体としてどのように、どの程度めざす成果を実現できているかを評価する。その領域には、子どもの発達の状況や学習の効果を明らかにする学習評価、学力評価や授業評価をはじめ、教科指導以外の各種の活動、教育課程・指導計画などの教育評価、教職員、組織・運営、施設・設備、会計・経理、渉外関係等のすべてが含まれる。したがって、学校教育に関する評価としてはもっとも包括的な概念である。

　学校経営評価はその一部として、何を、だれ（どの組織）が、どのようにして、どこまで、効率的・効果的に実現できているかを重点的に点検・評価する活動である。学校評価の中核となる授業評価や学校の方針、学校の研究課題と方法、研修体制、管理職のリーダーシップ、教師集団の人間関係、学校と地域との協力体制などの経営条件について評価する。

　従来日本の学校は、学校教育の機会均等の保障、格差の出ない公教育サービスの保障などの観点から、かなり詳細な面まで教育法や教育行政が規定し、それによって全国的に質の高い学校教育、特に義務教育が保障されていた。したがって、法制度的な規定を遵守する学校運営という視点で教育活動が営まれることが期待されていた。

　それに対して、成熟した学校教育の新たな質の向上をめざし、学校教育の構造改革が求められるようになって大綱化が図られた。したがって、それぞれの学校が自ら設定した教育目標を自律的に推進するために、その目標に照らした改革や改善が要請されるようになった。学校の裁量が拡大し、自主性・自律性が高まるなかで、その教育活動等の成果を検証し、必要な支援・改善を行うことにより、幼児・児童生徒がより良い教育活動等を享受できるよう学校運営の改善と発展をめざし、教育の水準の向上と保証を図ることが重要となってきたのである。

また、学校運営の質に対する保護者等の関心が高まり、学校が適切に説明責任を果たすとともに、学校の状況に関する共通理解をもつことによって、「チーム学校」としての連携協力の促進が図られることが期待されている。幼稚園・学校は公教育機関であり、税金で運営される以上、「めざす幼児・児童生徒像」のような共通目標を効果的に達成することが要求される協働の組織である。その目標の達成度に照らして、組織の現状と成果を不断に自己診断・点検し、必要に応じて組織自体の改革や改善を行うことが義務づけられている。幼児・児童生徒の実態や保護者・地域住民の期待に個別具体的に対応するすぐれた幼稚園・学校経営の実現のために、組織的に点検・評価することが求められ、それを推進する確固たるリーダーシップが校長などに期待されている。

2．学校評価に関する規定

2007（平成19）年6月に学校教育法が改正され、第42条において学校評価の根拠規定、第43条に学校の積極的な情報提供についての規定が新たに設けられた。これを受けて学校教育法施行規則も改正され、自己評価の実施・公表、保護者など学校関係者による評価の実施・公表、それらの評価結果の設置者への報告が新たに規定された。さらに、2015（平成27）年6月の学校教育法等改正により、小中一貫教育の実施を目的とする義務教育学校の制度が創設された。これらにより学校評価は下記のように規定されている。

> 第42条　小学校は、文部科学大臣の定めるところにより当該小学校の教育活動その他の学校運営の状況について評価を行い、その結果に基づき学校運営の改善を図るため必要な措置を講ずることにより、その教育水準の向上に努めなければならない。（幼稚園、中学校、義務教育学校、高等学校、中等教育学校、特別支援学校等にもそれぞれ準用）

「文部科学大臣の定めるところ」の内容については、「学校教育法施行規則第5節学校評価」で次のように規定されている。

第 2 節　学校評価

　　第66条　小学校は、当該小学校の教育活動その他の学校運営の状況について、自ら評価を行い、その結果を公表するものとする。
　　2　前項の評価を行うに当たっては、小学校は、その実情に応じ、適切な項目を設定して行うものとする。
　　第67条　小学校は、前条第一項の規定による評価の結果を踏まえた当該小学校の児童の保護者その他の当該小学校の関係者（当該小学校の職員を除く）による評価を行い、その結果を公表するよう努めるものとする。
　　第68条　小学校は、第六十六条第一項の規定による評価の結果及び前条の規定により評価を行った場合はその結果を、当該小学校の設置者に報告するものとする。（幼稚園、中学校、義務教育学校、高等学校、中等教育学校、特別支援学校等にもそれぞれ準用）

　これにより、各学校は法令上、①教職員による自己評価を行い、その結果を公表すること、②保護者などの学校関係者による評価（「学校関係者評価」）を行うとともにその結果を公表するよう努めること、③自己評価の結果・学校関係者評価の結果を設置者に報告することが必要となった。
　学校教育の目的・目標は、子どもの望ましい成長・発達をうながすことであるから、一般的に教育評価が学校評価の中心となっている。しかし学校経営評価も、学校評価を構成する領域である。この意味では教育評価その他の評価領域と同じであるが、その位置づけは異なる。その条件を整備する経営活動、すなわち学校経営についての評価だからである。

3．「学校評価ガイドライン〔改訂〕」における教育課程の評価

　学校評価については、2002（平成14）年 4 月に施行された文部科学省令「小学校設置基準」と「中学校設置基準」において、「教育活動その他の学校運営の状況について自ら点検及び評価を行い、その結果を公表するよう努めるものとする」（第 2 条）と定め、さらに「教育活動その他の学校運営の状況について、保護者等に対して積極的に情報を提供するものとする」（第 3 条）と規定した（平19文科令三四で削除されている）。ついで2006（平成18）

第5章　カリキュラム（教育課程）の評価

年3月に、義務教育段階の各学校・教育委員会における学校評価の取り組みの参考に資するよう、「義務教育諸学校における学校評価ガイドライン」（文部科学大臣決定）を示した。

翌2007（平成19）年6月の学校教育法改正により、学校評価の根拠規定が新設され、これを受けた同年10月の学校教育法施行規則において、1自己評価の実施・公表、2保護者など学校関係者による評価の実施・公表、3自己評価結果・学校関係者評価結果の設置者への報告、に関する規定が新たに設けられた。文部科学省は、これを踏まえ2008（平成20）年1月、上記の「義務教育諸学校における学校評価ガイドライン」を改訂し「学校評価ガイドライン〔改訂〕」を公表した。

そこには、具体的にどのような評価項目・指標等を設定するかは各学校が判断すべきことではあるが、その設定について検討する際の視点となる例がつぎのように示されている。これら教育課程等の状況を対象領域とし、カリキュラム（教育課程）評価を実施する必要がある。

1　教育課程等の状況
・学校の教育課程の編成・実施の考え方についての教職員間の共通理解の状況
・子どもの学力・体力の状況を把握し、それを踏まえた取り組みの状況
・子どもの学習について観点別学習状況の評価や評定などの状況
・学校図書館の計画的利用や、読書活動の推進の取り組み状況
・体験活動、学校行事などの管理・実施体制の状況
・部活動など教育課程外の活動の管理・実施体制の状況
・必要な教科等の指導体制の整備、授業時数の配当の状況
・学習指導要領や各教育委員会が定める基準にのっとり、子どもの発達の段階に即した指導の状況
・教育課程の編成・実施の管理の状況（例＝教育課程の実施に必要な教科等ごとの年間の指導計画や週案などが適切に作成されているかどうか）
・子どもの実態を踏まえた、個別指導やグループ別指導、習熟度に応じた指導、補充的な学習や発展的な学習など、個に応じた指導の計画状況

・幼小連携、小中連携など学校間の円滑な接続に関する工夫の状況
・(データ等) 学力調査等の結果
・(データ等) 運動・体力調査の結果
・(データ等) 子どもの学習についての観点別学習状況の評価・評定の結果

　各学校は、例示された項目を網羅的に取り入れるのではなく、その重点目標を達成するために必要な項目・指標等を精選して設定することが期待されるが、その際教育課程もその重要な評価対象となりうる。

2　教育課程の改善

　教育課程の評価に続いて行われなければならないのはその改善である。教育課程についての評価が行われたとしても、これがその改善に活用されなければ、評価本来の意義が発揮されない。このため各学校においては、子どもたちの人間として調和のとれた育成を目指し、地域や学校の実態および彼らの心身の発達の段階や特性を十分考慮して編成・実施した教育課程が、目標を効果的に実現する働きをするよう改善を図ることが求められる。

　教育課程の評価が積極的に行われてはじめて、望ましい教育課程の編成、実施が期待できる。教育課程の改善は、編成した教育課程をより適切なものに改めることであるが、これは教育課程を地域や学校の実態および子どもの心身の発達の段階と特性に即したものにすることにほかならない。この意味から、学校は教育課程を絶えず改善する基本的態度をもつことが必要である。このような改善によってこそ学校の教育活動が充実するとともに質を高めて、その効果を一層上げることが期待できる。

　教育課程の改善の方法は、各学校の創意工夫によって具体的には異なるであろうが、一般的につぎのような手順が考えられる。
　①評価の資料を収集し、検討すること
　②整理した問題点を検討し、原因と背景を明らかにすること
　③改善案をつくり、実施すること

　指導計画における指導目標の設定、指導内容の配列や構成、予測される学習活動などのように、比較的直ちに修正できるものもあれば、人的、物的諸条件のように、比較的長期の見通しの下に改善の努力を傾けなければならな

いものもある。また、個々の部分修正にとどまるものもあれば、広範囲の全体改革を必要とするものもある。さらに、学校内の教職員の努力によって改善できるものもあれば、学校外へ働きかけるなどの改善の努力を必要とするものもある。

　教育課程の改善は、それらのことを見定めて実現を図っていかなければならない。なお、改善にあたっては、教育委員会の指導助言を役立てることも大切である。このようにして、地域や学校の実態に即し、また、子どもの心身の発達の段階に即して各学校の創意工夫を生かし、いっそう適切な教育課程を編成するように努める必要がある。

3　授業評価の対象領域

　「学校評価ガイドライン〔改訂〕」の設定について検討する際の視点となる例として、「学習指導」についてはつぎのような例が示されている。

　　　各教科等の授業の状況
- 説明、板書、発問など、各教員の授業の実施方法
- 視聴覚教材や教育機器などの教材・教具の活用
- 体験的な学習や問題解決的な学習、子どもの興味・関心を生かした自主的・自発的な学習の状況
- 個別指導やグループ別指導、習熟度に応じた指導、子どもの興味・関心等に応じた課題学習、補充的な学習や発展的な学習などの個に応じた指導の方法等の状況
- ティームティーチング指導などにおける教員間の協力的な指導の状況
- 学級内における子どもの様子や、学習に適した環境に整備されているかなど、学級経営の状況
- コンピュータや情報通信ネットワークを効果的に活用した授業の状況
- 学習指導要領や各教育委員会が定める基準にのっとり、子どもの発達の段階に即した指導に関する状況
- 授業や教材の開発に地域の人材など外部人材を活用し、より良いものとする工夫の状況

以上のような各教科等の授業の状況を対象領域とし、授業評価を実施することが重要である。

4　学校評価ガイドライン〔平成28年改訂〕

2009（平成21）年4月に「学校の第三者評価のガイドラインの策定等に関する調査研究協力者会議」を文科省初等中等教育局に設置し、翌年3月に「学校の第三者評価のガイドラインに盛り込むべき事項等について（報告）」を取りまとめた。この「協力者会議」における議論を踏まえ、学校の第三者評価の在り方に関する記述を充実し、新たに「学校評価ガイドライン〔平成22年改訂〕」が策定された。このガイドラインは、市区町村立の小学校および中学校を念頭に置いて記述されるとともに、高等学校および特別支援学校について、その特性を踏まえた学校評価の在り方および同ガイドライン活用に当たっての留意点が示されている。

さらに、2015（平成27）年6月の学校教育法等の改正により、小中一貫教育の実施を目的とする義務教育学校の制度が創設されたこと等を受け、学校評価ガイドライン〔平成28年改訂〕には、小中一貫教育の実施に当たっての学校評価の在り方に関する記述が追加された。また、高等学校及び特別支援学校については、その特性を踏まえた学校評価の在り方及びガイドライン活用にあたっての留意点が示されている。しかし、各学校や設置者における学校評価の取り組みの参考に資するよう、その目安となる事項が示され、必ずこれに沿って実施されなければならないという性質のものではないとされる。

（1）学校評価の必要性と目的

学校の裁量が拡大し、自主性・自律性が高まる上で、その教育活動等の成果を検証し、必要な支援・改善を行うことにより、子どもたちがより良い教育活動等を享受できるよう学校運営の改善と発展をめざし、教育の水準の向上と保証を図ることが重要である。また、学校運営の質に対する保護者等の関心が高まるなかで、学校が適切に説明責任を果たすとともに、学校の状況に関する共通理解をもつことにより相互の連携協力の促進が図られることが期待される。これらのことから、学校の教育活動そのほかの学校運営の状況

第5章　カリキュラム（教育課程）の評価

について評価を行い、その結果に基づき学校および設置者等が学校運営の改善を図ること、および、評価結果等を広く保護者などに公表していくことが求められる。

このことから、学校評価は、以下の三つを目的として実施するものであり、これにより子どもがより良い教育活動等を享受できるよう学校運営の改善と発展をめざすための取り組みとした。

① 各学校が、自らの教育活動そのほかの学校運営について、めざすべき目標を設定し、その達成状況や達成に向けた取り組みの適切さ等について評価することにより、学校として組織的・継続的な改善を図ること。
② 各学校が、自己評価および保護者など学校関係者等による評価の実施とその結果の公表・説明により、適切に説明責任を果たすとともに、保護者、地域住民等から理解と参画を得て、学校・家庭・地域の連携協力による学校づくりを進めること。
③ 各学校の設置者等が、学校評価の結果に応じて、学校に対する支援や条件整備等の改善措置を講じることにより、一定水準の教育の質を保証し、その向上を図ること。

以上のことを実現するために、今後、「働き方改革」による、教職員の過重労働軽減等の施策がますます重要になろう。

（2）学校評価の定義および留意点

学校評価の実施手法は以下の三つの形態に整理されている。
①【自己評価】
　学校評価の最も基本となるものであり、校長のリーダーシップのもと、当該学校の全教職員が参加し、設定した目標や具体的計画等に照らして、その達成状況や達成に向けた取り組みの適切さ等について評価を行うもの。
②【学校関係者評価】
　保護者、学校評議員、地域住民、青少年健全育成関係団体の関係者、接続する学校（小学校に接続する中学校など）の教職員その他の学校関係者などにより構成された委員会等が、その学校の教育活動の観察や意見交換等を通じて、自己評価の結果について評価することを基本として行うもの。

第2節　学校評価

　教職員による自己評価と保護者等による学校関係者評価は、学校運営の改善を図るために、有機的・一体的に位置付けるべきものである。
③【第三者評価】
　学校とその設置者が実施者となり、学校運営に関する外部の専門家を中心とした評価者により、自己評価や学校関係者評価の実施状況も踏まえつつ、教育活動その他の学校運営の状況について、専門的視点から評価を行うもの。
　実施者の責任の下で、第三者評価が必要であると判断された場合に行うものであり、法令上、実施義務や実施の努力義務を課するものではない。

(3) 子ども・保護者対象のアンケートおよび外部アンケート等
　自己評価を行う上で、子どもや保護者、地域住民を対象とするアンケートによる評価や、保護者等との懇談会を通じて、授業の理解度や保護者・子どもがどのような意見や要望をもっているかを把握することが重要である。
　従前、このようなアンケートや懇談会の実施を「外部評価」ととらえる例も見られたが、現在はそれにとどまらず、「学校関係者評価」としての保護者等による評価の実施に努めることが法令上求められている。アンケート等については、学校の自己評価を行う上で、目標等の設定・達成状況や取り組みの適切さ等について評価するためのものととらえることが適当であり、学校関係者評価とは異なることに留意したい。
　従来広く用いられてきた「外部評価」の用語は、狭くは保護者や地域住民による評価を、広くは第三者評価も含めて学校外の有識者等による評価を指す用語として使われており、同じ語を用いながらその具体的内容はさまざまであった。
　このガイドラインは、「外部評価」を構成する要素やその性質に鑑み、これを保護者や地域住民など学校と密接な関係を有する者による「学校関係者評価」と、学校運営に関する外部の専門家等による「第三者評価」の二つに概念上分けて整理されている。なお、「学校関係者評価」の用語について、略して「関係者評価」、または「保護者等による評価」、あるいは自己評価に対するものとして単に「外部評価」など、適宜わかりやすい用語を用いたほうがよい。

第5章　カリキュラム（教育課程）の評価

（4）学校評価により期待される取り組みと効果

　学校評価の結果を踏まえ、各学校が自らその改善に取り組むとともに、評価の結果を学校の設置者等に報告することにより課題意識を共有することが重要である。これを踏まえ、設置者等は、予算・人事上の措置や指導主事の派遣を行うなどの適切な支援を行うことが必要である。

　学校関係者評価の取り組みを通じて、教職員や保護者、地域住民等が学校運営について意見交換し、学校の現状や取り組みを知って課題意識を共有することにより、相互理解を深めることが重要である。学校評価を学校・家庭・地域間のコミュニケーション・ツールとして活用することにより、保護者・地域住民の学校運営への参画を促進し、共通理解に立って家庭や地域に支えられる開かれた学校づくりを進めていくことが期待される。

　さらにこれにより、学校評価を軸とした情報の共有と連携協力の促進を通じて、学校・家庭・地域それぞれの教育力が高められていくことが期待できる。また、第三者評価の取り組みを通じて、学校が自らの状況を客観的に見ることができるようになるとともに、専門的な分析や助言によって学校の優れた取り組みや、学校の課題とこれに対する改善方策が明確となる。加えて、学校運営が適切になされているかどうかが確認される。これらの結果、学校の活性化や信頼される魅力ある学校づくりにつながる。

　学校評価は、限られた時間や人員を、必要度・緊急度の高い活動や教育効果の高い活動に集中するといった、学校の教育活動の精選・重点化を進める上で重要な役割を果たすものである。この取り組みを通じて、「チーム学校」として組織的に、重点的に取り組むべきことは何かを把握し、その伸長・改善に取り組むようになることが期待される。そのためには、つねに教師の責任感を促し、その指導力向上を図るとともに、教師同士の協力体制を構築する、校長のすぐれたリーダーシップが不可欠である。しかし学校評価は、あくまでも学校運営の改善による教育水準の向上を図るための手段であり、それ自体が目的ではない。学校評価の実施そのものが自己目的化してしまわないよう、地域の実情も踏まえた実効性のある学校評価を実施していくことが何よりも重要である。

（5）教員評価との関係

　一般に、教員評価では、各学校の目標等をもとに、教員一人ひとりが目標設定を行い、その目標の達成度を評価する目標管理型の評価制度をめざすものが多い。各学校の目標設定を出発点とする点で、このような教員評価は学校評価と共通している。

　しかしながら、教員評価が適切な人事管理や個々の教員の職能の開発を目的とし、その結果は公表になじまないものであるのに対し、学校評価では、組織的活動としての学校運営の改善を目的とし、その結果を公表して説明責任を果たすこととされているため、両者はその目的が大きく異なる。

　「教員評価」の用語は多義的である。たとえば、①地方公務員法等に基づき、法律上の義務として行われる教員の勤務評定であって、その評定の結果に基づいて人事・給与等の処遇が行われるようなもの、②授業観察を通じて教員がわかりやすい授業に取り組んでいるかどうかや、割り当てられた校務分掌を適切に処理しているかなどの教員の取り組みを検証することにより、教員が抱える課題の発見や今後の改善につなげるためのものなど、さまざまな類型があり得る。

　学校評価は、学校という機関の、組織としての教育活動やマネジメントの状況を評価し、教職員の気づきを喚起して学校運営の改善を促すために行うものである。その一環として、たとえば授業の理解度等について児童等の状況を把握し、その結果を踏まえ、学校全体として授業法に関する研修等の取り組みや適切な校務分掌等を促すなど、評価結果を組織の活性化のために適切に活用することが期待される。

　さらに、場合によっては特定された個々の教職員の取り組みの改善に向け、学校として組織的にサポートしていくことも考えられる。同時に、この点において、学校評価と教員評価等はその手法や内容の一部について共通する面を有している。一方、勤務評定としての教職員の評価は、個々の教職員について多面的な評価を行い、その結果を日ごろの服務監督や人事権者による人事・給与などの処遇に反映することを目的としており、学校の組織としての状況の把握や改善をめざすものではない。

　このことから、たとえば、学校評価の一環として行われた外部アンケート

第5章　カリキュラム（教育課程）の評価

等の結果について、前に述べた学校における取り組みのみならず、学校から報告を受けた教育委員会において、教職員の研修の必要性の判断や指導を行う際などに活用することも考えられる。

しかし、学校評価と教職員の評価はそもそも目的が異なっており、手法や内容等についても異なる面が多いことから、教職員の勤務評定として用いることを前提に、その一人ひとりに至るまで保護者・子どもによる厳密な授業評価等を行うことは、教職員の人事評価（勤務評定）として行うものと切り分けて整理することが適当である。

第3節　教育評価と学力

1．教育目標と学力評価

「学力」という言葉は日本特有のものである。一般的には「学問を身につけた能力」という意味で、客体的な側面の「学問」と、主体的な側面の「能力」が合わさった表現である。つまり、「学問」は各教科の教育内容のことであり、「単元」や「教材」の内容をさす。他方「能力」とは、子どもがその内容に取り組んでいるときに期待される行動をさすものであって、それが構造化されると「学力モデル」となる。

このように客体と主体によって構成される日本の「学力」は、アメリカでは「教育目標」とよばれる。「学力」を規定するという場合、たとえば「徐法の意味」とか「江戸時代のしくみ」というように、教育内容を述べるだけではダメである。また「徐法の意味がわかる」とか「江戸時代のしくみを理解する」というような表現は、「わかる」「理解する」という能力面が示されている点では前進だが、これだけでは抽象的である。「徐法の意味を表す作問ができる」とか、「江戸時代のしくみを図解できる」というように、具体的な行動内容を提示してはじめて「学力」を規定したことになる。

したがって学力とは、能力全体や学習一般ではなく、教育目標として設定され、育成がめざされる能力の部分を指している。学力評価とは、このように規定された「学力」を評価規準にして、子どもたちがどの程度到達しているのかを明らかにし、その実態分析によって授業をどのように修正・改善す

るのかを考える営みである。その際、たとえば「図解できる」という評価規準に対し、その到達の度合いを明確にするには、この「図解できる」という能力を具体的に段階づけておく必要がある。この作業を意識的に行うことを、後述する「ルーブリック（rubric）づくり」という（本章第8節5．）。

　なお、学力評価はそれ自体として完結するものではなく、カリキュラム（教育課程）評価に開かれていなくてはならない。その教育内容が、該当する学年では易しすぎる・難しすぎるなどといった、教育内容の編成も問題になるからである。

2．授業評価と学力評価

　学力評価と授業評価は、授業の修正・改善、さらにはカリキュラム（教育課程）の改革をめざすものという意味では、ほぼ同じ営みである。授業は、およそつぎの四つの要素によって成り立っていると考えられる。

　①教育目標

　何を教え、どのような能力を形成するのか。目標が達成されているかどうかとともに、設定された目標自体が妥当であったのかどうかも評価の対象となる。

　②教材・教具

　どのような素材を使うか。教材とは、教育目標をよりよく達成するために選ばれる題材のことである。教具とは、授業で使われる資料や道具・器材などをいう。

　③教授行為・学習形態

　どのように働きかけ、主体的な学習を成立させるか。指導言（説明・発問・指示・助言）や板書が重要である。学習形態とは、子どもがどのように学習を進めているかであり、教師の発問に答える活動のほか、個人で作業を行ったり、グループで探究を進めたりといった多様なものがある。

　④学力評価

　そこで、学力評価と授業評価の役割を区分すると、「授業評価」は①「教育目標」と④教育評価の関係を問う「学力評価」を踏まえ、主に②教材・教具と③「教授行為・学習形態」のあり方に焦点をあてた取り組みであるとい

える。授業評価によって「教材・教具」を問うといった場合、すぐれたものであるか、との条件が評価の観点になる。「教材・教具」は、「教育目標」を踏まえながら、子どもたちが直接学習する素材であることから、つぎの評価の五つの観点（条件）が重要であると考えられる。

①真実性：目標を正確に担っている教材・教具か
②典型性：目標を代表する教材・教具か
③具体性：子どもにとって理解が容易な教材・教具か
④直観性：五感でとらえられる教材・教具か
⑤意外性：子どもの予想をひっくり返す教材・教具か

また、「教授行為・学習形態」の内容とは、教師が駆使する広義の教育技術や、教育環境の整備・発展を意味する。それはおよそ三つの領域に分かれる。①わざ（教師の身体的熟練）―身のこなし、発声法、文字・描画の巧拙など、②コミュニケーション手法―板書法、指導言（発問・説明・指示・助言）法、机間指導の方法など、③定式化された教育方法―発見学習、範例学習、問題解決学習、班活動、相互学習、LTD 学習、反転授業、グループ KJ 法など。

これらの領域に属する教育技術と教育環境整備について、それぞれに評価の観点がある。たとえば、「発問」については「発問が要求している思考法は明確か」「授業での発問には軽重の区別があるか」「発問のタイミングはよいか」などである。なお、授業評価においては、個々の授業という単位だけでなく、内容のひとまとまりを扱う複数の授業、すなわち単元のデザインという単位で評価を行うことも重要である。

第4節　指導に生かす評価

1．教育評価の提唱

教育評価（evaluation）という概念を最初に提唱したのはタイラー（Tyler, R. W. 1902-1994）である。1929年にオハイオ州立大学の学生に対するインタビューを通して、その背景に3点ほどの問題意識があった。
①　テストの教育実践に対する強力な作用。つまり、学生たちはテストに出

第4節　指導に生かす評価

される内容に規制された勉強をしていた。そこで、彼はテストの廃止を考えるのではなく、むしろこの強力な作用を教育実践の改善に役立てる方向に展開させようとした。

② 当時隆盛をきわめていた教育測定運動からは、教育実践を反省・改善するためにテストを活用するという発想は生まれない、という批判意識があった。当時の教育測定運動においては、試験やテストはもっぱら子どもたちを区分し、序列化するために行うものと考えられていたからである。

③ 情報の暗記といった低次の教育目標ではなく、応用力や推理能力といった高次の教育目標を設定し、それが子どもたちに形成されたかどうかを把握するための評価方法の開発をめざそうとした。

タイラーは1930年代、後に「タイラー原理」に整理され有名になった、教育評価を実施するための具体的な提案をつぎのように行った。

　a．評価の規準は教育目標である
　b．教育目標は、高次の精神活動を含む重要な目標群を含むべきである
　c．教育目標は、児童生徒に期待される行動で記述すべきである
　d．目標実現の度合いを知るために、多様な評価方法を工夫すべきである
　e．もし、目標に未到達の子どもがいた場合は、治療的授業が実施されるべきである
　f．以上のことは、カリキュラムや授業実践の改善につながる

そこで「タイラー原理」は、教育課程―授業―評価を一貫させるために、つぎの四つの問いを設定した。

　①どのような教育目標を達成するよう要求すべきか
　②この目標を達成するために、どのような教育的経験が提供されるべきか
　③これらの教育的経験は、どのように効果的に組織されるべきか
　④この目標が達成されたかどうか、どのように決めるのか

2．教育評価の機能

　教育評価の役割が、子どもたちを序列化・選別することであれば、教育活動の最後に判定のための評価を行うだけでよい、ということになってしまう。「相対評価」の下では、教育評価は教育活動が終了したときに実施されてい

第5章　カリキュラム（教育課程）の評価

た。しかし教育評価は、学力や発達を保障するために行われるので、それだけでは不十分である。

ブルーム（Bloom, B. S.）は授業過程で実施される評価の機能を「診断的評価」「形成的評価」「総括的評価」に分化させ、それぞれの役割に即して子どもたちと教師たちに有効な「フィードバック」を行うことが必要であると主張した。そして、1970年代以降、日本にも大きな影響を与えた。

①診断的評価

診断的評価は、入学当初、学年当初、授業開始時において、前提となる学力や生活経験の実態や有無を把握するために行われる。入学当初や学年当初に行われる診断的評価の情報は、子どもたちに対する長期的な指導計画やクラス編成、班編成などの学習形態を考慮するためにフィードバックされる。また、授業開始時に実施される診断的評価の情報は、不足している学力を回復したり、授業計画を修正・改善するためにフィードバックされる。

診断的評価を実践するためには、大きく二つのフィードバックの内容が考えられる。一つは、新しい教育内容を学ぶにあたって必要とされる学力や生活経験がどの程度形成され、存在しているのかを確かめる場合である。たとえば、割り算の意味を教える場合に、かけ算の意味をどの程度理解しているのかを事前に調べてみることなど。そして、もし決定的な学力不足が確認されたときには、授業の開始前に回復指導が実施される。

もう一つは、新しい教育内容に対してどの程度の学力や生活経験があるのかを確かめる場合。たとえば、社会科の単元「あたたかい土地とくらし」を教える場合に、沖縄のことをどの程度知っているのかを事前に調べてみることなどがあげられよう。得た診断的評価の情報をもとに、発問や探究課題を工夫したり、「つまずき」を組み込んだりする授業計画が設計される。

②形成的評価

形成的評価は、授業の過程で実施される。その情報はフィードバックされ、授業がねらい通りに展開していないと判断された場合には、授業計画の修正や子どもたちへの回復指導などが行われる。したがって、形成的評価は成績づけには使われない。実施する場合、つぎの点に留意する必要がある。

これは授業のうまい先生のエッセンス（まなざしの共有、ゆさぶりの発問、

机間指導、ノート点検等）を共有財産にするために提起されたものであって、小テストを行うことと狭く限定する必要はない。

また、実施時期は、その単元のポイントになるところや、子どもの「つまずき」やすいところである。評価の多用は避けなければならない。評価すべき内容は、教えたこと以外であってはならず、結果は公開している評価基準とともに即時に子どもにフィードバックすべきである。

その際、点数のみに関心を向けないように、なぜどこで間違ったのかをていねいに指導する。

③総括的評価

総括的評価とは、単元終了時または学期末、学年末に実施される評価のことである。総括的評価の情報は、教師にとっては実践上の反省を行うために、子どもたちにとっては、どれだけ学習の目標を実現できたかを確認するためにフィードバックされる。また、この総括的評価の情報に基づいて評定（成績）がつけられる。

形成的評価は、学力の基本性を主たる対象とするのに対して、総括的評価は、学力の基本性のみならず発展性（応用力や総合力）をも対象とする。この発展的な様相を把握する評価方法として、後で述べるポートフォリオ評価法などを活用する必要がある（本章第8節6．）。

診断的評価においては、それまでの学習やその結果身につけている能力についても評価の対象とする。しかし、形成的評価と総括的評価では、あくまで学力の評価を行うことによって教育評価を行うということが重要である。

3．指導と評価の一体化

2000（平成12）年12月4日に出された文部省教育課程審議会答申「児童生徒の学習と教育課程の実施状況の評価の在り方について」がつぎのように示された。「学校の教育活動は、計画、実践、評価という一連の活動が繰り返されながら、児童生徒のよりよい成長を目指した指導が展開されている。すなわち、指導と評価とは別物ではなく、評価の結果によって後の指導を改善し、さらに新しい指導の成果を再度評価するという、指導に生かす評価を充実させることが重要である（いわゆる指導と評価の一体化）」（第1章第2節

第5章　カリキュラム（教育課程）の評価

3（1））。評価のための評価に終わらせず、指導の改善のために評価活動を行うことの意義が強調されている。

　答申は続けて「評価は学習の結果に対して行うだけでなく、学習指導の過程における評価の工夫を一層進めることが大切である」として、成績づけのために最終結果だけ評価するのではなく、指導の改善につなげられるように学習指導の途中で評価すること（形成的評価）を強調している。このように、指導の改善に活かす形成的評価の役割が「指導と評価の一体化」という言葉で強調された。この背景には、評価が子どもの能力の優劣に陥っていて、指導のために機能していないという状況があった。

　評価がもっぱら「できる子」と「できない子」を選別するために機能していて、評価やテストに対しては否定的なイメージがつきまとっていた。ここで教育評価としてイメージされていたものは、じつは「評定」（成績）であって、本来の教育評価ではなかった。評定とは、子どもたちのさまざまな活動に対して得点を与え、順序づけなどして、よしあしを判定する行為のこと。つまり、「教育評価」の名のもとに「評定」ばかりが行われていた。

　しかし、ある目標に向かって活動する子どもたちを教師が指導するとき、教師の対応の仕方には何らかの規準が働く。また、教師は子どもたちの活動の状況を見て、つぎの指導過程を改善・修正していくが、ここにも何らかの規準があり、さらに単元終了後、指導過程を反省するときに何らかの規準が働いている。ただ、評価行為として意識されにくかっただけである。それまで日常の教育活動のなにかに埋め込まれていた「指導と評価の一体化」を、自覚的に実施することになったのである。

　さて、評価計画をしっかり盛り込んだ学習指導案が多く見られるようになった。また、一人ひとりの学習活動を細かく検討していこうとする取り組みも目立つ。一方、せっかく行った評価活動が指導の改善に活かされていなかったり、形成的評価として指導改善・修正のためにフィードバックされるはずの評価情報が評定の素材に使われたりする。形成的ではない細かな途中評価を設定し、その積み上げを総括的評価とするというような、奇妙な評価行動も見受けられる。

　また、「指導と評価の一体化」というと、教師の指導に焦点が行きがちに

なる。評価は教育活動の改善・修正に寄与するもので、その活動には当然子どもたちの学習活動が含まれる。したがって、学習活動と評価活動が一体となっていることも重要である。その評価活動により、学習活動がどう改善されたかという視点から、教師の指導の改善・修正を図ることも大切である。

第5節　教育評価の立場の変遷

1．絶対評価と相対評価

　1900（明治33）年、日本の学校は従来の「試験」に対する反省から、新たな評価方法として「考査」を導入した。「考査」とは、観察やテスト（試問）によって子どもたちの平常の学業成績を総合的に評価しようとするもので、その背景には、年に数回の「試験」のみで進級・卒業を判定する、従来の試験制度に対する批判と反省があった。

　この「試験」から「考査」への転換は、学校の評価実践に大きな転換をもたらした。①これまで「試験」という形で、県の役人や師範学校の教師によって学校の外で行われていた評価が、学校のなかで教師自身の手で行われるようになった。②学業成績を全体的にとらえるという立場から、各教科の成果とともに「操行」の評価が加味されるようになった。③子どもたちを継続的・累積的に評価していくために「学籍簿」が導入され、個々の児童生徒の氏名・住所・卒業退学等の履歴・保護者の氏名・職業、在学中の出欠席や身体の状況、学業成績（甲乙丙丁の評定）が記録されるようになった。

　しかし、実践してみると「考査」の理念とはかけ離れ、「算術はよくできるが、態度が悪いから丙」「試問はまあまあだが、修身はよく操行もよいから国語も甲」といったように、学業成績の評定に人物や態度の評価を潜り込ませた主観的な評価になってしまった。このようにして、教師の日頃の印象や勘をもとに、独断的に子どもの成績を決定する「絶対評価」が横行するようになった。「人物第一・学力第二」という、当時の教育政策における一般的な教育観があったからである。

　相対評価は、戦前の評価が教師の主観的な判断による「絶対評価」であったという反省から、その主観性や恣意性を克服することを期待して戦後導入

第5章　カリキュラム（教育課程）の評価

された。相対評価の特質は、「正規分布曲線（ガウス曲線）」（偶発的な現象や誤差を多数集めると、平均群が最も多く、平均群を中心に左右対称の山型の分布、すなわち正規分布を描くとする確率分布原理）を規準にその配分率に従って、児童の成績（評点）を割り出す点にある。

　よく知られる5段階評価は相対評価の代表である。「5段階相対評価」では、「5」が上位7％、「4」が24％、「3」が38％、「2」が24％、「1」が残りの7％にすることが決められていた。相対評価は、このように学級や学年全員のテストの得点を一列に並べ、それを5段階や10段階に振り分けて成績を決定する評価の方法である。正規分布を基準にして、ある集団内における子どもたちの位置や序列を明らかにしようとする評価の立場である。このような性格から、相対評価は「集団に準拠した評価」ともいわれる。

　「絶対評価」は、その後「相対評価」に対する対概念として、集団準拠評価ではないという意味で広く用いられるようになった。したがって現在では、戦前の「絶対評価」（認定評価）のほか、「目標に準拠した評価」などもまた「絶対評価」とよばれる。

2．相対評価の問題点

　相対評価は、学力を科学的に測定することをめざしたアメリカの教育測定運動が生み出した評価方法で、どの教師が行っても等しい評価結果を導き出せるという点で日本に紹介された。やがて戦後の教育改革を契機に、教師の評価行為に「客観性」と「信頼性」を約束する科学的な評価として学校教育に導入された。1955（昭和30）年版指導要録から、児童生徒の各教科の成績が相対評価に基づいて記されるようになった。

　あらかじめ定められた配分率に沿って振り分ける「相対評価」の方法は、教師を絶対者とする「絶対評価」に比べてはるかに客観的で信頼できるもののように見えた。評価規準が、教師の判断の外に置かれるという点で、ある種の公平感や開放感をもたらしたからである。

　しかしそれが定着するにつれ、その長所とされた「客観性」や「信頼性」が疑わしいということが指摘されるようになった。「2学期は1学期よりもがんばってテストの点数は上がったのに、成績は上がらなかった」「1組で

第5節　教育評価の立場の変遷

は75点は3なのに、2組では70点でも4をもらえる」など、数々の矛盾に気がついたからである。

　ようやく1970（昭和45）年代に入ると、到達度評価が登場し、相対評価は評価としての妥当性を厳しく問われるようになった。相対評価の問題点は、つぎの四点にまとめられる。

　①「相対評価」には必ずできない子がいる。つまり教育とは、本来すべての子どもに豊かな学力と人格を育むべきものであるのに、どのように指導してもできない子が必ず存在することを前提としている。

　②クラスの誰かの成績が下がらなければ、自分は上がらないという構造から、子どもたちの間に排他的な競争を常態化させ、勝ち組・負け組という学習観を生み出す。

　③集団における相対的な位置は示しても、学力の実態を反映した評価ではない。

　④教育活動を評価できない。つまり「相対評価」は、教育活動に反省をもたらす教育評価にはなり得ないのである。

3．到達度評価

　相対評価による「落ちこぼれ」の急増を背景に、丹後地方の親たちが学校に学力保障を要求し、京都府教育委員会が1975（昭和50）年に示した「到達度評価への改善を進めるために」において、はじめて「到達度評価」という文言が使用された。京都に代表される住民運動のなかで、教師と親・研究者と行政が協同して創り上げた評価理論である。したがって、ほかの評価にはない独自の「学力保障の思想」をもっていた。

　相対評価など従来の評価では、学力は子どもの資質や努力の結果で、できないのはその子自身に問題があるとされてきた。これに対して、学力は授業の結果であって、できない子、すなわち到達目標に達しないのは、教材組織や授業方法など、教師の授業に問題があるためだととらえる。到達度評価は、学習権の観点から、すべての子どもに確かな学力を保障することをめざした。

　また、学力保障のための教授方略であった。従来の目標の示し方、つまり「自然の巧みさに関心をもつ」「自ら問題を解決する態度を養う」というよう

第5章　カリキュラム（教育課程）の評価

な「方向目標」とは違い、その授業における最低基準を示すことになった。到達度評価は、この到達目標を基準に、学習が成功したかどうか、授業が効果的であったかどうかを評価するのである。

　到達度評価の特色は、「診断的評価」をもとに、子どもにとって最適な単元展開や指導計画を考え、さらに実践の途中で「形成的評価」を実施し、学習の成否を確かめ、これを踏まえて授業を調整・個別化していく点にある。つまり、評価でとらえた事柄を指導に活かすことを提案した。いわば、「指導と評価の一体化」を図るということであった。

　しかし、到達目標が子どもの豊かな学習をしばる。また到達度評価は、外的な評価、結果の評価、量的な評価にしか過ぎない、といった批判も出た。したがって、このような批判を吟味し検討しながら、実践を通して独自の教授・評価論を再検討することが課題であった。

4．評価規準と評価基準

　評価する場合、「何を評価するのか」という質的な判断の根拠と、「どの程度であるか」という量的な判断の根拠との二つが必要である。前者は評価目的により、教育目標をその文脈に従って具体化した目標や行動を用いる。これを「規準」（criterion）という。それに対して、後者の量的・尺度的な判定解釈の根拠を「基準」（standard）という。

　これら「規準」と「基準」という二つの「キジュン」（後者を「モトジュン」とよび区別する）を、教育評価論として区別することを我が国で最初に提唱したのは、1960年代に研究と行政の両面から日本の教育評価を支えた評価研究者・橋本重治であった。彼は両者をそれぞれつぎのような形で定義した。「目標規準」は評価・解釈の規準を教育目標においたもの。「到達基準」は、目標規準を一層具体的に量的、段階的に示したもので、児童生徒の業績を直接それに照合することができるところまで具体化して設定した。

　目標準拠評価（絶対評価）であれ、相対評価であれ、まずは「規準」がなければならないが、両者の「基準」のあり方は異なる。目標準拠評価（実現状況の評価、達成度評価、到達度評価ともいう）における基準（目標基準）は、「目標をどの程度実現しているか（どの程度まで学習が達されている

か)」というレベルを集団の代表値などとは関係なく、目標そのものから判定解釈するために事前に設定される。

　たとえばテスト法を用いる場合なら、目標群を代表するアイテムで構成されたテストの正答率で80％以上をA（十分満足できる）、60％以上をB（おおむね満足できる）、60％未満をC（努力を要する）などと設定される。行動観察などでは、到達や発達の程度を特徴的にとらえられる文章で記述された評定尺度などが基準として用いられる。

　これに対して、相対評価における基準は、集団の代表値とそこからの距離である。この集団基準を手がかりに集団における位置をみることになる。

　このように評価照合の枠組みとして、質的な「規準」と量的な「基準」の二つが必要であるが、実際の評価は両者が一体となっているので、これら全体を表現する際にはどちらを用いるかという問題がある。文部科学省では「評価規準」を用いている。しかし、教育評価の本質的なアプローチとしては、価値判定解釈のほうが優先するという考えから、「評価基準」を採用する立場もみられる。

5．個人内評価と「目標に準拠した評価」

　個人内評価は、評価の規準をその子ども個人において継続的・全体的に評価する。一人ひとりの子どもについて、その子ならではの学習の進展や発達、得意不得意や長所短所をていねいにとらえようとする点に特質がある。

　個人内評価も、「相対評価」同様に戦前の「絶対評価」に対する批判と反省から、戦後新たに登場した。子どもの視点に立ち、その子自身に焦点を当てた評価をすることで、これを克服しようとした。個人内評価には、過去の学力状況を規準に、時間の経過におけるその子の進歩の状況をとらえるものと、さまざまな種類の目標（発達水準）を規準にしてその子の長所短所・得意不得意を明らかにするものとの二種類がある。前者を「縦断的個人内評価」、後者を「横断的個人内評価」という。

　「個人内評価」は、個性教育重視の路線から、知識や理解、技能の修得以上に、関心・意欲・態度や思考・判断・表現力等の育成を重視した新学力観と、「観点別評価」を打ち出した1991（平成3）年の指導要録改訂のときに

第5章　カリキュラム（教育課程）の評価

話題となった。

　個人内評価について見落としてならないことは、わが国の場合、つねに「相対評価」と結びついて展開されてきたことである。1950（昭和25）年代後半から、指導要録における「相対評価」の位置づけが強化されるにつれ、「評定」（相対評価）でよい成績がもらえない子どもに対して、「所見欄」（個人内評価）の記述で、その努力・人物などを評価した。相対評価と個人内評価は、選抜と救済の役割を担っていたのである。

　早くからその問題が批判されつつも、「相対評価」が長年学校における主要な評価を担い続けた理由は、受験戦争の過熱とともに、この二重構造によって「個人内評価」が、その非教育性を理論的・実践的に緩和し続けたためだということが指摘できよう。

　教育課程審議会は2000（平成12）年、「児童生徒の学習と教育課程の実施状況の評価の在り方について（答申）」を発表し、「目標に準拠した評価」と「個人内評価」を重視するとの方針を打ち出した。この両者の結合により、「相対評価」と「個人内評価」の接合という体制を廃止し、相対評価問題を克服することが提案された。翌2001（平成13）年度の指導要録改訂で、「相対評価」が廃止され「目標に準拠した評価を一層重視するとともに、児童生徒一人ひとりのよい点や可能性、進歩の状況などを評価するため、個人内評価を工夫することが重要である」と明示されたことは、日本の教育評価の歴史において非常に大きな意味をもつ。どのような結合であれば「指導と評価の一体化」が図られ、この二つの評価の魅力が互いに発揮されるのか、「個人内評価」の今日的な意義やあり方が新たに問われている。

6．目標に準拠した評価

　「目標に準拠した評価」は、このように「相対評価」に代わるものとして登場した。教育目標を評価規準とし、児童生徒の学力を評価する教育評価である。その特質は、子どもたちにおける能力差と学力格差を前提とする「相対評価」の素質決定論的な考え方に対し、すべての子どもを共通の目標に到達させることをめざすことにある。したがって、教育目標そのものを評価規準として、学力の獲得状況を具体的に把握し、それを指導に活かす。

これらの特質のもとは「到達度評価」が築いたもので、「目標に準拠した評価」はこれを受け継ぐものである。しかし到達度評価は、到達目標（行動目標）を狭く設定して実践を進めるため、目標としてとらえられる範囲が限定されるという問題を抱えていた。「目標に準拠した評価」は、この到達度評価が抱えていた問題を克服することを課題に登場した。「到達度評価」にその精神と方法論を学びつつ、その反省の上に、基礎学力とともに発展的な学力の育成に向けて、目標を規準にした評価を実施していこうとする教育評価である。

　このような「目標に準拠した評価」の特性を活かして学習を多角的にとらえ、その成果を指導に反映させていくことと、子どもの自己評価能力やメタ認知能力を育てていくことが求められている。

第6節　「目標に準拠した評価」と指導要録

1．学習評価の基本的な考え方

　学習評価は、学校における学習指導要領の目標に基づいた教育活動に関し、子どもたちの学習状況を評価するものである。各教科については、学習状況を分析的にとらえる観点別学習状況の評価と総括的にとらえる評定とを、学習指導要領に定める目標に準拠した評価として実施することが明確にされている。学習評価には、このような目標に準拠した評価のほか、学級・学年など集団の中での相対的な位置付けに関する集団に準拠した評価、観点別学習状況の評価、また評定には示しきれない子どもたち一人ひとりの良い点や可能性、進歩の状況について評価する個人内評価がある。

　学習評価を行うに当たっては、子どもたち一人ひとりに学習指導要領の内容が確実に定着するよう、学習指導の改善につなげていくことが重要である。また、各学校は、学習指導要領等に従い、地域や学校の実態等を考慮して適切な教育課程を編成し、学習指導と学習評価を実施する役割を担っている。一方、学校を設置する教育委員会等は、学校の管理運営に関する基本的事項を定める役割を担っており、指導要録の様式等学習評価に係る基本的事項について定めている。

第5章　カリキュラム（教育課程）の評価

　子どもたちの学習状況を評価するために、教員は、個々の授業のねらいをどこまでどのように達成したかだけではなく、子どもたち一人ひとりが、前の学びからどのように成長し、何ができるようになったか、より深い学びに向かっているかどうかをとらえていく必要がある。

　また、子どもの学びの評価に留まらず、カリキュラム・マネジメントのなかで、学習・指導方法や教育課程の評価と結びつけ、子どもたちの学びに関わる学習評価の改善を、教育課程や学習・指導方法の改善に発展・展開させ、「チーム学校」として組織運営の改善に向けた学校教育全体のサイクルに位置づけていくことが必要である。

2．指導要録

　指導要録は、学籍に関する記録と指導に関する記録からなる。その作成や保存などの取り扱いについては、下記の学校教育法施行規則第24条、第28条の定めるところによる。児童生徒が進学や転校した際は、その写しを進学転校先の学校長に送付することになっている。指導要録は、外部への証明の原本であり、内申書は通常その写しである。

> 第24条
> 　校長は、その学校に在学する児童等の指導要録（学校教育法施行令第31条に規定する児童等の学習及び健康の状況を記録した書類の原本をいう。以下同じ）を作成しなければならない。
> 　2　校長は、児童等が進学した場合においては、その作成に係る当該児童等の指導要録の抄本又は写しを作成し、これを進学先の校長に送付しなければならない。
> 　3　校長は、児童等が転学した場合においては、その作成に係る当該児童等の指導要録の写しを作成し、その写し（転学してきた児童等については転学により送付を受けた指導要録（就学前の子どもに関する教育、保育等の総合的な提供の推進に関する法律施行令（平成26年政令第203号）第8条に規定する園児の学習及び健康の状況を記録した書類の原本を含む）の写しを含む）及び前項の抄本又は写しを転学先の校長、保育

第6節 「目標に準拠した評価」と指導要録

所の長又は認定こども園の長に送付しなければならない。

　指導要録は、学校内や教師間での「指導機能」と、対外的な「証明機能」という二つの役割を備えている。かつては「学籍簿」といわれた時期があった。学校にとって重要な文書の一つで、火災など非常時にはいち早く持ち出さなければならない。規則の上では、指導要録を作成するのは各学校の校長だが、実際に記載するのは学級担任である。多くの学校では、年度の始めや年度末に記載する。

　「学籍に関する記録」の保存期間は、学校教育法施行規則第28条により20年間、「指導に関する記録」には表面と裏面があり、当該の子どもが卒業等をしてから、5年間保存することになっている。いずれも、保存期限が過ぎると、個人情報の保護の観点から廃棄するなど適切な処理をしなければならない。

　指導要録の様式や記入方法等を定めるのは、公立の小学校の場合、その設置者（教育委員会）である。「地方教育行政の組織及び運営に関する法律」において、指導要録の様式等は所管の教育委員会で定めると規定されている。文部科学省が示しているのは、あくまでも「参考様式」だが、ほとんどの教育委員会では、これに準じて作成している（巻末資料参照）。

3．学習評価の改善と充実

　今回の学習指導要領改訂に向けた「幼稚園、小学校、中学校、高等学校及び特別支援学校の学習指導要領等の改善及び必要な方策等について（答申）」（2016（平成28）年12月21日、中央教育審議会）において、下記のような学習評価の改善と充実の方針が示された。

1　学習評価や条件整備等との一体的改善

　「第1部　学習指導要領等改訂の基本的な方向性」の「第3章　『生きる力』の理念の具体化と教育課程の課題　2．『生きる力』の育成に向けた教育課程の課題　（4）学習評価や条件整備等との一体的改善・充実に向けた課題」として、つぎの二点が指摘されたことは学習評価の変遷において重要

第5章　カリキュラム（教育課程）の評価

である。
　①新しい学習指導要領等の理念を実現していくためには、教育課程の改善の方向性と一貫性をもって必要な施策を実施していくことが必要である。例えば、学習評価については、従来は、学習指導要領の改訂を終えた後に検討を行うことが一般的であったが、資質・能力を効果的に育成するためには、教育目標・内容と学習評価とを一体的に検討することが重要である。
　②それを実現するための条件整備が必要不可欠であることは言うまでもない。教職員定数の充実などの指導体制の確立や教員の資質・能力の向上、ICT環境など教育インフラの充実など必要な条件整備を強く求める。

2　学習評価の充実

　さらに、その「第9章　何が身に付いたか－学習評価の充実」において、つぎのように学習評価の充実を図る必要があることが指摘された。
（1）学習評価の意義等
　①「子どもたちにどういった力が身に付いたか」という学習の成果を的確に捉え、教員が指導の改善を図るとともに、子どもたち自身が自らの学びを振り返って次の学びに向かうことができるようにするためには、この学習評価のあり方が極めて重要であり、教育課程や学習・指導方法の改善と一貫性をもった形で改善を進めることが求められる。
　②子どもたちの学習状況を評価するために、教員は、個々の授業のねらいをどこまでどのように達成したかだけではなく、子どもたち一人ひとりが、前の学びからどのように成長しているか、より深い学びに向かっているかどうかを捉えていくことが必要である。
　③学習評価については、子どもの学びの評価にとどまらず、「カリキュラム・マネジメント」のなかで、教育課程や学習・指導方法の評価と結びつけ、子どもたちの学びに関わる学習評価の改善を、さらに教育課程や学習・指導の改善に発展・展開させ、授業改善及び組織運営の改善に向けた学校教育全体のサイクルに位置づけていくことが必である。

第6節 「目標に準拠した評価」と指導要録

3　評価の三つの観点
　観点別評価については、目標に準拠した評価の実質化や、教科・校種を超えた共通理解に基づく組織的な取組を促す観点から、小・中・高等学校の各教科を通じて、「知識・技能」「思考・判断・表現」「主体的に学習に取り組む態度」の三観点に整理することとし、指導要録の様式を改善することが必要である。

4　評価にあたっての留意点等
　学習評価は、学習指導要領の改訂を終えた後に検討するのではなく、学習指導要領等のあり方と一体として考え方をまとめることとする。指導要録の改善・充実や多様な評価の充実・普及など、今後の専門的な検討については、本答申の考え方を前提として、それを実現するためのものとして行われる。
　学習指導要領改訂を受けて作成される、学習評価の工夫改善に関する参考資料についても、詳細な基準ではなく、資質・能力を基に再整理された学習指導要領を手掛かりに、教員が評価規準を作成し見取っていくために必要な手順を示すものとなることが望ましい。そうした参考資料のなかで、各教科等における学びの過程と評価の場面との関係性も明確にできるよう工夫することや、複数の観点を一体的に見取ることも考えられる。
　評価の観点のうち「主体的に学習に取り組む態度」については、子どもたちが自ら学習の目標をもち、進め方を見直しながら学習を進め、その過程を評価して新たな学習につなげるといった、学習に関する自己調整を行いながら、粘り強く知識・技能を獲得したり思考・判断・表現しようとしたりしているかどうかという、意思的な側面を捉えて評価することが求められる。このことは現行の「関心・意欲・態度」の観点についても本来は同じ趣旨であるが、挙手の回数やノートの取り方など、性格や行動面の傾向が一時的に表出された場面を捉える評価であるような誤解が払拭し切れていない、という問題点が指摘されることから、「関心・意欲・態度」を改め「主体的に学習に取り組む態度」とする。こうした姿を見取るためには、子どもたちが主体的に学習に取り組む場面を設定していく必要があり、「アクティブ・ラーニング」の視点からの学習・指導方法の改善が欠かせない。また、学校全体で

評価の改善に組織的に取り組む体制づくりも必要となる。

　特に、高等学校については、義務教育までにバランス良く培われた資質・能力を、高等学校教育を通じてさらに発展・向上させることができるよう、教員の評価者としての能力の向上の機会を充実させることなどが重要である。加えて、知識の理解の質を高めるという次期学習指導要領等の趣旨を踏まえ、高等学校入学者選抜、大学入学者選抜の質的改善が図られるようにする必要がある。

第7節　新学習指導要領における学習評価のあり方

　上記中央教育審議会答申（2016（平成28）年12月21日）の方針に基づき、幼稚園教育要領、小中学校学習指導要領が2017（平成29）年3月に告示され、下記のような学習評価のあり方が示された。

1．学習評価の充実

　新学習指導要領において「第3　教育課程の実施と学習評価」の「2　学習評価の充実」では、学習評価の実施に当たってつぎの事項に配慮するものとすると定められた。

（1）児童生徒のよい点や進歩の状況などを積極的に評価し、学習したことの意義や価値を実感できるようにすること。また、各教科等の目標の実現に向けた学習状況を把握する観点から、単元や題材など内容や時間のまとまりを見通しながら評価の場面や方法を工夫して、学習の過程や成果を評価し、指導の改善や学習意欲の向上を図り、資質・能力の育成に生かすようにすること。

（2）創意工夫の中で学習評価の妥当性や信頼性が高められるよう、組織的かつ計画的な取組を推進するとともに、学年や学校段階を越えて児童生徒の学習の成果が円滑に接続されるように工夫すること。

　このように、評価の場面や方法を工夫することについて新たに追記され、また学習評価の学年間の円滑な接続についての項目が新設された。評価結果が評価の対象である児童生徒の資質・能力を適切に反映しているものである

という学習評価の妥当性や信頼性が確保され、その児童生徒の学習状況の把握を通して、指導の改善に生かしていくこと、さらにそれを学校教育全体の取組に位置付け、「チーム学校」として組織的かつ計画的に取り組む必要がある。

　このため、学習評価の妥当性や信頼性が高められるよう、たとえば、評価規準や評価方法等を明確にすること、評価結果について教師同士で検討すること、実践事例を蓄積し共有していくこと、授業研究等を通じ評価に係る教師の力量の向上を図ることなどに取り組むことが大切である。さらに学校が保護者に、評価に関する仕組みについて事前に説明したり、評価結果についてより丁寧に説明したりするなどして、評価に関する情報をより積極的に提供し保護者の理解を図ることも信頼性の向上の観点から重要である。

　また、学年や学校段階を越えて児童生徒の学習の成果が円滑に接続されるようにすることは、学習評価の結果をその後の指導に生かすことに加え、児童生徒自身が成長や今後の課題を実感できるようにする観点からも重要なことである。このため、学年間で生徒の学習の成果が共有され円滑な接続につながるよう、指導要録への適切な記載や学校全体で一貫した方針の下で学習評価に取り組むことが大切である。

　今回の改訂は学校間の接続も重視しており、進学時に児童生徒の学習評価がより適切に引き継がれるよう努めていくことが重要である。たとえば、法令の定めに基づく指導要録の写し等の適切な送付に加え、今回の改訂では、特別活動の指導に当たり、学校、家庭および地域における学習や生活の見通しを立て、学んだことを振り返りながら、新たな学習や生活への意欲につなげたり、将来の生き方を考えたりする活動を行うこととし、その際、生徒が活動を記録し蓄積する教材等を活用することとしており（第5章特別活動第2〔学級活動〕の3（2））、そうした教材について学校段階を越えて活用することで児童生徒の学習の成果を円滑に接続させることが考えられるとしている。

2．評価の三観点について

　各教科については、学習状況を分析的にとらえる観点別学習状況の評価と、

第5章　カリキュラム（教育課程）の評価

総括的に捉える評定とが、学習指導要領に定める目標に準拠した評価として実施されてきた。評価の観点については、従来の４観点の枠組みを踏まえつつ、学校教育法第30条第２項が定める学校教育において重視すべき三要素（「知識・技能」「思考力・判断力・表現力等」「主体的に学習に取り組む態度」）を踏まえて再整理され、「知識・理解」「技能」「思考・判断・表現」「関心・意欲・態度」の四つの観点が設定されている。

　今後、小・中学校を中心に定着してきたこれまでの学習評価の成果を踏まえつつ、目標に準拠した評価を進めていくためには、学校教育法が規定する三要素との関係をさらに明確にし、育成すべき資質・能力の三つの柱に沿って各教科の指導改善等が図られるよう、評価の観点は、「知識・技能」「思考・判断・表現」「主体的に学習に取り組む態度」の三観点に沿って整理し、観点別学習状況の評価と、それらを総括した評定との関係についても改める。観点別学習状況の評価の観点は、各教科における教育の目標と表裏一体の関係にあることから、各教科において、育成すべき資質・能力を踏まえて教育の目標を検討する際には、評価の観点の在り方と一貫性をもった形にするよう求められた。

　なお、ここでいう「知識」には、個別の事実的な知識のみではなく、それらが相互に関連付けられ、さらに社会のなかで生きて働く知識となるものが含まれている点に留意が必要である。また、「学びに向かう力、人間性等」に示された資質・能力には、感性や思いやりなど幅広いものが含まれるが、これらは観点別学習状況の評価になじまないことから、評価の観点としては、学校教育法に示された「主体的に学習に取り組む態度」として設定し、感性や思いやり等については観点別学習状況の評価の対象外となるという方針が示された。

　また、観点別学習状況の評価には十分示しきれない、児童生徒一人ひとりのよい点や可能性、進歩の状況等については、日々の教育活動や総合所見等を通じて積極的に子どもに伝えることが重要である。

３．評価に当たっての留意点等
　現在の「関心・意欲・態度」の評価に関しては、たとえば、正しいノート

第7節　新学習指導要領における学習評価のあり方

の取り方や挙手の回数をもって評価するなど、本来の趣旨とは異なる表面的な評価が行われているとの指摘もある。「主体的に学習に取り組む態度」については、このような表面的な形式を評価するのではなく、「主体的な学び」の意義も踏まえつつ、子どもたちが学びの見通しをもって、粘り強く取り組み、自らの学習活動を振り返って次につなげるという、主体的な学びの過程の実現に向かっているかどうかという観点から、学習内容に対する子どもたちの関心・意欲・態度等を見取り、評価していくことが必要である。こうした姿を見取るためには、子どもたちが主体的に学習に取り組む場面を設定していく必要があり、「アクティブ・ラーニング」の視点からの学習・指導方法の改善が欠かせない。また、学校全体で評価の改善に組織的に取り組む体制づくりも必要となるとして、下記のような具体的な評価方法等の方針が示された。

　こうした観点別学習状況の評価については、小・中学校と高等学校とでは取組に差があり、高等学校では、知識量のみを問うペーパーテストの結果や、特定の活動の結果などのみに偏重した評価が行われているのではないかとの懸念も示されている。義務教育までにバランスよく培われた資質・能力を、高等学校教育を通じてさらに発展・向上させることができるよう、高等学校教育においても、指導要録の様式の改善などを通じて評価の観点を明確にし、観点別学習状況の評価をさらに普及させていく必要がある。

　また、三要素のバランスのとれた学習評価を行っていくためには、指導と評価の一体化を図るなかで、論述やレポートの作成、発表、グループでの話合い、作品の制作等といった多様な活動に取り組ませるパフォーマンス評価を取り入れ、ペーパーテストの結果にとどまらない、多面的な評価を行っていくことが必要である。さらには、総括的な評価のみならず、一人ひとりの学びの多様性に応じて、学習の過程における形成的な評価を行い、子どもたちの資質・能力がどのように伸びているかを、たとえば、日々の記録やポートフォリオなどを通じて、子どもたち自身が把握できるようにする。

　こうした評価を行うなかで、教員には、子どもたちが行っている学習にどのような価値があるのかを認め、子ども自身にもその意味に気づかせていくことが求められる。教員一人ひとりが、子どもたちの学習の質をとらえるこ

第 5 章　カリキュラム（教育課程）の評価

とのできる目を培っていくことができるよう研修の充実等を図る必要がある。

　各教科の学習評価について、資質・能力の三つの柱（「何を理解しているか、何ができるか（知識・技能）」、「理解していること・できることをどう使うか（思考力・判断力・表現力等）」、「どのように社会・世界と関わり、よりよい人生を送るか（学びに向かう力、人間性等）」）に基づき構造化された各教科の目標・指導内容を踏まえて行うこととされている。

　特に、資質・能力の三つの柱のうち、「学びに向かう力、人間性等」については、①「主体的に学習に取り組む態度」として観点別評価（学習状況を分析的に捉え評価する）を通じて見取ることができる部分と、②観点別評価や評定になじまず、こうした評価では示しきれないことから個人内評価（一人ひとりのよい点や可能性、進歩の状況について評価する）を通じて見取る部分があるとされている。道徳科の評価を検討するに当たり、このことに留意する必要がある。

4．道徳科の評価の在り方

1　道徳科評価の基本的な取り扱い

　学校教育法施行規則及び小学校学習指導要領、中学校学習指導要領、特別支援学校小学部・中学部学習指導要領の一部改正が2015（平成27）年3月に行われ、従来の「道徳の時間」が、新たに「特別の教科　道徳」（道徳科）として位置づけられた。その学習評価が円滑に行われ、指導要録の様式の決定や指導要録の作成の参考となるよう、その配慮事項、指導要録の記載事項や作成に当たっての配慮事項等が、「学習指導要領の一部改正に伴う小学校、中学校及び特別支援学校小学部・中学部における児童生徒の学習評価及び指導要録の改善等について（通知）」（2016（平成28）年7月29日）によって下記のように示された。

　1　道徳科の学習評価に関する基本的な考え方について

　　　道徳科の評価は、小・中学校学習指導要領等第3章の児童生徒の「学習状況や道徳性に係る成長の様子を継続的に把握し、指導に生かすよう努める必要がある。ただし、数値などによる評価は行わないものとする」との規定の趣旨や、「道徳に係る教育課程の改善等につい

て(答申)」(2014(平成26)年10月中央教育審議会)の「道徳性の評価の基盤には、教員と児童生徒との人格的な触れ合いによる共感的な理解が存在することが重要」であり、道徳性の評価は「児童生徒が自らの成長を実感し、更に意欲的に取り組もうとするきっかけとなるような評価を目指すべき」との評価の考え方等を十分ふまえる必要がある。

　具体的には以下の点に留意し、学習活動における児童生徒の「学習状況や道徳性に係る成長の様子」を、観点別評価ではなく個人内評価として丁寧に見取り、記述表現する。
(1) 児童生徒の人格そのものに働きかけ、道徳性を養うことを目標とする道徳科の評価としては、育むべき資質・能力を観点別に分節し、学習状況を分析的に捉えることは妥当ではない。
(2) 道徳科は、「道徳的諸価値についての理解を基に、自己を見つめ、物事を(広い視野から)多面的・多角的に考え、自己(人間として)の生き方についての考えを深める」という学習活動における児童生徒の具体的な取組状況を、一定のまとまりのなかで、児童生徒が学習の見通しをもって振り返る場面を適切に設定しつつ見取ることが求められる。
(3) 他の児童生徒との比較による評価ではなく、いかに成長したかを積極的に受け止めて認め、励ます個人内評価として記述式で行う。
(4) 個々の内容項目ごとではなく、大くくりのまとまりを踏まえた評価とする。
(5) その際、特に道徳教育の質的転換を図るという今回の道徳の特別教科化の趣旨を踏まえれば、特に学習活動において児童生徒がより多面的・多角的な見方へと発展しているか、道徳的価値の理解を自分自身との関わりのなかで深めているかといった点を重視することが求められる。
2　多様な指導方法の確立や評価の工夫・改善について
　　専門家会議の報告を踏まえ、多様な指導方法の確立や評価の工夫・改善に向けて積極的に取り組むことが求められること。

3 小学校、中学校および特別支援学校小学部・中学部の指導要録について

　道徳科については、児童生徒の学習状況や道徳性に係る成長の様子について、特に顕著と認められる具体的な状況等について記述による評価を行うこと。

4 入学者選抜における取扱について

　道徳科における学習状況や道徳性に係る成長の様子の把握については、

（1）児童生徒の人格そのものに働きかけ、道徳性を養うという道徳科の目標に照らし、その児童生徒がいかに成長したかを積極的に受け止め、励ます観点から行うものであり、個人内評価であるとの趣旨がより強く要請されること、

（2）児童生徒自身が、入学者選抜や調査書などを気にすることなく、真正面から自分のこととして道徳的価値に多面的・多角的に向き合うことこそ道徳教育の質的転換の目的であることから、「各教科の評定」や「出欠の記録」、「行動の記録」、「総合所見及び指導上参考となる諸事項」などとは基本的な性格が異なるものであり、調査書に記載せず、入学者選抜の合否判定に活用することのないようにすること。

5 発達障害等のある児童生徒への必要な配慮について

（1）道徳科の指導は、児童生徒の障害による学習上の困難さ、集中することや継続的に行動をコントロールすることの困難さ、他人との社会的関係を形成することの困難さなどの状況ごとに、指導上の必要な配慮を行うこと。こうした配慮を継続的に行うことができるよう、個別の指導計画等に指導上の必要な配慮を記載することが考えられること。

（2）評価を行うに当たっても、困難さの状況ごとの配慮が必要であり、前述のような配慮を伴った指導を行った結果として、相手の意見を取り入れつつ自分の考えを深めているかなど、児童生徒が多角的・多面的な見方へ発展させていたり道徳的価値を自分のこととし

第7節　新学習指導要領における学習評価のあり方

てとらえていたりしているかを丁寧に見取る必要があること。

2　評価の三観点と道徳科の評価

　道徳の時間の評価に関しては、指導要録上「行動の記録」の一つの要素とされてきたが、今回の学習指導要領の改正により、道徳科における評価として「児童生徒の学習状況や道徳性に係る成長の様子」を把握することが明示されたことから、上記「1」で述べた道徳の時間の評価の課題等を踏まえた評価の在り方を検討する必要がある。

　小・中学校学習指導要領第3章の「児童（生徒）の学習状況や道徳性に係る成長の様子を継続的に把握し、指導に生かすよう努める必要がある。ただし、数値などによる評価は行わないものとする」との規定の趣旨や、資質・能力の三つの柱の観点から教育課程の構造化を図っている学習指導要領全体の改訂の動向を踏まえた場合、

① 　道徳性の育成は、資質・能力の三つの柱の土台であり目標でもある「どのように社会・世界と関わり、よりよい人生を送るか」に深く関わること、

② 　したがって、道徳科で育むべき資質・能力は、資質・能力の三つの柱や道徳的判断力、心情、実践意欲と態度のそれぞれについて分節し、観点別評価を通じて見取ろうとすることは、児童生徒の人格そのものに働きかけ、道徳性を養うことを目的とする道徳科の評価としては、妥当ではないこと、

③ 　そのため、道徳科については、「道徳的諸価値についての理解を基に、自己を見つめ、物事を（広い視野から）多面的・多角的に考え、自己（人間として）の生き方についての考えを深める」という学習活動における児童生徒の具体的な取組状況を、一定のまとまりのなかで、児童生徒が学習の見通しを立てたり学習したことを振り返ったりする活動を適切に設定しつつ、学習活動全体を通して見取ることが求められること、

④ 　その際、個々の内容項目ごとではなく、大くくりのまとまりを踏まえた評価とすること、

⑤ 　また、他の児童生徒との比較による評価ではなく、児童生徒がいかに

第5章 カリキュラム(教育課程)の評価

　　　成長したかを積極的に受け止めて認め、励ます個人内評価として記述式
　　　で行うこと、
　⑥　その際、道徳教育の質的転換を図るという今回の道徳の特別教科化の
　　　趣旨を踏まえれば、特に、学習活動において児童生徒がより多面的・多
　　　角的な見方へと発展しているか、道徳的価値の理解を自分自身との関わ
　　　りの中で深めているかといった点を重視することが求められること、に
　　　留意する必要がある。

　したがって、これらの学習活動における「児童生徒の学習状況や道徳性に係る成長の様子」を、観点別評価(分析的に捉える)ではなく個人内評価として丁寧に見取り、記述で表現することが適切であり、具体的には、個人内評価を記述で行うに当たっては、道徳科の学習において、その学習活動を踏まえ、観察や会話、作文やノートなどの記述、質問紙などを通して、たとえば、他者の考え方や議論に触れ、自律的に思考するなかで、一面的な見方から多面的・多角的な見方へと発展しているか。多面的・多角的な思考のなかで、道徳的価値の理解を自分自身との関わりのなかで深めているかといった点に注目することが求められる。

3　組織的な取組の必要性と保護者理解

　道徳科の評価を推進するに当たっては、他教科と同様に、学習評価の妥当性、信頼性等を担保することが重要であり、そのためには、評価が各個人の教師にのみ任され、個人として行われるのではなく、学校として組織的・計画的に行われることが重要である。

　各学校においては、学習指導要領において道徳教育の全体計画を作成することとなっており、全体計画の作成に当たっては、校長や道徳教育推進教師のリーダーシップの下にカリキュラム・マネジメントの観点から組織的な取組が行われることが一層求められている。道徳科の指導や評価においても同様であり、たとえば、学年ごとに評価のために集める資料や評価方法等を明確にしておくことや、評価結果について教師間で検討し評価の視点などについて共通認識をもつこと、実践事例を蓄積し共有することが重要であり、これらについて、校長及び道徳教育推進教師のリーダーシップの下に学校とし

第7節　新学習指導要領における学習評価のあり方

て組織的・計画的に取り組むことが必要である。なお、教師が交代で学年の全学級を回って道徳の授業を行うといった取組は、児童生徒の変容を複数の目で見取り、評価に対して共通認識をもつ機会となるものであり、評価を組織的に進めるための一つの方法としても効果的であると考えられる。

　道徳科の評価の妥当性、信頼性等の確保のためには、指導方法や評価方法に関する保護者の理解を図ることも重要であり、指導計画や指導方法、評価方法の事前説明や、評価結果などの説明の充実を図るなどの工夫が求められる。たとえば、道徳の授業後に授業内容や児童生徒の受け止めをまとめたものを保護者に発表したり、通知表に道徳の時間に関する所見欄を設けたりして、保護者との間で積極的に道徳の時間の学習状況等を共有するなど、保護者の理解を促進する取組など。

5．発達障害等のある児童生徒への配慮と評価

　文部科学省の調査では、通常の学級に在籍する発達障害の可能性のある特別な教育的支援を必要とする児童生徒の割合は、学習面又は行動面で著しい困難を示す児童生徒は6.5％、学習面で著しい困難を示す児童生徒は4.5％、行動面で著しい困難を示す児童生徒は3.6％、学習面と行動面共に著しい困難を示す児童生徒は1.6％と推計されており、どの学級においても一定数在籍している可能性がある。発達障害等のある児童生徒への対応はどの教師も直面していることであり、指導や評価上の配慮事項もしっかり整理する必要がある。

　発達障害等のある児童生徒には、学習上の困難さ、集中することや継続的に行動をコントロールすることの困難さ、他人と社会的関係を形成することの困難さなどの状況ごとに、困難さの状況、道徳指導上の困難、指導上の必要な配慮が必要である。具体的には、他人との社会的関係の形成に困難がある児童生徒の場合であれば、相手の気持ちを想像することが苦手で字義通りの解釈をしてしまうことがあることや、暗黙のルールや一般的な常識が理解できないことがあることなど困難さの状況を十分に理解した上で、たとえば、他者の心情を理解するために役割を交代して動作化、劇化したり、ルールを明文化したりするなど、学習過程において想定される困難さとそれに対する

第5章　カリキュラム（教育課程）の評価

指導上の工夫の必要性。

　評価を行うにあたっても、困難さの状況ごとの配慮をふまえることが必要であり、このような配慮を伴った指導を行った結果として、相手の意見を取り入れつつ自分の考えを深めているかなど、児童生徒が多面的・多角的な見方へ発展させていたり道徳的価値を自分のこととして捉えていたりしているかを丁寧に見取る必要がある。発達障害等のある児童生徒の学習状況や道徳性に係る成長の様子を把握するため、道徳的価値の理解を深めていることをどのように見取るのかという評価資料を集めたり、集めた資料を検討したりするに当たっては、相手の気持ちを想像することが苦手であることや、望ましいと分かっていてもそのとおりにできないことがあるなど、一人ひとりの障害による学習上の困難さの状況をしっかり踏まえた上で行い、評価することが重要である。

6．総合的な学習の時間の評価

　総合的な学習の時間（高校での名称は、総合的な探究の時間）の観点の設定の仕方については、現行では、以下の三つを例示している。

①学習指導要領に定める総合的な学習の時間の目標を踏まえた設定

　　「よりよく問題を解決する資質やの能力」「学び方やものの考え方」「主体的、創造的、協同的に取り組む態度」「自己の生き方」

②「学習方法に関すること」「自分自身に関すること」「他者や社会とのかかわりに関すること」等の視点に沿って各学校において育てようとする資質や能力等を踏まえて設定

③教科との関連を明確にした設定

　　総合的な学習の時間の学習活動にかかわる「関心・意欲・態度」「思考・判断・表現」「技能」「知識・理解」

　　今回の全教科横断的な評価の観点の見直しの方向性を踏まえると、今後総合的な学習の時間の評価について、各学校において教科との関連を明確にした評価の観点を設定する場合には、以下のような趣旨による設定が適当である。

①小中学校

「知識・技能」—学習課題（対象）に関する概念的知識を獲得し、よりよい課題解決のために必要な知識や技能を身につけている探究的な学習のよさを理解している。

「思考・判断・表現」—実社会や実生活のなかから問いを見出し、探究的な見方・考え方を用いて、自分で課題を立て、情報を集め、整理してまとめ、発表している。

「主体的に学習に取り組む態度」—実社会や実生活のなかから問いを見出し、主体的・協働的（協同的）に課題の解決に取り組み、学習したことを自己の生き方に生かし、積極的に次の課題に取り組もうとしている。

②高等学校

「知識・技能」—学習課題（対象）に関する概念的知識を獲得し、よりよい課題解決のために必要な知識や技能を身に付けている探究することの意義や価値を理解している。

「思考・判断・表現」—実社会や実生活のなかから問いを見出し、探究的な見方・考え方を用いて、自分で課題を立て、情報を集め、整理してまとめ、発表している。

「主体的に学習に取り組む態度」—実社会や実生活のなかから問いを見出し、主体的・協働的（協同的）に課題の解決に取り組み、学習したことを自己の生き方に生かし、主体的にさらに高次の課題に取り組もうとしている。

7．特別活動の評価

特別活動の評価については、学習指導要領に定める特別活動の目標を踏まえ、各学校が自ら設定した観点を記載した上で、学級活動、児童会・生徒会活動、クラブ活動（小のみ）、学校行事の活動ごとに、評価の観点に照らして十分に満足できる状況にある場合に○を記入。あわせて、「行動の記録」や「総合所見」欄についても活用する。

今回の全教科横断的な評価の観点の見直しの方向性を踏まえると、各学校において評価の観点を設定するにあたっては、以下のような趣旨を踏まえた設定を行うことが適当である。

第5章　カリキュラム（教育課程）の評価

①小学校

　「よりよい生活や人間関係を築くための知識・技能」――よりよい集団活動に向けた実践をする上で必要となる知識や技能を身に付けるとともに、多様な他者との様々な集団活動の意義を理解している。

　「集団の一員としての話合い活動や実践活動を通した思考・判断・表現」（現行は「思考・判断・実践」）――所属する様々な集団や自己の生活上の問題を見いだし、その解決のために話合い、合意形成を図ったり、意思決定したりするために、思考・判断・表現している。

　「主体的によりよい生活や人間関係を築こうとする態度」――様々な望ましい集団活動を通して身につけたことを生かし、自主的・実践的によりよい人間関係を構築しようとしたり、よりよい集団生活や社会を形成しようとしたり、自己の生き方についての考えを深め自己の実現を図ろうとしている。

②中学校

　「よりよい生活や人間関係を築くための知識・技能」――よりよい集団活動に向けた実践をする上で必要となる知識や技能を身につけるとともに、多様な他者との様々な集団活動の意義や役割を理解している。

　「集団の一員としての話合い活動や実践活動を通した思考・判断・表現」――所属する様々な集団や自己の生活上の問題を見いだし、その解決のために話合い、合意形成を図ったり、意思決定したりするために、思考・判断・表現している。

　「主体的によりよい生活や人間関係を築こうとする態度」――様々な望ましい集団活動を通して身に付けたことを生かし、自主的・実践的によりよい人間関係を構築しようとしたり、よりよい集団生活や社会を形成しようとしたり、人間としての生き方についての考えを深め自己の実現を図ろうとしている。

③高等学校

　「よりよい生活や人間関係を築くための知識・技能」――よりよい集団活動に向けた実践をする上で必要となる知識や技能を身に付けるとともに、多様な他者との様々な集団活動の意義や役割、価値を理解している。

第7節　新学習指導要領における学習評価のあり方

「集団の一員としての話合い活動や実践活動を通した思考・判断・表現」——所属する様々な集団や自己の生活上の問題を見いだし、その解決のために話合い、合意形成を図ったり、意思決定したりするために、思考・判断・表現している。

「主体的によりよい生活や人間関係を築こうとする態度」——様々な望ましい集団活動を通して身につけたことを生かし、自主的・実践的によりよい人間関係を構築しようとしたり、よりよい集団生活や社会を形成しようとしたり、人間としての在り方生き方についての考えを深め自己の実現を図ろうとしている。

　新しい学習指導要領の教育目標は、現行同様に学校教育法「第四章　小学校」の第30条２項の「基礎的な知識及び技能を習得させるとともに、これらを活用して課題を解決するために必要な思考力、判断力、表現力その他の能力をはぐくみ、主体的に学習に取り組む態度を養うことに、特に意を用いなければならない」（学力の三要素）に基づいて示された。しかしながら、従来のような教師の指導方針を前面に打ち出した目標設定から脱却し、児童生徒の「学び」を中心にすえた資質・能力の三つの柱（何を理解しているか・何ができるか、理解していること・できることをどう使うか、どのように社会・世界と関わり、よりよい人生を送るか）に転換された。また、その教育目標と評価の観点の在り方とが一貫性をもった形になり、PDCAサイクルによる指導と教科の一体化が図りやすくなっている。

　2018（平成30）年９月、中教審の評価のあり方ワーキンググループにおいて、通知表や内申書の元となる評定を廃止すべきであるとの意見が多数を占めた。それは小学校中高学年３段階、中高が５段階評価となっているが、きめ細かく一人ひとりをABCで評価できる観点別評価の方が有効であるなどとして、これのみにする方針が示された。

第5章　カリキュラム（教育課程）の評価

第8節　真正の評価

1．「真正の評価」導入の必要性

　これまでの教育評価は、単元指導計画を作成してそれに従って実践し、子どもの学習の結果として習得された知識の量の多少をテストによって測定する方法が主流であった。テストをして成績をつけるといった測定（テスト）＝評価という観点に立っていた。しかし、これは二つの大きな問題をはらんでいる。

　第一に、学力形成の一側面しかとらえられない。つまり、テストでは、あらかじめ答えの決まった問題をすばやく表面的に解く能力といった、学力の一側面をはかることしかできない。したがって、コンピテンシーといった知識や技能だけではなく、態度を含む能力の全体像を総合的にとらえることは不可能であった。

　第二に、学習の結果のみが問題視され、評価を指導や学習の改善に生かすことがむずかしい。つまり、計画→実施→評価という流れに沿って、単元の終了時の評価が主であった。そこで、形成的評価が大事であることはわかっていっても、子どもがどこでつまずいたか、指導の何に問題があったか等、教師が評価を指導の改善に生かすことがおろそかになりやすかった。一方、子どもにとっても、自らの学習のつまずきや問題点を、学習活動のプロセスのなかで把握することが困難で、評価結果を学習の改善に生かせない面が多い。このような状況で、学習のプロセスを把握するフィードバック情報を得にくいために、従来の評価では、指導や学習の見直しにつながらないことが多かった。

　そこで、これからの教育評価のあり方として、子どものパフォーマンスを包括的にとらえ、その情報をフィードバックして、教師と子どもとがともに目標の達成をめざす評価方法が重要になる。たとえば、陸上競技のコーチの役割と選手の関係をイメージすると、コーチは選手とともに、100メートル12秒を切る、といった達成目標を設定し、指導と練習計画等を立てる。そして、練習を進めていく過程で測定したタイムや撮影したビデオ映像等をもとに、その選手のパフォーマンスを評価する。さらに、その評価結果をフィー

ドバックし、計画を見直して指導と練習方法等を改善して目標の達成をめざす。一方、選手もその練習計画等に沿って自分自身のタイムやビデオ映像などのデータをもとに自己評価し、その結果をフィードバックして、コーチとともに計画を見直し、練習等を改善して目標達成に挑む。

つまり、教師と子どもがともに目標を実現するために、このようなコーチングのように、評価を生かすという形でそのあり方をとらえなおす必要がある。そこで、これからの評価をデザインする際は「真正の評価」をめざすとともに、評価の三つの機能である「指導と評価の一体化」「自己学習力の向上」「外部への説明責任」を実現していくことが重要である。教師と子どもがともに、目標に照らして学力形成の状況をモニターし、そのフィードバック情報をもとに指導や学習の改善を進め、同時に学びの全体像をとらえるポートフォリオ等を外部へ開示して説明責任を果たしていくことが求められている。

2．目標に基づく評価への批判

1970年代のはじめに、スクリヴァン（Scriven, M）は「目標に基づく評価」に対して、「ゴール・フリー評価」を提唱した。形成的評価でよく行われる「目標に基づく評価」では、あくまでも「目標」との関係から、「目標」の実現をめざしてその活動を評価し、改善していこうとする。しかし、「目標に基づく評価」は、そのために「目標」からはみ出すような活動、つまり「思わぬ結果」を見過ごすことになりやすい。つまり、自分が設定した「目標」＝立場にとらわれて、事態を全面的に把握できなくなりやすい。

この「目標に基づく評価」に対して主張される「ゴール・フリー評価」とは、「目標のない評価」という意味ではなく、「目標にとらわれない評価」という意味である。主に活動の改善ではなく、その活動の出来栄えを見ようとする総括的評価において行われる。スクリヴァンの定義によると、「ゴール・フリー評価の純粋な姿においては、評価者はそのプログラムの目的を知らされておらず、そのプログラムが何を意図して行われたかではなく、実際にどのように行われたのかを明らかにするために、評価を行うことである」。

そのプログラムに利害をもつ人々のニーズや要求に基づいて、プログラム

の効果が吟味される。また、同じ経費を必要とする他のプログラムとの比較を行いながら、そのプログラムの評価が行われる。

　このような人々を、後にステイクホルダー（stakeholder＝利害関係者、転じて評価参加者）と称するようになった。学校教育では、まず何よりも子どもたちがステイクホルダーである。つねに、評価をされる側に身を置いていた存在である子どもたちが、その評価に参加する。もちろん、子どもたちの発達段階において、参加の程度や形態は工夫されなくてはならない。しかし、子どもたちもまた評価の参加者、評価の主体であるということは、教育のあり方に大きな転換をもたらすことになった。

　この評価の提起は、教育実践に対する「羅生門的アプローチ」の基礎理論となった。このアプローチにおいては、児童の能動的で多面的な学習活動を展開するために、一般的な目標のもとに創造的で「即興を重視する」授業が展開される。そこで実施される評価論は、「目標にとらわれない評価」である。子どもと教師と教材との「出会い」から生まれる学習の価値をさまざまな立場や視点から解釈する様相が、芥川龍之介の小説を黒沢明監督が映画化した「羅生門」と重なることからこのように命名された。

　「目標に基づく評価」で重視されるのは、「授業合理化」のための教材の精選や配列である。それに対して、「羅生門的アプローチ」では、「創造的な授業」を展開する教師の養成が重視される。今日の教育実践研究においては、前者がますます優勢になっている。しかしながら、現実のカリキュラムや授業、評価は、この二つのモデルに分極化しているのではない。これらを指標として、それぞれの状況（カリキュラムの領域や学習の質など）に応じて、多様なカリキュラムや授業展開を構想することが大切である。

3．「真正の評価」の導入と「リアルさ」

　「真正の評価」（authentic assessment）が、アメリカの教育評価の歴史に登場したのは1980（昭和55）年代後半である。当時のアメリカは、学力向上を強調した有名なレポート『危機に立つ国家』（Nation at Risk, 1983）を契機に、各学区、学校での教育成果を点検し、説明責任（accountability）の要請にも応えるものとして、とりわけ州政府による上からの「標準テスト」

が多用されはじめたときであった。

このような動向に対して、前述したように、はたしてトップダウン式の「標準テスト」で学校の教育成果を評価できるのか、「標準テスト」は何を評価しているのか、という疑問や批判が提起された。一般に「標準テスト」では、「テストのためのテスト」といわれるような、かなり作為的な問題を子どもたちに課する場合が多くある。しかも「テスト場面」は、日常の「授業場面」とは断絶した、ある種の儀式化された様相を呈する。このような「標準テスト」では、子どもたちの本当の学力を評価することはできないのではないか。逆に、これで良い成績をおさめたとしても、学校のなかでしか通用しない特殊な能力を評価したに過ぎず、「生きて働く学力」を形成したという保証にはならないのではないか、という疑問や批判が生じた。

「真正の評価」は、このような「標準テスト」批判を背景に登場した。評価の文脈で「オーセンティック」という概念を使用しはじめたウィギンス（Wiggins, G.）は、「大人が仕事場や市民生活、個人的な生活の場で試されている。その文脈を模写する」評価と規定した。また、シャクリー（Shaklee, B. D.）たちも「真正の評価」を「リアルな課題」に取り組ませるプロセスのなかで評価することであると述べている。この教育評価において「実社会」「生活」「リアルな課題」が強調されるのは、「標準テスト」の作為性や儀式化の様相に対する批判が込められていた。

したがって「オーセンティック」な課題とは、たとえば「小学校の教員として、楽しくわかりやすい学習指導案を作成しなさい」といったものである。「真正の評価」が想定する「リアルさ」は、生活の文脈に即するという意味を含みながら、なおそれ以上の提起となっている。

評価における「真正さ」とは、低次の簡単な課題ではなく、むしろ評価問題の「困難さ」をさす。実生活を映し出す問題は、子どもたちにとって「親密さ」があり、問題解決の意欲を喚起する。しかし、それを解くためには、総合的な深い理解力が要求されるのである。

4．パフォーマンス評価

現在では、学力を評価するためにさまざまな方法が用いられるが、「真正

の評価」を代表するのが「パフォーマンス評価」と「ポートフォリオ評価」である。

　学力評価の方法といえば、多くの人は、筆記試験やワークシートといった、紙に筆記するという形で子どもに表現させるタイプの評価方法を思い浮かべよう。しかし、客観テストで評価される学力には限界があることへの反省から、パフォーマンスに基づく評価が登場した。それには完成作品を評価するもの、実技試験など特定の実演の評価を行うもの、観察や対話によって評価するものなどがある。

　perform には「完成する」という意味もある。そこで、パフォーマンスは、特定の課題やプロセスを実行して完成させることを意味する。課題とは、学習者の能力を完成作品や口頭発表、実技・実演の評価などによって評価しようとデザインされた課題である。さらに総合的・協同的パフォーマンス課題は、プロジェクトとよばれる。

　パフォーマンスとは、自分の考え方や感じ方といった内面の精神状況を身振りや動作、絵画や言語などの媒体を通じて表現すること、または表出されたものをいう。したがって、真正なパフォーマンス課題に挑むことよって、五感で「表現」される学習の様相を把握すること、またそのような評価方法を創意工夫することを意味する。高次の学力の様相としての「思考力・判断力・表現力」をとらえようとするものである。

　その要件としては、パフォーマンス課題が、厳選された「真正性」を具備し、妥当性とルーブリックによって条件づけられていることを要求する。また、課題の目的は何か、子どもの役割は何か、どのような聴衆に向けての課題か、どのような状況を想定するのか、どのようなパフォーマンスや作品を生み出すのか、達成したかどうかを評価する評価規準・基準をどう設定するのか、などについての作成手続きが重要となる。

　「真正の評価」では、「オーセンティック」な課題を含むパフォーマンス評価を行うことによって、子どもたちの「知」の実際をとらえるとともに、子どもたちも「オーセンティック」な課題に挑戦することで自らの「知」を鍛え、その達成度を自己評価できるようになる。

5．ルーブリック

　パフォーマンス課題のように、子どもの自由な表現を引き出す評価課題では、子どもの反応に多様性と幅が生じるため、質的な判断が求められる。そこで、パフォーマンス課題などの評価では、「ルーブリック」とよばれる質的な採点指針を用いることが有効である。

　ルーブリックとは、成功の度合いを示す数値的な尺度（scale）と、それぞれの尺度に見られる認識や行為の特徴を示した記述語（descriptor）からなる評価指標のことをいう。授業を通じて子どもの認識や行為の質は、より素朴なものから、より洗練されたものへと連続的に深まっていく。そうした認識や行為の深まりの質的な転換点に即して、子どものでき具合を判定していく手段がルーブリックである。

　ルーブリック作成の手順はおおよそつぎのようなものである
　①試行としての課題を実行し、多数の子どもの作品を集める
　②あらかじめ数個の観点を用いて作品を採点することに同意しておく
　③それぞれの観点について一つの作品を少なくとも３人が読み、６点満点
　　で採点する
　④次の採点者にわからぬよう付箋に点数を記し、作品の裏に貼り付ける
　⑤全部の作品を検討し終わった後で、全員が同じ点数をつけたものを選び
　　出す
　⑥その作品を吟味し、それぞれの点数に見られる特徴を記述する

　観点別で採点するか、何点を満点で採点するかなどは状況に合わせて考えていけばよい。しかし、どの方法をとるにしても、ルーブリックづくりは、実際の子どもの作品をもとに行うことが重要である。また作成の過程で、各点数の特徴を示す典型的な作品例を選び出し、それを完成したルーブリックに添付しておくことは有効だ。典型的な作品例は、教師や子どもがルーブリックの記述語の意味を理解する一助となるからである。

　こうして完成したルーブリックは、実践のなかでより多くの作品が集まるにつれて再検討され、絶えず改訂され続けることが必要である。その際、学級間、学校間で同じ課題を用い、それぞれの実践から生まれてきたルーブリックと子どもらの作品を持ち寄って互いに検討する作業「モデレーショ

ン」(moderation) は、ルーブリックの信頼性（比較可能性）を高める上で必須である。

　パフォーマンス課題に取り組む際、子ども自身にルーブリックを理解させるのも有効である。たとえば、「説得力のある文章を書く」ことを目標とする単元のはじめに、児童生徒に導入文の事例を四つ見せ、どれが一番よいか、その理由は何か、という点について議論させる。こうして、よい導入文の条件に関するルーブリックを子ども自身につくらせる。

　ルーブリックを理解することによって、児童生徒は見通しをもって学習に取り組み、自らの理解の深まりを自己評価しながら自律的にパフォーマンスを遂行できる。また、児童生徒と教師が評価基準を共有しながら作品の検討会を実施することで、教師は子どもたちと協同して評価を行うことになり、さらに両者の対話を通じて基準自体が問い直されることになる。

6．ポートフォリオ評価

　ポートフォリオはファイルをさす言葉である。画家や建築家が自分の作品などを綴じ込んでおいて、顧客との契約の際に自分をアピールするために用いられてきた。学習において、自分はどのようなことに努力しているか、どこがどのように成長したか、何を達成したかなどについての証拠となるものを、目的、目標、規準と基準に照らして、系統的・継続的に収集したものをポートフォリオという。

　児童生徒は教師と協同して、自己の成長の証拠となるものを収集する。ポートフォリオに収められるのは、①学習の成果としての作品や学びのプロセスを示す作業メモ、②子どもの自己評価、③教師による指導と評価の記録などである。ポートフォリオに収められた収集物に基づいて、教師や児童生徒がその成長を評価する方法がポートフォリオ評価法である。

　その基礎には、真正の評価論と構成主義の学習観がある。構成主義とは、子どもを、環境との相互作用のなかで自分の経験・関心に即して個人的な理解や意味を構成していく能動的な学習主体とみなす立場である。教師は、児童生徒が何をすでに知り、理解しているかを把握して相互作用しながら、学びのなかで実際にどのような理解を構成しつつあるかに焦点を当てる。

第8節　真正の評価

その特徴を踏まえ、つぎのような活用法がある。
① ポートフォリオは、子どもが自己の成長を記録するためのものであり、自分の努力や成長、達成の証拠としてさまざまな作品を集める。ポートフォリオに収める作品を選ぶなかで、児童生徒は自己評価力を伸ばしていく。
② 学習のプロセスや結果として生み出された作品についての自己評価の記録も、ポートフォリオに収める。ポートフォリオづくりにより、自分の作品を通して学習を振り返り、つぎの見通しをもつことができる。教師は、継続的な学習への児童生徒からの参加を促し、そのプロセスに沿って評価ができる。
③ 教師の指導と評価の記録を収める。また教師だけでなく、児童生徒同士の相互評価や保護者や地域の人の評価をポートフォリオに加えることができるので、評価が多面的でより豊かなものとなる。

学習を児童生徒自身のものにするために、ポートフォリオ所有権を尊重することが重要だが、目的や内容に応じて教師との所有権のバランスが問題となる。その際、つぎのタイプに留意する必要がある。
①「基準準拠ポートフォリオ」は、前もって決められた評価基準を教師が提示するものである。教育目標を学問の系統性に即して設計する立場を基礎とするので、教科教育の領域に適している。
②「基準創出型ポートフォリオ」は、教師と子どもが協同で、交渉しあいながら評価基準をつくっていくので、総合学習の領域に適している。
③「最良作品集ポートフォリオ」は、児童生徒自身が自己アピールするために、自分で評価基準を設定し作品を選択していくもの。自分の生活を自分自身でとらえ直す道具として活用するので、児童中心カリキュラムに適している。

この評価はおよそつぎの四つの段階で進められる。
① 児童生徒にポートフォリオの紹介をして、目標や基準を確認する。
② 目標と基準に照らして作品を収集し、選択していく。単なる学習ファイルとの違いは、振り返って取捨選択するところにある。
③ 自分の学習のプロセスと結果を振り返り、メタ認知（思考や判断など自己の認知のプロセスについて、考えたり判断したり）していく反省の段階。

第5章　カリキュラム（教育課程）の評価

④教師と子どもの対話を中心とした検討会をもつ。子ども主導で親などを招待するような検討会も企画する。

　以上のように、教育活動は教師だけでなく、子どもや保護者も主体となって行われるものである。お互いが協力して活動を進められるように、評価の方法や規準などについても、通知表やポートフォリオを通じてオープンなかたちでの共通理解を進めるために、客観的な取り組みが必要とされる。

7．教育評価と授業研究

　学習活動の過程で行われる「真正の評価」の普及に伴い、パフォーマンス評価やポートフォリオ評価がさまざまな形で行われるようになった。評価法が変われば、教育課程や授業スタイルも変化する。生活科や総合的な学習の時間の導入もその一部であった。この変化は、PISA 調査を経由し、現在の「全国学力・学習状況調査」へとつながっている。近年の日本の教育政策は、「真正の評価」を用いることによって、学校教育を真正の学びへと変革する意図で連続していたといえるだろう。

　しかしその意図とは異なり、ポートフォリオなどの評価方法のみが注目され、真正の学びの構築には至らず、結果的に「真正の評価」の定着も困難な状況にある。学力は観念的なものであり、測ることによって見えるようになる。測り方が違えば結果が異なるのは当然であり、どのような目的で学力を測るか、その測り方は適切か、測った結果をどのように活用するかについて考えることが重要である。

　習得した知識・技能は、活用の場面を通して確かなものになる。確かな学力にするのであれば、反復より活用や探究活動を増やすべきである。PISA 調査に見られるように、世界的動向はそれを支持している。たとえば、「円周率は3.14である」と暗唱して覚えても、PISA のいう活用できる知識には至らない。「円周率が3.14でない円はあるだろうか」といった指定型の活動が用意される必要がある。その学習活動のなかで子どもが知恵やアイディアを出し合い、円筒形の茶筒やドラム缶などの円周と直径を図ることから初め、探究的な試行錯誤を重ねながら発見と活用を経験することで、「主体的・対話的で深い学び」が実現する。体験と知識を連合させ、納得する経験をもた

らす協同学習が、基礎・基本の習得の要である。

　このような探究学習や問題解決学習などには多くの実践的な蓄積がある。しかし一方で、これらの学習活動を学力との関係から疑問視する立場、また学習時間を捻出することの困難さもあって、効率性の面（実際には、知識・概念の説明中心の授業は、真の理解を促すには一般的に非効率なのだが）、から無視されやすい状況がある。それらを実践的な能力として、リテラシーという新しい視点から捉え直す必要がある。それは教育学研究者だけがする仕事ではなく、学校における日々の授業そのものが再定義の実践である。黒板からノートに写す学習を、子どもたちが発見する活動へと転換した授業の構築である。

　そのためには、自主的に教材と授業案を開発し、同僚と啓発し合う「授業研究」のさらなる充実が重要である。日本発祥のこの手法は「レッスンスタディ」（Lesson Study）の名で世界に広まった。それは多くの国や地域で教育改革の中心に据えられている。シンガポールの首相リー・シェンロンは、「少なく教えて、多く学ばせる」（Teach less, learn more）と2004（平成16）年に宣言し、「レッスンスタディ」による教育改革を呼びかけた。したがって、教員一人ひとりが教育実践のなかでその根本をつねに問い直し、「反省的実践家」として、まさに開かれた専門職業人となることが求められている。

　第4次産業革命ともいわれる、人工知能（AI）、ビッグデータ、Internet of Things（IoT）、ロボティクス等の先端技術が高度化してあらゆる産業や社会生活に取り入れられ、社会のあり方そのものが大きく変化する超スマート社会（Society 5.0）の到来が予想される。資本集約型・労働集約型経済から、知識集約型経済へと移行するなかで、幅広い知識をもとに新しいアイデアや構想を生み出せる力が強みとなる。AIができない、人間力としての創造性やコミュニケーション能力は重要である。また、人の国際的な移動の爆発的拡大、情報通信技術の劇的な進歩、社会経済のグローバル化が加速すると同時に、各国各地の独自の社会のあり方、文化のあり方などのローカリゼーションの動きも活発化することが期待される。

　今や児童生徒が興味・関心さえもてば、このような社会の急速な進展に向かうグローバル化したIT社会において、教師と同じ程度の知識をいつでも

第 5 章　カリキュラム（教育課程）の評価

簡単に手に入れることができる。したがって、教師の主たる仕事は、従来のような知識の伝達ではなく、新たなアイデアや構想を生み出す創造性やコミュニケーション能力、人間性等を育む児童生徒の良きコーチ、相談相手であり、良き評価者であって、カリキュラム・マネジメントをもってその学習環境をつねに改善できる良き設計者でなければならない。

【参考文献】
青木秀雄編著　2014『現代初等教育課程入門』明星大学出版部
吉冨芳正編著　2014『現代中等教育課程入門』明星大学出版部
鯨井俊彦・青木秀雄・林幹夫著　2009『現代教育課程入門―知識基盤社会を生きるための学校教育を目指して』明星大学出版部
田中耕治　2008『教育評価』岩波書店
田中耕治編　2005『よくわかる教育評価』ミネルヴァ書房
田中耕治・水原克敏・三石初雄・西岡加名恵　2005『新しい時代の教育課程』有斐閣
西岡加名恵　2003『教科と総合に活かすポートフォリオ評価法』図書文化
天野正輝　2001『カリキュラムと教育評価の探究』文化書房博文社
北尾倫彦・桑原利夫編集　2002『新観点別学習状況の評価基準表小学校・社会－単元の評価規準とABC判定基準』図書文化社
布村幸彦　2002『「平成13年改善指導要録」の基本的な考え方』ぎょうせい
応用教育研究所編、橋本重治原著　2003『教育評価法概説（2003年改訂版）』図書文化
国立教育政策研究所　2002『評価規準の作成、評価方法の工夫改善のための参考資料評価規準、評価方法等の研究開発（報告）』
辰野千壽・石田恒好・北尾倫彦監　2006『教育評価辞典』図書文化社
勝野正章　2003『教員評価の理念と政策』エイデル研究所
小島弘道編　2007『時代の転換と学校経営改革―学校のガバナンスとマネジメント』学文社
篠原清明編著　2006『スクールマネジメント―新しい学校経営の方法と実践』ミネルヴァ書房
日本教育方法学会編　2004『現代教育方法事典』図書文化
東洋他編　1988『学校教育辞典』教育出版
文部科学省　2010・5・11「小学校、中学校、高等学校及び特別支援学校等における児童生徒の学習評価及び指導要録の改善等について」（通知）
臼井嘉一・金井香里　2012『学生と教師のための現代教育課程論とカリキュラム研究』成文堂
武田明典・村瀬公胤・嶋崎政男編著　2012『現場で役立つ教育の新事情』北希出版
松尾知明　2016『未来を拓く資質・能力と新しい教育課程―求められる学びのカリキュラム・マネジメント』学事出版

第6章

幼稚園の教育課程

はじめに

　皆さんは、小学校就学前の子どもたちが通う教育機関は何かと質問されたら何と答えるだろうか。おそらく、多くの場合、幼稚園、保育所（保育園）[1]、認定こども園（幼保連携型認定こども園）[2]の1つ、2つ、あるいはすべてを答えるのではないだろうか。

　本章では、前述の3種類の教育機関の中の幼稚園を取り上げ、その教育課程を理解するために必要となる基本的事項を解説していく。幼稚園は、小学校・中学校・高等学校・特別支援学校などと同様に、学校教育法第1条に定められた学校である。けれども、そこに通う満3歳児から小学校就学前までの幼児の発達に合わせ、教育の方法や内容が小学校以上の学校とは異なっている。それは、幼稚園の目的を規定している学校教育法第22条で、「幼稚園は、義務教育及びその後の教育の基礎を培うものとして、幼児を保育し、幼児の健やかな成長のために適当な環境を与えて、その心身の発達を助長することを目的とする」と、「保育」という語を用いていることにも示されている。

　そこで、本章を読み進める時には、幼稚園の教育課程について理解すると同時に、幼稚園における教育の特質についても理解することを目標にしてほしい。なぜならば、それが、幼稚園の教育課程を理解するための近道になるからである。なお、前述の幼稚園以外の保育所と幼保連携型認定こども園も、小学校就学前の乳幼児が通う保育・教育機関であることから、そこでの乳幼児の捉え方や保育・教育の考え方は、幼稚園と共通する点が多い。そのため、本章の資料などでは、可能な限り両者の保育や教育の基準を示している保育

第6章　幼稚園の教育課程

所保育指針や幼保連携型認定こども園教育・保育要領にも触れていきたい。

第1節　幼稚園教育要領とは何か

1．幼稚園教育要領の法的根拠とその役割

　小学校・中学校・高等学校・特別支援学校の教育課程編成の基準として学習指導要領があるように、幼稚園には幼稚園教育要領がある。幼稚園教育要領は、学校教育法第25条「幼稚園の教育課程その他の保育内容に関する事項は、第二十二条及び第二十三条の規定に従い、文部科学大臣が定める」、および、学校教育施行規則第38条「幼稚園の教育課程その他の保育内容については、この章に定めるもののほか、教育課程その他の保育内容の基準として文部科学大臣が別に公示する幼稚園教育要領によるものとする」を法的根拠として、文部科学省により告示されており、幼稚園の教育課程その他の保育内容の基準を大綱的に定めている。

　幼稚園教育要領には、一定の教育水準を全国の幼稚園において確保するといった役割がある。しかし、その内容が大綱的基準であること、さらに、後述する幼稚園教育の基本を踏まえると、各幼稚園は、各園の教育目標、一人ひとりの子どもの発達や集団としての子どもの成長、家庭や地域などの現状に合わせて創意工夫を図り、それぞれの園の教育活動をさらに充実させることが求められる。

2．幼稚園教育要領の成立とその変遷

　表1は、幼稚園教育要領、幼保連携型認定こども園教育・保育要領、保育所保育指針の成立とその改訂・改定をまとめたものである。本項では、表1に基づき、幼稚園教育要領の成立と変遷について説明していく。

1　保育要領

　保育要領は、国として作成した最初の幼稚園、保育所、家庭における幼児教育の手引きである。文部省が1947（昭和22）年3月に設置した幼児教育内容調査委員会（委員長倉橋惣三）により検討された。内容としては、幼児期

第1節　幼稚園教育要領とは何か

の発達の特質、幼児の生活指導や生活環境などについて述べている。また、保育の内容を「楽しい幼児の経験」であるとし、幼児の広範囲にわたる生活に着目して、「見学、リズム、休息、自由遊び、音楽、お話、絵画、製作、自然観察、ごっこ遊び・劇遊び・人形芝居、健康保育、年中行事」の12項目の経験を挙げている。特に、幼児の生活に着目して保育の内容である「楽しい幼児の経験」が取り出されたこと、さらに、取り出されたそれら項目に、例えばごっこ遊びや年中行事のように諸種の分野を含む総合的な活動が含まれていること、幼児の経験や自発的な活動、自由遊びを重視していることなど、児童中心主義の思想に基づいている点に注目したい。

2　1956（昭和31）年幼稚園教育要領

　1956（昭和31）年3月、先の保育要領を改訂して、最初の幼稚園教育要領が刊行された。1952（昭和27）年平和条約発効により日本が主権を回復するこの時期、戦後教育のあり方を見直そうとする気運が高まった。1958（昭和33）年・1960（昭和35）年改訂の小学校・中学校・高等学校の学習指導要領は経験主義から系統主義へと編成原理が変更された。また、1958年・1960年の改訂以降、学習指導要領は告示化され、その法的位置づけが変化している。

　保育要領の改訂もこのような気運の中で行われたのである。本幼稚園教育要領のまえがきには、改訂の要点として、①幼稚園の保育内容について、小学校との一貫性を持たせるようにした、②幼稚園教育の目標を具体化し、指導計画の作成の上に役だつようにした、③幼稚園教育における指導上の留意点を明らかにしたの3点が示されている。具体的には、幼児の発達の特性や自発的な活動を重視しつつも、幼児の生活全般から雑然と取り出された12項目ではなく、保育の内容に系統性や計画性を持たせるために「領域」が初めて用いられた。本幼稚園教育要領における「領域」は、法で定められた幼稚園教育の目的や目標から演繹され、その達成に有効かつ適切な幼児の経験を分類したもので、「健康、社会、自然、言語、音楽リズム、絵画製作」の六領域から成る。また、領域ごとに「望ましい経験」が示されたことも、後述のような領域の捉え方に関する弊害が、幼稚園の現場で生じた原因の一つとされている。

第6章 幼稚園の教育課程

3　1964（昭和39）年幼稚園教育要領

　1964（昭和39）年4月、新しい幼稚園教育要領が施行された。この改訂の主な理由の第一は、1956（昭和31）年の幼稚園教育要領が「幼児の具体的な生活経験は、ほとんど常に、これらいくつかの領域にまたがり、交錯して現れる」としつつも、領域別に「望ましい経験」を示したことや小学校との一貫性を持たせることを改訂の基本方針の一つとしたことで、領域を小学校以上の教科のように捉えて指導するという、幼児の発達にそぐわない指導が見られたためである。さらに、幼稚園数の増加により、小学校関係者の幼稚園教育に携わる機会が増えたことも、領域を教科のように見なした小学校の準備教育的な指導が増えたことの原因となった。

　第二は、1958（昭和33）年・1960（昭和35）年改訂で小学校以上の学習指導要領が告示化されたことを受け、幼稚園教育要領も、学校教育としての一貫性を図るために改訂が必要であると考えられたためである。ちなみに、幼稚園教育要領についても、1964（昭和39）年の本幼稚園教育要領から告示化され、幼稚園の教育課程の基準という性格が明確化された。なお、教育課程という言葉を用いたのは、本幼稚園教育要領からである。

　さて、改訂の第一の理由に挙げた1956（昭和31）年の幼稚園教育要領がもたらした弊害を解消するため、1963（昭和38）年教育課程審議会答申「幼稚園教育課程の改善について」では、改訂の基本方針として、「幼児の成長発達の特質に応じて、（中略）それにふさわしい環境を与え、その生活経験に即して総合的な指導を行」うこと、「幼稚園教育要領における健康、社会、自然、言語、音楽リズム、絵画製作の各領域は、相互に有機的な連関があり、実際には総合的に指導されるものであること」など、総合的な指導を強調している。また、「各領域に示す事項は、幼稚園教育の目標を達成するために、原則として幼稚園修了までに幼児に指導することが望ましいねらいを示したものである」と述べている。これは、幼児の経験や活動から具体的なねらい（137の事項）を抽出し、類似したねらいをまとめたものが「領域」であることを示している。この「領域」が、1956（昭和31）年の幼稚園教育要領の領域とは異なる考え方に基づき成立していることは明らかであり、幼児の生活や経験から幼稚園教育は始まるという考え方が示されたことは重要である。

しかし一方で、本幼稚園教育要領には、「望ましい幼児の経験や活動を適切に選択し配列して、調和のとれた指導計画を作成し、これを実施しなければならない」という記述も見られる。この記述が、望ましい活動すなわち望ましい経験と捉えられ、望ましい活動を指導計画に盛り込み、子どもに活動させることがねらいの達成になると誤解され、活動を中心とした系統主義の保育が行われる傾向を生じた。また、1956（昭和31）年の幼稚園教育要領と領域の名称が同じであることも、「領域」の捉え方の変化を理解しづらくさせた。これらが原因となって、「領域」を教科のように扱う傾向は解消されなかった。

　ここで、少し話題がそれるが、幼稚園教育要領と保育所保育指針の関係について簡単に触れておきたい。表1を見ると1964（昭和39）年以降、幼稚園教育要領の翌年に保育所保育指針が通知されている。これは、1963（昭和38）年に文部省初等中等教育局長と厚生省児童局長の連名で「幼稚園と保育所との関係について（通達）」が出されたことによる。この通達では、保育所に通う3歳以上の幼児に対する教育については幼稚園教育要領に準ずることが望ましいとされた。したがって、保育所保育指針は、幼稚園教育要領が告示された後にその内容を踏まえて通知されたのである。

4　1989（平成元）年幼稚園教育要領

　1989（平成元）年、幼稚園教育要領としては25年振り、2回目の改訂を終えた幼稚園教育要領が告示される。この改訂では、幼稚園から高等学校までの教育課程の基準が一貫した視点で初めて検討され、いわゆる「新学力観」といわれる子どもの関心・意欲・態度を重視し、変化の激しい社会で生きていくために必要な思考力・判断力・表現力などに裏付けられた自己教育力の育成が求められ、個性重視の教育などが強調されている。

　幼稚園教育要領については、1956（昭和31）年および1964（昭和39）年の幼稚園教育要領で弊害が生じたことを踏まえての改訂でもあり、幼稚園教育への理解を深めるため、幼稚園教育の基本と教育内容が明確化されている。具体的には、幼稚園教育の基本が「環境を通して行う教育」であり、それに関連して重視する事項が「幼児期にふさわしい生活の展開」、「遊びを通して

第 6 章　幼稚園の教育課程

の総合的な指導」、「一人一人の発達の特性に応じた指導」と明示された。また、これまでの幼稚園教育要領では区別されずに示されていた目標と活動・感情に関わる事項を、幼稚園修了までに「幼稚園教育全体を通して幼児に育つことが期待される心情、意欲、態度など」＝「ねらい」、「ねらい」を達成するために「教師が指導し、幼児が身に付けていくことが望まれるもの」＝「内容」とに分け、「ねらい」と「内容」の関係を整理した。そして、「内容」は「幼児が環境にかかわって展開する具体的な活動を通して総合的に指導されなければならない」とした。この幼稚園教育の基本と教育内容の明確化により、幼稚園教育の骨組みが捉えやすくなった。そして、ここで示された幼稚園教育の基本およびそれに関連して重視する事項は、社会の状況にあわせて修正が加えられつつも、現行の幼稚園教育要領にまで引き継がれている。さらに、「領域」は、教師が総合的な指導を行うために幼児の発達をみる視点とされ、「健康、人間関係、環境、言葉、表現」の五領域に変更された。

5　1998（平成10）年幼稚園教育要領

　1998（平成10）年に告示された幼稚園教育要領は、1989（平成元）年の幼稚園教育要領で示された幼稚園教育をよりよく実現するために内容の改善が図られたのであり、基本的には1989（平成元）年の幼稚園教育要領を継承している。それは、着実に幼稚園教育の実践が積み重ねられている一方で、個々の取り組みに目を向けると、「未だ環境の構成や教師の役割などについて共通理解が不十分な点や大きな差異がみられる状況」[3]があるので、幼稚園教育要領の改善が必要であるという現状の理解に基づく。このような現状の理解は、1989（平成元）年の幼稚園教育要領を踏まえ、幼児の主体性や個性を大切にするあまり、教師が、幼児や幼児の活動、幼児が遊びの中でつくり出していく環境に働きかけ、幼児の思いや教師の教育的意図に基づき、幼児とともに環境を再構成していくことや指導することを控える、幼児が自由に遊ぶままにしておくという傾向が生じたことを示している。そのため、1998（平成10）年の幼稚園教育要領では、教師が子どもの主体的活動としての遊びにどのようにかかわるかという視点から、「教師は、理解者、共同作業者など様々な役割を果たし、幼児の発達に必要な豊かな体験が得られるよ

う、活動の場面に応じて、適切な指導を行うようにすること」と、教師の役割を示した。さらに、同じ視点から、環境については、「幼児の主体的な活動が確保されるよう幼児一人一人の行動の理解と予想に基づき、計画的に環境を構成しなければならない。この場合において、教師は、幼児と人やものとのかかわりが重要であることを踏まえ、物的・空間的環境を構成しなければならい」と、幼児の望ましい発達にとって教育的に価値のある環境を計画的に構成することを求めている。

6　2008（平成20）年幼稚園教育要領

　2006（平成18）年12月、それまで用いられてきた教育基本法が全面改正され、新しい教育基本法が公布施行された。その第11条は、この改正により新設された条項であるが、幼児期の教育について定めている。そこには、「幼児期の教育は、生涯にわたる人格形成の基礎を培う重要なものであることにかんがみ、国及び地方公共団体は、幼児の健やかな成長に資する良好な環境の整備その他適当な方法によって、その振興に努めなければならない」とあり、生涯にわたる人格形成の基礎を培う幼児期の教育の振興の必要が述べられている。また、この改正を受け、学校教育法も2007（平成19）年6月に改正され、第1条では、「この法律で、学校とは、幼稚園、小学校、中学校……」と、旧学校教育法第1条で「この法律で、学校とは、小学校、中学校……及び幼稚園とする」と最後に記載されていた幼稚園が、学校段階に合わせて最初に位置づけられた。この教育基本法や学校教育法の改正は、幼児期の教育に対する社会的関心の現れであり、幼児期の教育を担う機関の役割が重要であることの理解とそれら機関への期待の高まりを示している。このように、幼児期の教育の重要性への認識や期待が高まる中で、幼稚園教育要領は改訂された。

　なお、2008年に幼稚園教育要領と同時に出され保育所保育指針から、厚生労働省により告示され、全国の保育所が守るべき保育の基本的事項を示した大綱的基準という性格が強まった。

第 6 章　幼稚園の教育課程

表 1　幼稚園教育要領、幼保連携型認定こども園教育・保育要領、保育所保育指針の成立と変遷

年　＼　要領・指針	幼稚園教育要領	幼保連携型認定こども園教育・保育要領※1	保育所保育指針※2
1948（昭和23）年	保育要領		
1950（昭和25）年			保育所運営要領
1952（昭和27）年			保育指針
1956（昭和31）年	幼稚園教育要領		
1964（昭和39）年	第1次改訂　幼稚園教育要領（告示）		
1965（昭和40）年			保育所保育指針（通知）
1989（平成元）年	第2次改訂　幼稚園教育要領（告示）		
1990（平成2）年			第1次改訂　保育所保育指針（通知）
1998（平成10）年	第3次改訂　幼稚園教育要領（告示）		
1999（平成11）年			第2次改訂　保育所保育指針（通知）
2008（平成20）年	第4次改訂　幼稚園教育要領（告示）		第3次改定　保育所保育指針（告示）
2014（平成26）年		幼保連携型認定こども園教育・保育要領（告示）	
2017（平成29）年	第5次改訂　幼稚園教育要領（告示）	第1次改訂　幼保連携型認定こども園教育・保育要領（告示）	第4次改定　保育所保育指針（告示）

参考文献
文部省『幼稚園教育百年史』ひかりのくに、1979（昭和54）年。
岡田正章・久保いと・坂元彦太郎・宍戸健夫・鈴木政次郎・森上史朗編纂『戦後保育史』全2巻、フレーベル館、1980（昭和55）年。
民秋言編集代表『幼稚園教育要領・保育所保育指針・幼保連携型認定こども園教育・保育要領の成立と変遷』萌文書林、2017年。

※1　幼保連携型認定こども園教育・保育要領とは、2012（平成24）年8月に成立した「子ども・子育て支援法」、「認定こども園法の一部改正」、「子ども・子育て支援法及び認定こども園法の一部改正法の施行に伴う関係法律の整備等に関する法律」（「子ども・子育て関連三法」）に基づく子ども子育て支援新制度の一環として創設された幼保連携型認定こども園の教育課程、その他の教育および保育の内容の大綱的基準を示した要領である。内閣府、文部科学省、厚生労働省から告示されている。
※2　保育所保育指針とは、児童福祉施設の設備及び運営に関する基準（昭和23年厚生省令第63号）第35条に基づき、保育所における保育の内容に関する事項及びこれに関連する運営に関する事項を定めた指針である。すべての保育所が共通に守るべき保育の基本的事項を示して一定の保育の水準を保ち、さらに保育の質を向上させていくための大綱的基準となっている。

第1節　幼稚園教育要領とは何か

3．現行（平成30年4月施行）の幼稚園教育要領の改訂の要点

　2017（平成29）年3月31日に、幼稚園教育要領、幼保連携型認定こども園教育・保育要領、保育所保育指針の3つの指針・要領が告示された。これら指針・要領の3歳以上児の保育に関する「ねらい」および「内容」を比較してみると、内容構成（表2参照のこと。なお、太字の強調は執筆者による）だけでなく、その内容も統一されている。これは、就学前の多くの子どもが通う幼稚園、幼保連携型認定こども園、保育所で行われる教育の内容のこれまで以上の共有化を目指していることを表している。

　本幼稚園教育要領で「ねらい」とは、「幼稚園教育において育みたい資質・能力を幼児の生活する姿から捉えたもの」であり、「内容」とは、「ねらいを達成するために指導する事項」、すなわち教師が幼児の発達の実情を踏まえながら指導し、幼児が身に付けていくことが望まれる事項を指している。また、「領域」は、「ねらい」と「内容」を幼児の発達の側面からまとめたもので、従来と同様に「健康、人間関係、環境、言葉、表現」の五領域から成る。

資料1　五領域

健康	健康な心と体を育て、自ら健康で安全な生活をつくり出す力を養う。
人間関係	他の人々と親しみ、支え合って生活するために、自立心を育て、人と関わる力を養う。
環境	周囲の様々な環境に好奇心や探求心をもって関わり、それらを生活に取り入れていこうとする力を養う。
言葉	経験したことをや考えたことなどを自分なりの言葉で表現し、相手の話す言葉を聞こうとする意欲や態度を育て、言葉に対する感覚や言葉で表現する力を養う。
表現	感じたことや考えたことを自分なりに表現することを通して、豊かな感性や表現する力を養い、創造性を豊かにする。

　ところで、今回、小学校、中学校、高等学校の学習指導要領も改訂された。その中で、急激な社会的変化の中でも未来の創り手となるために必要な「資質・能力」として、「知識・技能」、「思考力・判断力・表現力等」、「学びに

第6章　幼稚園の教育課程

表2　幼稚園教育要領、幼保連携型認定こども園教育・保育要領、保育所保育指針の内容構成の比較

幼稚園教育要領	幼保連携型認定こども園教育・保育要領	保育所保育指針
前文 第1章　総則 第1　幼稚園教育の基本 第2　幼稚園教育において育みたい資質・能力及び「幼児期の終わりまでに育ってほしい姿」 第3　教育課程の役割と編成等 第4　指導計画の作成と幼児理解に基づいた評価 第5　特別な配慮を必要とする幼児への指導 第6　幼稚園運営上の留意事項 第7　教育課程に係る教育時間終了後等に行う教育活動など **第2章　ねらい及び内容** **健康** **人間関係** **環境** **言葉** **表現** 第3章　教育課程に係る教育時間の終了後等に行う教育活動などの留意事項	第1章　総則 第1　幼保連携型認定こども園における教育及び保育の基本及び目標等 第2　教育及び保育の内容並びに子育ての支援等に関する全体的な計画等 第3　幼保連携型認定こども園として特に配慮すべき事項 第2章　ねらい及び内容並びに配慮事項 第1　乳児期の園児の保育に関するねらい及び内容 第2　満1歳以上満3歳未満の園児の保育に関するねらい及び内容 健康 人間関係 環境 言葉 表現 **第3　満3歳以上の園児の教育及び保育に関するねらい及び内容** **健康** **人間関係** **環境** **言葉** **表現** 第4　教育及び保育の実施に関する配慮事項 第3章　健康及び安全 第1　健康支援 第2　食育の推進 第3　環境及び衛生管理並びに安全管理 第4　災害への備え 第4章　子育ての支援 第1　子育ての支援全般に関する事項 第2　幼保連携型認定こども園の園児の保護者に対する子育ての支援 第3　地域における子育て家庭の保護者等に対する支援	第1章　総則 1　保育所保育に関する基本原則 2　養護に関する基本的事項 3　保育の計画及び評価 4　幼児教育を行う施設として共有すべき事項 第2章　保育の内容 1　乳児保育に関わるねらい及び内容 2　1歳以上3歳未満児の保育に関わるねらい及び内容 3　3歳以上児の保育に関するねらい及び内容 （1）基本的事項 （2）ねらい及び内容 ア　健康 イ　人間関係 ウ　環境 エ　言葉 オ　表現 （3）保育の実施に関わる配慮事項 4　保育の実施に関して留意すべき事項 第3章　健康及び安全 1　子どもの健康支援 2　食育の推進 3　環境及び衛生管理並びに安全管理 4　災害への備え 第4章　子育て支援 1　保育所における子育て支援に関する基本的事項 2　保育所を利用している保護者に対する子育て支援 3　地域の保護者等に対する子育て支援 第5章　職員の資質向上 1　職員の資質向上に関する基本的事項 2　施設長の責務 3　職員の研修等 4　研修の実施体制等

向かう力・人間性等」が挙げられた。この三つの「資質・能力」は、全ての学校、全ての教科などに共通するものとされ、各学校は、子どもの発達段階を踏まえて、各教科などの目標や内容を「資質・能力」の観点から整理し、何をどこまで子どもに身につけさせるのか、それを実現していくための計画を明確にすることが求められた。

　したがって、学校教育である幼稚園も、子どもの発達段階に合わせて、「資質・能力」と卒園時の子どもの姿を示すことになった。それが、幼稚園教育要領の中で、生きる力の基礎を育むため幼稚園教育において「育みたい資質・能力」として示された以下の三つの柱であり、「幼児期の終わりまでに育ってほしい姿」10項目である。そして、幼保連携型認定こども園および保育所においても、この「育みたい資質・能力」と「幼児期の終わりまでに育ってほしい姿」10項目は幼児教育を行う機関として共有している。

資料2　「育みたい資質・能力」、「幼児の終わりまでに育ってほしい姿」

育みたい資質・能力
（1）豊かな体験を通じて、感じたり、気付いたり、分かったり、できるようになったりする「知識及び技能の基礎」
（2）気付いたことや、できるようになったことなどを使い、考えたり、試したり、工夫したり、表現したりする「思考力、判断力、表現力等の基礎」
（3）心情、意欲、態度が育つ中で、よりよい生活を営もうとする「学びに向かう力、人間性等」

幼児期の終わりまでに育ってほしい姿
（1）健康な心と体
（2）自立心
（3）協同性
（4）道徳性・規範意識の芽生え
（5）社会生活との関わり
（6）思考力の芽生え
（7）自然との関わり・生命尊重
（8）数量や図形、標識や文字などへの関心・感覚
（9）言葉による伝え合い
（10）豊かな感性と表現

　また、三つの柱から成る「資質・能力」は、乳幼児期の子どもの特性から、それぞれを個別に取り出して指導するのではなく、子どもの発達の実情や興味、関心などを踏まえながら、遊びを通した総合的な指導の中で一体的に育

第6章 幼稚園の教育課程

むことが求められる。なお、この「資質・能力」は、従来の五領域の枠組みで育むことができるため、五領域は維持された。

「幼児期の終わりまでに育ってほしい姿」は、五領域の「ねらい」および「内容」に基づいて、乳幼児期の子どもにふさわしい生活や遊びを積み重ね、「育みたい資質・能力」が育まれている5歳児後半の子どもの具体的な姿を描いたものとされている。さらに、これらの姿は、教師が子どもを指導する時に考慮するものともされている。

ここで特に注意しなければならないのは、この「幼児期の終わりまでに育ってほしい姿」が到達すべき目標（到達目標）ではないということ、10項目に描かれている個々の姿を取り出して指導するものではないということである。幼稚園をはじめとする、乳幼児の保育・教育を行っている場では、結果ではなく、一人ひとりの子どもの発達の過程が大切にされている。そして、個々の子どもがたどる発達や育ちの道筋、そこで見せる姿は当然一人ひとり異なる。したがって、教師は、この「幼児期の終わりまでに育ってほしい姿」に、子どもの豊かな育ちや可能性を押し込めたり、これらの姿に早く到達することを子どもたちに競わせたりするのではなく、これらを方向目標と捉え、環境や子どもの主体的、自発的な活動としての遊びを通して、目の前にいる一人ひとりの子どもの発達の特性やそれぞれの時期にふさわしい指導を丁寧に積み重ねることが大切である。

さて、今回の改訂では、「幼児期の終わりまでに育ってほしい姿」を手がかりに、幼稚園の教師と小学校の教師が子どもの姿を共有し、幼稚園教育と小学校教育の円滑な接続を図ることも期待されている。そのため、例えば、幼稚園教育要領第1章第3の5小学校教育との接続に当たっての留意事項では、「（1）幼稚園においては、幼稚園教育が、小学校以降の生活や学習の基盤の育成につながることに配慮し、幼児期にふさわしい生活を通して、創造的な思考や主体的な生活態度などの基礎を培うようにするものとする。（2）幼稚園教育において育まれた資質・能力を踏まえ、小学校教育が円滑に行われるよう、小学校の教師との意見交換や合同の研究の機会などを設け、『幼児期の終わりまでに育ってほしい姿』を共有するなど連携を図り、幼稚園教育と小学校教育との円滑な接続を図るよう努めるものとする」とあるだけで

なく、小学校学習指導要領第1章第2の4学校段階等間の接続（1）でも、幼稚園などで育まれた「資質・能力」を、小学校教育に円滑に接続するための、生活科を中心とするスタートカリキュラムが次のように明確に位置づけられている。

　　幼児期の終わりまでに育ってほしい姿を踏まえた指導を工夫することにより、幼稚園教育要領等に基づく幼児期の教育を通して育まれた資質・能力を踏まえて教育活動を実施し、児童が主体的に自己を発揮しながら学びに向かうことが可能となるようにすること。
　　また、低学年における教育全体において、例えば生活科において育成する自立した生活を豊かにしていくための資質・能力が、他教科等の学習においても生かされるようにするなど、教科等間の関連を積極的に図り、幼児期の教育及び中学年以降の教育との円滑な接続が図られるよう工夫すること。特に、小学校入学当初においては、幼児期において自発的な活動としての遊びを通して育まれてきたことが、各教科等における学習に円滑に接続されるよう、生活科を中心に、合科的・関連的な指導や弾力的な時間割の設定など、指導の工夫や指導計画の作成を行うこと。

ここまで、幼稚園教育要領の変遷について説明してきた。次節では現行の幼稚園教育要領を踏まえ、幼稚園における教育の基本について説明していく。

第2節　幼稚園における教育の基本

1．幼稚園教育の基本

　資料3は、幼稚園教育要領第1章第1に示された幼稚園教育の基本の全文である。ここには、幼稚園教育の基本およびそれに関連して重視する事項だけでなく、幼児期の教育の意義、幼児の学びの特性、環境や計画的な環境構成、教師の役割についても述べられている。本節では、これらの点にも触れながら、幼稚園教育の基本およびそれに関連して重視する事項を中心に取り上げていきたい。

第6章 幼稚園の教育課程

資料3　幼稚園教育の基本

> 　幼児期の教育は，生涯にわたる人格形成の基礎を培う重要なものであり，幼稚園教育は，学校教育法に規定する目的及び目標を達成するため，幼児期の特性を踏まえ，環境を通して行うものであることを基本とする。
> 　このため教師は，幼児との信頼関係を十分に築き，幼児が身近な環境に主体的に関わり，環境との関わり方や意味に気付き，これらを取り込もうとして，試行錯誤したり，考えたりするようになる幼児期の教育における見方・考え方を生かし，幼児と共によりよい教育環境を創造するように努めるものとする。これらを踏まえ，次に示す事項を重視して教育を行わなければならない。
> 1　幼児は安定した情緒の下で自己を十分に発揮することにより発達に必要な体験を得ていくものであることを考慮して，幼児の主体的な活動を促し，幼児期にふさわしい生活が展開されるようにすること。
> 2　幼児の自発的な活動としての遊びは，心身の調和のとれた発達の基礎を培う重要な学習であることを考慮して，遊びを通しての指導を中心として第2章に示すねらいが総合的に達成されるようにすること。
> 3　幼児の発達は，心身の諸側面が相互に関連し合い，多様な経過をたどって成し遂げられていくものであること，また，幼児の生活経験がそれぞれ異なることなどを考慮して，幼児一人一人の特性に応じ，発達の課題に即した指導を行うようにすること。
>
> 　その際，教師は，幼児の主体的な活動が確保されるよう幼児一人一人の行動の理解と予想に基づき，計画的に環境を構成しなければならない。この場合において，教師は，幼児と人やものとの関わりが重要であることを踏まえ，教材を工夫し，物的・空間的環境を構成しなければならない。また，幼児一人一人の活動の場面に応じて，様々な役割を果たし，その活動を豊かにしなければならない。

1　環境を通して行う教育

　幼稚園で過ごす子どもの姿すなわち遊んでいる姿ではないだろうか。しかしながら，すでに説明してきたように，幼稚園は学校であるから，幼稚園の教育にも，集団性，意図性，計画性といった学校教育の特性が求められる。それでは，なぜ，小学校以上の学校は勉強，幼稚園は遊びとイメージされることが多いのだろうか。
　幼児は，その発達段階上の特性から，小学校以上の児童生徒とは異なり，

自分の生活や興味や関心などから離れて、知識を一方向的に教えられて身に付けていくことが難しい。幼児は、自分の生活の中で感じた興味、関心、欲求、必要に基づいた直接的・具体的な体験を通して、幼児期にふさわしい生活に必要なことを身に付けていく。そして、幼児が生活の中で、興味や関心などに基づき自分から行っている活動が遊びであり、遊びは幼児の生活の多くを占めている。幼児にとって遊びは学びである。これが、幼稚園と遊びが結びつく理由である。

　幼児の学びにとって主体的活動としての遊びが重要であるならば、幼稚園の教育で大切なことは、幼児の生活や発達の姿を観察し、幼児の興味、関心、欲求、必要をかきたて思わず遊びたくなるような、思わず手を出したくなるような教育的環境を意図的、計画的に準備することとなる。幼児は、このような環境と関わることで、環境の特性や意味に気づいたり、その特性を遊びに生かそうとして試行錯誤したり、自分や仲間の思いが達成されて満足感や充実感を得たり、自分の思いが伝わらずぶつかり合って悔しがったりといった多様な体験や感情などを経験しながら、環境との関わりを深め、自らの可能性を開いていくのである。

　このように、環境を通して行う教育とは、「教育内容に基づいた計画的な環境をつくり出し、幼児期の教育における見方・考え方を十分に生かしながら、その環境に関わって幼児が主体性を十分に発揮して展開する生活を通して、望ましい方向に向かって幼児の発達を促すようにする」[4] 教育と言える。なお、ここでいう環境には、自然環境（山や川、天候や気候、動植物など）、地域社会と文化、物的環境（遊具や用具、素材など）、時間と空間、人的環境（教師や友だち、保護者、地域の人々など）といった、幼児を取り巻くあらゆるものが含まれている。

　この意図的、計画的な環境で注意すべき点は、教師の役割が、意図的、計画的な環境を準備して終わりではないということ、また、計画した通りに幼児を活動させることが求められているのでもないということである。教師は、一人ひとりの幼児の日々の生活や遊びの姿から、今、興味関心を持っていることとその理由、夢中になっている遊びの中で課題となっている（なりそうな）ことや次の展開の方向、幼児の本当の願いといった幼児の内面を読み取

る。そして、その読み取りを踏まえて、一人ひとりの幼児が、それら活動を通して望ましい経験を得られるよう意図的、計画的に環境を構成していくのである。しかし、実際に活動が始まると、当然ながら、教師の思い通りに活動が進むことは少ない。その場合には、一人ひとりの幼児が、発達に必要な経験を得られるように、教師はその時々に求められる役割を果たしながら、幼児とともに、よりよい環境を再構成していくことが必要である。

2　幼児期にふさわしい生活の展開

　資料3幼稚園教育の基本の1にあるように、幼児が「幼児期にふさわしい生活」を送るためには、情緒が安定していることが重要である。そして、この幼児の安定した情緒の源泉になるのが、幼児と教師の間の信頼関係であり、それに基づく安心感である。信頼する教師（幼児の言葉では、大好きな先生）に受け入れられ見守られているという安心感を得た幼児は、幼稚園の多様な環境と関わりながら、一人ひとりの発達に必要な体験的学びを積み重ねていくのである。

　また、幼児の遊びや生活する姿は、幼稚園入園から修了までに変容する。例えば、入園当初、他の幼児の存在にすら気を留めなかった3歳児が、教師の仲立ちによって友だちの存在に気づき、友だちと一緒にいることや一緒に遊ぶことの楽しさを感じるようになる。4歳児になると、積極的に友だちと遊ぶようになる分トラブルも多くなるが、そのトラブルを通して、自分とは異なる他の幼児の思いや考えに気づき、受け入れることが少しずつできるようになっていく。5歳児では、ある目的や目標に向かって共通のイメージをもって遊べるようになり、ますます遊びを通して積極的に友だちと関わろうとする。友だちに自分のイメージが伝わらずぶつかり合うこともあるが、自分たちで解決しようとするようになる。

　このように、幼児は、友だちと遊び込む体験を積み重ねることで、人を思いやったり、自分とは異なる人の思いや考えを認めるなど、社会生活で必要となる基本的な力を身につけていく。したがって、教師は、幼児の発達を見通し、それぞれの時期にふさわしい生活を準備することが大切になってくる。

　また、幼児を取り巻く社会環境の変化により、幼児が幼児期にふさわしい

生活を送ることが難しくなっている。そのため、前述の思わず遊びたくなるような環境や、幼児が十分に遊び込むことのできる友だち（仲間）や空間や時間や、多様な素材、季節によって移りかわる豊かな自然との関わりといったことを保障することも、幼稚園の役割として大きくなっている。

　このように、幼稚園では、幼児期にふさわしい生活を展開する中で、幼児の遊びや生活といった直接的・具体的な体験を通して、人と関わる力や思考力、感性や表現する力などを育むことが大切である。そして、それが、結果として、小学校以上の学びの基礎、社会で生きていくための基礎となっているのである。

3　遊びを通しての総合的な指導

　幼児が、生活の中で、興味や関心などに基づき自発的に行っている活動が遊びであり、遊びは、幼児の生活の多くを占めている。そして、幼児にとって、遊びが学びであることはすでに指摘した通りである。

　幼児のさまざまな能力は、一つの遊びの中で、関連しながら同時に発揮される。また、一つの遊びの中で、幼児の発達を促す多様な体験は同時に起こる。だからこそ、幼児の遊びは学びであり、幼児は、遊びを通して心身の調和のとれた全体的な発達の基礎を築くと言われるのである。レストランごっこを例に考えてみよう。

　共通のイメージを持ってダイナミックに遊べるようになる5歳児クラスで、数人の幼児の遊びから、レストランごっこがクラス全体に広がった。レストランで出す料理を作りながら、メニューを何にするか、調理する人・注文を取る人・お客さんの役割分担を決めている。待ちきれない幼児たちが、早くもレストランを開店した。しかし、開店してみると、メニュー表がないから注文できる料理や値段がわからない、この前家族でレストランに行った時にお店の人が使っていた注文用の端末があったらもっと本物のレストランに近づける、そもそもお客さんの座るテーブルはどこなのかなどなど、課題は次々に生まれてくる。幼児たちは、自分と友だちの間のイメージを確認し、その違いを調整しながら、メニュー表作りと料理の金額決め、お金や注文用の端末作り、レストランのレイアウト作りが行われ、引き続きレストラン

第6章　幼稚園の教育課程

ごっこを楽しんだ。

幼児はこの遊びを通して、言葉を使ったコミュニケーション、自分と友だちのイメージを調整すること、身近に経験した事柄を遊びに取り入れること、自分のイメージを身近な素材を使って表現すること、仲間とともに協力したり工夫したりしながら十分にこっご遊びを楽しむことなど、多様な体験を同時にしている。また、一人ひとりの幼児が自分の力を十分に発揮したことで、葛藤、充実感、満足感、達成感など、多様な感情を体験することもできている。

ここで注目しておきたいのは、この一連のごっこ遊びが、幼児自身の興味や関心、必要感に沿って展開されている点であり、この活動の一部分を切り取って、幼児の一つの能力の発達に結び付けることができない点である。そして、一つの遊びに、さまざまな側面の発達を促す体験が含まれていることから、教師は、遊びの中で幼児が発達する姿を、多角的な視点から総合的に捉え、一人ひとりの幼児の発達にとって必要な経験が得られるような環境を作ることが求められる。

4　一人ひとりの発達の特性に応じた指導

幼児の育ってきた環境や生活経験がそれぞれ異なるため、環境の見方や環境との関わり方は、幼児一人ひとり異なっている。つまり、発達する大きな方向は同じであっても、その過程で見せる姿は一人ひとり違っており、一人ひとりの幼児の発達にとって、その環境が持つ意味も違うのである。例えば、先の例で説明すれば、一緒にレストランごっこをしていても、ある幼児ははさみで紙を切って料理を作ることに楽しみを感じており、ある幼児はウエイトレスやウエイターの役を演じることを楽しんでおり、さらにある幼児は仲よしの友だちに自分の考えや気持ちを伝えることに関心があるというように、環境の持つ意味が違っている。それとは逆に、友だちに自分の考えや気持ちを伝えたいという関心は、レストランごっこの時だけでなく、朝の会で昨晩の面白い体験を伝えたり、縄跳びが上手に飛べた喜びを伝えたりといった異なる場面でも満足できるのである。このように、同じ遊びをしていても、一人ひとりの幼児が経験していることは異なるし、違う遊びをしていても経験

していることが共通する場合もある。したがって、教師は、遊びや活動の結果ではなく、結果に至る過程で幼児が見せるその幼児らしい環境の見方や感じ方、関わり方などから、幼児の発達の特性を理解する必要がある。その上で、教師は、多様な行動や感じ方をする子ども一人ひとりが、主体的活動の中で、発達に必要な経験を得られるように環境の構成を考える。そして、幼児の遊びや生活する姿から、幼児の思いや気持ちといった内面を理解することを通して、その幼児の発達の課題を見い出し、その幼児の発達の特性に応じた指導をしていく。それによって、一人ひとりの幼児の発達に必要な経験を、教師や他の幼児との関わりなどの中で得られるようにしていくことが大切である。

なお、一人ひとりの幼児の発達の特性に応じて指導するとは、一人ひとりの幼児の要求にすべて応えることを意味しているのではない。幼児が互いに関わることで個としても集団としても育つという、幼稚園が持つ集団性、すなわち集団の持つ教育力を生かして、一人ひとりの発達の特性を生かすことのできる集団づくりを行っていくことも大切である。

2．計画が必要な理由

幼稚園に意図性、計画性が必要なことはすでに触れた通りである。幼稚園教育要領でも「教育課程を編成するものとする」(第1章第3)、「それぞれの幼稚園の教育課程に基づき、調和のとれた組織的、発展的な指導計画を作成し、幼児の活動に沿った柔軟な指導を行わなければならない」(第1章第4)と、教育課程の編成、指導計画の作成が定められている。

しかしここで、本章のここまでの説明や、上の幼稚園教育要領の文言から疑問を持った受講生がおられるかもしれない。幼稚園教育が、幼児の生活や経験から出発し、幼児の活動に沿って柔軟に対応しなければならないなら、なぜ、計画が必要なのかと。本項では、その点について、従来指摘されている4つの視点から考えたい。

第一に、発達課題の欠落を避けるという視点である。発達課題とは、ハヴィガースト（Havighurst, R. 1900-1991）が提示した概念で、人が、その人が生きる社会で健全に発達するために、各発達段階で習得しなければなら

第6章　幼稚園の教育課程

表3　「きる」の発達段階（2年保育　4歳児）

期	発達の姿
1期（4月～5月）	はさみの持ち方、切り方を知る。 一回だけ刃を閉じて切る（短い一回切り）。
2期（6月～7月）	刃全体を使って切る（少し長めの一回切り）。
3期（9月～10月）	長い直線を刃を閉じきらないで切る（連続切り）。 目印まで切る（切り止める）。
4期（11月～12月）	曲線を切る。 紙を持つ手を動かして切る。 刃の奥を使って切る。
5期（1月～3月）	円を切る。

出典　東京都日野市立第七幼稚園平成23年度園内研究「きく　はる　かく」指導段階表より作成。

い課題である。それら課題は、習得するのに適した時期があり、それを逃すと習得しづらくなるだけでなく、次の段階の発達課題の習得にも影響すると考えられている。したがって、幼稚園教育においても、幼児に経験させ、指導する必要のある発達課題を見極め、その経験が幼児にとって持つ意味や発達との関連、生活の流れなどを考慮した上で、「なぜ」「何を」「どこで」「いつ」「どのようにして」経験させるかという大まかな見通しを持ち、計画することが必要なのである。なお、先述したように、幼児は、自分の生活の中で感じた興味や関心などに基づく直接的・具体的な体験を通して学ぶため、準備された発達課題が、幼児の生活と結びついた、幼児にとっての自己課題や生活課題であることが大切である。

　第二に、発達の見通しと積み重ねが必要という視点である。表3を見てほしい。これは、ある公立幼稚園（2年保育）の園内研究で作成された4歳児の「きる　はる　かく」指導段階表から、「きる」に関する一部を抜き出し表にまとめたものである。ちなみに、はさみの使い方については、習得時期に個人差はあるが、概ねこの段階をたどって使えるようになり、さらに上達していく。

　この公立幼稚園の4歳児は、遊びや活動の中で、はさみを使いながら、表

3の段階を経て、はさみの使い方を身に付けていく。したがって、この公立幼稚園で、4月に4歳児を対象に、曲線切りをしてタコのおもちゃを作り、みんなで遊ぼうとしても、幼児はその活動を楽しむことができない。しかし、同じ活動を11月に行ったとしたら、幼児はその活動にいきいきと取り組むことができるのである。

　このはさみの例は、幼児の技能の習得に注目した場合の一例にすぎない。幼児の友だちとの関わりに注目すれば、幼児は、鬼ごっこにしても、レストランごっこにしても、直接的・具体的な体験を積み重ねながら、ルールのある鬼ごっこができるようになったり、クラス全員を巻き込んだレストランごっこができるようになったりしていく。したがって、ある時期の活動が、その前のどのような活動を生かし、後のどのような活動につながっていくのかという見通しを持つことが重要であり、そのために計画が必要なのである。

　第三に、自然事象などを取り入れるという視点である。幼児を取り巻く環境には、その時期を逃してしまうと1年間巡ってこない自然事象やそれに伴う行事がある。春夏秋冬という季節の移り変わり、1年12か月の行事など、その年齢のその時期に、幼児に体験させたい遊びや活動は、幼児の自発性を待っているだけでは生じない場合がある。また、幼児の遊びや活動には、このくらいの時期になるとこの遊びや活動が盛り上がると、その幼稚園のこれまでの経験から予想できるものもある。それらの遊びや活動で、幼児の発達のために、是非、体験させたいものに関しては、幼児の自発性を待つだけでなく、幼児の興味や関心を引く環境を準備し、自発性を誘発することも大切であろう。そのため、幼児の発達の姿を見通し、自然事象などと関係づけるために計画が必要となるのである。

　第四に、園での生活が単調になることを防ぎ、発展性などを考えるという視点である。この視点は、従来、保育所などで乳幼児の長期間保育や長時間保育が増加したことにより指摘されるようになったものである。しかし、幼稚園においても、地域の実態や保護者からの要請に応じるため、「教育課程に係る教育時間の終了後等に行う教育活動など」を行っている園が増えている。そのため、幼稚園の長期休業中や教育課程の標準教育時間4時間を超えて園で過ごす幼児も増加している。したがって、幼稚園の生活全体を豊かな

ものとするという視点は必要であろう。教育課程との関連を持たせながら、教育課程外の幼児の園生活を、幼児にとって過重負担とならず、地域と連携しながら発展性や多様性のある豊かなものとするために計画が必要である。

3．教育活動の質の向上とカリキュラム・マネジメント

　ここまで説明してきたように、幼稚園教育は、幼児の発達の特性を踏まえ、意図性・計画性を持って行われる。しかし、教育して終わりではない。教育の結果を評価し、さらに幼児の実際の姿や願いに寄り添った計画となるよう次の実践を改善していくことが必要となる。これを、園全体で組織的に行い、教育活動の質の向上を図っていくのが、カリキュラム・マネジメントの一つの側面である。このことを、資料4にあるように、幼稚園教育要領では、「教育課程に基づき組織的かつ計画的に各幼稚園の教育活動の質の向上を図っていくこと」と説明しており、カリキュラム・マネジメントを行う際のポイントとして、「教育課程の実施状況を評価してその改善を図っていくこと」を挙げている。カリキュラム・マネジメントのこの側面は、PDCAサイクルという言葉で言われるようになる以前から指摘されており、計画―実施―評価―改善の繰り返しという一連の流れを確立すべく、園長のリーダーシップの下、園全体で取り組まれてきている。

　さて、幼稚園教育要領では、カリキュラム・マネジメントを行う際のポイントとしてもう一つ、「教育課程の実施に必要な人的又は物的な体制を確保するとともにその改善を図っていくこと」（資料4）を挙げている。これは、今回の幼稚園教育要領および学習指導要領の改訂により強調されるようになった。今回の改訂では、学校と社会が、よりよい学校教育を通してよりよい社会を創るという目標を共有し、連携・協働しながら将来を担う子どもたちに必要な資質・能力を育むという理念に基づいて、「社会に開かれた教育課程」の実現を目指している。具体的には、教育活動に必要な人的・物的資源などを、地域など幼稚園の外の資源も含めて活用しながら効果的に組み合わせることを指している。幼稚園は、地域の人的・物的資源を活用した教育活動や家庭や地域の要望に応える預かり保育や子育て支援などを行い、家庭や地域とのつながりを大切にしてきた。家庭や地域と連携・協働して幼稚園

の教育の質をさらに向上させるためには、これまでに構築してきた家庭や地域とのつながりだけでなく、教育課程以外の計画、例えば、教育課程に係る教育時間の終了後等に行う教育活動の計画、保健管理に必要な学校保健計画、安全管理に必要な学校安全計画といった計画を関連させ、一体的に教育活動を展開するための全体的な計画を作成し、それに留意しながらカリキュラム・マネジメントを行うことが求められる。

資料4　教育課程の役割

> 各幼稚園においては，教育基本法及び学校教育法その他の法令並びにこの幼稚園教育要領の示すところに従い，創意工夫を生かし，幼児の心身の発達と幼稚園及び地域の実態に即応した適切な教育課程を編成するものとする。
> また，各幼稚園においては，6に示す全体的な計画にも留意しながら，「幼児期の終わりまでに育ってほしい姿」を踏まえ教育課程を編成すること，教育課程の実施状況を評価してその改善を図っていくこと，教育課程の実施に必要な人的又は物的な体制を確保するとともにその改善を図っていくことなどを通して，教育課程に基づき組織的かつ計画的に各幼稚園の教育活動の質の向上を図っていくこと（以下「カリキュラム・マネジメント」という。）に努めるものとする。

第3節　保育における計画―教育課程と指導計画

1　教育課程

　教育課程とは、幼稚園入園から修了までの全在園期間における幼児の生活や発達を見通し、幼児が身につける経験内容の総体を示したものであり、全教職員の協力を得ながら、園長の責任において、各幼稚園で編成する。教育課程の形式や編成手順に決まりはないが、各幼稚園の特性に応じた教育目標が、どのような筋道によって進められていくのかを表すものであり、その幼稚園の教育の骨格を示すものである。

　幼稚園教育の始まりは、繰り返しになるが、幼児の生活や発達の実態である。そのため、教育課程の編成にあたっては、各幼稚園がこれまでに記録し蓄積してきた幼児の生活や発達の姿を参考に、全在園期間の中でそれらが質的に変化する節目を捉え、発達の見通しを持つことが大切である。その時、

第6章　幼稚園の教育課程

個としての幼児だけでなく、友だちやクラスを幼児がどのように捉えているのかといった集団としての育ちにも着目したい。その上で、教師の幼児に対する願い（こんな子どもになってほしい）や教師が代弁者として読み取った幼児の願い（こんな風になりたい）を重ねながら、教育目標を明確にする。そして、教育目標に照らしながら、節目から節目までの期間に重点的に育みたい資質・能力とは何かを考え、幼稚園教育の基本を踏まえ、ねらいと内容などを設定していく。

　それと同時に、幼稚園の教育について定めている関係諸法令、幼稚園の教育に影響を与える幼稚園の規模や教職員の構成、遊具や用具の整備状況といった施設設備の状況、地域の生活条件や環境とそれにより生まれる文化、近隣の幼稚園や小学校といった社会教育施設、幼稚園の教育活動に協力できる地域の人材などを理解、把握しておくことも必要となる。これらを押さえた上で、各幼稚園が創意工夫し、特色ある教育課程を編成することが求められる。

　なお、教育課程の編成の手順については、『幼稚園教育要領解説　平成30年3月』に参考例が記載されているので、資料5として示しておく。

　本項の最後に、本章第2節の3．教育活動の質の向上とカリキュラム・マネジメントでも触れ、資料5の⑤にもある教育課程の評価と改善について述べておきたい。

　図1は、教育課程と指導計画の関係を表したイメージ図であるが、ここでは、指導の評価・反省による教育課程の改善（下から上に向かう矢印）に注目してほしい。

　教育課程そして長期・短期の指導計画は、幼児の生活や発達を見通し計画された、いわば仮説である。そのため、実際には幼児が計画通りに生活や活動するとは限らないし、教師の予想を超えて豊かな経験ができる展開を幼児が思いつくこともあるだろう。また、生活や活動の過程で幼児の興味や関心が変化することもある。幼児の発達の特性を踏まえると、幼児を計画に合わせるのではなく、計画を幼児に合わせ、発達に必要な経験を一人ひとりの幼児が得るための、教師の適切で柔軟な対応が欠かせない。このように、幼児と教師とでつくり上げていく幼稚園教育において、計画―実践―評価―改善

第3節　保育における計画—教育課程と指導計画

資料5　教育課程の編成の手順（参考例）

① 編成に必要な基礎的事項についての理解を図る。
・関係法令，幼稚園教育要領，幼稚園教育要領解説などの内容について共通理解を図る。
・自我の発達の基礎が形成される幼児期の発達，幼児期から児童期への発達についての共通理解を図る。
・幼稚園や地域の実態，幼児の発達の実情などを把握する。
・社会の要請や保護者の願いなどを把握する。
② 各幼稚園の教育目標に関する共通理解を図る。
・現在の教育が果たさなければならない課題や期待する幼児像などを明確にして教育目標についての理解を深める。
③ 幼児の発達の過程を見通す。
・幼稚園生活の全体を通して，幼児がどのような発達をするのか，どの時期にどのような生活が展開されるのかなどの発達の節目を探り，長期的に発達を見通す。
・幼児の発達の過程に応じて教育目標がどのように達成されていくかについて，およその予測をする。
④ 具体的なねらいと内容を組織する。
・幼児の発達の各時期にふさわしい生活が展開されるように適切なねらいと内容を設定する。その際，幼児の生活経験や発達の過程などを考慮して，幼稚園生活全体を通して，幼稚園教育要領の第2章に示す事項が総合的に指導され，達成されるようにする。
⑤ 教育課程を実施した結果を評価し，次の編成に生かす。
・教育課程の改善の方法は，幼稚園の創意工夫によって具体的には異なるであろうが，一般的には次のような手順が考えられる。
ア．評価の資料を収集し，検討すること
イ．整理した問題点を検討し，原因と背景を明らかにすること
ウ．改善案をつくり，実施すること

の一連の流れの中での評価の視点は、幼児の発達と教師の指導となる。具体的には、幼児の生活の実態や発達の理解、指導計画で設定したねらいや内容や環境構成が適切であったか、幼児の活動に沿って必要な援助が行われたかなどである。それらは、計画と実践、予想した幼児の姿と実際の幼児の姿のずれの原因や背景、それへの教師の対応を検討することによって追究される。

第 6 章　幼稚園の教育課程

図 1　教育課程と指導計画の関係（イメージ図）

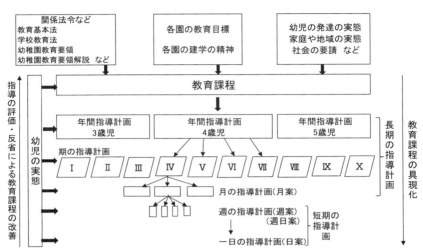

出典　文部科学省『幼稚園教育指導資料第 1 集　指導計画の作成と保育の展開　平成25年7月改訂』フレーベル館、2013（平成25）年、18頁

　そして、検討によって得た結果を次の計画に生かし、より実際の幼児の姿や思いに添った実践としていくことが改善となる。
　長期・短期の指導計画においてだけでなく、各幼稚園の教育の骨格を成す教育課程においても、この考え方は同様である。長期・短期の指導計画に基づく実践の評価・反省を、より幼児の実態に即した教育課程の編成へと繋げていくことが求められる。

2　指導計画
（1）　指導計画を作成する手順

　指導計画とは、教育課程を具体化し、実施するための計画である。図1にあるように、幼児の生活や発達を見通す期間の違いによって、長期の指導計画と短期の指導計画にわかれる。長期の指導計画として年間指導計画、期の指導計画、月の指導計画（月案）などがあり、短期の指導計画として週の指導計画（週案）、週案と日案を組み合わせた指導計画（週日案）、一日の指導

計画（日案）などがある。幼児の姿を見通す時間が短いほど、計画の内容は具体的になり、すぐに実施できるものになっていく。

　また、指導計画の形式や作成の手順にきまりはなく、各幼稚園の実情に合わせて工夫し作成すればよい。一般的な記載事項としては、幼児の実態、ねらいと内容、環境構成、幼児の活動の予想、教師の援助のポイントや方向性などが挙げられる。また、作成の手順については図2が参考となる。

　計画─実践─評価─改善の一連の流れの内、評価─改善については、前項ですでに説明している。ここでは、計画─実践に関する基本的事項について、図2に沿って説明していきたい。

　図2の発達の理解にある幼児の実態を把握することは、幼児にとって適切なねらいと内容を設定し、適切な働きかけを行うために欠くことができない。実態把握には、いつ、どこで、だれが、何をしたのように事実の把握と、幼児の興味や関心の方向性を読み取るなどの内面の解釈が含まれる。

　教育課程や長期の指導計画においては記録し蓄積された記録などを基に、学級や学年の幼児たちに見られる発達の過程を予想することになる。短期の指導計画では、前週や前日の幼児の遊びや生活する姿から、一人ひとりの幼児の発達の実態を捉えていく。本章第2節第4項の一人ひとりの発達の特性に応じた指導でも述べたように、日々関わっている目の前の幼児たちについてであるから、それぞれの幼児の環境の見方や環境との関わり方の特性をも踏まえ、一人ひとりの興味や関心、経験していること、育ってきていること、課題となっていることなど、幼児の内面にまで踏み込んで、具体的に理解したい。

　指導計画の作成では、幼児の実態に即して、幼児自身が持つ課題を見い出しつつ、幼児に育てたいものは何かといった教師の願いを考え、具体的なねらいと内容を設定する。その際、前の期の指導計画のねらいと内容がどのように達成されつつあるのかを捉えること、幼児の発達の見通し、幼児の生活全体の連続性などに注意する。環境は、幼児が具体的なねらいを身に付けるために必要な経験を得られるように構成する。そのような環境に関わって生活や活動する幼児の姿を予想し、環境についての必要な配慮、準備すべきものやこと、教師の援助のポイントや方向性について、具体的に場面をイメー

図2　指導計画作成の手順

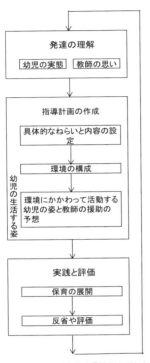

出典　文部科学省『幼稚園教育指導資料第1集　指導計画の作成と保育の展開　平成25年7月改訂』フレーベル館、2013(平成25)年、29頁

ジしながら援助の実際を考える。

　そして、指導計画に基づき実践していく。ここで重要なことは、計画通りに進めることではなく、活動を通して、一人ひとりの幼児が、自分の発達にとって必要な体験や経験を得られているかどうかである。したがって、環境構成を例にすれば、計画の段階では教師が環境を準備するが、その後は、教師のみが環境をつくるのではない。幼児も生活や遊びの中で、環境に働きかけ新たな状況を生み出す存在であるので、実施の際には、幼児の気づきや発想を大切にし、幼児がつくり出した場や物の見立て、工夫などを取り上げて、それらを生活にどのように組み込み、幼児の発達にとってより適切な環境へ

第3節　保育における計画—教育課程と指導計画

と再構成していくかを考える。教師は、幼児の活動が予想外の展開を見せた場合にも、その活動が、幼児の発達に意味のある経験となるよう、柔軟に対応し関わることが求められる。計画と実践との間に生じたずれは、反省や評価の材料とし、次の実践を改善するために生かしていくことは、すでに述べた通りである。長期の指導計画は、短期の指導計画のように日々改善することはできない。しかし、短期の指導計画に基づいて行った実践を記録し、日々、反省・評価、そして改善を積み重ねることが、長期の指導計画の改善にも繋がっていく。

（2）　指導計画の実際

　ここまで、教育課程と指導計画についておよびその編成・作成の手順について説明してきた。本項では、実際の長期と短期の指導計画を紹介したい。

　資料6は、ある私立幼稚園の3歳児年間指導計画から1期と2期の部分を取り出したものである。この園では、これまでの経験から3歳児の発達の節目を捉え、1年間を1期4月～5月上旬、2期5月中旬から6月、3期7月～8月、4期9月～10月、5期11月～12月、6期1月～3月の6つの期間に区分している。そして、幼稚園教育の基本およびそれに関連して重視する事項にのっとり、幼児の育ちを総合的視点から捉えた長期の指導計画とその特徴を大きくまとめることができる。さて、年間指導計画の前提となる、園が目ざす子ども像（園としての願い）、乳幼児の長期的な発達の見通しに基づく3歳児の位置づけを「乳児から幼児への移行期」と明確にした上で、3歳の時に育てたいことや経験してほしいこと、そのための保育のあり方を「3歳児保育の視点」や「3歳児保育の目標」で示している。それらを踏まえた年間指導計画の1期・2期では、新入園児が、遊びと生活の流れを知ることを通して園生活に慣れることを主なねらいとし、そのための遊びや取り組み、指導上の留意事項などが示されている。

　資料7は、資料6と同園、同年齢の5月の月案であり、年間指導計画の1期から2期にわたる部分である。ねらいを達成するために必要な活動内容を分類し具体的に示しているが、当然遊びと園生活の過ごし方を理解する活動が中心である。また、指導上の留意事項も、3歳児の実際の遊びなどに即して年間指導計画よりも具体的に記述されている。さらに、幼児の発達の道筋

資料6　3歳児年間指導計画の一部

本園の目ざす子ども像

1. 遊ぶこと、学ぶこと、仕事が好きで、仲間と協力して意欲的、創造的に行動する子。
2. 未知なものに挑戦し、くじけないでがんばれる子。
3. 想像の世界を豊かにもち、美しいもの、優れたものに感動する子。
4. 周りのものに関心をもち、ものごとに働きかけて自分の考えや発見を表現できる子。
5. 健康な体と、生活習慣の基礎と社会性を身につけた子。

3歳児の発達と3歳児保育の視点

　自分でなんでもやろうとするわりには、思うようにできなくてパニックを起こしてしまう自我の芽ばえが見られる2歳から3歳前半の育ちをへて、歩行の完成、語彙数も増えることで、会話を楽しめたり、とじ丸がかけたりするなど、手指がしなやかに動くようになります。

　ものごとも、「〇〇だけど〇〇だ」という二つの方向から見られるようになることで、心も体も大きな節目を迎える3歳児保育を、乳児から幼児への移行期ととらえ、次の視点の生活を大事にした保育をしていきます。

①思いっきり体を動かして遊ぶ生活。
②豊かな感覚を育てる。
　五感（見て、触って、食べて、聞いて、かいで）を育て、自然と共生していく感性を育てる。そのためには原体験を大切に、散歩（園外保育）、どろんこ（砂場あそび）、水など自然と触れ合う生活を大きな柱にする。
③自己実現、自己充実を保障していく。
　やりたいことがやれる生活の保障。
④基本的な生活習慣を身につける。
　食事、睡眠、着脱、排泄、片づけを、1年間かけて身につけさせていく。
⑤豊かな文化の出会いをつくる。
　観劇、絵本、音楽、描画、製作。
⑥自分をだし、他者の気落ちに気づく。
　思いきり自己主張をさせ、人との交わりかたを学ぶとともに、影響し合う関係をつくっていく。ほかの人の気持ちがわかったり、ほめて自分の気持ちに気づかせたりすることを大事にする。

3歳児保育の目標

1. 生活の基本的なことが自分でできる。
2. あそびにすすんで取り組み、友達を受け入れてかかわり合いながら、十分楽しめる。
3. 自然に触れながら外で元気に遊べる。

	1期（4月
子どもの姿	・新しい環境で過ごすことへろな行動で表す。 ・勝手気ままにふるまうこともある。 ・身じたくや持ちものの始末は、個人差が大きい。 ・自分から遊べる子もいるが、保育者といっしょで安定する
ねらい	・幼稚園や保育者に親しみをも ・幼稚園生活の過ごしかたを知 ・身近な自然に触れ、親しむ。
中心になる保育	①家庭での延長線上のあそび。 ②園だからできるあそび。（ジ技台、砂あそび） ③みんなといっしょに遊ぶあそ手あそび、読み聞かせ） ・幼稚園生活の過ごしかたを知 　自分のクラスや保育者の名前 　自分のロッカーやくつ箱がわ 　手洗い、トイレの使いかた、 　あいさつや返事をする。 ・園内巡りをする。 ・春の自然に触れ、親しむ。（ツ坂道を歩く）
指導上の留意事項	・担任に安心して自分をゆだね切にしていく。わがまま、こだめに、補助教諭を位置づけるな ・あそびも十分できるように、遊（砂場は教室の前に、いくつかのど） （ものによっては、あそび道具 ・生活をパターン化して、園生いく。
備考	・入園2日目から園外に出て ・保育時間は、5月連休明けは、おやつの果物を出す。 ・保育体制は、各クラスに補
行事	・入園式　・懇談会　・身体計

第3節　保育における計画―教育課程と指導計画

～5月上旬）	2期（5月中旬～6月）
の不安や緊張などを、いろい が多く、行動は自己中心的で など、生活のしかたについて あそびを見ているだけの子、 子がいる。	・1日の生活の流れがなんとなくわかり、安定して過ごせるようになる。 ・友達の名前を覚え始め、気の合う友達ができ、友達の登園を待ったり、ふざけたり、同じあそびに誘ったりして、いっしょにいることを楽しんでいる。そのために、片づけや集まるときに、時間がかかったり、落ち着かなかったりする子もいる。 ・あそびのなかで、遊具の取り合いや「入れて」「入れない」のトラブルが多くなる。保育者に援助を求めてきたり、思いどおりにならないとぶつかったりする。
ち、喜んで通園する。 る。	
（小麦粉粘土、自由画、ままごと） ャングルジム、すべり台、巧 び。（おにごっこ、うたを歌う、 る取り組みをする。 がわかる。 かる。 水道の出しかたがわかる。 クシンボとり、タンポポ摘み、	②友達とかかわるあそびが増えてくる。（お母さんごっこ、お店やさんごっこ、かくれんぼ ③体験を広げていく取り組み。（スタンピング、全園集会のこいのぼり集会、健康診断で年長組とのかかわりをつくる、園外でのおべんとう、ジュース作りなど） ・所持品や身の回りの片づけなどを自分でやれる子もいるが、保育者といっしょに片づけながら、片づけかたなどを学ぶ取り組みをする。 ・トイレ、手洗い、着替えなど、保育者や友達の姿を見ながら、自分でやろうとする気持ちが育つ取り組みをする。（やりかたを学んでいく） ・散歩は、徐々に距離を延ばしていく。（がけすべりや園周辺の山の探検、雨の日の散歩）・ウメもぎ
られるように、1対1対応を大 わりも受け入れていく。そのた どの体制を考えていく。 びたくなるような環境をつくる。 あそびのコーナーを準備するな も数を考える。） 活に見通しがもてるようにして	・自分の好きなあそびに取り組むことを中心にしながらも、新しい活動にも目を向け興味のもてるように、幼児の実態に合った活動を幅広く選択したり、自分から取り組んだりできるような用具、材料、遊具の出しかたに配慮する。 ・園で生活する上での約束、ルールを、場をとらえて伝えていく。 ・友達とのかかわりかたやあそびかたを、気づかせるように指導していく。
いく。 まで午前保育。入園後2日間 助教諭がはいる。	・おべんとう始まる。 ・水曜日だけ午前保育。 ・散歩も徐々に距離を延ばしていく。 ・ウメもぎをしたウメを、ウメジュースにする。 ・本の貸し出し始まる。（1週間に1度、借りて帰る。）
測　・誕生会（毎月）	・こいのぼり集会　・家庭訪問　・春の遠足　・健康診断 ・親子親睦会　・プールびらき

第6章　幼稚園の教育課程

資料7　3歳児　5月の月案

週	第1週	第2週
行事	こいのぼり集会	家庭訪問

ねらいと保育	**幼稚園や担任の保育者に親しみをもち、喜んで登園する。** *園ならではのあそび* ・固定遊具(ジャングルジム、すべり台)、巧技台。 ・砂あそび(汽車を走らせる。山や川を作る。砂を盛り上げたり、それを崩したりして、繰り返し遊ぶ。水 ・お母さんごっこ。 ・体験を多様にしていく取り組み。　　　　・手をつなぐあそび(なべなべ、ぎったんばったん、もつ列車、あぶくたった)。 　　　　・こいのぼり集会(全園集会)に参加する。 *みんなのなかで安定していく活動* ・絵本、手あそび、うた、製作など(別表「5月の積み上げていく活動」参照)。 **幼稚園生活の過ごしかたを知る。** *園生活を理解する活動* ・園内巡りをする。　　・おべんとうの準備、食べかた、片づけかたを知る。 生活習慣の自立を目ざして ・外から帰ったら手、顔、足を洗う。　　・うがいをする。 集団(友達とのかかわりかたを身につけていく) 　　　　　　　　　　　　　　　　・順番があることを知る。 **春の自然に触れ親しむ。** ・一人ひとりの子どものペースや発見、驚きを大切にしながら歩く。 ・園庭や園の周りの遊歩道や近くの公園で、草花や虫を見つけたりする。 ・緩やかな土手登り、変化のある道を楽しむ(階段、坂道、土手)。
指導上の留意事項	・自分の好きなあそびに取り組むことを中心にしながらも、新しい活動にも目を向け、興味をもてるように、子どもたちの実態に合った活動を幅広く選択したり、自分から取り組めるような用具、材料、遊具の出しかたに配慮したりする。

	身体活動	音楽		描画	
5月の積み上げていく活動	おにごっこ ・保育者が追いかけたり追いかけられたり。 ・単純なごっこあそびの延長線上のもの。 遊具 ・ジャングルジム。　・すべり台。 巧技台 ・両足飛びをする。・飛び下りる。 走る ・ジャングルジム(すべり台)まで走る。	うた ・こいのぼり ・ことりのうた	手あそび ・小さな畑 ・山小屋いっけん	・自由画(好きなときに、好きなだけ描く)	・こいのの指導) ・フィンガ ・スタンピ ・はさみ用紙でピ

第3節　保育における計画―教育課程と指導計画

	第3週	第4週
	親子親睦会	健康検診、春の遠足、誕生会(3クラス合同で保育室で行う)

を運んで砂場に流す。型抜きをして、並べて遊ぶ)。

		・お医者さんごっこ。	・遠足に行く。
か			リュックをしょって、片道25分ぐらい歩き目的地まで行く。
	・親子親睦会に参加する。	・健康診断を受ける。	園外でおべんとうを食べる。

・少しずつ歩く距離を延ばしていく。

・集団生活をするうえでの友達とのかかわりかた(貸して、入れて、いやだなど)やあそびかたに気づかせたり、場をとらえて伝えたりしていく。　・すべり台でつながって滑ると楽しいことなどを、自然な形で伝え、子どもどうしをつなげていく。

・子どもをとおして、親との連携を密にしていく(家庭訪問など)。

造形	絵本	栽培
ぽり作り(のり	『あおくんときいろちゃん』レオーニ, L. 作　藤田圭雄訳　1967　至光社	水をやる 成長を見る
一ペイントング	『ねずみくんのチョッキ』なかえよしを作　上野紀子絵　1974　ポプラ社	・エダマメ ・キュウリ
の2回切り(色画ザを作る)。	『はらぺこあおむし』カール, E. 作・絵　森比左志訳　1976　偕成社	・トマト
	『トイレとっきゅう』おりもきょうこ文・絵　1978　こずえ	
	『はけたよはけたよ』神沢利子文　西巻茅子絵　1970　偕成社	

第6章　幼稚園の教育課程

資料8　2年保育　4歳児　10月第2週　週日案

10月14日～10月16日　〇〇組

幼児の実態	ね
〇運動会では、緊張や不安から自分の出番を担任に何回も確認したり、トイレに頻繁に行ったりする子もいる中で、1人ひとりが競技で全力を出し切っていた。周りの大人からの声援もあり、今まで頑張ってきたことを披露できたことに満足感を味わった表情を浮かべていた子もたくさんいた。 〇友達のがんばっている姿に刺激を受け、がんばる気持ちが一層強くなった子や、やってみるきっかけになった子もいた。	〇友達や教師と一緒に体で、自分なりの目標に向〇幼稚園の友達と一緒に

環境構成図	予想される活動
〈園庭〉 砂場　虫さがし　砂場　跳び箱　鉄棒 フラフープ　なわとび 一本下駄　竹馬 〈教室〉 水道　製作・廃材製作・折り紙　黒板 絵本　廊下：おばけやしき　ロッカー	(遊び) ・固定遊具(鉄棒、うんてい、登り棒) ・竹馬　・なわとび　・一本下駄　・リレー ・虫さがし　・フラフープ　・廃材製作 (みんなで集まる活動) ・製作(運動会の再現画、ホール壁面) ・ミニ運動会 (手遊び・歌) ・踊り「cha-cha-cha-champion」 　「エコでいこ！」「ヒノソング」 ・うた「園歌」「レッツゴーともだち」
	保護者への対応
	〇運動会の感想を個別に聞く。本番、自分の力を発揮しきれていなかった子の保護者に対しては、運動会までの子どもの取り組みの様子や変化を伝える。 〇運動会で"チャレンジする活動"は終わりなのではなく、今後も続いていくこと(運動会は通過点であること)を伝え、今後ともサポートをお願いする。

	12日(月)	13日(火)	
1日の流れ	体育の日	運動会の振替休日	9:00 登園すな遊び 10:30 製作 11:10 帰り 11:30 降園
今週の準備	・ミニ運動会の準備 ・秋植え野菜検討	・ホール壁面製作準備 ・ダイコンの間引き	次週

第3節　保育における計画―教育課程と指導計画

らい	内容	行事
を動かし楽しさを感じる中かって取り組む。ミニ運動会を楽しむ。	・友達や教師とかけっこやリレー、チャレンジで行ったものなどをしたり、踊りを踊ったりして運動会の再現遊びを楽しむ。 ・できないことやちょっと難しそうと思ったことをやってみようとする。 ・保育園の友達とかけっこやリレーをする。	〇ミニ運動会　15日 〇保育カウンセラー来園15日

指導上の留意点
(運動会の再現あそび等) ・運動会で印象に残ったことや家族のつぶやきなどを聞き、運動会を振り返る機会をつくる。1人ひとりの今までの頑張りを認めて自信につなげ、今後もチャレンジする気持ちをもっていろいろなことに取り組む姿につなげていけるようにする。また、印象に残ったこと(1番がんばったこと)を絵にして描き、運動会の思い出を形として残せるようにする。 ・引き続き、できないことやちょっと難しそうなことにチャレンジできるよう、園庭にチャレンジで行ったもの(竹馬、跳び箱、一本下駄、フラフープ、なわとび)ができる環境を用意しておく。友達の姿に影響されてがんばってみようとする子もいるため、今後も繰り返しがんばっている子を取り上げて他児の刺激になるようにしていく。チャレンジする気持ちにつながりにくい子に対しては、好きな遊びの前後に誘って少し時間をとる中で、少しずつできるようになる嬉しさや楽しさを教師と感じられるようにしていく。 (ミニ運動会) ・保育園の友達と一緒に行い、運動会とはまた少し違った楽しさを感じられるようにする。リレーでは、順番を自分たちで決める中で自分の思いをどのように出しているかを見ていく。運動会の時以上に多くの友達と勝ち負けを競る楽しさを感じたり、らいおん組の友達の走る姿に刺激を受けたりして、らいおん組の友達にさらに親しみをもてるようにする。また、小さいクラスの友達の姿にいたわりの気持ちをもてるように、注目できる言葉をかける。 (歌の指導) ・友達の歌声を聞いたり、ピアノの音に合わせようとしたりする機会をつくり、"音程を合わせる"ことに重点をおいて指導する。 (生活) ・生活に必要なことを自分たちで考えて動けるよう、活動の時間をあらかじめ知らせておいたり、子ども同士で声をかけ合ったり教え合ったりする姿を認めたりしていく。気持ちをうまく切り替えて取り組めるように、1日の活動の構成を考えたり、気持ちが切り替えにくい幼児に対してこまめに言葉をかけたりして配慮していく。 ・暑い日には、自分で気づいて水分補給を行ったり衣服の調整をしたりできるように気づくような言葉がけをしていく。

	14日(水)	15日(木)	16日(金)
	る所持品の始末、好き 「運動会の再現画」 の集まり　歌・絵本 する	9:00　登園する　所持品の始末 9:30　ミニ運動会 11:15　好きな遊び 12:00　お弁当を食べる　当番活動 13:40　帰りの集まり　歌・絵本 14:00　降園する	9:00　登園する　所持品の始末／絵本を借りる 9:30　歌の指導　好きな遊び 11:10　ホール壁面製作 11:50　お弁当を食べる　当番活動・好きな遊び 13:40　帰りの集まり 14:00　降園する
の準備	・幼児教育研修会に向けて(資料作成、当日の指導についての打ち合わせ) (・誕生会に向けて(メッセージ、写真撮影)) ・幼児園遠足に向けて		・あさひっこに向けての打ち合わせ

第6章　幼稚園の教育課程

を踏まえ、「ねらいと保育」とは別に「積み上げていく活動」として、活動内容が提示されている点は、この月案の特徴と言える。

　資料8は、2年保育を行っているある公立幼稚園の4歳児、10月第2週、運動会が行われた翌週の週日案である。幼児の遊びや活動が1日単位で完結するとは限らないため、幼児の経験の積み重ねを丁寧に読み取り、環境構成や援助の方向性を考えようとする場合、1週間を単位とした方が、幼児の変化をつかみやすい。このように、週日案は、1週間の見通しをもって、その日の保育を反省し、翌日の保育の改善に生かせるという利点がある。そのため、週日案には、記録、反省・評価の欄を設ける場合が多い。さて、資料8の週日案では、運動会で幼児が経験した内容を「幼児の実態」として示し、その経験を一人ひとりの幼児が深めるための「ねらい」、「内容」、「環境構成」などが考えられている。そして、運動会が一人ひとりの幼児の育ちにとっての通過点であること（「保護者への対応」参照）、運動会をきっかけにさらに豊かな経験を得る機会をつくっていこう（「指導上の留意点」参照）という、教師の思いを読み取ることができる。また、「保護者への対応」という欄、幼児園や保育園と交流する機会（「ねらい」、「内容」、「指導上の留意点」参照）を設けていることから、保護者にとっても学びの場となる幼稚園となること、地域に開かれた幼稚園づくりに力を入れていることがわかる。

付記：本章に掲載した指導計画は、以下の幼稚園前園長から資料提供を受けた。記してお礼申し上げる。
　　資料提供　日野市立第七幼稚園前園長　井上宏子先生
　　　　　　　学校法人　金子学園　武蔵野幼稚園前園長　赤沼陽子先生

1）保育所は法律で用いられる用語であり、保育園は通称である。保育所については、児童福祉法第39条で、「保育所は、保育を必要とする乳児・幼児を日々保護者の下から通わせて保育を行うことを目的とする施設（利用定員が二十人以上であるものに限り、幼保連携型認定こども園を除く）とする」と定められている。本章では、保育所という用語を用いる。

2）認定こども園には、幼保連携型、幼稚園型、保育所型、地方裁量型の4つの

第3節　保育における計画—教育課程と指導計画

　類型がある。本章では、最も園数が多く、幼稚園的機能と保育所的機能の両方の機能を併せ持つ単一の施設として認定こども園の機能を果たしている幼保連携型認定こども園を念頭に置いて説明している。
3）時代の変化に対応した今後の幼稚園教育の在り方に関する調査研究協力者会議「時代の変化に対応した今後の幼稚園教育の在り方について—最終報告—」1997（平成9）年11月。
4）文部科学省『幼稚園教育要領解説』フレーベル館、2018（平成30）年、29頁。

【参考文献】

文部省『幼稚園教育百年史』ひかりのくに、1979（昭和54）年。
岡田正章・久保いと・坂元彦太郎・宍戸健夫・鈴木政次郎・森上史朗編纂『戦後保育史』全2巻、フレーベル館、1980（昭和55）年。
岡田正章、平井信義編集代表『保育学大事典』第一法規、1983（昭和58）年。
文部省『幼稚園教育指導書増補版』フレーベル館、1991（平成3）年。
学校法人金子学園　武蔵野幼稚園『創立25周年記念誌　武蔵野幼稚園の保育—3歳児—』2000（平成12）年。
森上史朗編『幼児教育への招待　いま子どもと保育が面白い』ミネルヴァ書房、2003（平成15）年。
磯部裕子『教育課程の理論—保育におけるカリキュラム・デザイン—』萌文書林、2006（平成18）年。
森上史朗、阿部明子編『幼児教育課程・保育計画総論（第3版）』建帛社、2006年。
泉知勢、一見真理子、汐見稔幸編『未来への学力と日本の教育9　世界の幼児教育・保育改革と学力』明石書店、2008（平成20）年。
小田豊、森眞理、神長美津子『保育原理—子どもと共にある学びの育み』光生館、2009（平成21）年。
文部科学省『幼稚園教育指導資料第1集　指導計画の作成と保育の展開（平成25年7月改訂）』フレーベル館、2013（平成25）年。
全国保育士会編『幼保連携型認定こども園教育・保育要領を読む』全国社会福祉協議会、2014（平成26）年。
水原克敏『学習指導要領は国民形成の設計書　その能力観と人間像の歴史的変遷』東北大学出版会、2014年。
ジェームズ・J・ヘックマン（大竹文雄解説、古草秀子訳）『幼児教育の経済学』東洋経済新報社、2015（平成27）年。
大宮勇雄「指針・要領改定論議は、保育をどこに導くのか—その批判的検討と私たちのめざす保育—（その1）保育所保育の「教育化」をどう考える」保育研究所編『月刊　保育情報』No.481、2016（平成28）年12月。
国立大学法人お茶の水女子大学（協力：全国国立大学附属学校連盟幼稚園部会）『幼児期の非認知的な能力の発達をとらえる研究—感性・表現の視点から—』2016年。
大宮勇雄「指針・要領改定論議は、保育をどこに導くのか—その批判的検討と私たちのめざす保育

第 6 章　幼稚園の教育課程

　　―（その 2)「幼児期の終わりまでに育ってほしい姿」の問題点」保育研究所編『月刊　保育情報』No.482、2017（平成29）年1月。
大宮勇雄「指針・要領改定論議は、保育をどこに導くのか―その批判的検討と私たちのめざす保育―（その 3)「対話的学び」の視点からの検討」保育研究所編『月刊　保育情報』No.483、2017年2月。
大宮勇雄「指針・要領改定論議は、保育をどこに導くのか―その批判的検討と私たちのめざす保育―（その 4)「人間的で主体的な学びが育つ場所」保育研究所編『月刊　保育情報』No.484、2017年3月。
大宮勇雄「指針・要領改定論議は、保育をどこに導くのか―その批判的検討と私たちのめざす保育―（その 5 ）改定の基本的方向をしばった「育ってほしい姿」」保育研究所編『月刊　保育情報』No.485、2017年 4 月。
大宮勇雄「指針・要領改定論議は、保育をどこに導くのか―その批判的検討と私たちのめざす保育―（その 6　最終回）「学ぶ権利の主体として子どもを育む保育の方向性」保育研究所編『月刊　保育情報』No.487、2017年 6 月。
無藤隆、汐見稔幸、砂上史子『ここがポイント！3法令ガイドブック―新しい『幼稚園教育要領』『保育所保育指針』『幼保連携型認定こども園教育・保育要領』の理解のために―』フレーベル館、2017年。
民秋言編集代表『幼稚園教育要領・保育所保育指針・幼保連携型認定こども園教育・保育要領の成立と変遷』萌文書林、2017年。
大宮勇雄・川田学・近藤幹生・島本一男編『どう変わる？何が課題？現場の視点で新要領・指針を考えあう』ひとなる書房、2017年。
文部科学省『幼稚園教育要領解説』フレーベル館、2018（平成30）年。
内閣府・文部科学省・厚生労働省『幼保連携型認定こども園教育・保育要領解説』フレーベル館、2018年。
厚生労働省『保育所保育指針解説書』フレーベル館、2018年。
汐見稔幸・無藤隆監修『＜平成30施行＞保育所保育指針　幼稚園教育要領　幼保連携型認定こども園教育・保育要領　解説とポイント』ミネルヴァ書房、2018年。
文部科学省国立教育政策研究所教育課程研究センター編『発達や学びをつなぐスタートカリキュラム　スタートカリキュラム導入・実践の手引』学事出版、2018年。
全国保育団体連絡会／保育研究所編『保育白書　2018年版』ちいさいなかま社、2018年。

第7章

現代の学力課題とカリキュラム構想

第1節 学力・学習観と学びのあり方

1．PISA型学力と学校知の転換
1 新たな学力観づくりの潮流と「総合学習」

　いわゆる「ゆとり教育」は、経済協力開発機構（OECD）の国際学習到達度調査（PISA・ピザ）の志向に沿ったものであった。「生きる力」や「確かな学力」などの重視に象徴されるように、主体的な学習環境と創造的能力を養うための教育改革用語として使用されてきた。このような傾向は世界の先進国の教育改革動向に符合している。たとえば「総合的な学習の時間」で育む「課題解決力」は、PISAで問われる思考力や応用力と親和性が高い。

　したがって、基礎教科の学習時間を増やすというような量的な枠組みだけに注目していたのでは、質的な側面の改革がおろそかになってしまう。思考力や応用力は知恵である。知識は教えられるが、知恵は「育む」ものである。先進国の学力観は、これまでの「決まっている知識を獲得すればよい」という考え方から、「それらを活用、発展させて社会生活で使う能力を評価しよう」という流れに変わった。

　そのような文脈に沿った、今日の学びのイノベーションを実現するためには、カリキュラム・マネジメント、アクティブ・ラーニング、真正の評価の考え方・進め方がポイントである。これまでは、教科等の知識をきちんと教えることが期待されていた。教科書を中心に、知識を確実に教えることが重視されてきた。新しい教育課程では、資質・能力としてのコンピテンシーの育成が、めざすべき目標として明確に打ち出された。資質・能力の3つの柱に基づいて教育課程の構造化が図られ、その実現に向けた学びが推進される

ことになったのである。

　そこで、さかのぼって考えると、経済協力開発機構は、1968（昭和43）年に「教育研究革新センター」を創設し、教育問題に強力に取り組み始めた。1988（昭和63）年になると、OECDに加盟するほとんどの国が「国際教育指標事業」を開始することになった。そして、1995（平成7）年ごろから、先進諸国の教育目標が変化した。これまでの教育目標では、知識の獲得に力を入れすぎて、子どもたちの創造性、批判的思考力といった、他の重要な面を犠牲にしているのではないかという批判が高まったため、新たにPISAとよばれる国際的な学習到達度指標が考案されたのである。

　このPISA調査の原型は、1997（平成9）年6月にフィンランドで行われた「国際教育指標事業」総会で決定された。新しい教育指標では、子どもたちの能力を「読解力」「数学的リテラシー」「科学的リテラシー」「問題解決能力」に分け、1990（平成2）年にその評価の枠組みを公刊した。

　IEA（国際教育到達度評価学会）が実施してきた学力調査（TIMSS）には、基礎的な計算問題や単純な知識を問う問題を中心としつつ、複雑な読み解きが必要な設問もある。それとは異なり、PISA調査は、21世紀の高度知識社会に対応した能力を設定したといわれる。子どもたちは社会に出てからも学び続けるという、生涯学習の発想を基盤とする。そこで教育目標が、「明日の市民」をつくることに直結すると解釈されるようになったのである。

　「リテラシー」とは、「新しい知識を生み出し、知識に基づいて熟考し、比較し、判断し、仮定する能力」という意味に使われ、ここには学力競争という発想は含まれていない。PISAの学力規定は、知識の評価から、だれもが社会生活で使う能力を育てることへと変わったのである。日本の「総合的な学習の時間」は、この点に留意してつくられたが、教育行政において、この点を国民に十分理解させることに成功してきたとはいえない。

2　学びのイノベーション

　近年、変化の激しい予測の困難な社会のなかで、よりよい未来の社会を築き、自らの人生を切り拓いていくことのできる資質・能力の育成が中心的な課題となっている。そこでは、「何を知っているか」から、知識を活用して

「何ができるか」への転換が求められる。「知っていること」と「できること」とは大きく異なる。できるようになるには、知識が「わかる」レベルから、さらに、「使える」レベルにまで深めていく必要がある。コンテンツを中心とした教育から、知識の活用ができるコンピテンシー（資質・能力）を育む教育への展開が意図されている。

　コンピテンシーを育む教育は、学校教育における教授から学びへのパラダイム転換を意味する。新しいパラダイムの下で、これからの社会が求める資質・能力目標を明確に設定し育成するために、「主体的・対話的で深い学び」をデザインするとともに、カリキュラム・マネジメントを通した不断の改善をしていくことが求められる。それは資質・能力目標を設定し、その実現に向けて、学びの経験（カリキュラムと条件整備）をデザインし、PDCAサイクルを動かすことを通じて、評価・改善を繰り返す営みである。

　新しい教育課程が求めているのは、資質・能力の育成に向けて、カリキュラムをどのようにデザインし、いかにマネジメントしていくかという課題である。アクティブ・ラーニングは、資質・能力を育むための子どもの学びのあり方で、換言すれば、資質・能力を育む学びの経験（カリキュラムと条件整備）を可能にするのがその視点であり、そのような学びをデザインし、実施して、評価・改善を行うプロセスを示すものがカリキュラム・マネジメントということになる。

　その際、教育方法としてのアクティブ・ラーニングと真正の評価の考え方・進め方が重要になる。それは資質・能力の形成をアクティブにとらえ、指導や学習の改善に生かす具体的な手だてに関わる。これからの評価を実現するためには、第5章の第8節で述べたように、①資質・能力を育む「パフォーマンス課題」と「パフォーマンス評価」、②評価計画を立てて「ポートフォリオ」をつくり、③客観的な評価を目指して「ルーブリック」を活用することが重要になる。

　このような観点からの学びのイノベーションを通して、変化の激しい社会のなかで、「自立」した個人が、知恵を出し合い「協働」して、「創造」的に問題解決を図っていくことが求められている。社会を生き抜き、未来を創る資質・能力を育成していくためにも、新しい教育課程を拓く子どもの学びの

第 7 章　現代の学力課題とカリキュラム構想

デザインとマネジメントの革新が中心的課題となっている。

3　PISA の学力調査と応用力

　1997（平成 9）年12月、コンピテンシーの中身について各国の合意を得るために OECD が後援し、スイス統計局の主導下で、PISA とリンクして「コンピテンシーの定義と選択：その理論的・概念的基礎」プロジェクト（Definition and Selection of Competencies: Theoretical and Conceptual Foundations）（通称 DeSeCo：デセコ）が開始された。

　キー・コンピテンシーとは、OECD が1999（平成11）〜2002（平成14）年にかけて行った「能力の定義と選択」（DeSeCo プロジェクト）の成果で、多数の加盟国が参加して国際的合意を得た新たな能力概念で、PISA 調査の概念枠組みの基本となっている。20世紀末頃より、職業社会では、コンピテンシーという能力概念が普及し始めた。この考え方は、従来の学力を含む能力観に加えて、その前提となる動機付けから、能力を得た結果がどれだけの成果や行動につながっているかを客観的に測定できることが重要であるとの視点から生まれた。言葉や道具を行動や成果に活用できる力（コンピテンス）、すなわち PISA 調査のリテラシーに近い学力の複合体として、人が生きる鍵となる活用力、キー・コンピテンシー（主要能力）が各国で重視され始めた。

　そこで、OECD の DeSeCo プロジェクトでは、12の加盟国から今後どのようなコンピテンシーが重要となるかのレポートを得て、その結果を教育学から哲学、経済学、人類学などの学際的な討議を行い、つぎの三つのカテゴリーにまとめ、DeSeCo プロジェクトは終了した。

① 　社会・文化的、技術的ツールを相互作用的に活用する能力―言語、シンボル、テクストを活用する能力（読解力、数学的リテラシー）、知識や情報を活用する能力（科学的リテラシー）、テクノロジーを活用する能力
② 　多様な集団における人間関係形成能力
③ 　自立的に行動する能力

3　授業時間30年ぶりに増加

　2008（平成20）年学習指導要領の基本は、実質的に「ゆとり教育」から「確かな学力の向上」へと転換した。「総合学習」のねらいである「考える力」は、授業増の主要教科で期待でき、主要教科と「総合的な学習の時間」の増減は、「ゆとり教育」路線と真っ向から対立するようにみえるが、文科省は理念として、「生きる力」の育成を継承するとした。

　いわゆる「ゆとり教育」とは、授業時間数の問題だったのだろうか。「ゆとりのある教育」が問題とされるようになったのは、1976（昭和51）年の中央教育審議会が「ゆとりと充実」という表現で、学習内容の削減を提言したことにはじまる。翌年、これを教育課程審議会が受け、学習指導要領改訂の際に「ゆとりのあるしかも充実した学校生活を送れるようにする」ことを改正の「ねらい」の一つとして掲げた。受験競争の過熱により、子どもたちが塾通いなどで「ゆとり」のない生活を送っていることと、教育内容の「現代化」をめざした1968（昭和43）年改訂の学習指導要領が、子どもに過重負担をあたえていたことへの対策からであった。

　そもそも、「ゆとり教育」は、自ら学び考えるとして、その後に提案された、いわゆる「生きる力」を育てることを目標としていた。追われるような生活から、子どもたちの「ゆとり」ある教育、つまり自発的で主体的・個性的な教育環境のなかでの「学び」の形成と、「豊かな人間性とたくましい児童生徒の育成」がその基本にあった。

　そのためには、学校を「みんな一緒」から「それぞれ違っていい」という方向に変える必要があった。また、指導要領の内容を3割削減し、国が決めた共通部分を減らした。そうしなければ、一人ひとり違うことにはならない。共通部分を減らすと格差が生まれてまずいということでは、いつまでたっても個性重視にはならない。授業がわかる子が、小学校で7割、中学校で5割、高校で3割という「七五三」の現実があるから、共通部分の内容を削減して、個性・能力に応じた教育ができるようにした。

　教育を広く考えれば、将来どのような社会を選択するのかという問題である。教育水準を維持することは重要だが、能力差が拡大するから、もとに戻せというのでは、日本国憲法がいう「その能力に応じて、ひとしく教育を受

ける権利」を保障するために、個々人にふさわしい教育を展開することはますます困難になる。さらに、子どもたちの「ゆとり」を大切にして、自然のなかで動植物に触れ「いのち」に対する畏敬の念を培って、友達と遊びながら深く親しみ、思いやりや人の痛みを知る体験ができる教育環境の保障も重要である。

世界各国の授業時間と比較しても、日本のそれは少ない方ではなかった。問題は、主要科目の授業時間を増やすことで、求められていた「自ら学び考える力」や「豊かな人間性とたくましい児童生徒」を養えるか、という教育の質であった。

4　教員の教育観が「強制してでも、とにかく学習させる」に変化

しかし、この学校教育の質的転換は、その後も推進されなかった。

教員を対象に実施した「第4回学習指導基本調査」(2007(平成19)年、ベネッセコーポレーション)により、教育に対する教員の意識が10年前、5年前と比べて「不得意教科の学力をつけさせ、たとえ強制してでも、とにかく学習させる」方向に大きく変わったことが明らかになった。調査は、全国の小・中学校の教員約4,000人、校長約1,000人を対象に2007(平成19)年8〜9月に郵送で行われた(担当学年の割合はほぼ均等)。

授業や生活指導において「得意な教科の学力を伸ばす」と「不得意な教科の学力をつける」とのどちらに比重を置いているかの質問では、小学校教員で1998(平成10)年に56％だった「得意」が2007(平成19)年には26％に減り、「不得意」は43％から72％に増えた。同様に、「自発的に学習する意欲や習慣を身に付けさせる」が減り、「たとえ強制してでも、とにかく学習させる」が増加。「勉強が苦手な子は別の能力を伸ばす」が減り、「どの子にもできるだけ学力をつけさせる」が増えた。小・中学校とも同じ傾向だった。

授業で、児童生徒が「自分で調べる」ことや「表現活動」に心がける教員も減った。小学校では2002(平成14)年の55％が2007(平成19)年には42％、中学校では40％から31％に減。一方、1998(平成10)年には小学校で15％だった「教科書に沿った授業」が2007(平成19)年には30％に増え、中学校でも23％(2002(平成14)年)から28％(2007(平成19)年)に微増した。

第1節　学力・学習観と学びのあり方

「ゆとり教育」をめぐる年表と小・中学校授業時間の推移

年	授業時間(小・中)		「ゆとり教育」関連事項
1951	4335	2538	学習指導要領改訂時
1958	4366	2800	〃
1961	〃	〃	・中2・3対象に初の一斉学力調査
1969	〃	2946	〃
1976	〃	〃	中教審「ゆとりと充実」を提言
1977	4339	2625	学習指導要領改訂で「ゆとりの時間」導入
1984〜1987	〃	〃	臨時教育審議会が、「個性重視の原則」と民間活力の導入など規制緩和を提言
1988	〃	〃	文部省に生涯学習局を設立
1989	〃	〃	学習指導要領改訂、生活科の新設
1992	〃	〃	月1回（土曜日）の学校週5日制
1993	〃	〃	文部省が業者テスト排除を通知
1995	〃	〃	月2回（土曜日）の学校週5日制
1998	4025	2450	学習指導要領改訂で、学習内容3割削減・「総合的な学習の時間」の新設を決定
1999	〃	〃	学力低下論争広がる
2001	〃	〃	文部科学省が教科書で指導要領を超える記述容認
2002	〃	〃	文科相が「学びのすすめ」で、宿題や補習の充実で学力向上をアピール、学習指導要領・学校週5日制スタート
2003	〃	〃	学習指導要領一部改訂、教科書に発展的記述を認め、習熟度別授業を推進することが盛り込まれる
2004	〃	〃	国際学力調査結果発表、文科相「学力低下傾向認識すべきだ」
2007	〃	〃	「教育再生会議」が「ゆとり教育」見直しを提言 中教審が「ゆとり教育」から「確かな学力の向上」に基本方針を転換 文科省が中教審の教育課程部会と小学校・中学校部会に、主要教科授業時間を約1割増、「総合的な学習の時間」は週1コマ程度減らす案を提示 ・小6・中3対象に一斉の全国学力調査実施
2008	4235	2650	学習指導要領改訂 主要教科の授業時間を約1割増、「総合的な学習の時間」は週1コマ程度減 ・2回目の全国学力調査を実施

第7章　現代の学力課題とカリキュラム構想

　宿題も増えた。小学校で宿題を「毎日出す」教員は1998（平成10）年の85％から94％に、中学校でも「授業のたびに出す」が増え、逆に「ほとんど出さない」は26％から16％に減っている。教員の悩みの上位3位は、小・中学校とも①教材準備の時間が取れない、②事務書類が多い、③休日出勤や残業が多いと、忙しさをあげている。
　1997（平成9）年、1998（平成10）年に全国6地域の教員約2,000人に、2002（平成14）年には14地域の教員約6,500人、校長約1,200人に同様の調査を同社は実施している。「ゆとり教育」を掲げた学習指導要領が1998（平成10）年に答申され、2002（平成14）年には、その指導要領実施をまえに文部科学省が学力向上を掲げ、宿題や補講を推奨したという背景がある。
　このような状況では、PISAが問う思考力や応用力を養う教育環境からほど遠い。知識は教えられるが、知恵は「育む」ものである、と前に述べた。そのためには、質的な教育改革の側面である、主体的で意欲的な学習環境が欠かせない。教師は正解を教えるのではなく、問題解決のプロセスを大切に、探究心と試行錯誤を促して発想や発見に導く、承認力と質問力を鍛えるとともに、表現力や問題解決のためのスキルを教える必要がある。

5　全国学力調査と学力向上策

　小6と中3を対象にした全国学力調査をめぐり、成績が向上した学校を文部科学省の専門家会議が分析したところ、「授業で学校図書館を活用する」「地域への学校公開日を設ける」といった取り組みに力を入れているところが目立った。国語に力を入れた学校で算数・数学の学力が向上する傾向も改めて確認された。
　全国学力調査は、国語と算数・数学の2教科について、2007（平成19）年4月に第1回、2008（平成20）年4月に第2回を中3と小6に実施した。各教科のA問題（知識中心）、B問題（活用中心）それぞれについて、2回目の調査で高学力層（全国で成績が上から4分の1）が前回より10ポイント以上増えたり、低学力層（下から4分の1）が10ポイント以上減ったりした学校の取り組みを2007（平成19）年度と2008（平成20）年度で比べた。
　学力が向上した小学校で目立ったのは「学校図書館を活用した授業」。課

題解決のための資料を図書館で探す「調べ学習」などで、たとえば算数の「知識」問題で高学力層が増えた学校群では、実践している割合が前回2007（平成19）年調査より11.6ポイント増の68.6％。同じく算数の「活用」問題で低学力層が減った学校群では8.6ポイント増の71.8％だった。中学では、地域の人の授業参観など「学校公開日」を設けているところは、国語の高学力層が増えた学校で7.7ポイント、数学の高学力層が増えた学校では9.6ポイントの増であった。

一方、国語と算数・数学の関連では、たとえば小6算数の「活用」問題で低学力層が減った学校群では、国語で「書く習慣をつける」取り組みをしているところが83.3％（前回比5.5ポイント増）。「読む習慣をつける」取り組みをしているところが81.1％（5.3ポイント増）だった。国語学習で出題内容を読み解く力が向上する傾向が見られた。

全国学力調査をめぐり、文科省は2008（平成20）年12月15日、2009（平成21）年実施の第3回調査でも従来の方針を維持し、個々の市町村や学校の成績は情報開示しないよう、都道府県や市町村の教育委員会に求めることを決めた。「序列化や過度の競争を避けるため、引き続き個別の成績は表に出ないようにするべきだ」とした。都道府県教委の要望があれば、その教委に対し、市町村別や学校別の成績といった特定のデータを提供しないようにすることも決めた。

しかし、学力調査をめぐっては「文科省の方針よりも住民への約束事である情報公開条例が優先する」という考えをもつ首長がおり、「全国平均を大きく下回っている主因は、調査結果が公表されないことにある」とする当時の大阪府橋下知事は、自主公表を決めた市町村については個々の成績を開示するなどした。また、鳥取県では情報公開条例を改正し、学校調査のデータを開示対象に加える一方で、「学校の序列化、過度の競争等が生じることのないように使用しなければならない」という条項を盛り込んだ。2013（平成25）年度全国学力・学習状況調査の結果は、都道府県の最低平均正答率と全国平均との差が縮小傾向にあり、改善が見られた。2013（平成25）年10月に大阪市教育委員会は、全市立小・中学校の平均正答率を公表した。同11月に文部科学省は、2014（平成26）年度から区市町村の教委の判断で、学校別成

第7章　現代の学力課題とカリキュラム構想

績を公表できるように実施要領を見直すことにした。しかし、評価のための調査は、原則的に現実の状況を分析し改善するためのものであることを再確認したい。

6　全国学力調査結果と子どもの家庭環境

　2017（平成29）年度の全国学力・学習状況調査（全国学力テスト）において、国語と算数・数学の基礎的な知識と応用力が測定された。学力調査は、1960（昭和55）年代に「点数競争」を煽ると強く批判され打ち切られた経緯がある。その後、1990（平成2）年代の「ゆとり教育」の結果、子どもの学力が大きく落ち込んだとして、2007（平成19）年度に、小学6年生と中学3年生の全員を対象とする調査として43年ぶりに復活した。

　東日本大震災のあった2011（平成23）年は未実施だったが、10回目の2017（平成29）年度は2万9,850校を対象に実施された。文部科学省は同年8月、都道府県ごとの結果に加え、全国20の政令指定都市ごとの結果も今回初めて公表した。全体的には、成績が下位の県と全国平均の差が縮小するなど学力向上の成果が見られたものの、応用問題の正答率が4割にとどまるなど調査開始から指摘されている知識応用力の改善は見られなかったという。

　この10年で学力底上げの傾向が定着し、成績が下位の県と全国平均との差は縮小している。特に成績上位の県では、子どもの主体性を重んじて、対話型で学ばせる取り組みが成果を上げている。そうした指導法で好成績を続ける秋田県には、近年延べ1万人が指導法の視察に訪れたという。「指導法は秋田に、学校経営は福井に学べ」と全国的にいわれるようになった。

　また、政令指定都市の正答率が高かったことについては、塾などの学習環境に比較的恵まれていることが大きな要因だろう。塾頼みを解消するために、公教育の質を高める努力が欠かせない。

　この全国学力テストと、併せて行った保護者のアンケートとのクロス分析結果を2018（平成30）年6月に文部科学省が公表した。保護者の年収や学歴など家庭の社会・経済的背景が高くなるほど、小6と中3の国語、算数・数学の平均正答率も前回同様高かった。しかし、日ごろから本や新聞に親しんだり、規則正しい生活を促したりしている家庭の子どもは、親の収入や学歴

が高くなくても好成績の傾向があった。

　また、家庭の経済状況に関わらず、全体的に子どもの学力が高い小中学校の特徴を分析したところ、教師が家庭学習をきめ細かく支援し、放課後の個別指導も手厚く行っているという共通点が見られた。家庭環境による子どもの学力格差が指摘されるなか、学校の取り組み次第で不利を克服できる可能性があることが指摘された。

　一方で、依然として調査再開以来変わらない結果が、思考力や表現力を問う応用問題の不振や、実社会で必要とされる能力をいかに育むかという大きな課題となっている。

7　2018（平成30）年度全国学力調査結果と知識を活用する力

　文部科学省は、2018（平成30）年4月に実施した全国学力・学習状況調査の結果を、例年より1カ月早い7月末に公表した。小中学校計約3万校で、約205万人が参加した。教員に時間的な余裕がある夏休み期間中に結果を分析し、授業研究を進めてもらうのがねらいという。児童生徒や学級ごとの苦手分野が分かるようなデータも初めて提供し、結果の活用を進めた。

　小中学校ともに、地域差が縮小する状態がなお続いている。3年ぶり3回目の実施だった理科でも、下位県の底上げが進んだ。「成績のよい地域に指導法を学ぶといった取り組みが効果を上げている」と同省は分析するが、応用力をみる問題の正答率は低く、依然として思考力向上が課題だとしている。小中学校とも、基礎的な知識を問う「問題A」と知識を活用する力を問う「問題B」の平均正答率を比べると、小学校の国語が16.1ポイント、算数が12ポイント、中学校の国語が14.7ポイント、数学が19ポイント、いずれも「問題B」の正答率が大幅に低くなっていた。

　都道府県の平均正答率の上位は例年通り、秋田や福井、富山、石川などが占めた。教科ごとに正答率が高かった都道府県を見ると、小学校では、国語Aが秋田県、国語Bが秋田県と石川県、算数Aと算数Bはともに石川県、理科が秋田県と石川県。中学校では、国語Aと国語Bはともに秋田県、数学Aと数学Bはともに福井県、理科は石川県と福井県だった。

　全国学力テスト結果が20政令都市で最下位だった大阪市市長は、全国学力

テストの結果を教員の人事評価に反映させたいという。これはイギリスの悪名高き1862年改正教育令をほうふつとさせる。3 R's の試験に合格した者一人当たり8シリングの出来高払制度等の導入であったが、その補助金は、従来のように国からの支給ではなく、学校管理者に支給されることになったため、教師は学校管理者と自由契約を結ぶ賃金労働者となってしまった。過度な競争は、画一的なものを推し進めて大きな弊害を招くことを肝に銘じなければならない。

　日本では、まず知識を覚え、それを活用するという考えが根強い。学力テストの結果から、教えられた知識を覚えることは得意だが、それを自ら活用しようとする意欲に乏しい傾向があったり、覚えた知識が実感をともなって身についていないと指摘されたりしてきた。2019年度からは、これまでの問題Aと問題Bに分けた出題方法を見直し、知識を活用する力の測定にさらに重点が置かれ、また英語のテストも初めて実施される。

　学びの原点は、乳幼児期の旺盛な探究心であって、子どもたちは多くの言葉や知識をその子なりに身につけているのであり、すでに知恵をもっている。まして今日では、社会に情報や知識が満ちている。したがって、むしろそれを基盤に、多くの情報のなかから、必要となった知識を探し出し、それらを活用できる創造力を養成することに重点が置かれるべきであろう。

　また、この創造力とともに、やる気や自制心、社会性等の非認知能力を培う必要がある。今回の全国学力テストの分析結果から、この非認知能力の高い子どもは、学力も高い傾向にあることが認められている。

8　「ゆとり」と本来の自由

　公立学校の週5日制は、いわゆる「ゆとり教育」の一環として2002（平成14）年度から施行された。『文部科学白書』には「学校週5日制の趣旨」がつぎのように記されている。「学校週5日制は、学校、家庭、地域社会が一体となって、それぞれの教育機能を発揮するなかで、子どもたちが自然体験や社会体験などを行う場や機会を増やし、自ら学び考える力や豊かな心、健康や体力などの［生きる力］を育てようとするものです。このような考えに立って、1992（平成4）年9月から月1回、1995（平成7）年4月からは月

第1節　学力・学習観と学びのあり方

2回という形で段階的に実施され、平成14年度からすべての学校段階で完全学校週5日制が実施されています」。続いて同白書は、この趣旨を生かすために学校と家庭や地域社会が実施すべき具体的な取り組みを指示している。

　文部科学省によって示されたこのような趣旨は、教育のあるべき姿が簡潔にまとめられており、文言そのものについては何ら異論の余地はない。しかし、現実の状況はどうであったか。文科省の趣旨とは反対に、「ゆとり教育」を主眼として実施されたはずの週5日制が、逆に教師にも児童生徒にも家庭にも「息苦しさ」を与えるという、新たな矛盾を生み出した。授業内容の3割削減なども含めた教育制度の大改革は、ある程度の困難が伴うことはやむを得ないとしても、全国の学校が矛盾もなく困難も混乱もなしに、できるかぎりスムーズに実施できるようなものでなくてはならない。

　これらの「ゆとり教育」の考え方の背景には、子どもたちに時間的な「ゆとり」を与えさえすれば、子どもたちは必ずその「ゆとり」の時間を有効に善用するものだというような、安直な楽天主義が潜在していたのではないか。たとえば、時間をもてあまして、遊びに走る子どもが増えるというようなことは考えなかったのか。

　「自由」についての論議においてよくいわれるが、「自由」という概念は、「〜からの自由」と「〜への自由」とに区分される。前者は「自由」を「束縛からの解放」ととらえるもので、一般に「消極的自由」とよばれる。後者は、前者の「自由」を前提としながらも、何かに向かって自ら自発的、能動的に働きかけるという「主体的自由」とよばれ、人間の主体性の根拠とされている。人間の「自由」は学問、芸術、科学技術等において、新たなものが発現してくる創造性の源泉であり、それゆえきわめて意義深いものとされる。「自ら学び自ら考える力」は、「主体的自由」に淵源する。

　さて、「自由」をこのようにとらえた上で、「ゆとり」によって、子どもたちを束縛から解放すれば、子どもたちは必ずその「自由」を善用するものだということが、暗黙の前提になっていたのではないか。「総合的な学習の時間」の指導にしても、束縛からの解放という、消極的自由を与えさえすれば、子どもたちは必然的に、人間の根源的な本性から発現する、価値高い主体的自由を発揮するものだということを前提にしていたということになる。

第7章　現代の学力課題とカリキュラム構想

たんなる「束縛からの解放」という消極的自由と「何ものかに対する自発的、能動的なはたらきかけ」という積極的自由との間には、超えがたいギャップがある。それを埋めるには、人間の真の自由は何から発現し、どのような内実をもっているのかという、人間の主体的自由の成立根拠についての探究が不可欠であると同時に、自らの可能性に向けての自己変革への挑戦が大切であろう。

2．学力観の変化と PISA
1　学力観の変化

「ゆとり教育」の見直し論議に火がついたのは、OECD が2003（平成15）年に行った国際学習到達度調査（PISA）で、文章表現力や思考力を測る「読解力」の日本の順位が、8位から14位に下落したとき、いわゆる「ピザショック」であった。文科省は「我が国の学力は、世界トップレベルとはいえない」と認め、これを機に、学習指導要領の抜本的な見直しに着手した。小6と中3の全児童生徒計約240万人を対象にした「全国学力テスト」も行われることになった。

日本は、なぜ読解力の順位を下げたのか。1986（昭和61）年ごろは、世界でもうらやむべき、読み書き能力トップの国として評価されていた。しかし、世界の学力観が変わったのである。2000（平成12）年以前の OECD 生徒学力調査は、従来のいわゆる学校知である知識量の獲得状況を比較するものであった。1995（平成7）年ごろから、世界各国の教育目標が変わった。PISA の「リテラシー」というのは、前述したとおり、「新しい知識を生み出し、知識に基づいて熟考し、比較し、判断し、仮定する能力」という意味につかわれ、従来の学力競争という発想は含まれない。

四つの「リテラシー」の定義は以下のように示された。

① 「読解力」（reading literacy）とは、「自らの目標を達成し、自らの知識と可能性を発達させ、効果的に社会に参加するために、書かれたテキストを理解し、利用し、熟考する能力」
② 「数学的リテラシー」は、「数学が世界で果たす役割を見つけ、理解し、現在及び将来の個人の生活、職業生活、友人や家族や親族との社会生活、

建設的で関心を持った思慮深い市民としての生活において確実な数学的根拠にもとづき判断を行い、数学に携わる能力」
③「科学的リテラシー」は、「自然界及び人間の活動によって起こる自然界の変化について理解し、意思決定するために、科学的知識を使用し、課題を明確にし、証拠に基づく結論を導き出す能力」
④「問題解決能力」は、「問題解決の道筋が瞬時には明白でなく、応用可能と思われるリテラシー領域あるいはカリキュラム領域が数学、科学、または読解のうちの単一の領域だけには存在していない、現実の領域横断的な状況に直面した場合に、認知プロセスを用いて、問題に対処し、解決することができる能力」

20世紀初頭の教育目標は、もっぱら3 R'sのリテラシー、すなわち読み・書き・計算の育成であった。その当時の学校教育では、批判的に考えながら読めるようになることや、説得力のある自己表現ができるようになること、高度な理科や数学の問題解決ができるようになることは、それほど重視されなかった。しかし、20世紀の終わりには、上記のような高度なリテラシーが、複雑きわまりない現代社会を生き抜くための必須の能力となった。つまり、技術革新、国際化、情報化の波が加速している知識基盤社会においては、単なる3 R'sのリテラシー以上の能力が求められるようになったのである。

このため、人類がこれまでに蓄積してきた多くの知識をほとんどの児童生徒に教えることは、もはや教育目標としては成り立たなくなった。したがって、21世紀の教育目標は、歴史・科学・技術・社会現象・数学・芸術などについての創造的思考に必要な知識を児童生徒が獲得することであり、そのために必要となる認知技能や学習方略の習得を援助することになった。つまり、単に知識を教えることではなく、考え方の枠組みをみずから創り出し、有意義な問題を自分で見つけ出すことができるとともに、児童生徒が交流し教えあうことによって、さまざまな教科の内容を深く理解することを通し、生涯にわたって学び続けることのできる自立した学習能力の育成が、21世紀の教育目標になったのである。

第7章　現代の学力課題とカリキュラム構想

2　PISA型学力のリテラシー概念

ところで、「リテラシー」(literacy)は、読み書きの基礎能力を表し、通常「識字能力・識字」のことで、illiteracyは「文盲・無学」と翻訳されてきた。しかし現在議論されている「リテラシー」は、識字能力の範疇を拡大し、包括的な内容をさす言葉になっている。PISA調査においては、21世紀のポスト産業主義社会において要請される能力を「コンピテンス」として定義し、この「コンピテンス」の基本要素となる知的能力を「読解力」「科学的リテラシー」「数学的リテラシー」として基礎学力の再定義を行い、これらを問題解決状況における知識の活用能力を意味するものと規定している。

リテラシーという概念は教育概念として登場し、19世紀末に制度化された公教育の共通教養を意味していた。それ以前にliteracyに該当する言葉は、literatureであった。近年になるまでこの言葉は、読書を通じて形成される優れた教養を意味した。この「優れた教養」という意味は、literatureという言葉が14世紀にラテン語から英語に導入されて以来一貫している。したがって、リテラシーの意味は、人々が保有すべき「共通教養」と理解できる。「識字能力」としての狭義の意味は、後に加えられたのである。

なお、日本では、PISA型学力を21世紀教育の達成目標として設定する議論もみられるが、それは正しい認識とはいえない。PISA型学力「リテラシー」は、その概念と定義の成立背景が示しているように、21世紀の知識基盤社会において生涯学習に参加するための基礎学力を示したものである。その意味では義務教育修了時点でのミニマムな学力の基準と内容を示したものであり、決して目標や到達点を示したものではない。

しかし、PISA型学力およびそのリテラシーの概念が、旧来の学校の枠内に閉ざされ、社会との関係も切断された「基礎学力」の概念の狭さを打ち砕く画期的な提案であること、およびこの概念が21世紀の「知識基盤社会」において有効な学力モデルを提供したことの意義については、いくら強調しても強調しすぎることはない。とくに知識が高度化し、複合化し、流動化する高度知識社会に必要な能力を「コンピテンス」の概念で示し、その教育内容を「リテラシー」で再定義する概念枠組みを提示したことの意義は大きい。

また、これまでの「リテラシー」の概念が、義務教育修了段階の共通教養

を意味するものとして学校教育の内側に閉ざされていたのに対し、新たな「リテラシー」概念は、義務教育の修了段階の共通教養ではなく、生涯学習社会への参加の基礎としての共通教養へと再定義されている点も重要である。

3．PISA型学力観の背景
1 「学校化社会」批判

　学校教育は20世紀を通して、画一主義や知育偏重、あるいは機会の不平等から非効率性など、種々の観点から批判を浴び続けた。どこの国でも、学校制度改革はいわば不断の政策課題とされ、必ずしも成果の上がる取り組みとは言われない事柄に追われている。

　70年代初頭、従来の学校批判の枠を超えた、衝撃的ともいえる学校制度廃止論が登場し注目を集めた。イリイチ著『脱学校の社会』である。彼は社会のエートスを「脱学校化」（deschooled）しなければならない、と考えた。ある年齢になると、一定の年限、通学が強制され、固定的な教師―生徒関係の下で枠づけられた学習を行い、定められた尺度によって評価され、進級し、修了証書をもらう。こうした一連の教授システムへの適応が習慣化されると、私たちの関心が学習の達成そのものよりも、学校によるサービスをどう享受するかに移っていき、学校制度に長く深くコミットすることが、そのままよりよい教育を受けることだと信じ込ませてしまう。イリイチは、そのような学習や成長の考え方が、すべて既存の学校中心に動いていくという、社会一般の「学校化」状態を指弾した。

　目的と手段が取り違えられた「価値の制度化」は、学校についてひときわ顕著である。「学校制度はどの国でも同じ構造をもち、また、学校の潜在的カリキュラムはどこででも同じ効果をもっている。つまりどこででも、学校制度は近所の非職業的奉仕活動よりも、専門の制度によって生み出されるもののほうが価値があると思うような消費者をつくり出すのである。どこででも市民は、学校教育の潜在的カリキュラムによって、科学的知識に裏付けられた官僚制機構は効果的で温情的であるという神話を信じ込まされていく。この潜在的カリキュラムによって、生産を増加すればよりよい生活が得られるという神話が、生徒の頭のなかに徐々に浸み込まされていく。そして、ど

第7章　現代の学力課題とカリキュラム構想

こででも、潜在的カリキュラムは、自分でやる能力を台無しにしてしまうほどに他人からのサービスを受ける（消費する）と、人々に習慣づけるとか、人間疎外を引き起こす生産とか、安易に制度に頼ることとか、あるいは制度の序列化を認めることなどを助長する。教師がそれとは反対の努力をしても、また、どのようなイデオロギーが学校を支配しようとも、学校の潜在的カリキュラムは、このすべてを行っているのである」。

彼の学校批判は、医療、交通などの制度批判と軌を一にしていた。すなわち、合理的な公共の制度として作られたものが、本来の目的であった価値の実現ではなく、制度のサービスを受けること自体に価値があるという思い込みのもとで運営されるという「価値の制度化」の問題である。

学校による教育の独占は、学習のほとんどが教えられたことの結果だという幻想に支えられる。しかし考えてみれば、「われわれが知っていることの大部分は、われわれが学校の外で学習したものである」。このことは明白であるにもかかわらず、学校の外での学習、いわゆる独学は社会的な信用を得られない。学校が出す就学年数の証明書が、人びとの就職口、つまり社会的地位の配分を決めてしまう。私たちの生きるための学習は、個別的で自発的で、ほとんど偶発的ですらある。その自由なあり方が、制度による統制と規格化のなかで押しつぶされる。

「学校化」されることによって私たちの選択を狭め、心理的な「不能化」をおし進めていく社会の「脱学校化」は急務である。学校に代わる新しい仕組み、それは強制的・操作的な性格をもたず、また規模拡大や経費増大とともに、管理が強化されるようなことのない制度でなければならない。人びとの間の「人間的、創造的かつ自律的な相互作用を助ける制度で、かつ価値が生み出されるのに役立ち、しかも肝心なところを専門技術者にコントロールされてしまわないような価値を生じさせる制度」を彼は構想した。何を学ぶべきか、ではなく、学習の自然な成立のためには、どのような物や人との出会いが可能であればよいのか、という発想からであった。

彼が「学習のネットワーク」と仮によんだものは、教育のための資源がつくる網状の組織である。それは、①機械や道具、書物などおよそ人が知りたいと思う物に自由に接することができる「学習用の事物」のネットワーク、

②日常生活や職業で必要な技能を得たいとき、それを教えられる人に容易に接触できる「技能交換」のネットワーク、③ともに学ぶ仲間と出会える「仲間選び」のネットワーク、さらに、④それらのネットワークを構築する人、その利用のしかたを教える人、学習者に選ばれる指導者、これら三種の「専門的教育者」のネットワーク、から成る。こうした環境のなかで、あらかじめ均等に配布された「教育クーポン」を使用しながら、各人が必要に即して共有資源を活用する。そうした不定形で形式化されない自己創造の活動こそ、本来の学習と考えた。

　学校化社会は、近代産業社会が追求してきた合理性の一つの帰結である。その流れに抗して、新たな「脱学校」の教育システムを創り出すことは至難といわざるをえない。だが、イリイチのラディカル（根源的）な提案がなかったなら、われわれは学校制度自体を根本から総体的に批判する、あるいは少なくとも既存のそれを相対化して考察するような観点をもつことはなかったろう。人間的な価値の実現という目標に照らしたとき、教育の世界で当然視されてきたあらゆる要素が、疑いや再検討の対象となりうる。近代公教育そのものの歩みの根底が、批判の対象となる。

　児童生徒に教育内容を効果的に「注入する」ための新しい学校形態を模索している現在の傾向は、むしろその逆のものを模索するように逆転しなければならない。つまり、個々人にとって人生の各瞬間を、学習し、知識・技能・経験をわかち合い、話し合う瞬間に変える可能性を高めるような教育の「ネットワーク」を求めるべきなのである、とうったえた。イリイチがいう「学習のネットワーク」は、当時は全く架空なものとされた。しかし、インターネットが発達した現代では、手の届くところまできている。もっとも、人々がすべての児童生徒の「主体的・対話的で深い学び」により、創造力の育成を優先する社会を構築できたら、という仮定の話ではあるが。

2　学校知と批判的思考

　従来の学校教育は、才能を発達させるのではなく、才能を選別する働きをしているだけではないのか、との懸念がしばしば表明されてきた。

　近代の公的に組織された学校は、民主主義と人道主義の産物であり、人々

への啓発と平等化を推進する牽引車としての機能を有するものとの期待を担って登場した。しかし、今日の学校は「学力格差」「校内暴力」「いじめ、不登校問題」「大量の中途退学」、さらには学校と保護者との反目などが顕在化し、その「期待」を裏切ろうとしている。このような近代の学校が抱えている問題点を社会的・政治的な視点から解明しようとした代表的な人物に、ボウルズとギンタス（Bowles, S. & Gintus, H.）やアップル（Apple, M. W.）がいる。学校知のイデオロギー性を明らかにしたのである。

　学校とは、社会の民主化や平等化を担う装置である、と考える主張を彼らは疑うことから出発した。学校とは、むしろ逆に社会経済的な条件や要因との対応（この点を強調するので「対応理論」とよぶ）を通じて、経済的不平等を再生産し、人格的発達を歪める役割をはたしていると指摘した。

　具体的にみると、態度・人格特性面における企業と学校との「対応」に着目して、企業のエリートに要求される指導者的性格と動機管理（創造性重視）と、一般スタッフに要求される追随的性格と行動管理（外面的基準の遵守）とは、教育制度のレベル（エリートカレッジとコミュニティカレッジ）に対応していると述べた。また、高校レベルで高く評価される、態度としての「我慢強さ」「秩序を重んじる」「目先の満足を求めない」などの特質（逆に「創造的」「独立」は評価が低い）は、企業の監督者の評価規準にみごとに対応しているとも指摘した。また、企業が学校に期待する役割とは、認識能力の形成よりも、企業に有利な態度・人格特性の育成に比重をおいているととらえた。したがって、学校で教えられていることは、決して中立的な性格をもつものではなく、社会の経済的な利害を反映しているという。

　アップルの問題意識は、「ヘゲモニー」（階級・人種・ジェンダーにおいて支配的な集団が、被支配的な集団に対して積極的な合意をうまく得ようとするプロセス）が内部の論理を媒介としていかに作用しているのかを解明することにあり、そのヘゲモニーに対抗する教育実践の可能性を見極めることにあった。また、この媒介項としての学校内部の論理を「課題化」することは、学校を文化・知識の分配機構として考察することであり、社会システムの規定によって文化的再生産が行われる場として学校をとらえることだ。したがって、「学校知のイデオロギー」分析とは、とりわけ文化・知識の分配と

それをめぐる教育課程のポリティックス（権力の諸関係および権力行使）の諸課題に向けられることになる。

　学校は教育課程を編成する過程において、文化・知識の選択・構成に積極的に関与し、いわば「優先的知識」または「公的な知識」を抽出する。したがって、この過程ならびに結果は決して「中立」的な性格をもつものではない。教育課程のポリティックス問題とは、だれの文化が価値をもつか、だれの文化が正当化されるのか、だれの文化が保障されるかといった問題をめぐる、権力の諸関係および権力行使の諸過程を考察するのである。

　アップルによれば、現代の教育課程における「優先的知識」または「公的な知識」とは、秩序と合意をルールとする「技術的知識」（そこでは、発展の契機である「対立」の歴史は排除される）である。学校をあたかも加工工場に見立てて、インプットとアウトプットの関係で児童生徒の学習行為をとらえる。したがって、児童生徒を単なる操作と管理の対象とみなすことであり、子どもたちから社会への批判意識を奪っていくことである、と厳しく指弾した。

　教育課程のポリティックスを解明するアップルは、それに対抗する実践のあり方として、「民主的な学校」を提示した。そこでは、学校教育に関わるあらゆる人々が、「学習コミュニティ」への参加者として、学校の運営や方針決定に意見を表明することができる。その場合、参加者の多様性を尊重しつつも、それが矮小な利害対立の場に陥らないためには、民主主義の本質である「共通の善」を追求することが求められる。

　「民主的な学校」における教育課程とは、子どもたちが広範な情報にアクセスできることであり、多種多様な意見を表現する権利を尊重することである。たとえば、所与の教材に対して「この教材は世界をだれの観点からみているのか」という問いを子どもたちと共有することであり、現実の生活で生じている問題を、批判的に探究することを保障することであるとした。

3　「評価国家」の様相

　グローバル化する知識基盤社会における先進諸国は、特に経済的な国際競争のなかで教育改革に力を入れている。日本の教育改革においても、「義務

第7章　現代の学力課題とカリキュラム構想

教育の構造改革　中教審答申の概要」(2005年、文科省)や「教育改革のための重点行動計画」(2006年、文科省)などにより、国は目標を設定すること、学習指導要領、教員養成、財源などの「インプット」を確保すること、全国学力調査と学校評価システムによって「結果」を監査することに責任を負う一方で、「プロセス」に関する権限と責任は、できるだけ市区町村と学校に移譲するという方向性が打ち出されていることがうかがえる。これは従来の分権化の延長上のものではあるが、教育の質の保障という観点から、結果の検証が国の責任であると宣言された点は注目に値する。諸外国の教育改革における国家の役割変化を示すものとして論じられてきた「評価国家」への接近が見られるからである。

　評価国家というアイディアは、パリにある国際大学連合の比較教育学者であるガイ・ニーブ(Guy Neave)によって、西欧諸国の高等教育改革を分析した1988(昭和63)年の論文で提示された。その後、初等・中等教育改革を対象とする研究でも、中央政府が地方政府と学校に権限を移譲しながら、実質的な権力や影響力を保持していることを説明する概念装置として、他の研究者によって用いられるようになった。

　義務教育の質を保障する構造改革の必要性を打ち出したのは、中央教育審議会の答申「新しい時代の義務教育を創造する」(2005(平成17)年10月)であった。そこでは、義務教育の到達目標として「一人ひとりの子どもたちの個性や能力を伸ばし、生涯にわたってたくましく生きていく基礎を培うとともに、国家・社会の形成者として必要な資質能力を養うことを基本に据え、今後、教育基本法の改正の動向にも留意しながら、さらに検討を進める必要がある」と述べられた。

　改正された教育基本法は、2006(平成18)年12月22日に施行され、その教育の目標(第2条)、義務教育の目標(第5条第2項)に即し、学校種ごとの目標を改める学校教育法の改正案も翌年6月に成立した。教育基本法に定める国と地方の教育振興基本計画(第17条)、学習指導要領における目標は、こうした法律に定める上位目標と少なくとも整合的であることが求められた。

　教育基本法の改正と「義務教育の構造改革」は、教育の目標と教育改革の基本的方向を定める国の権限に正統性を与え、全国テストと学校評価による

評価（監査）体制の確立へと向かう。学校段階では、目標達成を確かなものにするための経営権限強化を行い、「目標設定、実行、評価、次期目標への反映」という、計画（Plan）―実施（Do）―評価（Check）―改善（Action）のPDCAマネジメント・サイクルの確立がめざされる。

このようにして、国民統合の要求とともに、常に経済的要求が義務教育に課されてきたのであり、そのこと自体は目新しいことではない。だが、日本の教育改革においても「評価国家」の機構を通じて、目標と評価による教育管理が強化されている。グローバル化する経済の下で、人的資源の国際的競争力を向上させることが教育改革の一つの重要な動因となっているのである。

4　構成主義的な学習観の影響

この学力観の変更をささえているのは、構成主義的な学習観である。「現実は主体の認知メカニズムを通して構成される」というとらえ方を「構成主義」（constructivism）という。その学習観は、知識は受動的に伝達されるのではなく、主体によって構成されると考える立場である。その学習観は、デューイ（Dewey, J.）、ピアジェ（Piaget, J.）、ヴィゴツキー（Vygotsky, L. S.）などによって提唱されてきた。つまり、「知」とは個人の頭のなかに貯め込まれるのではなく、自分のまわりにある人や物と対話し協働しつつ、主体の認知メカニズムを通して構築される。さらに、現実を構成する際に使われる「知識構造そのもの」（スキーマ）も構成されると考える。

ところで、これに近い考え方として「構築主義」（constructionism）がある。「現実は、人々の言語を用いた相互行為によって社会的に構成される」とみなす考え方である。従来の「構成主義」では、知識や現実の構成を主として個人的営みとみなしてきた。それに対して「構築主義」研究の発展により、知識やその構成は、社会的・歴史的・文化的な状況のもとで、人々のコミュニケーションを中心とした相互行為を通じて行われるとする考え方が主張されるようになった。

言語は、世界をありのままに写しとるものではない。たとえば、地球は平面であると固く信じられていた社会では、地球が丸いという可能性が入り込む余地はなかった。客観的な事実というようなものは多くの場合幻想で、

第7章　現代の学力課題とカリキュラム構想

「何が事実なのか」を明確にしようとした瞬間、私たちはある言説の世界、つまりある伝統・生き方・価値観に囚われた所へと入り込んでしまう。

たとえば「不登校」は、かつて「学校不適応」とよばれ、個人的・精神的病気のように取り扱われていた。意味（現実の解釈）は、人々の同意・交渉・肯定によってつくり出されるものなのである。このような主張は「社会（的）構成主義」(social constructionism) とよばれ、「構成主義」と「構築主義」の違いはさらに小さくなった。

子どもは、教師に教わる前から、何らかの知識や概念をもっている。その知識や概念に基づいて、自分なりの解釈や説明を行う。したがって、教師が提示した知識を、そのまま受け入れるわけではない。自分がもっている知識や概念に合うように組みかえて理解する。提示されたものが自分の解釈や説明に合わなかったり、もしくは注目に値しないと思ったりすれば、無視する。

これは、子どもの頭のなかは真っ白で、そこに「科学的な」知識を詰め込んでいかなければならない、とする学習観とはまったく異なる。そこで、すでにもっている知識や概念をどう組み替えていくかが、研究・実践上の中心的課題となる。

子どもが日常経験に基づいて築き上げた「自分なりの」概念を「素朴概念」とよぶ。たとえば、「真上に投げ上げたボールに働いている力は何か」と学生に尋ねると、「上向きの力と重力」と多数が答えてしまう。実際には重力だけであることは、すでに高校で習っているにもかかわらず、である。このように素朴概念は、日常経験から理論化されたものだけに強固である。授業で科学的概念を身につけたかに見えても、結局次第に忘れ去り、素朴概念が復帰してしまう。つまり、子どもがおかれている日常的な人間関係の習慣や、伝統・生き方・価値観の方が優勢なのである。

この学習観に立つと、「標準テスト」で出題される再生法や再認法、多肢選択法のような問題を解けるだけでは、その事柄を正しく理解しているとはいえないことがわかる。「知」が実際の文脈で働いている様相をとらえることによってのみ、そのものごとへの理解度が明確になる。そこで、自分の認知過程をモニターしてコントロールする「メタ認知」が重要になる。「ここは理解できたが、他はわからない」というのはメタ認知の働きだ。経験を通

して構成した知識をもとに現実を構成＝認知する、さらにその認知そのものを認知する。そのように人は学習する、とみなすのである。

5　真正な知識をはかる真正の評価

「ゆとり教育」の推進に大きな役割を果たしたのは、1987（昭和62）年の臨時教育審議会の最終（第四次）答申であった。文部省の機構改革（生涯学習担当局の設置等）等について提言するとともに、改革を進める視点としてつぎの三点を示した。①個性重視の原則（画一性、硬直性、閉鎖性を打破する個人の尊厳、自由・規律、自己責任の確立）、②生涯学習体系への移行、③国際化並びに情報化への対応の重要性である。

このような提言の社会的背景には、高度経済成長を経て、1980年代にその安定成長期に入り、消費者物価と同時に実質賃金の大幅な上昇が国民の生活に豊かさをもたらしたことがあった。そして1985（昭和60）年のプラザ合意後に、株価や地価などが急騰（後にバブルと呼ばれた）していた。このような社会経済状況のなかで、これまでのような教師主導の詰め込み式の指導中心ではなく、これからは学習者中心の主体的な学びを実現するための「ゆとり」が必要だと訴えたのである。その革新的な教育改革の指針以降、生活科の新設、学校週五日制、「生きる力」や総合的な学習の時間の新設、確かな学力の向上等さまざまな形でその改革を促してきた。しかしながら、1991（平成３）年以降の長期経済停滞とともに、従来の知識の量を重視する教師主導のあり方から脱出できない状況がずっと続いてきた。今日のアクティブ・ラーニングも、児童生徒の主体的な学びの実現がその根幹にあることから、その教育改革の指針の延長線にあるといえる。

日本は人口減少社会に突入し、少子高齢化がさらに進んで、2030年に65歳以上の割合は人口の３割に達するという。また、世界の GDP に占める割合は、現在の5.8％から3.4％まで低下すると予測されている。グローバル化や知識基盤社会が進展し、変化の激しい予測のつかない社会に対応するために、コンピテンシーの育成が多くの国でますます課題になっている。情報処理能力としてのリテラシーだけでなく、知識、スキル、さらに態度を含んだ人間の全体的能力としてのコンピテンシーの育成がますます要請されるように

なってきた。

　「何を知っているか」が問われた時代は、教師は、教科で知っておくべきだと思われる内容を選択し、それを教授するという形で授業を進めていた。ところが、「何ができるか」が問われるようになると、知識を身につけるだけでは十分でなく、知識を活用してどのような問題解決ができるかが問われることになったのである。

　そこで、教育内容・教材については、学校知識からオーセンティック（authentic）な知識への転換ということになった。オーセンティックとは、にせものではなく、ほんもの（真正）という意味である。教科書に書いてある知識をそのまま学ぶのではなく、実生活や実社会にあるリアルな現実や事象を重視して知識を学んでいくことになる。社会で生きて働く力を育てるためには、できるだけ真正な課題と現象をもとに、知識を実践的に学んでいく必要がある。

　したがって教育方法は、知識の伝達ではなく、コンピテンシーを育てる深い学びを実現するための方法を採用することになる。子どもたちが、たんに活発に活動する学習というだけでは不十分で、「主体的・対話的で深い学びの実現」が可能な教育方法が求められる。そこで、知っているレベルを超え、使えるレベルまでに知識を高めるアクティブ・ラーニングへの転換となった。

　また教育評価は、テスト評価から真正の評価への転換ということになる。何を知っているかは、テストを通して把握できるが、何ができるかとなると、ある状況における実際のパフォーマンスをとらえることが必要になる。そのためには、真正の学力形成を対象とするパフォーマンス評価、時系列に沿って計画的に子どもの作業実績や作品を収集するポートフォリオ、あるいは、評価に信頼性や妥当性をもたせる評価基準表であるルーブリックなどを活用することが有効になる。

4．カリキュラムと授業改善の基本的視点

1　学習の転移の重視

　学習の転移とは、ある文脈で学習したことを別の新しい文脈で活かすことであり、社会に適応して生きていくためには欠かすことができない重要な心

の働きである。この学習の転移は、特定の課題でよい成績をあげるように「訓練」することによってではなく、もっと広い意味で「教育」することによって生じる。したがって、学校では、児童がある授業で学んだことを他の授業で役立てたり、ある学年で学んだことをつぎの学年で活用したり、さらには学校で学んだことを家庭や職場で応用できるような「教育」がなされなければならない。

　学校教育の目標は、将来直面するであろう問題や状況に対して柔軟に対応できる能力、すなわち学習したことを「転移」させる力を子どもに習得させることである。また転移は、学校教育の目標であると同時に、教授法の評価に利用することもできる。つまり、学習したことを「記憶」しているかどうかを基準にするのではなく、別の問題や状況に「転移」できるかどうかを基準にすることによって、教授法の効果を詳細に検討できる。

　それでは、文脈を超えた転移を生じさせるためには、どうすればよいのだろうか。そのためには、学習の際に複数の文脈を用いたり、他の類似文脈での適用例を示したりすることが効果的である。そうすることによって、一般的で抽象的な原理を抽出することが可能になり、獲得した知識を柔軟に新しい文脈へと転移させることができる。

　学習の転移は、一連の概念から他の概念へ、ある教科から他の教科へ、ある学年からつぎの学年へ、さらには学校から学校外の日常活動へ、というようにさまざまなレベルで査定することができる。この転移が生じるかどうかは、つぎのような要因によって決まる。

①転移が生じるためには、最初の学習において一定の閾値を越える十分な学習がなされなければならない。この点を見落とすと、さまざまな教授法の効果について間違った結論を導くことになりかねない。複雑な教科内容を学習するのには時間がかかる。したがって、転移の査定をする場合には、先行学習でどの程度理解を伴う学習が達成されていたかを考慮に入れなければならない。

②学習に多くの時間をかけることは、効果的な学習の条件ではない。練習によって教科内容に精通するためには時間がかかるので、時間の使い方が重要なのである。たとえば、「熟考しながらの学習」がなされるためには、

子どもが自分の学習過程をモニターするように支援することが重要である。そうすれば、子どもは自分自身でフィードバックを探し求め、学習方略の適否や現在の理解水準を自ら主体的に評価できるようになる。そうした「熟考しながらの学習」は、教科書を漫然と読むだけの学習とは根本的に異なるものである。

③理解を伴う学習は、教科書や講義で学んだ知識を暗記するだけの学習よりも転移を促進する。ところが、教室での学習活動では、理解を伴う学習よりも、知識の丸暗記が強調されることが多い。その場合でも、学習評価を記憶テストだけを用いて行えば、教室での学習活動に何が欠けているかはわからないであろう。しかし、学習の転移を測定すれば、理解を伴う学習のほうが優れていることが明らかになるはずである。

④多様な文脈で教えられた知識は、単一の文脈で教えられた知識よりも柔軟な転移を促進しやすい。ある特定の文脈に固有の例を用いて教えられると、学習した知識がその特定の文脈と結びついてしまう。これに対し、多様な文脈で教えられると、子どもはその知識に関連する多様な情報を抽出できるので、幅広く応用することができる。柔軟な知識表象をつくりあげることができるのである。

⑤子どもが学習活動を通して、学習の基礎となる主題や原理を見つける方法を学ぶと、「いつ、どこで、なぜ」その知識を使うかを理解することができ、別の新しい問題を解く際に、学習した知識の使い方がわかるようになる。この「いつ、どこで、なぜ」その知識を用いるのかを理解することは、熟達化の重要な特徴でもある。要するに、多様な文脈で学習することが、多様な文脈への転移を促進する。

⑥学習の転移は能動的な過程である。したがって、学習の転移は「単発」の転移テストで測定するべきではない。それに代わる方法としては、たとえば別の新しい単元を学習する際の速度を測定することが考えられる。子どもが新しい単元を学習しはじめたときに、初めて正の転移が生じたことが明らかになることが多い。つまり、転移とは新しい情報をより速く理解できる能力でもある。

⑦すべての学習は、たとえそれが最初の学習（ターゲット）であっても、必

第1節　学力・学習観と学びのあり方

ず先行経験や既有知識（ベース）からの転移を伴っている。つまり、転移は最初の学習の後にはじめて生起したり、生起しなかったりするものではない。しかし、ある学習課題に関係する既有知識（ベース）を、学習者は自動的に活性化するわけではないので、既有知識が新しい知識を学習する際に、正の転移をもたらさないこともある。そのため、優れた教師は、まず子どもが学習状況にもち込んでくる既有知識の効果を把握し、その既有知識と新しい学習目標となる知識（ターゲット）とのつながりをもたせるように橋渡しをする。そうすることによって、正の転移が生じるように支援する。

⑧子どもが教室にもち込んでくる既有知識は、教室での学習を妨害することもある。そうした既有知識は、思考を誤った方向に導く場合があるからである。また、子どもが日常生活のなかで獲得した素朴理論（誤概念）が、科学的概念の理解を困難にすることもある。このような場合、子どもが科学的概念を理解できるようにするためには、教師は子どもが学校にもち込んできた誤概念を、自ら修正するように支援しなければならない。

2　体系的知識中心の環境

　学習者中心の環境は、学習者の力量と興味やニーズに基づいて構成されなければならない。しかし、学習者中心の環境だけでは、子どもたちが社会でうまく適応していくのに必要な知識・技能を身につけることはできない。熟達者の思考力や問題解決は、一般的な「思考スキル」や方略だけで成り立っているのではない。適応的熟達者の柔軟な思考力を成り立たせているのは、プランニングや方略的思考と、それをささえる「高度に体系化された知識」なのである。

　したがって、知識中心の環境をデザインする際に重視しなければならないことは、子どもたちが「理解に基づく学習」をし、なおかつ「転移が生じるような学習」をすることによって、真の意味での「知力をもつ」ように支援することである。

　ところで、「知識中心の環境」は「学習者中心の環境」と重なる部分が多い。子どもがその教科についてあらかじめもっている既有知識（ベース）を

第7章　現代の学力課題とカリキュラム構想

考慮して授業をはじめようとすれば、これら2種類の環境は領域を共有することになる。人は自分の現在の知識（ベース）を基礎として新しい知識（ターゲット）を構築する。したがって、教師は、子どもが学習状況にもち込む知識を考慮しなければ、彼らが新しく出会う情報から何を学ぶのかを予測できない。「知識中心の環境」の環境をつくり出すためには、LTD学習法が志向するように、子どもが教科の原理を深く理解するのに必要な情報や活動に注目する必要がある。

　また、効果的な学習環境は、「学習者中心」「知識中心」であるとともに、「評価中心」でなければならない。つまり、フィードバックを与え、修正の機会をもたせること、そして評価されることが学習者の学習目標に沿っていることが重要である。

　そこで、教師の学習機会は、授業を想定した教授学的な内容の知識を中心としているのが理想的であるが、かなえられていないことが多い。教師のためのワークショップでは、多くの場合、各教科の内容と教授法を統合しようとするのではなく、教科内容に基づかない一般的な教授法に焦点が当てられている。しかし、教師にとって大切なことは、自分の専門分野に関する知識の再検討をすることである。ここに授業研究の意義がある。

3　認知発達と学習

　両親が乳児の注意を引こうとして母語で話しかけるときのように、環境は、たんに情報を提供しているだけではなく、その情報に構造をあたえている。このように発達過程は、生得的にそなわった潜在的能力と、環境や他者からの支援との相互作用によって展開する。また、環境や他者による支援は、子どもが環境に適応するのに役立つ能力の発達を促進し、適応に役立たない能力の発達を抑制する。換言すれば、学習は子どもの生得的能力と子どもを取り巻く環境によって、促進されたり統制されたりする。

　このことを分子レベルで見れば、子どもの脳の発達は、生得的な要因と環境的要因との相互作用に他ならず、心はこの相互作用の過程でつくり出されるのである。「発達」という語は、子どもの認知発達を理解する上でもきわめて重要である。認知発達は、たんなる知識の増大によって生じるのではな

く、知識の再構造化が深く関わっている。数多くのフィールド調査によって、初期の認知発達と学習に関する重要な知見が得られている。そのうちの重要なものをつぎにあげる。

①認知発達には、生得的能力がそなわった特権的な領域がある。その典型例は言語領域であるが、生物学や物理学的因果、数などの領域においても、子どもは素早く容易に学習できる生得的能力をもっている。

②幼児の知性は未発達ではあるが、決して愚かではない。つまり幼児は知識は十分ではないが、その知識を用いて推理する能力をもっている。

③子どもは能動的な問題解決者であり、好奇心に導かれて疑問や問題を見つけ出す。つまり、自分にあたえられた問題を解こうと試みるだけではなく、つねにさらなる挑戦を求めている。成功することや理解することに対して生得的に動機づけられているために、さらなる挑戦ができるのである。

④自分の学習能力についての知識、つまりメタ認知は、非常に早い時期から発達する。このメタ認知能力のおかげで、自分で計画を立てたり、成否をモニターしたり、まちがいを修正することができる。

⑤子どもの生得的な能力に対しても、学習支援は必要である。なぜなら、初期の能力は、保護者や日常的事物の媒介によって発達するからである。すなわち、大人は子どもの注意を方向づけ、経験を構造化し、学習活動を支え、情報の複雑度や困難度を子どもに合わせて調整することによって、子どもの好奇心と持続性をうながすという重要な役割を担っている。

神経科学の研究によって、発達途中の脳においても成熟した脳においても、学習に伴って神経細胞の構造が変化するだけではなく、生成することが明らかにされているのである。

4　学習意欲

教師は多様な子どもの集団のために、いっそうやりがいのある課題を用意することが求められる。やりがいのある課題とは、問題を組み立て、情報を発見、統合・総合し、新しい解を作り出し、自ら学び、協調的に作業するような課題である。すなわち、自発的に取り組み、創造的に操作することが生き甲斐につながるような学習の成立である。

第7章　現代の学力課題とカリキュラム構想

　学習に費やされる時間の長さは、当然のことながら学習意欲の強さによって影響される。人はもともと自分の能力を高めたり、問題を解決したりする意欲をもっている。ホワイト（White）は、これを1959（昭和34）年に「コンピテンス」とよんだ。報酬や罰をあたえることによって、人の行動を変えることもできるが、人は本来、内発的な動機づけによって仕事や勉強に励もうとする。したがって、学習意欲を高め、それを維持させるためには、課題の難易度が適切でなければならない。なぜなら、課題が易しすぎると子どもは飽きてしまうし、難しすぎると途中で挫折してしまうからである。

　また、課題の難易度を設定する際、子どもが「学習志向」であるか「遂行志向」であるかにも注意する必要がある。なぜなら、彼らが学習志向であるか、遂行志向であるかによって、直面した困難に耐えられるかどうかが決まるからである。学習志向の子どもは、新しい課題にチャレンジすることに対して意欲的であるが、遂行志向の子どもは、何かの間違いをしてしまうのではないかと気にしすぎて、学習に対して消極的である。学習志向であるか遂行志向であるかは、その子どもの一貫した特性ではなく、取り組む課題の領域によって異なると考えられる。たとえば、数学に関しては遂行志向であるが、理科や社会科に関しては学習志向であったりする。

　学習に社会的な意義をもたせることによって、学習意欲を高めることができる。とくに、他者のために役立っているという気持ちをもたせることは、非常に効果的である。学習意欲は、とりわけ地域社会に貢献していると感じることができるときに高まる傾向が現れる。

5．「学び」のためのカリキュラム構想
1　外発的動機づけ重視の問題

　知識の運用に関していえば、たとえば内化された知識、法則の多くは、自らが具体的な事実を抽象、あるいは捨象するなかで定立したものではない。その多くは第三者によって定立された法則であり、それをそのまま内化したとしても、それが具体的に運用されるという保証はない。法則の適用はことのほか難しく、それを定立する能力があって、はじめて新たな事象に適用できるが、学校教育では普通この種の能力を涵養しえないことが多い。

また、この教育は第三者によって体系化されたものであり、その際の到達目標もその体系のうちにある。したがって、それは自らが生成したものではなく、その多くは他者からあたえられたものである。このため目標は、あくまでも学習者の外側にそれ自体として存在する。その目標が学習者に対して魅力的な力として働くためには、学習者を押し動かす「外発的な動機づけ」が不可欠となる。

　そこで、伝統的な動機づけの理論からすれば、自らの現状と到達すべき目標との差がそれ自体として存在し、それを埋めるようにさまざまな形で動機づけられている。それらは賞罰によって動機づけられていることが多く、実際には社会的な強制であったり、あるいは到達したことに対する報酬であったりする。

　子どもたちを教育する際、外発的あるいは内発的な動機づけのいずれを重視するかは、その時代の価値観、人間観に関係している。ただ近代社会では、教育が学校を介してなされることから、どうしても外発的な動機づけがより重視される。そのため、学習それ自体に喜びを見出すといったことは必ずしも重視されない。また、自らのかかわりとして学習をとらえにくいことから、学習を通して自己を確立していくといった側面が過小に評価されることは否定できない。

　さらに、この側面を見過ごして教育を押し進めると、やがて自己を確立する以前の学力、つまり言語化されたレベルの学力さえ満足に保障しえないといった事態が生じる。教育という以上、双方を分けて考えること自体がそもそも問題なのである。にもかかわらず、どちらか一方のみに重点がおかれると、やがて重点がおかれていた教育それ自体にも問題が生じ、全体としてうまくゆかなくなる。

2　動機づけは必要なことか

　放っておいても学習する勉強好きな子は稀である。そこで、やる気を出させたるために動機づけをすることになる。代表的なのは賞罰の利用である。ほめる・しかるといった素朴な方法から、点数や偏差値を他者や過去の自分自身と競わせるやり方や、進学先・就職先・社会的資格・経済的境遇・社会

的地位や名誉等に関して学習することのメリットを示すやり方など多種多様に存在する。

しかし、これら賞罰の利用は、外側から学習をコントロールする点で、本来自立をめざす教育にとって正当とはいい難い。そこで、学習者の内側からの動機づけがベターということになる。つまり、学習を楽しむことや、学習によって達成感・成功感・有能感を味わう、学習内容が現実の社会のなかで役立つことを知ることなどが大切であると。

しかし、人類史上長い期間において、近代学校教育制度が成立する以前には、動機づけをしようとするような意図も、その実現を目的として仕組まれた教育的装置もなかったにもかかわらず、人びとは学び続けてきた。これは一定の条件がそなわれば、学びは自然に生まれる、ということを示している。

3　「教えない」教育

本来の学びとは、たんに知識を得ることではなく、それを介して自らの生きることの意味を、その可能性を見いだすことである。学ぶことによって、未だ知らない自己を知り、自らの可能性を新たな関係のなかでとらえ直す。したがって、学びを通して獲得される知識が、自己変革に及ぼす効果はあくまでも間接的なものである。間接的であるがゆえに、学びかつ伝えることがことのほか難しいのであろう。

この難しさを助長するものが、教育に直接的で、即物的な効果を期待する人びとの考え方である。そして、学校教育がその期待に応えるべく矮小化されていることから、ますます教育と自己変革とに乖離が生じる。

制度として学校教育が確立する以前は、伝統的社会が子どもたちの主体的で自律的な学びを重視し、しかも知識の獲得と自己の新たな確立を不可分なものとしてとらえてきた。それが「徒弟教育」であり、「芸道教育」であった。伝統的な徒弟社会では、知識はそれを発揮する人、あるいはまたその状況と無関係ではありえない。あくまでも人の働きを通すという意味で、知識は間接的に働くものでしかなかった。

ところが、近代教育が浸透してゆくなかで、知識観だけでなく、人びとの労働観もずいぶん違ってきた。伝統的社会では、一般に生活と仕事は分かち

がたいものとしてとらえられ、その多くは、技能あるいはスキルを通してなされてきた。しかし近代社会では、生活と仕事とのあいだの乖離が確実に拡大し、このことが徒弟的な学びを保障しえなくなってきた。

徒弟教育は、教えることを重視する現行の教育とはまったく違った考えに基づいている。今学習すべきものが前もってあり、それを学習者の頭のなかに注入することが「教育」であるとすると、教育の役割は何よりもまず教えることであろう。これに対して、「学び」が具体的な状況のもとで成立するとすれば、「学びを支援するシステム＝教育」ということになる。その一形態として「教えない」教育も存在してよい。

ただ、文字通り教え、育むことが教育であるとすると、はたして「教えない」教育が成り立つのか。その真意は、学習意欲を喚起する教育環境を整え、教えることよりも、むしろ学ぶ方に重点をおいた教育といえよう。事実、この世界では、「わざ」は教えられるものではなく習うものであるとされる。この点で、「教える」ことに重点をおく現在の学校教育とは大きく異なる。

知識は伝達されるところに意味があり、そのために体系化される。しかしこのことが、他方でいくつかの重大な問題を抱えることになる。その一つは、たとえ体系化された知識を子どもが内化しようにも、その知識を具体的に運用しえないことである。いま一つは、到達すべき目標を外側に設定していることから、それへの到達が外発的な動機づけによって大きく左右されることである。

4　学びと学習の違い

（1）共に仕事をするなかでの学び

近代公教育制度が誕生する以前は、家族や地域共同体の人々と共に生活し仕事をするなかで、文化（知識や技術）を習得し、知恵を身につけ、その人らしい性格を築き上げてきた。自分なりに先人を模倣し、精進して仕事に慣れ親しみ、習熟することが学ぶということの基本であった。

人は模倣されると、真似た人に対しポジティヴな感情が湧く。社会心理学でカメレオン効果という。わずかな無意識の振る舞いでさえ模倣されると、人と人のつながりを強化する社会的な接着剤として働くのである。伝統的な

「修業」は、世襲制や徒弟制度のもとで、親や親方に親近感を覚えつつ、幼少時からよきモデルを長い時間をかけてじっくり観察し、鑑識眼を高めてそのよさを理解していく過程であった。学ぶとは、親・親方・師匠などの振る舞いや仕事を手本に、新しい知識や技術を自分自身で編みだしていくことであった。なぜなら、具体的な指導はほとんどなされないからである。

模倣は、単に手本と同じ行動をするにとどまることではなく、独自の工夫によってそれに新たな意味づけすることであった。伝統的な学びの手法としての「まねる」「型から入る」「反復する」などは、創造性や個性や精神的自由と両立するのであった。そこでは、創造性・個性・自由と規律・秩序・ルールのような近代教育特有の二項対立は成り立たなかった。したがって、先人の仕事と人間性を模倣する修行によって、自分なりの世界の見方が築かれるし、同時に自分や自分の仕事に対して誇りをもち、独特の個性をもった人格ができあがった。

（2）倫理的行為としての「実践」

だれからも動機づけられないのに、なぜ自ら先人を模倣しようなどという気になるのか。その人にとって、たんなる活動ではなく「実践」だからである。「実践」とは、①「実際に履行すること。②「哲学で、㋐　人間の倫理的行動。アリストテレスの用法で、カントなどもこの意味で用いる。㋑　人間が行動を通じて環境を意識的に変化させること。」（広辞苑）とある。この②の定義にのっとって敷衍すると、先人の活動は「よき活動」であるがゆえに、「自分もそうなりたい」と思わせるモデルになるのである。

ここでいう「実践」とは、各々の実践に内在する固有のよさの達成に照らして判定される、より優れた達成をめざして精進する、いわば「修行」といわれてきた行為である。具体的には、「切る」「削る」などの手わざは、「うまく切る」「上手に削る」といった言い方ができるので「実践」だが、「ボタンを押す」「スイッチを入れる」などの活動は、それ自体の内部によさの規準をもっていないので実践とはいえない。また、見事な手さばきで魚を包丁でさばくことは「実践」であるが、包丁を振り回して魚を単に切断することは実践とはいえない。この用法にしたがえば、研究や学問などの理論活動も「実践」である。

第1節　学力・学習観と学びのあり方

　この「よさ」が具体的に何であるかは、直接知ることができない。それは実践を共有する人々に暗黙の規準として分かちもたれている。このような暗黙知は、言語化が困難な形でそこに埋め込まれている。したがって、自ら実践に参加しなければ、それが何かはわからない。優れた実践の例示は可能であるから、それに数多くふれたり、それについて会話・議論したりすることによって、自らその「よさ」を構成していくことが、それについて知るということなのである。

　したがって、生活や仕事のなかで行われる学びとは、この「実践」のなかで行われるものである。その「よさ」を共有する、実践共同体に参加する過程に必然的に伴うのが「学び」の潜在的カリキュラムである。日本では、この学びを一般的に「修行」と呼び習わしてきた。

5　動機づけを必要としないカリキュラム
（1）動機づけの問題点
　「学習」と原理的に異なる「学び」には動機づけは要らない。日本では古くから、『論語』の「憤セズンバ啓セズ、悱セズンバ発セズ」という格言が教育方法の基本にあった。発憤してイライラするまで問うことをしなければ、啓発したりしない、ということが大原則であった。

　だが今日、教育においての動機づけは不必要なのだろうか。学びの特性を損なわないような形でなら、場合によっては望ましいこともあろう。たとえば、賞を与えることが、利益誘導と結びついたり、名誉欲をかき立てたりするのではなく、優れた仕事を励ましたり、優れているとはどういうことかについての議論を促したりする場合である。

　しかし、動機づけはつぎのような問題をかかえている。

　学習は、他人の知や行動、性格を合理的にコントロールしようとする関心に支えられている。近代国民国家においては、「善良な国民」や「勤勉な労働者」といった人間像をめざして「人材」を育成することが急務の課題であったが、既存の実践のなかで自然に生まれる「学び」に任せていてはそうした人材は育成できない。そこで、新たに「学習」が必要になったのであり、「学習」は自然には起こらないからこそ、学習への動機づけも不可欠になっ

たのである。

　単に学習させることではなく、学習の効率や能率を高めたり、教育の生産性を向上させたりすることが関心事になるとき、動機づけは、単に必要なものから積極的に押し進めるべきものとなった。その結果、子どもたちは学習動機を内面化し、主体的・自発的に学習しているように見える。しかし、動機づけによって生まれる学習は矛盾でしかない。動機づけは、学習を促すことを通して深い学びを損なう傾向をもっているが、学習の領域が肥大化して学びの領域が縮小するとき、人間は自らの自律性や自由を奪われてしまう。かつてルソーは、「教えない教育」ともいうべき、環境それ自身による「消極教育」の重要性を強調した。

　また、動機づけに支えられた学習にはきわめてもろい側面がある。学習の辛さに見合う代償が得られなかったり、学習が楽しくなかったり、達成感や成功感が得られなかったり、学習する内容が社会で役立つものでなかったり、将来の目標や夢がもてない場合には、学習はあっさりと拒否されるからだ。

　物の豊かさが実現し、楽しい教材・教具がつぎつぎに開発され、昨日の教材・教具は直ぐに退屈なものとなる。社会の変化が激しく、何が将来の社会で役立つかが不透明になり、将来の夢や目標ももちにくい社会においては、動機づけしても子どもたちの学習意欲は衰退する一方である。

　しかも、仮に動機づけが成功したところで、動機づけが向かわせようとしていた内容以外の学習は冷酷に切り捨てられてしまう。つまり、異なる文化との出会いは、「学び」にとっては自己を豊かにしてくれるものでありうるが、「学習」にとってはそもそも関係のないことになってしまうのである。

（２）実践の「よさ」に魅了させる

　学びのためのカリキュラムが動機づけを必要としないとは、動機づけようとする意思と、それを実現するための特殊な装置を必要としないということである。日本では江戸時代まで、このことは学びの前提として当たり前のことであった。

　しかし今日、子どもの学びの動機の生成に、大人が関与することを否定できない。実践に子どもたちを参加、従事させることの自然な帰結として、学ぶ動機が生まれることを前提にしているのであれば、教師や大人は、子ども

の学ぶ動機の生成にむしろ積極的にかかわっていく必要がある。

　では、教師は何をすればよいのか。まずは、教師の素晴らしい技量を見せて魅了し、その目標に到達するために、すべきことを想像させる。

　つぎに、実践に参加させるためにたとえば数学や物理学であれば、数の世界や時空間の不思議さを味わわせたり、簡潔で美しい解法をめざして問題解決の試行錯誤を経験させたりすることである。文学や歴史学であれば、文章・作品や歴史的事件・現象をめぐって解釈の優秀性を競わせたり、常識や予見をひっくりかえすなどして研究することの醍醐味を味わわせたりすることである。

　そのなかで子どもたちが、スポーツに打ち込むときのように、実践のよさに魅了されることによって、その実践に巻き込まれ、夢中になり、好きになれば、彼らは自然にその実践にかかわるようになる。習熟がなされれば、学ぼうとする動機は自然に生まれてくる。もちろん、自分なりの学びを独りよがりの世界に閉塞させないためには、他者の文化活動のすぐれた成果（いわゆる文化遺産）から学ぶことが不可欠である。そのためには、自覚的な教えも必要になる。だが、学ぶ姿勢をすでに身につけていれば、スポーツに見られるように、厳しい訓練であっても、必要な教えなら喜んで受け入れるであろう。

（3）自己と実践との間の関係づくり

　学びのカリキュラムにおいては、何がよい仕事か、出来栄えが優れているとはどういうことかについて理解し、そのことについての眼力を高めるために、活動が選択され配列される。伝統的な社会における学びは、先人の使う道具を運んだり、道具の手入れをしたりといった段階や、道具を一つひとつ使用してみたり、担える仕事の部分を一つひとつ広げていったりと段階を経て行われた。これは周辺的な活動から中心的な活動へと、実践（仕事）に習熟していく修行過程であるが、同時にそれは、よきモデルをじっくりと観察し評価したり、優れた技を盗んだりする機会を、各段階にふさわしいやり方で確保することによって、鑑識眼を高めていく過程でもあった。

　伝統的社会の学びにおいては、幼少時から仕事の周辺的な活動に参加するなかで、長い時間をかけてじっくりと実践の「よさ」について理解していっ

た。だがこのような学びは、世襲制のもとで、子どもに職業選択の自由が認められていなかったからこそ可能であった一般的方式だといってよい。

　それに対して近代社会は、本人の能力や意思に応じて自由に生き方や職業が選べることをめざしてきた。したがって、人生の途上でさまざまな実践を経験し、そのなかから自己の職業や生き方にふさわしい実践を選ぶ必要がある。ただしこの場合、重大な問題が生じる。自己と実践の間に必然的な関係がないために、学び手が自らの意思とは無関係に実践に導き入れられ、実践に習熟するにつれて実践のよさを次第に理解していくという、伝統的な学び方が必ずしも適用できないことだ。そのため、現代の学びのカリキュラムにおいては、実践のよさに強く魅了された後に、決意してそれを選択し、改めて実践への参加を開始するといったやり方も必要になろう。

（4）いのちに直結する学び

　そもそも生物は、その環境をそれにふさわしく解釈して適応し、もしくは環境をつくり替えて生き伸びてきた。したがって、その好奇心は本能的なものである。好奇心に満ちた幼児が、「なに」「なぜ」と疑問をもって考え、言葉を覚えて概念的知識を獲得するのもこれに根ざしている。実践的な学びは、このようなよりよく生きることに直結した営みである。

　宮城県石巻市立大川小学校全校児童108人中、児童74人、教職員10人が死亡・行方不明となった悲劇を繰り返してはならない。これまで予想もしなかった災害や原発大事故に対処するためにも、従来の発想を乗り越える学力観が必要である。

　東日本大震災の津波による死者・行方不明者が1,000人を超す釜石市で、小・中学生は2,921人が津波から逃れた。学校にいなかった5人が犠牲となったが、99.8％の生存率は「釜石の奇跡」といわれる。学校の管理下にあった児童生徒に限らず、下校していた子どもも、多くが自分で判断して高台に避難した。命を救ったのは、数年間力を入れて訓練してきた、自立を促す防災教育だった。

　激しい揺れが収まると、「津波が来るぞ」と大声を上げながら最初に走り出したのは、部活動などでグラウンドに出ていた釜石東中の生徒たちだった。3月11日午後2時46分、校内放送は停電のため停止し、「逃げろ」という先

生たちの指示は伝わらなかった。釜石市立鵜住居小の児童が３階に集まり始めたころ、これまで何度も合同避難訓練に取り組んできた、隣接する釜石東中の生徒が校庭に駆け出したのを見た児童たちは、日頃の同中との合同訓練を思い出して自らの判断で階段を走り降り、校舎を飛び出してその後を追った。間もなく、小・中校舎は津波の直撃を受けた。間一髪だった。

　児童生徒ら約600人は、500メートル後方にある高台のグループホームまで避難。指定避難場所だったが一息つく間もなく、裏側の崖が崩れるのを目撃した。危険を感じた彼らは、その施設利用者を連れだって、さらに約500メートル先の高台にある介護福祉施設をめざした。その約30秒後、グループホームは津波に呑み込まれた。子どももその親も自立して避難する。つまり、お互いの無事を信じて、各自そのときいた場所で最善を尽くすことを徹底的に指導され、確認しあっていた。

　「主体的・対話的で深い学びの実現」により、新学習指導要領がめざす資質・能力の養成が今日学校教育の目標である。そこで、動機づけに頼る「学習」のカリキュラムが、それ自体根本的な問題を抱えており、そのことが学校教育の大きな課題であるという事実から目を背けず、これをふまえた「実践」による深い学びの導入がますます重要になろう。

【参考文献】
青木秀雄編著　2014『現代初等教育課程入門』明星大学出版部
吉冨芳正編著　2014『現代中等教育課程入門』明星大学出版部
鯨井俊彦・青木秀雄・林幹夫著　2009『現代教育課程入門―知識基盤社会を生きるための学校教育を目指して』明星大学出版部
明星大学初等教育研究会編　2007『初等教育原理』明星大学出版部
野村幸正　2003『「教えない」教育―徒弟教育から学びのあり方を考える』二瓶社
日本教育方法学会編　2007『リテラシーと授業改善―PISAを契機とした現代リテラシー教育の探究』図書文化社
柴田義松　2000『教育課程カリキュラム入門』有斐閣
森敏昭・秋田喜代美監訳　2002『授業を変える―認知心理学のさらなる挑戦』北大路書房
宮地正卓　2004『教育改革への哲学的視点―人間論的考察をふまえて』日本図書センター
奥川義尚・川村覚昭・野崎隆他　2006『教育学の根本問題』ミネルヴァ書房
田中耕治・水原克敏・三石初雄・西岡加名恵　2005『新しい時代の教育課程』有斐閣
I.イリッチ、東洋・小澤周三訳　1977『脱学校の社会』東京創元社
アップル、M.W.・ビーン、J.A.編、澤田稔訳　1996（原著：1995）『デモクラティックスクール』アドバンテージサーバー

第 7 章　現代の学力課題とカリキュラム構想

福田誠治　2007『格差をなくせば子どもの学力は伸びる』亜紀書房
大桃敏行・上杉孝實・井ノ口淳三・植田健男編　2007『教育改革の国際比較』ミネルヴァ書房
原田伸之編著　2007『確かな学力と豊かな学力』ミネルヴァ書房
渡邊あや　2007「フィンランドにおける児童生徒の資質・能力」『諸外国における学校教育と児童生徒の資質能力』国、Ｚ教育政策研究所
石村卓也　2008『教職論―これから求められる教員の資質能力』昭和堂
小島弘道編　2007『時代の転換と学校経営改革―学校のガバナンスとマネジメント』学文社
会田元明　2005『教育と福祉のための子どもの「問題行動理解」理解の心理学』ミネルヴァ書房
グループ・ディダクティカ　2000『学びのためのカリキュラム論』勁草書房
辻本雅史　1999『「学び」の復権―模倣と習熟』角川書店
生田久美子　1987『「わざ」から知る』東京大学出版会
西岡常一　1993『木のいのち木のこころ〈天〉』草思社
Ａ．マッキンタイア(篠崎榮訳)　1993（平成 5 ）『美徳なき時代』みすず書房
藤田英典　2005『義務教育を問いなおす』筑摩書房
松尾知明　2016『未来を拓く資質・能力と新しい教育課程―求められる学びのカリキュラム・マネジメント』学事出版

第 2 節　フィンランドの教育改革と STEAM 教育

1 ．PISA 調査最上位レベルのフィンランドの現在

1　フィンランドの教育制度

　フィンランドの人口は約540万人、面積は日本の約90％。国土の約 7 割が森林、 1 割が湖沼。山岳地帯がなく、人口も少ないので、ほとんどの人が湖畔に別荘を所有しており、長い夏休みをそこで過ごす人が多い。フィンランドは国土に対して人口が少ないため、児童生徒数の少ない小規模校が多い。2014（平成26）年の時点で、約3000校ある基礎学校（日本における義務教育段階に相当）のうち、 3 分の 1 の学校が児童生徒数50人に満たない小規模校である。加えて、全世界共通の問題である少子高齢化によって、都市部においても学校の統廃合が進みつつある。フィンランドは、以前より福祉大国の一つとして有名であり、現在でもその位置づけに大きな変化はない。

　フィンランドの教育目標は「すべての子どもに平等な教育を」「現場への信頼」「質の高い教員の養成」の 3 つである。

　義務教育は、かつては日本と同じ 6 ・ 3 制であったが、1999（平成11）年より 9 年一貫制の「基礎学校」での教育に切り替えた、しかし、制度の変更に学校施設の整備が追い付いていないため、小学校 6 年、中学校 3 年の旧来

型学校教育を受ける児童生徒も少なからず存在しているようである。なお、一貫制であっても、6年生まではクラス担任が全教科を担当し、7年生以降に教科担任制に移行するという形態が一般的とのことである。

また、義務教育の段階では、概ね、居住地域の近くにある学校に通うことになるが、児童生徒が学校から3km以上遠方に居住している場合には、自治体が交通手段を用意しなければならない。

フィンランドでは、7歳から就学することとされているが、希望すれば、6歳からの1年間、就学前教育を無償で受けることができる。また、希望以外にも病気や障碍、発達の未成熟などによって、7歳からの就学では学校教育についていくのが難しいと判断される場合にも、就学前教育が行われる。その結果、ほとんどの子どもが就学前教育を受けてから基礎学校に入学するようである。なお、これらの就学前教育は、基礎学校、もしくは、幼児教育・保育機関にて行われている。

同様に、義務教育修了時にも、希望する進学先に進むための成績が不足していると判断した場合などには、1年間卒業を延期することができる。このように、フィンランドでは発達や成長に見合った進級を当然のこととして義務教育の延長措置が用意されているのである。

高校段階になると、日本における普通科高校に相当する高校か職業学校に進学することとなる。進学率は、高校が約50％、職業学校が約40％であるが、高校と職業学校に同時に通うことも可能である。なお、高校進学に際して、日本の高校入試のようなペーパー試験型の学力試験ではなく、基礎学校9年生（中学3年生）前期までの選択科目などを除く全教科の平均点によって合否が決まる仕組みとなっている。そして、高校または職業学校で必要単位を修得した後、高校卒業資格試験、もしくは、職業資格基礎試験に合格してこれらの学校を卒業することになる。

フィンランドは、学費については就学前教育から高等教育まで全て無償である。加えて、基礎学校では給食と文房具が無償で提供され、また、教科書が無償で貸与される。なお、高校段階でも給食は無償である。

設置運営母体で見れば、フィンランドも国立、公立（自治体立）、私立の3種類の学校があるが、いずれにしても学費は無償である。なお、都市部で

は、入学試験を行って入学者を選別するエリート校が近年になって出現し始めている。

フィンランドの高等教育は、大学または単科大学と職業大学校に大別される。そのうち、大学については、学士課程3年修士課程2年で構成されているため、フィンランドにおける大卒は修士号の取得を意味している。したがって、大学卒業によって資格を持つことになるフィンランドの教師も、基本的には修士号を持っているということになる。

2　フィンランドの学校教育

フィンランドの学校は、通常は2学期制を採っているが、7週を1タームとした4学期制を採用している学校もある。また、教師の勤務日数が定められている関係上、年間授業日は190日程度である。これは日本よりも40日ほど少ない。

フィンランドでは、国家が策定する教育課程基準を基に、各自治体が教育課程基準を作成し、その自治体の教育課程基準に基づいて各学校が教育課程を編制している。ただし、国家の教育課程基準は、あくまで大枠を示すだけであるため、各自治体や学校ごとに独自の方針で教育を行うことが可能となっている。そのため、フィンランドの学校教育は、自治体ごと、学校ごとに大きく異なるというのが実情である。ただし、近年、都市部の基礎学校では算数や言語（母語-フィンランド語とスウェーデン語、外国語）の強化クラスを編制することが増えているようである。そのため、学校間の教育格差が問題となってきている。

フィンランドでは、一般的に、協働（グループ）学習が推奨されている。ただし、グループの作り方にはあまりこだわらないため、ペアで学習活動をする場合もあれば、クラス全体で学習活動をすることもある。また、協働学習を行わずにひとりで黙々と勉強している子もいる。フィンランドでは、学習は、自分の人生に必要な知識を自ら求め、知識を構成していく活動と捉える傾向が強いのである。なお、小規模校においては、児童生徒数が少なすぎて協働学習を成り立たせるのが困難だという課題が指摘されている。

フィンランドには、前述したように、日本における学習指導要領に相当す

第 2 節　フィンランドの教育改革と STEAM 教育

図 1　フィンランドの教育制度

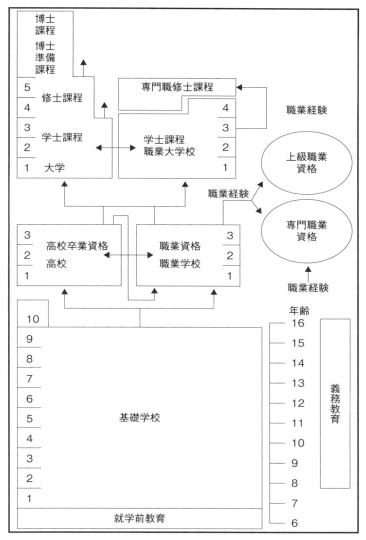

北川他『フィンランドの教育〜教育システム・教師・学校・授業・メディア教育から読み解く〜』P.98「図表：フィンランドの教育制度（Suomen koulujärjestelmä, Opetushallitus をもとに作成）」より引用

る教育課程基準が国家によって策定されている一方で、教科書の使用については、学校現場に一任されている。また、教科書の検定もない。したがって、教師は、教科書を使って授業しなくても良いし、複数の教科書を並行して使っても良い。ただし、児童生徒には教科書が無償貸与されるため、学校で用意している備え付けの教科書から教師が教科書を選択することが多いようである。いずれにしても、教科書の使用義務がないことによって、教育内容選択に関する教師の裁量が大きく取られているということができよう。なお、このような制度が運用できるのは、行政や保護者が教師を全面的に信頼し、また、教師もそれに応えているからであるということも付け加えなければならない。

3　PISA調査におけるフィンランドの現状

　フィンランドは2000年代を通して、PISA調査（PISA2003（平成15）、2006（平成18））で最高水準の結果を出しており、一時はPISA学力世界一と評されるまでになった。当時、日本では1998（平成10）年学習指導要領実施を巡って「学力低下」が社会問題となっていたこともあって、フィンランドの教育改革に大きな注目が向くこととなった。

　その後、PISA2009（平成21）において、シンガポールや上海の初参加という要因もあって、フィンランドは順位がやや下落した後、PISA2012（平成24）においては、「確かな学力」育成に転換した日本に逆転される結果となっている。

　それでは、フィンランドのPISA2015（平成27）における結果はどうだろうか。日本と比較しながら概観する。前回のPISA2012が数学的リテラシーを中心に調査したのに対して、PISA2015（平成27）では科学的リテラシーを中心に調査した。また、この調査から筆記型調査に代えてコンピュータ使用型調査にほぼ全面的に移行している。

　まず、科学的リテラシーについては、全体平均が日本538点に対してフィンランド531点、順位は日本が2位に対してフィンランドは5位である。また、習熟度が高いとされるレベル5以上の割合が多いのは、上から順に、シンガポール、台湾、日本、フィンランド、北京・上海・江蘇・広東、エス

第2節　フィンランドの教育改革とSTEAM教育

トニアの順である。科学的リテラシーについては、PISA2006（平成18）でも重点的に調査されているが、その時と比較した場合、日本については有意な統計差がないとされる一方で、フィンランドは有意に点数が低くなったと評されている。

次に、読解力については、全体平均が日本516点に対して、フィンランド526点、順位が日本は8位に対してフィンランドは4位である。また、習熟度が高いとされるレベル5以上の割合が多いのは、上から順に、シンガポール、カナダ、フィンランド、ニュージーランド、韓国、フランスである。日本は14番目に位置する。日本は、前回調査より22点点数を下げており、有意に点数が低くなったと評されている。一方、フィンランドについては有意な統計差がないと評されている。なお、日本の下落について、文科省は、調査が筆記型からコンピュータ利用型に転換したために起きた事態だと判断している。

最後に、数学的リテラシーについては、全体平均が日本532点に対して、フィンランドは511点、順位が日本は5位に対してフィンランドは13位である。また、習熟度が高いとされるレベル5以上の割合が多いのは、上から順にシンガポール、台湾、香港、北京・上海・江蘇・広東、マカオ、韓国、日本である。数学的リテラシーについてはPISA2003（平成15）でも重点的に調査されているが、その時と比較した場合、日本については有意な統計差がないとされる一方で、フィンランドについては有意に点数が低くなっていると評されている。

以上を見ると、PISA2015（平成27）については、数理的分野において、日本がフィンランドより上位にあり、また、この分野におけるフィンランドの下落傾向が止まっていない一方で、読解力においては、フィンランドの方が日本より上位にあるということが言える。総合平均点では、日本がやや上という結果は出ているものの、日本とフィンランドの間に総じて大きな差はなく、それぞれがそれぞれに教育上の課題を抱えていると見るべきであろう。

4　フィンランドの教育改革の現在

フィンランドでは、概ね10～11年単位で教育課程基準の改訂が行われてい

る。フィンランドにおける最新の教育課程基準の改訂は2014（平成26）年であり、自治体などの教育課程基準作成のための期間を設けた上で、2016（平成28）年からこの教育課程基準による教育へと移行している。

　この改訂のポイントは、
1：思考と学び
2：文化と相互作用：文化についてのコンピテンシー
3：自己認識と自己尊重の技術
4：多面的な読解力（マルチリテラシー）
5：ICT
6：キャリア教育
の6つであるという。この中でも、多面的な読解力（マルチリテラシー）とICTが特に重要とされている。なお、多面的な読解力（マルチリテラシー）の中には、「見ること」や「聞くこと」も含まれているとのことである。

　さらに、フィンランドの最新の教育課程基準の改訂では、「協働学習の重視」「モチベーションの重視」「学びの喜びの重視」の点で、前回から変化しているとのことである。この中でも、特に「協働学習の重視」については、各教科にどのような形で反映させていくかの試行錯誤を行っている段階とのことである。

　また、この改訂から「事象ベースの指導」と呼ばれる時間が設けられることになったのも大きな特徴である。「事象ベースの指導」とは、少なくとも年に1回は、「事象ベースの指導」の週を設けた上で、その週の中では、全ての教科を設定した事象に関連させた教育内容にするというものである。例えば、「新聞の週」という設定であれば、その週の全ての時間が新聞と関連付けられながら指導されるということである。ただし、こうした教科横断的な「事象ベースの指導」は、既にフィンランドの学校現場では実践されてきたことでもあるため、フィンランド内ではあまり大きな衝撃とはなっていない。

　以上のように、フィンランドの教育も大きく変わりつつある。フィンランドの最新の教育課程基準は2017（平成29）年に全面実施に移行したため、これらの成果が出てくるのは、まだ先のことである。また、これらの教育改革

第 2 節　フィンランドの教育改革と STEAM 教育

表 1　PISA2015（平成27）平均点の国際比較

全参加国・地域（72か国・地域）における比較

	科学的リテラシー	平均得点	読解力	平均得点	数学的リテラシー	平均得点
1	シンガポール	556	シンガポール	535	シンガポール	564
2	日本	538	香港	527	香港	548
3	エストニア	534	カナダ	527	マカオ	544
4	台湾	532	フィンランド	526	台湾	542
5	フィンランド	531	アイルランド	521	日本	532
6	マカオ	529	エストニア	519	北京・上海・江蘇・広東	531
7	カナダ	528	韓国	517	韓国	524
8	ベトナム※	525	日本	516	スイス	521
9	香港	523	ノルウェー	513	エストニア	520
10	北京・上海・江蘇・広東	518	ニュージーランド	509	カナダ	516
11	韓国	516	ドイツ	509	オランダ	512
12	ニュージーランド	513	マカオ	509	デンマーク	511
13	スロベニア	513	ポーランド	506	フィンランド	511
14	オーストラリア	510	スロベニア	505	スロベニア	510
15	イギリス	509	オランダ	503	ベルギー	507
	OECD 平均	493	OECD 平均	493	OECD 平均	490
	信頼区間※（日本）：533-544		信頼区間（日本）：510-522		信頼区間（日本）：527-538	

国立教育政策研究所「OECD 生徒の学習到達度調査（PISA2015）のポイント」P.3 より引用

の結果が、PISA2018、もしくは、それ以降の調査でどのような形となって現れてくるかについて、引き続き注目する必要があるだろう。

2　STEAM 教育とその背景

1　STEM から STEAM 教育へ

前述までのフィンランドの教育改革において ICT の重視という項目があった。フィンランドだけではなく、2010年代以降、全世界レベルで ICT 教育の充実が課題となっている。また、PISA2015（平成27）から、実施不能な地域や国を除いて筆記調査に替えてコンピュータ利用型調査にほぼ全面

第7章　現代の学力課題とカリキュラム構想

表2　PISA 調査平

PISA 調査における数学的リテラ

	2000年	得点	2003年	得点	2006年	得点
1	日本	557	香港	550	台湾	549
2	韓国	547	フィンランド	544	フィンランド	548
3	ニュージーランド	537	韓国	542	香港	547
4	フィンランド	536	オランダ	538	韓国	547
5	オーストラリア	533	リヒテンシュタイン	536	オランダ	531
6	カナダ	533	日本	534	スイス	530
7	スイス	529	カナダ	532	カナダ	527
8	イギリス	529	ベルギー	529	マカオ	525
9	ベルギー	520	マカオ	527	リヒテンシュタイン	525
10	フランス	517	スイス	527	日本	523
11	オーストリア	515	オーストラリア	524	ニュージーランド	522
12	デンマーク	514	ニュージーランド	523	ベルギー	520
13	アイスランド	514	チェコ	516	オーストラリア	520
14	リヒテンシュタイン	514	アイスランド	515	エストニア	515
15	スウェーデン	510	デンマーク	514	デンマーク	513

的に移行したことが示すように、現在、教育においてICTはなくてはならないものとなりつつある。ここからは、そうした中でも、日本に対する影響が大きいと考えられるSTEAM教育とその背景について押さえていく。

　STEAM教育とは、Science（科学）、Technology（技術）、Engineering（工学）、Arts（芸術）、Mathematics（数学）の頭文字を合わせたものである。

　STEAM教育は、それまではSTEM教育と呼ばれていた理数系重視の教育に新たにArts（芸術）が加えられたことが大きな特徴である。

　STEAM教育は、アメリカにおいてバラク・オバマ政権時にコンピュータ科学教育への大規模支援を表明したことで知名度が大きく上がった。その後、米国ではCode.orgが設立され、現在、全世界に対して様々な教育プログラムが提供されるようになっている。このような2010年代のICT教育拡充の背景には、第4次産業革命とも呼ばれる事態が出現していることにある。

第2節 フィンランドの教育改革とSTEAM教育

均点の経年比較

シー国際比較（全72か国・地域）

2009年	得点	2012年	得点	2015年	得点
上海	600	上海	613	シンガポール	564
シンガポール	562	シンガポール	573	香港	548
香港	555	香港	561	マカオ	544
韓国	546	台湾	560	台湾	542
台湾	543	韓国	554	日本	532
フィンランド	541	マカオ	538	北京・上海・江蘇・広東	531
リヒテンシュタイン	536	日本	536	韓国	524
スイス	534	リヒテンシュタイン	535	スイス	521
日本	529	スイス	531	エストニア	520
カナダ	527	オランダ	523	カナダ	516
オランダ	526	エストニア	521	オランダ	512
マカオ	525	フィンランド	519	デンマーク	511
ニュージーランド	519	カナダ	518	フィンランド	511
ベルギー	515	ポーランド	518	スロベニア	510
オーストラリア	514	ベルギー	515	ベルギー	507

　第4次産業革命、あるいは、インダストリー4.0とも呼ばれる事態が2000年代後半から進展してきた。第4次産業革命とは、端的に書けば、IoT（Internet of Things）と呼ばれる、全ての製品がインターネットを通じて接続され、相互に情報を提供し合いながら相互に制御する社会の到来のことを指す。このような社会の到来は、大量の情報を蓄積する社会でもあり、インターネットを通じて収集・蓄積された膨大な情報は「ビッグデータ」と呼ばれている。

　一方で、現在のAI（人工知能）研究は第三次人工知能ブームと呼ばれる状況にある。このブームの最大の特徴とされるのが、「自分自身で自律的に学習を行う人工知能を作る」（渡部信一『AIに負けない「教育」』P.21）ということである。この方針を基に開発が進められたAI（人工知能）は、人間の脳の構造を真似ることで、遂に自身で学習して成長していくことが可能となった。

第7章　現代の学力課題とカリキュラム構想

PISA調査における読解力

	2000年	得点	2003年	得点	2006年	得点
1	フィンランド	546	フィンランド	543	韓国	556
2	カナダ	534	韓国	534	フィンランド	547
3	ニュージーランド	529	カナダ	528	香港	536
4	オーストラリア	528	オーストラリア	525	カナダ	527
5	アイルランド	527	リヒテンシュタイン	525	ニュージーランド	521
6	韓国	525	ニュージーランド	522	アイルランド	517
7	イギリス	523	アイルランド	515	オーストラリア	513
8	日本	522	スウェーデン	514	リヒテンシュタイン	510
9	スウェーデン	516	オランダ	513	ポーランド	508
10	オーストラリア	507	香港	510	スウェーデン	507
11	ベルギー	507	ベルギー	507	オランダ	507
12	アイスランド	507	ノルウェー	500	ベルギー	501
13	ノルウェー	505	スイス	499	エストニア	501
14	フランス	505	日本	498	スイス	499
15	アメリカ	504	マカオ	498	日本	498

　以上の2つの要素が組み合わさったことで、現在の社会は急速に変化し始めた。すなわち、最初のプログラム段階を除けば、自身で学習することが可能になったAI（人工知能）がインターネット上にある「ビッグデータ」と接続されることで、「ビッグデータ」にある情報を学習しながら急速に知能を高めつつある状況が出現したのである。

　こうした社会の到来は、人類に大きな恩恵をもたらす一方で、大きな懸念ももたらすことになった。それは、これまでは人間にしかできないと思われていた知的作業の多くをAI（人工知能）が代替してしまうのではないかという懸念である。例えば、AI（人工知能）による自動運転技術が確立した場合、タクシーやトラックの運転手は必要なくなるため、その人達の仕事が失われてしまうのではないかという懸念である。また、自己学習を繰り返して成長していくAI（人工知能）の出現によって、近い将来、AI（人工知能）を人間が理解できなくなる段階が来るというシンギュラリティ問題が指摘されるようにもなっている。現時点でも、例えば、将棋や囲碁の世界では、

第2節　フィンランドの教育改革とSTEAM教育

国際比較（全72か国・地域）

2009年	得点	2012年	得点	2015年	得点
上海	556	上海	570	シンガポール	535
韓国	539	香港	545	香港	527
フィンランド	536	シンガポール	542	カナダ	527
香港	533	日本	538	フィンランド	526
シンガポール	526	韓国	536	アイルランド	521
カナダ	524	フィンランド	524	エストニア	519
ニュージーランド	521	アイルランド	523	韓国	517
日本	520	台湾	523	日本	516
オーストラリア	515	カナダ	523	ノルウェー	513
オランダ	508	ポーランド	518	ニュージーランド	509
ベルギー	506	エストニア	516	ドイツ	509
ノルウェー	503	リヒテンシュタイン	516	マカオ	509
エストニア	501	ニュージーランド	512	ポーランド	506
スイス	501	オーストラリア	512	スロベニア	505
ポーランド	500	オランダ	511	オランダ	503

　人間がAI（人工知能）に勝利することが極めて困難になっている。これらの予測が実現するかどうかは不明ではあるものの、少なくとも、今後、知的作業とされていたものの中でも、正しい答えに効率よく辿り着くという作業についてはAI（人工知能）が代替してしまう可能性が高い。

　このように、機械も自身で学習し、成長していくようになった時代における新しい教育として提唱されたのが従来の理数系教育に芸術性を加えたSTEAM教育なのである。これは、言い換えるなら、コンピュータ科学を中心とした自然科学に人文学を融合させる試みといっても良いだろう。

2　STEAM教育と日本

　日本では、2018（平成30）年度学習指導要領から、小学校でのプログラミング教育が必修化された。

　小学校におけるプログラミング教育については、文部科学省がまとめた「小学校段階におけるプログラミング教育の在り方について（議論の取りま

第 7 章　現代の学力課題とカリキュラム構想

PISA 調査における科学的リテラ

	2000年	得点	2003年	得点	2006年	得点
1	韓国	552	フィンランド	548	フィンランド	563
2	日本	550	日本	548	香港	542
3	フィンランド	538	香港	539	カナダ	534
4	イギリス	532	韓国	538	台湾	532
5	カナダ	529	リヒテンシュタイン	525	エストニア	531
6	ニュージーランド	528	オーストラリア	525	日本	531
7	オーストラリア	528	マカオ	525	ニュージーランド	530
8	オーストリア	519	オランダ	524	オーストラリア	527
9	アイルランド	513	チェコ	523	オランダ	525
10	スウェーデン	512	ニュージーランド	521	リヒテンシュタイン	522
11	チェコ	511	カナダ	519	韓国	522
12	フランス	500	スイス	513	スロベニア	519
13	ノルウェー	500	フランス	511	ドイツ	516
14	アメリカ	499	ベルギー	509	イギリス	515
15	ハンガリー	496	スウェーデン	506	チェコ	513

国立教育政策研究所「OECD 生徒の学習到達度調査（PISA2015）のポイント」P.7〜9 の表

とめ）」において、具体的にプログラミング教育を用いる例として、算数や理科に加えて、図画工作や音楽が取り上げられている。また、文部科学省が作成した「小学校プログラミング教育の手引（第一版）」には、プログラミング教育を用いる教科として、算数や理科の他に音楽が加えられている。ここに象徴されるように、日本におけるプログラミング教育の導入に際しては、STEAM 教育の考え方が流用されている。

　「小学校段階におけるプログラミング教育の在り方について（議論の取りまとめ）」では、「自分が意図する一連の活動を実現するために、どのような動きの組合せが必要であり、一つ一つの動きに対応した記号を、どのように組み合わせたらいいのか、記号の組合せをどのように改善していけば、より意図した活動に近づくのか、といったことを論理的に考えていく力」を「プログラミング的思考」と呼んでいる。このプログラミング的思考と呼ばれる思考には、単に量的に問題を処理するだけではなく、芸術などを基にした人

第2節　フィンランドの教育改革とSTEAM教育

シー国際比較（全72か国・地域）

2009年	得点	2012年	得点	2015年	得点
上海	575	上海	580	シンガポール	556
フィンランド	554	香港	555	日本	538
香港	549	シンガポール	551	エストニア	534
シンガポール	542	日本	547	台湾	532
日本	539	フィンランド	545	フィンランド	531
韓国	538	エストニア	541	マカオ	529
ニュージーランド	532	韓国	538	カナダ	528
カナダ	529	ベトナム	528	ベトナム※	525
エストニア	528	ポーランド	526	香港	523
オーストラリア	527	カナダ	525	北京・上海・江蘇・広東	518
オランダ	522	リヒテンシュタイン	525	韓国	516
台湾	520	ドイツ	524	ニュージーランド	513
ドイツ	520	台湾	523	スロベニア	513
リヒテンシュタイン	520	オランダ	522	オーストラリア	510
スイス	517	アイルランド	522	イギリス	509

を元に修正

文知の活用も織り込まれていることを見逃してはならない。

　OECD教育・スキル局長のアンドレアス・シュライヒャーは、「ますます不確かで、移ろいやすく、先が見えなくなっている社会という海で、自分たちが進むべき海路を見つけるために頼りとなるコンパスや航海術を生徒たちが確かに磨けるようにすること」（教育課程研究会『「アクティブラーニング」を考える』P.4）が今の教育であるとしている。

　フィンランドもアメリカも、そして、日本もこうした不確かな時代の中で、より良い教育を求めて試行錯誤を続けていることを忘れてはならない。また、そうした試行錯誤は、教師と児童生徒の間でも行われ続けていくものであることも忘れてはならない。

参考文献
靴家さちこ・セルボ貴子『住んでみてわかった本当のフィンランド・フィンランドメソッドと心豊

第 7 章　現代の学力課題とカリキュラム構想

　かな暮らしを体験する』グラフ社、2009年
北川達夫・中川一史・中橋雄『フィンランドの教育〜教育システム・教師・学校・授業・メディア教育から読み解く〜』フォーラム・A、2016年
教育課程研究会『「アクティブラーニング」を考える』東洋館出版社、2016年
国立教育政策研究所『OECD 生徒の学習到達度調査（PISA）2015年調査国際結果報告書』明石書店、2016年
渡部信一『AI に負けない「教育」』大修館書店、2018年
鈴木二正『AI 時代のリーダーになる子どもを育てる―慶應幼稚舎 ICT 教育の実践』祥伝社、2018年
文部科学省「小学校プログラミング教育の手引（第一版）」http://www.mext.go.jp/a_menu/shotou/zyouhou/detail/1403162.htm（2018年 9 月24日確認）
小学校段階における論理的思考力や創造性、問題解決能力等の育成とプログラミング教育に関する有識者会議「小学校段階におけるプログラミング教育の在り方について（議論の取りまとめ）」2016年 6 月16日

第2節　フィンランドの教育改革とSTEAM教育

図2 「プログラミング教育の手引」が例示するプログラミング教育を想定する科目

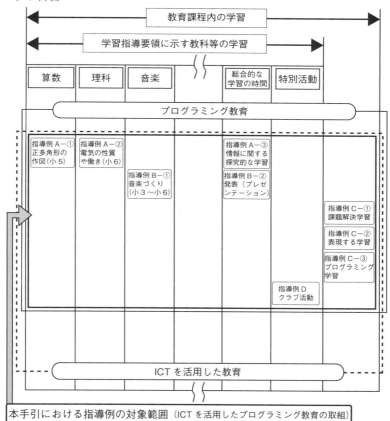

文部科学省「プログラミング教育の手引（第一版）」P.6「図2　本手引における指導例の対象範囲について」より引用

325

資　料　　教育課程関係法令

1．日本国憲法（抄）

第二十六条　すべて国民は、法律の定めるところにより、その能力に応じて、ひとしく教育を受ける権利を有する。
2　すべて国民は、法律の定めるところにより、その保護する子女に普通教育を受けさせる義務を負ふ。義務教育は、これを無償とする。

資　料

2．教育基本法　（平成18年全部改正）

　我々日本国民は、たゆまぬ努力によって築いてきた民主的で文化的な国家を更に発展させるとともに、世界の平和と人類の福祉の向上に貢献することを願うものである。
　我々は、この理想を実現するため、個人の尊厳を重んじ、真理と正義を希求し、公共の精神を尊び、豊かな人間性と創造性を備えた人間の育成を期するとともに、伝統を継承し、新しい文化の創造を目指す教育を推進する。
　ここに、我々は、日本国憲法の精神にのっとり、我が国の未来を切り拓く教育の基本を確立し、その振興を図るため、この法律を制定する。

　　第一章　教育の目的及び理念
（教育の目的）
第一条　教育は、人格の完成を目指し、平和で民主的な国家及び社会の形成者として必要な資質を備えた心身ともに健康な国民の育成を期して行われなければならない。
（教育の目標）
第二条　教育は、その目的を実現するため、学問の自由を尊重しつつ、次に掲げる目標を達成するよう行われるものとする。
　一　幅広い知識と教養を身に付け、真理を求める態度を養い、豊かな情操と道徳心を培うとともに、健やかな身体を養うこと。
　二　個人の価値を尊重して、その能力を伸ばし、創造性を培い、自主及び自律の精神を養うとともに、職業及び生活との関連を重視し、勤労を重んずる態度を養うこと。
　三　正義と責任、男女の平等、自他の敬愛と協力を重んずるとともに、公共の精神に基づき、主体的に社会の形成に参画し、その発展に寄与する態度を養うこと。
　四　生命を尊び、自然を大切にし、環境の保全に寄与する態度を養うこと。
　五　伝統と文化を尊重し、それらをはぐくんできた我が国と郷土を愛するとともに、他国を尊重し、国際社会の平和と発展に寄与する態度を養うこと。
（生涯学習の理念）
第三条　国民一人一人が、自己の人格を磨き、豊かな人生を送ることができるよう、その生涯にわたって、あらゆる機会に、あらゆる場所において学習することができ、その成果を適切に生かすことのできる社会の実現が図られなければならない。
（教育の機会均等）
第四条　すべて国民は、ひとしく、その能力に応じた教育を受ける機会を与えられなければならず、人種、信条、性別、社会的身分、経済的地位又は門地によって、教育上差別されない。
2　国及び地方公共団体は、障害のある者が、その障害の状態に応じ、十分な教育を受けられるよう、教育上必要な支援を講じなければならない。
3　国及び地方公共団体は、能力があるにもかかわらず、経済的理由によって修学が困難な者に対して、奨学の措置を講じなければならない。

　　第二章　教育の実施に関する基本
（義務教育）

資　料

第五条　国民は、その保護する子に、別に法律で定めるところにより、普通教育を受けさせる義務を負う。
2　義務教育として行われる普通教育は、各個人の有する能力を伸ばしつつ社会において自立的に生きる基礎を培い、また、国家及び社会の形成者として必要とされる基本的な資質を養うことを目的として行われるものとする。
3　国及び地方公共団体は、義務教育の機会を保障し、その水準を確保するため、適切な役割分担及び相互の協力の下、その実施に責任を負う。
4　国又は地方公共団体の設置する学校における義務教育については、授業料を徴収しない。
（学校教育）
第六条　法律に定める学校は、公の性質を有するものであって、国、地方公共団体及び法律に定める法人のみが、これを設置することができる。
2　前項の学校においては、教育の目標が達成されるよう、教育を受ける者の心身の発達に応じて、体系的な教育が組織的に行われなければならない。この場合において、教育を受ける者が、学校生活を営む上で必要な規律を重んずるとともに、自ら進んで学習に取り組む意欲を高めることを重視して行われなければならない。
（私立学校）
第八条　私立学校の有する公の性質及び学校教育において果たす重要な役割にかんがみ、国及び地方公共団体は、その自主性を尊重しつつ、助成その他の適当な方法によって私立学校教育の振興に努めなければならない。
（教員）
第九条　法律に定める学校の教員は、自己の崇高な使命を深く自覚し、絶えず研究と修養に励み、その職責の遂行に努めなければならない。
2　前項の教員については、その使命と職責の重要性にかんがみ、その身分は尊重され、待遇の適正が期せられるとともに、養成と研修の充実が図られなければならない。
（家庭教育）
第十条　父母その他の保護者は、子の教育について第一義的責任を有するものであって、生活のために必要な習慣を身に付けさせるとともに、自立心を育成し、心身の調和のとれた発達を図るよう努めるものとする。
2　国及び地方公共団体は、家庭教育の自主性を尊重しつつ、保護者に対する学習の機会及び情報の提供その他の家庭教育を支援するために必要な施策を講ずるよう努めなければならない。
（幼児期の教育）
第十一条　幼児期の教育は、生涯にわたる人格形成の基礎を培う重要なものであることにかんがみ、国及び地方公共団体は、幼児の健やかな成長に資する良好な環境の整備その他適当な方法によって、その振興に努めなければならない。
（学校、家庭及び地域住民等の相互の連携協力）
第十三条　学校、家庭及び地域住民その他の関係者は、教育におけるそれぞれの役割と責任を自覚するとともに、相互の連携及び協力に努めるものとする。
（政治教育）
第十四条　良識ある公民として必要な政治的教養は、教育上尊重されなければならない。

2　法律に定める学校は、特定の政党を支持し、又はこれに反対するための政治教育その他政治的活動をしてはならない。
（宗教教育）
第十五条　宗教に関する寛容の態度、宗教に関する一般的な教養及び宗教の社会生活における地位は、教育上尊重されなければならない。
2　国及び地方公共団体が設置する学校は、特定の宗教のための宗教教育その他宗教的活動をしてはならない。

　　　　第三章　教育行政
（教育行政）
第十六条　教育は、不当な支配に服することなく、この法律及び他の法律の定めるところにより行われるべきものであり、教育行政は、国と地方公共団体との適切な役割分担及び相互の協力の下、公正かつ適正に行われなければならない。
2　国は、全国的な教育の機会均等と教育水準の維持向上を図るため、教育に関する施策を総合的に策定し、実施しなければならない。
3　地方公共団体は、その地域における教育の振興を図るため、その実情に応じた教育に関する施策を策定し、実施しなければならない。
4　国及び地方公共団体は、教育が円滑かつ継続的に実施されるよう、必要な財政上の措置を講じなければならない。
（教育振興基本計画）
第十七条　政府は、教育の振興に関する施策の総合的かつ計画的な推進を図るため、教育の振興に関する施策についての基本的な方針及び講ずべき施策その他必要な事項について、基本的な計画を定め、これを国会に報告するとともに、公表しなければならない。
2　地方公共団体は、前項の計画を参酌し、その地域の実情に応じ、当該地方公共団体における教育の振興のための施策に関する基本的な計画を定めるよう努めなければならない。

資料

3．学校教育法（抄）

第二章　義務教育

第二十一条　義務教育として行われる普通教育は、教育基本法（平成十八年法律第百二十号）第五条第二項に規定する目的を実現するため、次に掲げる目標を達成するよう行われるものとする。

一　学校内外における社会的活動を促進し、自主、自律及び協同の精神、規範意識、公正な判断力並びに公共の精神に基づき主体的に社会の形成に参画し、その発展に寄与する態度を養うこと。

二　学校内外における自然体験活動を促進し、生命及び自然を尊重する精神並びに環境の保全に寄与する態度を養うこと。

三　我が国と郷土の現状と歴史について、正しい理解に導き、伝統と文化を尊重し、それらをはぐくんできた我が国と郷土を愛する態度を養うとともに、進んで外国の文化の理解を通じて、他国を尊重し、国際社会の平和と発展に寄与する態度を養うこと。

四　家族と家庭の役割、生活に必要な衣、食、住、情報、産業その他の事項について基礎的な理解と技能を養うこと。

五　読書に親しませ、生活に必要な国語を正しく理解し、使用する基礎的な能力を養うこと。

六　生活に必要な数量的な関係を正しく理解し、処理する基礎的な能力を養うこと。

七　生活にかかわる自然現象について、観察及び実験を通じて、科学的に理解し、処理する基礎的な能力を養うこと。

八　健康、安全で幸福な生活のために必要な習慣を養うとともに、運動を通じて体力を養い、心身の調和的発達を図ること。

九　生活を明るく豊かにする音楽、美術、文芸その他の芸術について基礎的な理解と技能を養うこと。

十　職業についての基礎的な知識と技能、勤労を重んずる態度及び個性に応じて将来の進路を選択する能力を養うこと。

第二十二条　幼稚園は、義務教育及びその後の教育の基礎を培うものとして、幼児を保育し、幼児の健やかな成長のために適当な環境を与えて、その心身の発達を助長することを目的とする。

第二十三条　幼稚園における教育は、前条に規定する目的を実現するため、次に掲げる目標を達成するよう行われるものとする。

一　健康、安全で幸福な生活のために必要な基本的な習慣を養い、身体諸機能の調和的発達を図ること。

二　集団生活を通じて、喜んでこれに参加する態度を養うとともに家族や身近な人への信頼感を深め、自主、自律及び協同の精神並びに規範意識の芽生えを養うこと。

三　身近な社会生活、生命及び自然に対する興味を養い、それらに対する正しい理解と態度及び思考力の芽生えを養うこと。

四　日常の会話や、絵本、童話等に親しむことを通じて、言葉の使い方を正しく導くとともに、相手の話を理解しようとする態度を養うこと。

五　音楽、身体による表現、造形等に親しむことを通じて、豊かな感性と表現力の芽生

えを養うこと。

第二十四条　幼稚園においては、第二十二条に規定する目的を実現するための教育を行うほか、幼児期の教育に関する各般の問題につき、保護者及び地域住民その他の関係者からの相談に応じ、必要な情報の提供及び助言を行うなど、家庭及び地域における幼児期の教育の支援に努めるものとする。

第二十五条　幼稚園の教育課程その他の保育内容に関する事項は、第二十二条及び第二十三条の規定に従い、文部科学大臣が定める。

　　　第四章　小学校

第二十九条　小学校は、心身の発達に応じて、義務教育として行われる普通教育のうち基礎的なものを施すことを目的とする。

第三十条　小学校における教育は、前条に規定する目的を実現するために必要な程度において第二十一条各号に掲げる目標を達成するよう行われるものとする。

2　前項の場合においては、生涯にわたり学習する基盤が培われるよう、基礎的な知識及び技能を習得させるとともに、これらを活用して課題を解決するために必要な思考力、判断力、表現力その他の能力をはぐくみ、主体的に学習に取り組む態度を養うことに、特に意を用いなければならない。

第三十一条　小学校においては、前条第一項の規定による目標の達成に資するよう、教育指導を行うに当たり、児童の体験的な学習活動、特にボランティア活動など社会奉仕体験活動、自然体験活動その他の体験活動の充実に努めるものとする。この場合において、社会教育関係団体その他の関係団体及び関係機関との連携に十分配慮しなければならない。

第三十二条　小学校の修業年限は、六年とする。

第三十三条　小学校の教育課程に関する事項は、第二十九条及び第三十条の規定に従い、文部科学大臣が定める。

第四十二条　小学校は、文部科学大臣の定めるところにより当該小学校の教育活動その他の学校運営の状況について評価を行い、その結果に基づき学校運営の改善を図るため必要な措置を講ずることにより、その教育水準の向上に努めなければならない。

第四十三条　小学校は、当該小学校に関する保護者及び地域住民その他の関係者の理解を深めるとともに、これらの者との連携及び協力の推進に資するため、当該小学校の教育活動その他の学校運営の状況に関する情報を積極的に提供するものとする。

　　　第五章　中学校

第四十五条　中学校は、小学校における教育の基礎の上に、心身の発達に応じて、義務教育として行われる普通教育を施すことを目的とする。

第四十六条　中学校における教育は、前条に規定する目的を実現するため、第二十一条各号に掲げる目標を達成するよう行われるものとする。

第四十七条　中学校の修業年限は、三年とする。

第四十八条　中学校の教育課程に関する事項は、第四十五条及び第四十六条の規定並びに次条において読み替えて準用する第三十条第二項の規定に従い、文部科学大臣が定める。

第四十九条　第三十条第二項、第三十一条、第三十四条、第三十五条及び第三十七条から

資　料

第四十四条までの規定は、中学校に準用する。この場合において、第三十条第二項中「前項」とあるのは「第四十六条」と、第三十一条中「前条第一項」とあるのは「第四十六条」と読み替えるものとする。

　　　第六章　高等学校
第五十条　高等学校は、中学校における教育の基礎の上に、心身の発達及び進路に応じて、高度な普通教育及び専門教育を施すことを目的とする。
第五十一条　高等学校における教育は、前条に規定する目的を実現するため、次に掲げる目標を達成するよう行われるものとする。
　一　義務教育として行われる普通教育の成果を更に発展拡充させて、豊かな人間性、創造性及び健やかな身体を養い、国家及び社会の形成者として必要な資質を養うこと。
　二　社会において果たさなければならない使命の自覚に基づき、個性に応じて将来の進路を決定させ、一般的な教養を高め、専門的な知識、技術及び技能を習得させること。
　三　個性の確立に努めるとともに、社会について、広く深い理解と健全な批判力を養い、社会の発展に寄与する態度を養うこと。
第五十二条　高等学校の学科及び教育課程に関する事項は、前二条の規定及び第六十二条において読み替えて準用する第三十条第二項の規定に従い、文部科学大臣が定める。
第六十二条　第三十条第二項、第三十一条、第三十四条、第三十七条第四項から第十七項まで及び第十九項並びに第四十二条から第四十四条までの規定は、高等学校に準用する。この場合において、第三十条第二項中「前項」とあるのは「第五十一条」と、第三十一条中「前条第一項」とあるのは「第五十一条」と読み替えるものとする。

　　　第八章　特別支援教育
第七十二条　特別支援学校は、視覚障害者、聴覚障害者、知的障害者、肢体不自由者又は病弱者（身体虚弱者を含む。以下同じ。）に対して、幼稚園、小学校、中学校又は高等学校に準ずる教育を施すとともに、障害による学習上又は生活上の困難を克服し自立を図るために必要な知識技能を授けることを目的とする。
第七十三条　特別支援学校においては、文部科学大臣の定めるところにより、前条に規定する者に対する教育のうち当該学校が行うものを明らかにするものとする。
第七十四条　特別支援学校においては、第七十二条に規定する目的を実現するための教育を行うほか、幼稚園、小学校、中学校、義務教育学校、高等学校又は中等教育学校の要請に応じて、第八十一条第一項に規定する幼児、児童又は生徒の教育に関し必要な助言又は援助を行うよう努めるものとする。
第七十六条　特別支援学校には、小学部及び中学部を置かなければならない。ただし、特別の必要のある場合においては、そのいずれかのみを置くことができる。
2　特別支援学校には、小学部及び中学部のほか、幼稚部又は高等部を置くことができ、また、特別の必要のある場合においては、前項の規定にかかわらず、小学部及び中学部を置かないで幼稚部又は高等部のみを置くことができる。
第七十七条　特別支援学校の幼稚部の教育課程その他の保育内容、小学部及び中学部の教育課程又は高等部の学科及び教育課程に関する事項は、幼稚園、小学校、中学校又は高等学校に準じて、文部科学大臣が定める。

資　料

4．学校教育法施行令（抄）

（学期及び休業日）

第二十九条　公立の学校（大学を除く。以下この条において同じ。）の学期並びに夏季、冬季、学年末、農繁期等における休業日又は家庭及び地域における体験的な学習活動その他の学習活動のための休業日（次項において「体験的学習活動等休業日」という。）は、市町村又は都道府県の設置する学校にあっては当該市町村又は都道府県の教育委員会が、公立大学法人の設置する学校にあっては当該公立大学法人の理事長が定める。

2　市町村又は都道府県の教育委員会は、体験的学習活動等休業日を定めるに当たっては、家庭及び地域における幼児、児童、生徒又は学生の体験的な学習活動その他の学習活動の体験的学習活動等休業日における円滑な実施及び充実を図るため、休業日の時期を適切に分散させて定めることその他の必要な措置を講ずるよう努めるものとする。

資　料

5．学校教育法施行規則（抄）

第三章　幼稚園

第三十七条　幼稚園の毎学年の教育週数は、特別の事情のある場合を除き、三十九週を下つてはならない。

第三十八条　幼稚園の教育課程その他の保育内容については、この章に定めるもののほか、教育課程その他の保育内容の基準として文部科学大臣が別に公示する幼稚園教育要領によるものとする。

第三十九条　第四十八条、第四十九条、第五十四条、第五十九条から第六十八条まで（第六十五条の二及び第六十五条の三を除く。）の規定は、幼稚園に準用する。

第四章　小学校

第二節　教育課程

第五十条　小学校の教育課程は、国語、社会、算数、理科、生活、音楽、図画工作、家庭及び体育の各教科（以下この節において「各教科」という。）、道徳、外国語活動、総合的な学習の時間並びに特別活動によって編成するものとする。

2　私立の小学校の教育課程を編成する場合は、前項の規定にかかわらず、宗教を加えることができる。この場合においては、宗教をもつて前項の道徳に代えることができる。

第五十一条　小学校（第五十二条の二第二項に規定する中学校連携型小学校及び第七十九条の九第二項に規定する中学校併設型小学校を除く。）の各学年における各教科、道徳、外国語活動、総合的な学習の時間及び特別活動のそれぞれの授業時数並びに各学年におけるこれらの総授業時数は、別表第一に定める授業時数を標準とする。

第五十二条　小学校の教育課程については、この節に定めるもののほか、教育課程の基準として文部科学大臣が別に公示する小学校学習指導要領によるものとする。

第五十二条の二　小学校（第七十九条の九第二項に規定する中学校併設型小学校を除く。）においては、中学校における教育との一貫性に配慮した教育を施すため、当該小学校の設置者が当該中学校の設置者との協議に基づき定めるところにより、教育課程を編成することができる。

2　前項の規定により教育課程を編成する小学校（以下「中学校連携型小学校」という。）は、第七十四条の二第一項の規定により教育課程を編成する中学校と連携し、その教育課程を実施するものとする。

第五十二条の三　中学校連携型小学校の各学年における各教科、道徳、外国語活動、総合的な学習の時間及び特別活動のそれぞれの授業時数並びに各学年におけるこれらの総授業時数は、別表第二の二に定める授業時数を標準とする。

第五十二条の四　中学校連携型小学校の教育課程については、この章に定めるもののほか、教育課程の基準の特例として文部科学大臣が別に定めるところによるものとする。

第五十三条　小学校においては、必要がある場合には、一部の各教科について、これらを合わせて授業を行うことができる。

第五十四条　児童が心身の状況によって履修することが困難な各教科は、その児童の心身の状況に適合するように課さなければならない。

第五十五条　小学校の教育課程に関し、その改善に資する研究を行うため特に必要があり、

資　料

　　かつ、児童の教育上適切な配慮がなされていると文部科学大臣が認める場合においては、文部科学大臣が別に定めるところにより、第五十条第一項、第五十一条（中学校連携型小学校にあっては第五十二条の三、第七十九条の九第二項に規定する中学校併設型小学校にあっては第七十九条の十二において準用する第七十九条の五第一項）又は第五十二条の規定によらないことができる。
第五十五条の二　文部科学大臣が、小学校において、当該小学校又は当該小学校が設置されている地域の実態に照らし、より効果的な教育を実施するため、当該小学校又は当該地域の特色を生かした特別の教育課程を編成して教育を実施する必要があり、かつ、当該特別の教育課程について、教育基本法（平成十八年法律第百二十号）及び学校教育法第三十条第一項の規定等に照らして適切であり、児童の教育上適切な配慮がなされているものとして文部科学大臣が定める基準を満たしていると認める場合においては、文部科学大臣が別に定めるところにより、第五十条第一項、第五十一条（中学校連携型小学校にあっては第五十二条の三、第七十九条の九第二項に規定する中学校併設型小学校にあっては第七十九条の十二において準用する第七十九条の五第一項）又は第五十二条の規定の全部又は一部によらないことができる。
第五十六条　小学校において、学校生活への適応が困難であるため相当の期間小学校を欠席し引き続き欠席すると認められる児童を対象として、その実態に配慮した特別の教育課程を編成して教育を実施する必要があると文部科学大臣が認める場合においては、文部科学大臣が別に定めるところにより、第五十条第一項、第五十一条（中学校連携型小学校にあっては第五十二条の三、第七十九条の九第二項に規定する中学校併設型小学校にあっては第七十九条の十二において準用する第七十九条の五第一項）又は第五十二条の規定によらないことができる。
第五十六条の二　小学校において、日本語に通じない児童のうち、当該児童の日本語を理解し、使用する能力に応じた特別の指導を行う必要があるものを教育する場合には、文部科学大臣が別に定めるところにより、第五十条第一項、第五十一条（中学校連携型小学校にあっては第五十二条の三、第七十九条の九第二項に規定する中学校併設型小学校にあっては第七十九条の十二において準用する第七十九条の五第一項）及び第五十二条の規定にかかわらず、特別の教育課程によることができる。
第五十六条の三　前条の規定により特別の教育課程による場合においては、校長は、児童が設置者の定めるところにより他の小学校、義務教育学校の前期課程又は特別支援学校の小学部において受けた授業を、当該児童の在学する小学校において受けた当該特別の教育課程に係る授業とみなすことができる。
第五十六条の四　小学校において、学齢を経過した者のうち、その者の年齢、経験又は勤労の状況その他の実情に応じた特別の指導を行う必要があるものを夜間その他特別の時間において教育する場合には、文部科学大臣が別に定めるところにより、第五十条第一項、第五十一条（中学校連携型小学校にあっては第五十二条の三、第七十九条の九第二項に規定する中学校併設型小学校にあっては第七十九条の十二において準用する第七十九条の五第一項）及び第五十二条の規定にかかわらず、特別の教育課程によることができる。
第五十七条　小学校において、各学年の課程の修了又は卒業を認めるに当たっては、児童の平素の成績を評価して、これを定めなければならない。

資　料

第五十八条　校長は、小学校の全課程を修了したと認めた者には、卒業証書を授与しなければならない。

　第三節　学年及び授業日
第五十九条　小学校の学年は、四月一日に始まり、翌年三月三十一日に終わる。
第六十条　授業終始の時刻は、校長が定める。
第六十一条　公立小学校における休業日は、次のとおりとする。ただし、第三号に掲げる日を除き、当該学校を設置する地方公共団体の教育委員会（公立大学法人の設置する小学校にあっては、当該公立大学法人の理事長。第三号において同じ。）が必要と認める場合は、この限りでない。
　一　国民の祝日に関する法律（昭和二十三年法律第百七十八号）に規定する日
　二　日曜日及び土曜日
　三　学校教育法施行令第二十九条の規定により教育委員会が定める日
第六十二条　私立小学校における学期及び休業日は、当該学校の学則で定める。
第六十三条　非常変災その他急迫の事情があるときは、校長は、臨時に授業を行わないことができる。この場合において、公立小学校についてはこの旨を当該学校を設置する地方公共団体の教育委員会（公立大学法人の設置する小学校にあっては、当該公立大学法人の理事長）に報告しなければならない。

　第五節　学校評価
第六十六条　小学校は、当該小学校の教育活動その他の学校運営の状況について、自ら評価を行い、その結果を公表するものとする。
２　前項の評価を行うに当たっては、小学校は、その実情に応じ、適切な項目を設定して行うものとする。
第六十七条　小学校は、前条第一項の規定による評価の結果を踏まえた当該小学校の児童の保護者その他の当該小学校の関係者（当該小学校の職員を除く。）による評価を行い、その結果を公表するよう努めるものとする。
第六十八条　小学校は、第六十六条第一項の規定による評価の結果及び前条の規定により評価を行った場合はその結果を、当該小学校の設置者に報告するものとする。

　　第五章　中学校
第七十二条　中学校の教育課程は、国語、社会、数学、理科、音楽、美術、保健体育、技術・家庭及び外国語の各教科（以下本章及び第七章中「各教科」という。）、道徳、総合的な学習の時間並びに特別活動によって編成するものとする。
第七十三条　中学校（併設型中学校、第七十四条の二第二項に規定する小学校連携型中学校、第七十五条第二項に規定する連携型中学校及び第七十九条の九第二項に規定する小学校併設型中学校を除く。）の各学年における各教科、道徳、総合的な学習の時間及び特別活動のそれぞれの授業時数並びに各学年におけるこれらの総授業時数は、別表第二に定める授業時数を標準とする。
第七十四条　中学校の教育課程については、この章に定めるもののほか、教育課程の基準として文部科学大臣が別に公示する中学校学習指導要領によるものとする。

資　料

第七十四条の二　中学校（併設型中学校、第七十五条第二項に規定する連携型中学校及び第七十九条の九第二項に規定する小学校併設型中学校を除く。）においては、小学校における教育との一貫性に配慮した教育を施すため、当該中学校の設置者が当該小学校の設置者との協議に基づき定めるところにより、教育課程を編成することができる。

2　前項の規定により教育課程を編成する中学校（以下「小学校連携型中学校」という。）は、中学校連携型小学校と連携し、その教育課程を実施するものとする。

第七十四条の三　小学校連携型中学校の各学年における各教科、道徳、総合的な学習の時間及び特別活動のそれぞれの授業時数並びに各学年におけるこれらの総授業時数は、別表第二の三に定める授業時数を標準とする。

第七十四条の四　小学校連携型中学校の教育課程については、この章に定めるもののほか、教育課程の基準の特例として文部科学大臣が別に定めるところによるものとする。

第七十五条　中学校（併設型中学校、小学校連携型中学校及び第七十九条の九第二項に規定する小学校併設型中学校を除く。）においては、高等学校における教育との一貫性に配慮した教育を施すため、当該中学校の設置者が当該高等学校の設置者との協議に基づき定めるところにより、教育課程を編成することができる。

2　前項の規定により教育課程を編成する中学校（以下「連携型中学校」という。）は、第八十七条第一項の規定により教育課程を編成する高等学校と連携し、その教育課程を実施するものとする。

第七十六条　連携型中学校の各学年における各教科、道徳、総合的な学習の時間及び特別活動のそれぞれの授業時数並びに各学年におけるこれらの総授業時数は、別表第四に定める授業時数を標準とする。

第七十七条　連携型中学校の教育課程については、この章に定めるもののほか、教育課程の基準の特例として文部科学大臣が別に定めるところによるものとする。

第七十八条　校長は、中学校卒業後、高等学校、高等専門学校その他の学校に進学しようとする生徒のある場合には、調査書その他必要な書類をその生徒の進学しようとする学校の校長に送付しなければならない。ただし、第九十条第三項（第百三十五条第五項において準用する場合を含む。）及び同条第四項の規定に基づき、調査書を入学者の選抜のための資料としない場合は、調査書の送付を要しない。

第七十九条　第四十一条から第四十九条まで、第五十条第二項、第五十四条から第六十八条までの規定は、中学校に準用する。この場合において、第四十二条中「五学級」とあるのは「二学級」と、第五十五条から第五十六条の二まで及び第五十六条の四の規定中「第五十条第一項」とあるのは「第七十二条」と、「第五十一条（中学校連携型小学校にあっては第五十二条の三、第七十九条の九第二項に規定する中学校併設型小学校にあっては第七十九条の十二において準用する第七十九条の五第一項）」とあるのは「第七十三条（併設型中学校にあつては第百十七条において準用する第百七条、小学校連携型中学校にあっては第七十四条の三、連携型中学校にあっては第七十六条、第七十九条の九第二項に規定する小学校併設型中学校にあっては第七十九条の十二において準用する第七十九条の五第二項）」と、「第五十二条」とあるのは「第七十四条」と、第五十五条の二中「第三十条第一項」とあるのは「第四十六条」と、第五十六条の三中「他の小学校、義務教育学校の前期課程又は特別支援学校の小学部」とあるのは「他の中学校、義務教育学校の後期課程、中等教育学校の前期課程又は特別支援学校の中学部」と読み替える

337

資　料

ものとする。

第六章　高等学校
第一節　設備、編制、学科及び教育課程

第八十三条　高等学校の教育課程は、別表第三に定める各教科に属する科目、総合的な学習の時間及び特別活動によって編成するものとする。

第八十四条　高等学校の教育課程については、この章に定めるもののほか、教育課程の基準として文部科学大臣が別に公示する高等学校学習指導要領によるものとする。

第八十五条　高等学校の教育課程に関し、その改善に資する研究を行うため特に必要があり、かつ、生徒の教育上適切な配慮がなされていると文部科学大臣が認める場合においては、文部科学大臣が別に定めるところにより、前二条の規定によらないことができる。

第八十五条の二　文部科学大臣が、高等学校において、当該高等学校又は当該高等学校が設置されている地域の実態に照らし、より効果的な教育を実施するため、当該高等学校又は当該地域の特色を生かした特別の教育課程を編成して教育を実施する必要があり、かつ、当該特別の教育課程について、教育基本法及び学校教育法第五十一条の規定等に照らして適切であり、生徒の教育上適切な配慮がなされているものとして文部科学大臣が定める基準を満たしていると認める場合においては、文部科学大臣が別に定めるところにより、第八十三条又は第八十四条の規定の全部又は一部によらないことができる。

第八十六条　高等学校において、学校生活への適応が困難であるため、相当の期間高等学校を欠席し引き続き欠席すると認められる生徒、高等学校を退学し、その後高等学校に入学していないと認められる者若しくは学校教育法第五十七条に規定する高等学校の入学資格を有するが、高等学校に入学していないと認められる者又は疾病による療養のため若しくは障害のため、相当の期間高等学校を欠席すると認められる生徒、高等学校を退学し、その後高等学校に入学していないと認められる者若しくは学校教育法第五十七条に規定する高等学校の入学資格を有するが、高等学校に入学していないと認められる者を対象として、その実態に配慮した特別の教育課程を編成して教育を実施する必要があると文部科学大臣が認める場合においては、文部科学大臣が別に定めるところにより、第八十三条又は第八十四条の規定によらないことができる。

第八十七条　高等学校（学校教育法第七十一条の規定により中学校における教育と一貫した教育を施すもの（以下「併設型高等学校」という。）を除く。）においては、中学校における教育との一貫性に配慮した教育を施すため、当該高等学校の設置者が当該中学校の設置者との協議に基づき定めるところにより、教育課程を編成することができる。

2　前項の規定により教育課程を編成する高等学校（以下「連携型高等学校」という。）は、連携型中学校と連携し、その教育課程を実施するものとする。

第八十八条　連携型高等学校の教育課程については、この章に定めるもののほか、教育課程の基準の特例として文部科学大臣が別に定めるところによるものとする。

第八十八条の二　スイス民法典に基づく財団法人である国際バカロレア事務局から国際バカロレア・ディプロマ・プログラムを提供する学校として認められた高等学校の教育課程については、この章に定めるもののほか、教育課程の基準の特例として文部科学大臣が別に定めるところによるものとする。

第八十八条の三　高等学校は、文部科学大臣が別に定めるところにより、授業を、多様な

メディアを高度に利用して、当該授業を行う教室等以外の場所で履修させることができる。

第八章　特別支援教育
第百二十六条　特別支援学校の小学部の教育課程は、国語、社会、算数、理科、生活、音楽、図画工作、家庭及び体育の各教科、道徳、外国語活動、総合的な学習の時間、特別活動並びに自立活動によつて編成するものとする。
2　前項の規定にかかわらず、知的障害者である児童を教育する場合は、生活、国語、算数、音楽、図画工作及び体育の各教科、道徳、特別活動並びに自立活動によって教育課程を編成するものとする。
第百二十七条　特別支援学校の中学部の教育課程は、国語、社会、数学、理科、音楽、美術、保健体育、技術・家庭及び外国語の各教科、道徳、総合的な学習の時間、特別活動並びに自立活動によって編成するものとする。
2　前項の規定にかかわらず、知的障害者である生徒を教育する場合は、国語、社会、数学、理科、音楽、美術、保健体育及び職業・家庭の各教科、道徳、総合的な学習の時間、特別活動並びに自立活動によって教育課程を編成するものとする。ただし、必要がある場合には、外国語科を加えて教育課程を編成することができる。
第百二十八条　特別支援学校の高等部の教育課程は、別表第三及び別表第五に定める各教科に属する科目、総合的な学習の時間、特別活動並びに自立活動によって編成するものとする。
2　前項の規定にかかわらず、知的障害者である生徒を教育する場合は、国語、社会、数学、理科、音楽、美術、保健体育、職業、家庭、外国語、情報、家政、農業、工業、流通・サービス及び福祉の各教科、第百二十九条に規定する特別支援学校高等部学習指導要領で定めるこれら以外の教科、道徳、総合的な学習の時間、特別活動並びに自立活動によって教育課程を編成するものとする。
第百二十九条　特別支援学校の幼稚部の教育課程その他の保育内容並びに小学部、中学部及び高等部の教育課程については、この章に定めるもののほか、教育課程その他の保育内容又は教育課程の基準として文部科学大臣が別に公示する特別支援学校幼稚部教育要領、特別支援学校小学部・中学部学習指導要領及び特別支援学校高等部学習指導要領によるものとする。
第百三十条　特別支援学校の小学部、中学部又は高等部においては、特に必要がある場合は、第百二十六条から第百二十八条までに規定する各教科（次項において「各教科」という。）又は別表第三及び別表第五に定める各教科に属する科目の全部又は一部について、合わせて授業を行うことができる。
2　特別支援学校の小学部、中学部又は高等部においては、知的障害者である児童若しくは生徒又は複数の種類の障害を併せ有する児童若しくは生徒を教育する場合において特に必要があるときは、各教科、道徳、外国語活動、特別活動及び自立活動の全部又は一部について、合わせて授業を行うことができる。
第百三十一条　特別支援学校の小学部、中学部又は高等部において、複数の種類の障害を併せ有する児童若しくは生徒を教育する場合又は教員を派遣して教育を行う場合において、特に必要があるときは、第百二十六条から第百二十九条までの規定にかかわらず、

資　料

　　特別の教育課程によることができる。
2　前項の規定により特別の教育課程による場合において、文部科学大臣の検定を経た教科用図書又は文部科学省が著作の名義を有する教科用図書を使用することが適当でないときは、当該学校の設置者の定めるところにより、他の適切な教科用図書を使用することができる。
第百三十二条　特別支援学校の小学部、中学部又は高等部の教育課程に関し、その改善に資する研究を行うため特に必要があり、かつ、児童又は生徒の教育上適切な配慮がなされていると文部科学大臣が認める場合においては、文部科学大臣が別に定めるところにより、第百二十六条から第百二十九条までの規定によらないことができる。
第百三十二条の二　文部科学大臣が、特別支援学校の小学部、中学部又は高等部において、当該特別支援学校又は当該特別支援学校が設置されている地域の実態に照らし、より効果的な教育を実施するため、当該特別支援学校又は当該地域の特色を生かした特別の教育課程を編成して教育を実施する必要があり、かつ、当該特別の教育課程について、教育基本法及び学校教育法第七十二条の規定等に照らして適切であり、児童又は生徒の教育上適切な配慮がなされているものとして文部科学大臣が定める基準を満たしていると認める場合においては、文部科学大臣が別に定めるところにより、第百二十六条から第百二十九条までの規定の一部又は全部によらないことができる。
第百三十二条の三　特別支援学校の小学部又は中学部において、日本語に通じない児童又は生徒のうち、当該児童又は生徒の日本語を理解し、使用する能力に応じた特別の指導を行う必要があるものを教育する場合には、文部科学大臣が別に定めるところにより、第百二十六条、第百二十七条及び第百二十九条の規定にかかわらず、特別の教育課程によることができる。
第百三十二条の四　前条の規定により特別の教育課程による場合においては、校長は、児童又は生徒が設置者の定めるところにより他の小学校、中学校、義務教育学校、中等教育学校の前期課程又は特別支援学校の小学部若しくは中学部において受けた授業を、当該児童又は生徒の在学する特別支援学校の小学部又は中学部において受けた当該特別の教育課程に係る授業とみなすことができる。
第百三十三条　校長は、生徒の特別支援学校の高等部の全課程の修了を認めるに当たっては、特別支援学校高等部学習指導要領に定めるところにより行うものとする。ただし、第百三十二条又は第百三十二条の二の規定により、特別支援学校の高等部の教育課程に関し第百二十八条及び第百二十九条の規定によらない場合においては、文部科学大臣が別に定めるところにより行うものとする。
2　前項前段の規定により全課程の修了の要件として特別支援学校高等部学習指導要領の定めるところにより校長が定める単位数又は授業時数のうち、第百三十五条第五項において準用する第八十八条の三に規定する授業の方法によるものは、それぞれ全課程の修了要件として定められた単位数又は授業時数の二分の一に満たないものとする。
第百三十四条　特別支援学校の高等部における通信教育に関する事項は、別に定める。
第百三十五条　第四十三条から第四十九条まで（第四十六条を除く。）、第五十四条、第五十九条から第六十三条まで、第六十五条から第六十八条まで、第八十二条及び第百条の三の規定は、特別支援学校に準用する。この場合において、同条中「第百四条第一項」とあるのは、「第百三十五条第一項」と読み替えるものとする。

資料

2　第五十七条、第五十八条、第六十四条及び第八十九条の規定は、特別支援学校の小学部、中学部及び高等部に準用する。
3　第三十五条、第五十条第二項及び第五十三条の規定は、特別支援学校の小学部に準用する。
4　第三十五条、第五十条第二項、第七十条、第七十一条、第七十八条及び第七十八条の二の規定は、特別支援学校の中学部に準用する。
5　第七十条、第七十一条、第八十一条、第八十八条の三、第九十条第一項から第三項まで、第九十一条から第九十五条まで、第九十七条第一項及び第二項、第九十八条から第百条の二まで並びに第百四条第三項の規定は、特別支援学校の高等部に準用する。この場合において、第九十七条第一項及び第二項中「他の高等学校又は中等教育学校の後期課程」とあるのは「他の特別支援学校の高等部、高等学校又は中等教育学校の後期課程」と、同条第二項中「当該他の高等学校又は中等教育学校」とあるのは「当該他の特別支援学校、高等学校又は中等教育学校」と読み替えるものとする。

第百三十八条　小学校、中学校若しくは義務教育学校又は中等教育学校の前期課程における特別支援学級に係る教育課程については、特に必要がある場合は、第五十条第一項（第七十九条の六第一項において準用する場合を含む。）、第五十一条、第五十二条（第七十九条の六第一項において準用する場合を含む。）、第五十二条の三、第七十二条（第七十九条の六第二項及び第百八条第一項において準用する場合を含む。）、第七十三条、第七十四条（第七十九条の六第二項及び第百八条第一項において準用する場合を含む。）、第七十四条の三、第七十六条、第七十九条の五（第七十九条の十二において準用する場合を含む。）及び第百七条（第百十七条において準用する場合を含む。）の規定にかかわらず、特別の教育課程によることができる。

第百四十条　小学校、中学校若しくは義務教育学校又は中等教育学校の前期課程において、次の各号のいずれかに該当する児童又は生徒（特別支援学級の児童及び生徒を除く。）のうち当該障害に応じた特別の指導を行う必要があるものを教育する場合には、文部科学大臣が別に定めるところにより、第五十条第一項（第七十九条の六第一項において準用する場合を含む。）、第五十一条、第五十二条（第七十九条の六第一項において準用する場合を含む。）、第五十二条の三、第七十二条（第七十九条の六第二項及び第百八条第一項において準用する場合を含む。）、第七十三条、第七十四条（第七十九条の六第二項及び第百八条第一項において準用する場合を含む。）、第七十四条の三、第七十六条、第七十九条の五（第七十九条の十二において準用する場合を含む。）及び第百七条（第百十七条において準用する場合を含む。）の規定にかかわらず、特別の教育課程によることができる。
一　言語障害者
二　自閉症者
三　情緒障害者
四　弱視者
五　難聴者
六　学習障害者
七　注意欠陥多動性障害者
八　その他障害のある者で、この条の規定により特別の教育課程による教育を行うこと

資　料

　　が適当なもの
第百四十一条　前条の規定により特別の教育課程による場合においては、校長は、児童又は生徒が、当該小学校、中学校、義務教育学校又は中等教育学校の設置者の定めるところにより他の小学校、中学校、義務教育学校、中等教育学校の前期課程又は特別支援学校の小学部若しくは中学部において受けた授業を、当該小学校、中学校若しくは義務教育学校又は中等教育学校の前期課程において受けた当該特別の教育課程に係る授業とみなすことができる。

別表第一（第五十一条関係）

区分		第一学年	第二学年	第三学年	第四学年	第五学年	第六学年
各教科の授業時数	国語	306	315	245	245	175	175
	社会			70	90	100	105
	算数	136	175	175	175	175	175
	理科			90	105	105	105
	生活	102	105				
	音楽	68	70	60	60	50	50
	図画工作	68	70	60	60	50	50
	家庭					60	55
	体育	102	105	105	105	90	90
	外国語					70	70
特別の教科である道徳の授業時数		34	35	35	35	35	35
外国語活動の授業時数				35	35		
総合的な学習の時間の授業時数				70	70	70	70
特別活動の授業時数		34	35	35	35	35	35
総授業時数		850	910	980	1015	1015	1015

備考
一　この表の授業時数の一単位時間は、四十五分とする。
二　特別活動の授業時数は、小学校学習指導要領で定める学級活動（学校給食に係るものを除く。）に充てるものとする。
三　第五十条第二項の場合において、特別の教科である道徳のほかに宗教を加えるときは、宗教の授業時数をもってこの表の特別の教科である道徳の授業時数の一部に代えることができる。（別表第二から別表第二の三まで及び別表第四の場合においても同様とする。）

資　料

別表第二（第七十三条関係）

区分		第一学年	第二学年	第三学年
各教科の授業時数	国語	140	140	105
	社会	105	105	140
	数学	140	105	140
	理科	105	140	140
	音楽	45	35	35
	美術	45	35	35
	保健体育	105	105	105
	技術・家庭	70	70	35
	外国語	140	140	140
特別の教科である道徳の授業時数		35	35	35
総合的な学習の時間の授業時数		50	70	70
特別活動の授業時数		35	35	35
総授業時数		1015	1015	1015

備考
一　この表の授業時数の一単位時間は、五十分とする。
二　特別活動の授業時数は、中学校学習指導要領で定める学級活動（学校給食に係るものを除く。）に充てるものとする。

別表第三（第八十三条、第百八条、第百二十八条関係）
（一）　各学科に共通する各教科

各教科	各教科に属する科目
国語	現代の国語、言語文化、論理国語、文学国語、国語表現、古典探究
地理歴史	地理総合、地理研究、歴史総合、日本史探究、世界史探究
公民	公共、倫理、政治・経済
数学	数学Ⅰ、数学Ⅱ、数学Ⅲ、数学A、数学B、数学C
理科	科学と人間生活、物理基礎、物理、化学基礎、化学、生物基礎、生物、地学基礎、地学
保健体育	体育、保健
芸術	音楽Ⅰ、音楽Ⅱ、音楽Ⅲ、美術Ⅰ、美術Ⅱ、美術Ⅲ、工芸Ⅰ、工芸Ⅱ、工芸Ⅲ、書道Ⅰ、書道Ⅱ、書道Ⅲ
外国語	英語コミュニケーションⅠ、英語コミュニケーションⅡ、英語コミュニケーションⅢ、論理・表現Ⅰ、論理・表現Ⅱ、論理・表現Ⅲ
家庭	家庭基礎、家庭総合

資　料

情報	情報Ⅰ、情報Ⅱ
理数	理数探究基礎、理数探究

(二)　主として専門学科において開設される各教科

各教科	各教科に属する科目
農業	農業と環境、課題研究、総合実習、農業と情報、作物、野菜、果樹、草花、畜産、栽培と環境、飼育と環境、農業経営、農業機械、植物バイオテクノロジー、食品製造、食品化学、食品微生物、食品流通、森林科学、森林経営、林産物利用、農業土木設計、農業土木施工、水循環、造園計画、造園施工管理、造園植栽、測量、生物活用、地域資源活用
工業	工業技術基礎、課題研究、実習、製図、工業情報数理、工業材料技術、工業技術英語、工業管理技術、工業環境技術、機械工作、機械設計、原動機、電子機械、生産技術、自動車工学、自動車整備、船舶工学、電気回路、電気機器、電力技術、電子技術、電子回路、電子計測制御、通信技術、プログラミング技術、ハードウェア技術、ソフトウェア技術、コンピュータシステム技術、建築構造、建築計画、建築構造設計、建築施工、建築法規、設備計画、空気調和設備、衛生・防災設備、測量、土木基盤力学、土木構造設計、土木施工、社会基盤工学、工業化学、化学工学、地球環境化学、材料製造技術、材料工学、材料加工、セラミック化学、セラミック技術、セラミック工業、繊維製品、繊維・染色技術、染織デザイン、インテリア計画、インテリア装備、インテリアエレメント生産、デザイン実践、デザイン材料、デザイン史
商業	ビジネス基礎、課題研究、総合実践、ビジネス・コミュニケーション、マーケティング、商品開発と流通、観光ビジネス、ビジネス・マネジメント、グローバル経済、ビジネス法規、簿記、財務会計Ⅰ、財務会計Ⅱ、原価計算、管理会計、情報処理、ソフトウェア活用、プログラミング、ネットワーク活用、ネットワーク管理
水産	水産海洋基礎、課題研究、総合実習、海洋情報技術、水産海洋科学、漁業、航海・計器、船舶運用、船用機関、機械設計工作、電気理論、移動体通信工学、海洋通信技術、資源増殖、海洋生物、海洋環境、小型船舶、食品製造、食品管理、水産流通、ダイビング、マリンスポーツ
家庭	生活産業基礎、課題研究、生活産業情報、消費生活、保育基礎、保育実践、生活と福祉、住生活デザイン、服飾文化、ファッション造形基礎、ファッション造形、ファッションデザイン、服飾手芸、フードデザイン、食文化、調理、栄養、食品、食品衛生、公衆衛生、総合調理実習
看護	基礎看護、人体の構造と機能、疾病の成り立ちと回復の促進、健康支援と社会保障制度、成人看護、老年看護、小児看護、母性看護、精神看護、在宅看護、看護の統合と実践、看護臨地実習、看護情報

資　料

情報	情報産業と社会、課題研究、情報の実現と管理、情報テクノロジー、情報セキュリティ、情報システムのプログラミング、ネットワークシステム、データベース、情報デザイン、コンテンツの制作と発信、メディアとサービス、情報実習
福祉	社会福祉基礎、介護福祉基礎、コミュニケーション技術、生活支援技術、介護課程、介護総合演習、介護実習、こころとからだの理解、福祉情報
理数	理数数学Ⅰ、理数数学Ⅱ、理数数学特論、理数物理、理数化学、理数生物、理数地学
体育	スポーツ概論、スポーツⅠ、スポーツⅡ、スポーツⅢ、スポーツⅣ、スポーツⅤ、スポーツⅥ、スポーツ総合実習
音楽	音楽理論、音楽史、演奏研究、ソルフェージュ、声楽、器楽、作曲、鑑賞研究
美術	美術概論、美術史、鑑賞研究、素描、構成、絵画、版画、彫刻、ビジュアルデザイン、クラフトデザイン、情報メディアデザイン、映像表現、環境造形
英語	総合英語Ⅰ、総合英語Ⅱ、総合英語Ⅲ、ディベート・ディスカッションⅠ、ディベート・ディスカッションⅡ、エッセイライティングⅠ、エッセイライティングⅡ

備考
一　(一)及び(二)の表の上欄に掲げる各教科について、それぞれの表の下欄に掲げる各教科に属する科目以外の科目を設けることができる。
二　(一)及び(二)の表の上欄に掲げる各教科以外の教科及び当該教科に関する科目を設けることができる。

資　料

6．地方教育行政の組織及び運営に関する法律（抄）

（教育委員会の職務権限）
第二十一条　教育委員会は、当該地方公共団体が処理する教育に関する事務で、次に掲げるものを管理し、及び執行する。
一　教育委員会の所管に属する第三十条に規定する学校その他の教育機関（以下「学校その他の教育機関」という。）の設置、管理及び廃止に関すること。
二　教育委員会の所管に属する学校その他の教育機関の用に供する財産（以下「教育財産」という。）の管理に関すること。
三　教育委員会及び教育委員会の所管に属する学校その他の教育機関の職員の任免その他の人事に関すること。
四　学齢生徒及び学齢児童の就学並びに生徒、児童及び幼児の入学、転学及び退学に関すること。
五　教育委員会の所管に属する学校の組織編制、教育課程、学習指導、生徒指導及び職業指導に関すること。
六　教科書その他の教材の取扱いに関すること。
七　校舎その他の施設及び教具その他の設備の整備に関すること。
八　校長、教員その他の教育関係職員の研修に関すること。
九　校長、教員その他の教育関係職員並びに生徒、児童及び幼児の保健、安全、厚生及び福利に関すること。
十　教育委員会の所管に属する学校その他の教育機関の環境衛生に関すること。
十一　学校給食に関すること。
十二　青少年教育、女性教育及び公民館の事業その他社会教育に関すること。
十三　スポーツに関すること。
十四　文化財の保護に関すること。
十五　ユネスコ活動に関すること。
十六　教育に関する法人に関すること。
十七　教育に係る調査及び基幹統計その他の統計に関すること。
十八　所掌事務に係る広報及び所掌事務に係る教育行政に関する相談に関すること。
十九　前各号に掲げるもののほか、当該地方公共団体の区域内における教育に関する事務に関すること。

（学校等の管理）
第三十三条　教育委員会は、法令又は条例に違反しない限度において、その所管に属する学校その他の教育機関の施設、設備、組織編制、教育課程、教材の取扱その他学校その他の教育機関の管理運営の基本的事項について、必要な教育委員会規則を定めるものとする。この場合において、当該教育委員会規則で定めようとする事項のうち、その実施のためには新たに予算を伴うこととなるものについては、教育委員会は、あらかじめ当該地方公共団体の長に協議しなければならない。
2　前項の場合において、教育委員会は、学校における教科書以外の教材の使用について、あらかじめ、教育委員会に届け出させ、又は教育委員会の承認を受けさせることとする定を設けるものとする。

7．幼稚園教育要領（2017（平成29）年告示）（抄）

（前文）
　教育は、教育基本法第1条に定めるとおり、人格の完成を目指し、平和で民主的な国家及び社会の形成者として必要な資質を備えた心身ともに健康な国民の育成を期すという目的のもと、同法第2条に掲げる次の目標を達成するよう行われなければならない。
1　幅広い知識と教養を身に付け、真理を求める態度を養い、豊かな情操と道徳心を培うとともに、健やかな身体を養うこと。
2　個人の価値を尊重して、その能力を伸ばし、創造性を培い、自主及び自律の精神を養うとともに、職業及び生活との関連を重視し、勤労を重んずる態度を養うこと。
3　正義と責任、男女の平等、自他の敬愛と協力を重んずるとともに、公共の精神に基づき、主体的に社会の形成に参画し、その発展に寄与する態度を養うこと。
4　生命を尊び、自然を大切にし、環境の保全に寄与する態度を養うこと。
5　伝統と文化を尊重し、それらをはぐくんできた我が国と郷土を愛するとともに、他国を尊重し、国際社会の平和と発展に寄与する態度を養うこと。
　また、幼児期の教育については、同法第11条に掲げるとおり、生涯にわたる人格形成の基礎を培う重要なものであることにかんがみ、国及び地方公共団体は、幼児の健やかな成長に資する良好な環境の整備その他適当な方法によって、その振興に努めなければならないこととされている。
　これからの幼稚園には、学校教育の始まりとして、こうした教育の目的及び目標の達成を目指しつつ、一人一人の幼児が、将来、自分のよさや可能性を認識するとともに、あらゆる他者を価値のある存在として尊重し、多様な人々と協働しながら様々な社会的変化を乗り越え、豊かな人生を切り拓き、持続可能な社会の創り手となることができるようにするための基礎を培うことが求められる。このために必要な教育の在り方を具体化するのが、各幼稚園において教育の内容等を組織的かつ計画的に組み立てた教育課程である。
　教育課程を通して、これからの時代に求められる教育を実現していくためには、よりよい学校教育を通してよりよい社会を創るという理念を学校と社会とが共有し、それぞれの幼稚園において、幼児期にふさわしい生活をどのように展開し、どのような資質・能力を育むようにするのかを教育課程において明確にしながら、社会との連携及び協働によりその実現を図っていくという、社会に開かれた教育課程の実現が重要となる。
　幼稚園教育要領とは、こうした理念の実現に向けて必要となる教育課程の基準を大綱的に定めるものである。幼稚園教育要領が果たす役割の一つは、公の性質を有する幼稚園における教育水準を全国的に確保することである。また、各幼稚園がその特色を生かして創意工夫を重ね、長年にわたり積み重ねられてきた教育実践や学術研究の蓄積を生かしながら、幼児や地域の現状や課題を捉え、家庭や地域社会と協力して、幼稚園教育要領を踏まえた教育活動の更なる充実を図っていくことも重要である。
　幼児の自発的な活動としての遊びを生み出すために必要な環境を整え、一人一人の資質・能力を育んでいくことは、教職員をはじめとする幼稚園関係者はもとより、家庭や地域の人々も含め、様々な立場から幼児や幼稚園に関わる全ての大人に期待される役割である。家庭との緊密な連携の下、小学校以降の教育や生涯にわたる学習とのつながりを見通しながら、幼児の自発的な活動としての遊びを通しての総合的な指導をする際に広く活用

資　料

されるものとなることを期待して、ここに幼稚園教育要領を定める。

第1章　総　則
第1　幼稚園教育の基本
　幼児期の教育は、生涯にわたる人格形成の基礎を培う重要なものであり、幼稚園教育は、学校教育法に規定する目的及び目標を達成するため、幼児期の特性を踏まえ、環境を通して行うものであることを基本とする。
　このため教師は、幼児との信頼関係を十分に築き、幼児が身近な環境に主体的に関わり、環境との関わり方や意味に気付き、これらを取り込もうとして、試行錯誤したり、考えたりするようになる幼児期の教育における見方・考え方を生かし、幼児と共によりよい教育環境を創造するように努めるものとする。これらを踏まえ、次に示す事項を重視して教育を行わなければならない。
1　幼児は安定した情緒の下で自己を十分に発揮することにより発達に必要な体験を得ていくものであることを考慮して、幼児の主体的な活動を促し、幼児期にふさわしい生活が展開されるようにすること。
2　幼児の自発的な活動としての遊びは、心身の調和のとれた発達の基礎を培う重要な学習であることを考慮して、遊びを通しての指導を中心として第2章に示すねらいが総合的に達成されるようにすること。
3　幼児の発達は、心身の諸側面が相互に関連し合い、多様な経過をたどって成し遂げられていくものであること、また、幼児の生活経験がそれぞれ異なることなどを考慮して、幼児一人一人の特性に応じ、発達の課題に即した指導を行うようにすること。
　その際、教師は、幼児の主体的な活動が確保されるよう幼児一人一人の行動の理解と予想に基づき、計画的に環境を構成しなければならない。この場合において、教師は、幼児と人やものとの関わりが重要であることを踏まえ、教材を工夫し、物的・空間的環境を構成しなければならない。また、幼児一人一人の活動の場面に応じて、様々な役割を果たし、その活動を豊かにしなければならない。
第2　幼稚園教育において育みたい資質・能力及び「幼児期の終わりまでに育ってほしい姿」
1　幼稚園においては、生きる力の基礎を育むため、この章の第1に示す幼稚園教育の基本を踏まえ、次に掲げる資質・能力を一体的に育むよう努めるものとする。
　(1)　豊かな体験を通じて、感じたり、気付いたり、分かったり、できるようになったりする「知識及び技能の基礎」
　(2)　気付いたことや、できるようになったことなどを使い、考えたり、試したり、工夫したり、表現したりする「思考力、判断力、表現力等の基礎」
　(3)　心情、意欲、態度が育つ中で、よりよい生活を営もうとする「学びに向かう力、人間性等」
2　1に示す資質・能力は、第2章に示すねらい及び内容に基づく活動全体によって育むものである。
3　次に示す「幼児期の終わりまでに育ってほしい姿」は、第2章に示すねらい及び内容に基づく活動全体を通して資質・能力が育まれている幼児の幼稚園修了時の具体的な姿であり、教師が指導を行う際に考慮するものである。

資　料

(1) 健康な心と体
　　幼稚園生活の中で、充実感をもって自分のやりたいことに向かって心と体を十分に働かせ、見通しをもって行動し、自ら健康で安全な生活をつくり出すようになる。
(2) 自立心
　　身近な環境に主体的に関わり様々な活動を楽しむ中で、しなければならないことを自覚し、自分の力で行うために考えたり、工夫したりしながら、諦めずにやり遂げることで達成感を味わい、自信をもって行動するようになる。
(3) 協同性
　　友達と関わる中で、互いの思いや考えなどを共有し、共通の目的の実現に向けて、考えたり、工夫したり、協力したりし、充実感をもってやり遂げるようになる。
(4) 道徳性・規範意識の芽生え
　　友達と様々な体験を重ねる中で、してよいことや悪いことが分かり、自分の行動を振り返ったり、友達の気持ちに共感したりし、相手の立場に立って行動するようになる。また、きまりを守る必要性が分かり、自分の気持ちを調整し、友達と折り合いを付けながら、きまりをつくったり、守ったりするようになる。
(5) 社会生活との関わり
　　家族を大切にしようとする気持ちをもつとともに、地域の身近な人と触れ合う中で、人との様々な関わり方に気付き、相手の気持ちを考えて関わり、自分が役に立つ喜びを感じ、地域に親しみをもつようになる。また、幼稚園内外の様々な環境に関わる中で、遊びや生活に必要な情報を取り入れ、情報に基づき判断したり、情報を伝え合ったり、活用したりするなど、情報を役立てながら活動するようになるとともに、公共の施設を大切に利用するなどして、社会とのつながりなどを意識するようになる。
(6) 思考力の芽生え
　　身近な事象に積極的に関わる中で、物の性質や仕組みなどを感じ取ったり、気付いたりし、考えたり、予想したり、工夫したりするなど、多様な関わりを楽しむようになる。また、友達の様々な考えに触れる中で、自分と異なる考えがあることに気付き、自ら判断したり、考え直したりするなど、新しい考えを生み出す喜びを味わいながら、自分の考えをよりよいものにするようになる。
(7) 自然との関わり・生命尊重
　　自然に触れて感動する体験を通して、自然の変化などを感じ取り、好奇心や探究心をもって考え言葉などで表現しながら、身近な事象への関心が高まるとともに、自然への愛情や畏敬の念をもつようになる。また、身近な動植物に心を動かされる中で、生命の不思議さや尊さに気付き、身近な動植物への接し方を考え、命あるものとしていたわり、大切にする気持ちをもって関わるようになる。
(8) 数量や図形、標識や文字などへの関心・感覚
　　遊びや生活の中で、数量や図形、標識や文字などに親しむ体験を重ねたり、標識や文字の役割に気付いたりし、自らの必要感に基づきこれらを活用し、興味や関心、感覚をもつようになる。
(9) 言葉による伝え合い
　　先生や友達と心を通わせる中で、絵本や物語などに親しみながら、豊かな言葉や表現を身に付け、経験したことや考えたことなどを言葉で伝えた、相手の話を注意して

資　料

聞いたりし、言葉による伝え合いを楽しむようになる。
(10) 豊かな感性と表現
心を動かす出来事などに触れ感性を働かせる中で、様々な素材の特徴や表現の仕方などに気付き、感じたことや考えたことを自分で表現したり、友達同士で表現する過程を楽しんだりし、表現する喜びを味わい、意欲をもつようになる。

第3　教育課程の役割と編成等
1　教育課程の役割
各幼稚園においては、教育基本法及び学校教育法その他の法令並びにこの幼稚園教育要領の示すところに従い、創意工夫を生かし、幼児の心身の発達と幼稚園及び地域の実態に即応した適切な教育課程を編成するものとする。
また、各幼稚園においては、6に示す全体的な計画にも留意しながら、「幼児期の終わりまでに育ってほしい姿」を踏まえ教育課程を編成すること、教育課程の実施状況を評価してその改善を図っていくこと、教育課程の実施に必要な人的又は物的な体制を確保するとともにその改善を図っていくことなどを通して、教育課程に基づき組織的かつ計画的に各幼稚園の教育活動の質の向上を図っていくこと（以下「カリキュラム・マネジメント」という。）に努めるものとする。

2　各幼稚園の教育目標と教育課程の編成
教育課程の編成に当たっては、幼稚園教育において育みたい資質・能力を踏まえつつ、各幼稚園の教育目標を明確にするとともに、教育課程の編成についての基本的な方針が家庭や地域とも共有されるよう努めるものとする。

3　教育課程の編成上の基本的事項
(1) 幼稚園生活の全体を通して第2章に示すねらいが総合的に達成されるよう、教育課程に係る教育期間や幼児の生活経験や発達の過程などを考慮して具体的なねらいと内容を組織するものとする。この場合においては、特に、自我が芽生え、他者の存在を意識し、自己を抑制しようとする気持ちが生まれる幼児期の発達の特性を踏まえ、入園から修了に至るまでの長期的な視野をもって充実した生活が展開できるように配慮するものとする。
(2) 幼稚園の毎学年の教育課程に係る教育週数は、特別の事情のある場合を除き、39週を下ってはならない。
(3) 幼稚園の1日の教育課程に係る教育時間は、4時間を標準とする。ただし、幼児の心身の発達の程度や季節などに適切に配慮するものとする。

4　教育課程の編成上の留意事項
教育課程の編成に当たっては、次の事項に留意するものとする。
(1) 幼児の生活は、入園当初の一人一人の遊びや教師との触れ合いを通して幼稚園生活に親しみ、安定していく時期から、他の幼児との関わりの中で幼児の主体的な活動が深まり、幼児が互いに必要な存在であることを認識するようになり、やがて幼児同士や学級全体で目的をもって協同して幼稚園生活を展開し、深めていく時期などに至るまでの過程を様々に経ながら広げられていくものであることを考慮し、活動がそれぞれの時期にふさわしく展開されるようにすること。
(2) 入園当初、特に、3歳児の入園については、家庭との連携を緊密にし、生活のリズムや安全面に十分配慮すること。また、満3歳児については、学年の途中から入園す

資　料

ることを考慮し、幼児が安心して幼稚園生活を過ごすことができるよう配慮すること。
　(3)　幼稚園生活が幼児にとって安全なものとなるよう、教職員による協力体制の下、幼児の主体的な活動を大切にしつつ、園庭や園舎などの環境の配慮や指導の工夫を行うこと。
5　小学校教育との接続に当たっての留意事項
　(1)　幼稚園においては、幼稚園教育が、小学校以降の生活や学習の基盤の育成につながることに配慮し、幼児期にふさわしい生活を通して、創造的な思考や主体的な生活態度などの基礎を培うようにするものとする。
　(2)　幼稚園教育において育まれた資質・能力を踏まえ、小学校教育が円滑に行われるよう、小学校の教師との意見交換や合同の研究の機会などを設け、「幼児期の終わりまでに育ってほしい姿」を共有するなど連携を図り、幼稚園教育と小学校教育との円滑な接続を図るよう努めるものとする。
6　全体的な計画の作成
　各幼稚園においては、教育課程を中心に、第3章に示す教育課程に係る教育時間の終了後等に行う教育活動の計画、学校保健計画、学校安全計画などとを関連させ、一体的に教育活動が展開されるよう全体的な計画を作成するものとする。
第4　指導計画の作成と幼児理解に基づいた評価
1　指導計画の考え方
　幼稚園教育は、幼児が自ら意欲をもって環境と関わることによりつくり出される具体的な活動を通して、その目標の達成を図るものである。
　幼稚園においてはこのことを踏まえ、幼児期にふさわしい生活が展開され、適切な指導が行われるよう、それぞれの幼稚園の教育課程に基づき、調和のとれた組織的、発展的な指導計画を作成し、幼児の活動に沿った柔軟な指導を行わなければならない。
2　指導計画の作成上の基本的事項
　(1)　指導計画は、幼児の発達に即して一人一人の幼児が幼児期にふさわしい生活を展開し、必要な体験を得られるようにするために、具体的に作成するものとする。
　(2)　指導計画の作成に当たっては、次に示すところにより、具体的なねらい及び内容を明確に設定し、適切な環境を構成することなどにより活動が選択・展開されるようにするものとする。
　　ア　具体的なねらい及び内容は、幼稚園生活における幼児の発達の過程を見通し、幼児の生活の連続性、季節の変化などを考慮して、幼児の興味や関心、発達の実情などに応じて設定すること。
　　イ　環境は、具体的なねらいを達成するために適切なものとなるように構成し、幼児が自らその環境に関わることにより様々な活動を展開しつつ必要な体験を得られるようにすること。その際、幼児の生活する姿や発想を大切にし、常にその環境が適切なものとなるようにすること。
　　ウ　幼児の行う具体的な活動は、生活の流れの中で様々に変化するものであることに留意し、幼児が望ましい方向に向かって自ら活動を展開していくことができるよう必要な援助をすること。
　　　その際、幼児の実態及び幼児を取り巻く状況の変化などに即して指導の過程についての評価を適切に行い、常に指導計画の改善を図るものとする。

資　料

3　指導計画の作成上の留意事項
　　指導計画の作成に当たっては、次の事項に留意するものとする。
　(1)　長期的に発達を見通した年、学期、月などにわたる長期の指導計画やこれとの関連を保ちながらより具体的な幼児の生活に即した週、日などの短期の指導計画を作成し、適切な指導が行われるようにすること。特に、週、日などの短期の指導計画については、幼児の生活のリズムに配慮し、幼児の意識や興味の連続性のある活動が相互に関連して幼稚園生活の自然な流れの中に組み込まれるようにすること。
　(2)　幼児が様々な人やものとの関わりを通して、多様な体験をし、心身の調和のとれた発達を促すようにしていくこと。その際、幼児の発達に即して主体的・対話的で深い学びが実現するようにするとともに、心を動かされる体験が次の活動を生み出すことを考慮し、一つ一つの体験が相互に結び付き、幼稚園生活が充実するようにすること。
　(3)　言語に関する能力の発達と思考力等の発達が関連していることを踏まえ、幼稚園生活全体を通して、幼児の発達を踏まえた言語環境を整え、言語活動の充実を図ること。
　(4)　幼児が次の活動への期待や意欲をもつことができるよう、幼児の実態を踏まえながら、教師や他の幼児と共に遊びや生活の中で見通しをもったり、振り返ったりするよう工夫すること。
　(5)　行事の指導に当たっては、幼稚園生活の自然の流れの中で生活に変化や潤いを与え、幼児が主体的に楽しく活動できるようにすること。なお、それぞれの行事についてはその教育的価値を十分検討し、適切なものを精選し、幼児の負担にならないようにすること。
　(6)　幼児期は直接的な体験が重要であることを踏まえ、視聴覚教材やコンピュータなど情報機器を活用する際には、幼稚園生活では得難い体験を補完するなど、幼児の体験との関連を考慮すること。
　(7)　幼児の主体的な活動を促すためには、教師が多様な関わりをもつことが重要であることを踏まえ、教師は、理解者、共同作業者など様々な役割を果たし、幼児の発達に必要な豊かな体験が得られるよう、活動の場面に応じて、適切な指導を行うようにすること。
　(8)　幼児の行う活動は、個人、グループ、学級全体などで多様に展開されるものであることを踏まえ、幼稚園全体の教師による協力体制を作りながら、一人一人の幼児が興味や欲求を十分に満足させるよう適切な援助を行うようにすること。
4　幼児理解に基づいた評価の実施
　　幼児一人一人の発達の理解に基づいた評価の実施に当たっては、次の事項に配慮するものとする。
　(1)　指導の過程を振り返りながら幼児の理解を進め、幼児一人一人のよさや可能性などを把握し、指導の改善に生かすようにすること。その際、他の幼児との比較や一定の基準に対する達成度についての評定によって捉えるものではないことに留意すること。
　(2)　評価の妥当性や信頼性が高められるよう創意工夫を行い、組織的かつ計画的な取組を推進するとともに、次年度又は小学校等にその内容が適切に引き継がれるようにすること。
第5　特別な配慮を必要とする幼児への指導
1　障害のある幼児などへの指導

障害のある幼児などへの指導に当たっては、集団の中で生活することを通して全体的な発達を促していくことに配慮し、特別支援学校などの助言又は援助を活用しつつ、個々の幼児の障害の状態などに応じた指導内容や指導方法の工夫を組織的かつ計画的に行うものとする。また、家庭、地域及び医療や福祉、保健等の業務を行う関係機関との連携を図り、長期的な視点で幼児への教育的支援を行うために、個別の教育支援計画を作成し活用することに努めるとともに、個々の幼児の実態を的確に把握し、個別の指導計画を作成し活用することに努めるものとする。
2　海外から帰国した幼児や生活に必要な日本語の習得に困難のある幼児の幼稚園生活への適応

　　海外から帰国した幼児や生活に必要な日本語の習得に困難のある幼児については、安心して自己を発揮できるよう配慮するなど個々の幼児の実態に応じ、指導内容や指導方法の工夫を組織的かつ計画的に行うものとする。

第6　幼稚園運営上の留意事項
1　各幼稚園においては、園長の方針の下に、園務分掌に基づき教職員が適切に役割を分担しつつ、相互に連携しながら、教育課程や指導の改善を図るものとする。また、各幼稚園が行う学校評価については、教育課程の編成、実施、改善が教育活動や幼稚園運営の中核となることを踏まえ、カリキュラム・マネジメントと関連付けながら実施するよう留意するものとする。
2　幼児の生活は、家庭を基盤として地域社会を通じて次第に広がりをもつものであることに留意し、家庭との連携を十分に図るなど、幼稚園における生活が家庭や地域社会と連続性を保ちつつ展開されるようにするものとする。その際、地域の自然、高齢者や異年齢の子供などを含む人材、行事や公共施設などの地域の資源を積極的に活用し、幼児が豊かな生活体験を得られるように工夫するものとする。また、家庭との連携に当たっては、保護者との情報交換の機会を設けたり、保護者と幼児との活動の機会を設けたりなどすることを通じて、保護者の幼児期の教育に関する理解が深まるよう配慮するものとする。
3　地域や幼稚園の実態等により、幼稚園間に加え、保育所、幼保連携型認定こども園、小学校、中学校、高等学校及び特別支援学校などとの間の連携や交流を図るものとする。特に、幼稚園教育と小学校教育の円滑な接続のため、幼稚園の幼児と小学校の児童との交流の機会を積極的に設けるようにするものとする。また、障害のある幼児児童生徒との交流及び共同学習の機会を設け、共に尊重し合いながら協働して生活していく態度を育むよう努めるものとする。

第7　教育課程に係る教育時間終了後等に行う教育活動など

　　幼稚園は、第3章に示す教育課程に係る教育時間の終了後等に行う教育活動について、学校教育法に規定する目的及び目標並びにこの章の第1に示す幼稚園教育の基本を踏まえ実施するものとする。また、幼稚園の目的の達成に資するため、幼児の生活全体が豊かなものとなるよう家庭や地域における幼児期の教育の支援に努めるものとする。

資　料

8．小学校学習指導要領（2017（平成29）年告示）（抄）

（前文）

　教育は、教育基本法第１条に定めるとおり、人格の完成を目指し、平和で民主的な国家及び社会の形成者として必要な資質を備えた心身ともに健康な国民の育成を期すという目的のもと、同法第２条に掲げる次の目標を達成するよう行われなければならない。

１　幅広い知識と教養を身に付け、真理を求める態度を養い、豊かな情操と道徳心を培うとともに、健やかな身体を養うこと。
２　個人の価値を尊重して、その能力を伸ばし、創造性を培い、自主及び自律の精神を養うとともに、職業及び生活との関連を重視し、勤労を重んずる態度を養うこと。
３　正義と責任、男女の平等、自他の敬愛と協力を重んずるとともに、公共の精神に基づき、主体的に社会の形成に参画し、その発展に寄与する態度を養うこと。
４　生命を尊び、自然を大切にし、環境の保全に寄与する態度を養うこと。
５　伝統と文化を尊重し、それらをはぐくんできた我が国と郷土を愛するとともに、他国を尊重し、国際社会の平和と発展に寄与する態度を養うこと。

　これからの学校には、こうした教育の目的及び目標の達成を目指しつつ、一人一人の児童が、自分のよさや可能性を認識するとともに、あらゆる他者を価値のある存在として尊重し、多様な人々と協働しながら様々な社会的変化を乗り越え、豊かな人生を切り拓き、持続可能な社会の創り手となることができるようにすることが求められる。このために必要な教育の在り方を具体化するのが、各学校において教育の内容等を組織的かつ計画的に組み立てた教育課程である。

　教育課程を通して、これからの時代に求められる教育を実現していくためには、よりよい学校教育を通してよりよい社会を創るという理念を学校と社会とが共有し、それぞれの学校において、必要な学習内容をどのように学び、どのような資質・能力を身に付けられるようにするのかを教育課程において明確にしながら、社会との連携及び協働によりその実現を図っていくという、社会に開かれた教育課程の実現が重要となる。

　学習指導要領とは、こうした理念の実現に向けて必要となる教育課程の基準を大綱的に定めるものである。学習指導要領が果たす役割の一つは、公の性質を有する学校における教育水準を全国的に確保することである。また、各学校がその特色を生かして創意工夫を重ね、長年にわたり積み重ねられてきた教育実践や学術研究の蓄積を生かしながら、児童や地域の現状や課題を捉え、家庭や地域社会と協力して、学習指導要領を踏まえた教育活動の更なる充実を図っていくことも重要である。

　児童が学ぶことの意義を実感できる環境を整え、一人一人の資質・能力を伸ばせるようにしていくことは、教職員をはじめとする学校関係者はもとより、家庭や地域の人々も含め、様々な立場から児童や学校に関わる全ての大人に期待される役割である。幼児期の教育の基礎の上に、中学校以降の教育や生涯にわたる学習とのつながりを見通しながら、児童の学習の在り方を展望していくために広く活用されるものとなることを期待して、ここに小学校学習指導要領を定める。

第１章　総　則
第１　小学校教育の基本と教育課程の役割

資 料

1 　各学校においては、教育基本法及び学校教育法その他の法令並びにこの章以下に示すところに従い、児童の人間として調和のとれた育成を目指し、児童の心身の発達の段階や特性及び学校や地域の実態を十分考慮して、適切な教育課程を編成するものとし、これらに掲げる目標を達成するよう教育を行うものとする。
2 　学校の教育活動を進めるに当たっては、各学校において、第3の1に示す主体的・対話的で深い学びの実現に向けた授業改善を通して、創意工夫を生かした特色ある教育活動を展開する中で、次の(1)から(3)までに掲げる事項の実現を図り、児童に生きる力を育むことを目指すものとする。
　(1)　基礎的・基本的な知識及び技能を確実に習得させ、これらを活用して課題を解決するために必要な思考力、判断力、表現力等を育むとともに、主体的に学習に取り組む態度を養い、個性を生かし多様な人々との協働を促す教育の充実に努めること。その際、児童の発達の段階を考慮して、児童の言語活動など、学習の基盤をつくる活動を充実するとともに、家庭との連携を図りながら、児童の学習習慣が確立するよう配慮すること。
　(2)　道徳教育や体験活動、多様な表現や鑑賞の活動等を通して、豊かな心や創造性の涵養を目指した教育の充実に努めること。学校における道徳教育は、特別の教科である道徳（以下「道徳科」という。）を要として学校の教育活動全体を通じて行うものであり、道徳科はもとより、各教科、外国語活動、総合的な学習の時間及び特別活動のそれぞれの特質に応じて、児童の発達の段階を考慮して、適切な指導を行うこと。
　　　道徳教育は、教育基本法及び学校教育法に定められた教育の根本精神に基づき、自己の生き方を考え、主体的な判断の下に行動し、自立した人間として他者と共によりよく生きるための基盤となる道徳性を養うことを目標とすること。
　　　道徳教育を進めるに当たっては、人間尊重の精神と生命に対する畏敬の念を家庭、学校、その他社会における具体的な生活の中に生かし、豊かな心をもち伝統と文化を尊重しそれらを育んできた我が国と郷土を愛し　個性豊かな文化の創造を図るとともに、平和で民主的な国家及び社会の形成者として、公共の精神を尊び、社会及び国家の発展に努め、他国を尊重し、国際社会の平和と発展や環境の保全に貢献し未来を拓く主体性のある日本人の育成に資することとなるよう特に留意すること。
　(3)　学校における体育・健康に関する指導を児童の発達の段階を考慮して学校の教育活動全体を通じて適切に行うことにより、健康で安全な生活と豊かなスポーツライフの実現を目指した教育の充実に努めること。特に、学校における食育の推進並びに体力の向上に関する指導、安全に関する指導及び心身の健康の保持増進に関する指導については、体育科、家庭科及び特別活動の時間はもとより、各教科、道徳科、外国語活動及び総合的な学習の時間などにおいてもそれぞれの特質に応じて適切に行うよう努めること。また、それらの指導を通して、家庭や地域社会との連携を図りながら、日常生活において適切な体育・健康に関する活動の実践を促し、生涯を通じて健康・安全で活力ある生活を送るための基礎が培われるよう配慮すること。
3 　2の(1)から(3)までに掲げる事項の実現を図り、豊かな創造性を備え持続可能な社会の創り手となることが期待される児童に、生きる力を育むことを目指すに当たっては、学校教育全体並びに各教科、道徳科、外国語活動、総合的な学習の時間及び特別活動（以下「各教科等」という。ただし、第2の3の(2)のア及びウにおいて、特別活動について

資　料

は学級活動（学校給食に係るものを除く。）に限る。）の指導を通してどのような資質・能力の育成を目指すのかを明確にしながら、教育活動の充実を図るものとする。その際、児童の発達の段階や特性等を踏まえつつ、次に掲げることが偏りなく実現できるようにするものとする。
(1)　知識及び技能が習得されるようにすること。
(2)　思考力、判断力、表現力等を育成すること。
(3)　学びに向かう力、人間性等を涵養すること。
4　各学校においては、児童や学校、地域の実態を適切に把握し、教育の目的や目標の実現に必要な教育の内容等を教科等横断的な視点で組み立てていくこと、教育課程の実施状況を評価してその改善を図っていくこと、教育課程の実施に必要な人的又は物的な体制を確保するとともにその改善を図っていくことなどを通して、教育課程に基づき組織的かつ計画的に各学校の教育活動の質の向上を図っていくこと（以下「カリキュラム・マネジメント」という。）に努めるものとする。

第2　教育課程の編成
1　各学校の教育目標と教育課程の編成
　教育課程の編成に当たっては、学校教育全体や各教科等における指導を通して育成を目指す資質・能力を踏まえつつ、各学校の教育目標を明確にするとともに、教育課程の編成についての基本的な方針が家庭や地域とも共有されるよう努めるものとする。その際、第5章総合的な学習の時間の第2の1に基づき定められる目標との関連を図るものとする。
2　教科等横断的な視点に立った資質・能力の育成
(1)　各学校においては、児童の発達の段階を考慮し、言語能力、情報活用能力（情報モラルを含む。）、問題発見・解決能力等の学習の基盤となる資質・能力を育成していくことができるよう、各教科等の特質を生かし、教科等横断的な視点から教育課程の編成を図るものとする。
(2)　各学校においては、児童や学校、地域の実態及び児童の発達の段階を考慮し、豊かな人生の実現や災害等を乗り越えて次代の社会を形成することに向けた現代的な諸課題に対応して求められる資質・能力を、教科等横断的な視点で育成していくことができるよう、各学校の特色を生かした教育課程の編成を図るものとする。
3　教育課程の編成における共通的事項
(1)　内容等の取扱い
　ア　第2章以下に示す各教科、道徳科、外国語活動及び特別活動の内容に関する事項は、特に示す場合を除き、いずれの学校においても取り扱わなければならない。
　イ　学校において特に必要がある場合には、第2章以下に示していない内容を加えて指導することができる。また、第2章以下に示す内容の取扱いのうち内容の範囲や程度等を示す事項は、全ての児童に対して指導するものとする内容の範囲や程度等を示したものであり、学校において特に必要がある場合には、この事項にかかわらず加えて指導することができる。ただし、これらの場合には、第2章以下に示す各教科、道徳科、外国語活動及び特別活動の目標や内容の趣旨を逸脱したり、児童の負担過重となったりすることのないようにしなければならない。
　ウ　第2章以下に示す各教科、道徳科、外国語活動及び特別活動の内容に掲げる事項

の順序は、特に示す場合を除き、指導の順序を示すものではないので、学校においては、その取扱いについて適切な工夫を加えるものとする。
 エ　学年の内容を2学年まとめて示した教科及び外国語活動の内容は、2学年間かけて指導する事項を示したものである。各学校においては、これらの事項を児童や学校、地域の実態に応じ、2学年間を見通して計画的に指導することとし特に示す場合を除きいずれかの学年に分けて又はいずれの学年においても指導するものとする。
 オ　学校において2以上の学年の児童で編制する学級について特に必要がある場合には、各教科及び道徳科の目標の達成に支障のない範囲内で、各教科及び道徳科の目標及び内容について学年別の順序によらないことができる。
 カ　道徳科を要として学校の教育活動全体を通じて行う道徳教育の内容は、第3章特別の教科道徳の第2に示す内容とし、その実施に当たっては、第6に示す道徳教育に関する配慮事項を踏まえるものとする。
(2)　授業時数等の取扱い
 ア　各教科等の授業は、年間35週（第1学年については34週）以上にわたって行うよう計画し、週当たりの授業時数が児童の負担過重にならないようにするものとする。ただし、各教科等や学習活動の特質に応じ効果的な場合には、夏季、冬季、学年末等の休業日の期間に授業日を設定する場合を含め、これらの授業を特定の期間に行うことができる。
 イ　特別活動の授業のうち、児童会活動、クラブ活動及び学校行事については、それらの内容に応じ、年間、学期ごと、月ごとなどに適切な授業時数を充てるものとする。
 ウ　各学校の時間割については、次の事項を踏まえ適切に編成するものとする。
  (ア)　各教科等のそれぞれの授業の1単位時間は、各学校において、各教科等の年間授業時数を確保しつつ、児童の発達の段階及び各教科等や学習活動の特質を考慮して適切に定めること。
  (イ)　各教科等の特質に応じ、10分から15分程度の短い時間を活用して特定の教科等の指導を行う場合において、教師が、単元や題材など内容や時間のまとまりを見通した中で、その指導内容の決定や指導の成果の把握と活用等を責任を持って行う体制が整備されているときは、その時間を当該教科等の年間授業時数に含めることができること。
  (ウ)　給食、休憩などの時間については、各学校において工夫を加え、適切に定めること。
  (エ)　各学校において、児童や学校、地域の実態、各教科等や学習活動の特質等に応じて、創意工夫を生かした時間割を弾力的に編成できること。
 エ　総合的な学習の時間における学習活動により、特別活動の学校行事に掲げる各行事の実施と同様の成果が期待できる場合においては、総合的な学習の時間における学習活動をもって相当する特別活動の学校行事に掲げる各行事の実施に替えることができる。
(3)　指導計画の作成等に当たっての配慮事項
 各学校においては次の事項に配慮しながら学校の創意工夫を生かし全体として、調和のとれた具体的な指導計画を作成するものとする。

資　料

　　　ア　各教科等の指導内容については、⑴のアを踏まえつつ、単元や題材など内容や時間のまとまりを見通しながら、そのまとめ方や重点の置き方に適切な工夫を加え、第3の1に示す主体的・対話的で深い学びの実現に向けた授業改善を通して資質・能力を育む効果的な指導ができるようにすること。
　　　イ　各教科等及び各学年相互間の関連を図り、系統的、発展的な指導ができるようにすること。
　　　ウ　学年の内容を2学年まとめて示した教科及び外国語活動については、当該学年間を見通して、児童や学校、地域の実態に応じ、児童の発達の段階を考慮しつつ、効果的、段階的に指導するようにすること。
　　　エ　児童の実態等を考慮し、指導の効果を高めるため、児童の発達の段階や指導内容の関連性等を踏まえつつ、合科的・関連的な指導を進めること。
　4　学校段階等間の接続
　　　教育課程の編成に当たっては、次の事項に配慮しながら、学校段階等間の接続を図るものとする。
　⑴　幼児期の終わりまでに育ってほしい姿を踏まえた指導を工夫することにより、幼稚園教育要領等に基づく幼児期の教育を通して育まれた資質・能力を踏まえて教育活動を実施し、児童が主体的に自己を発揮しながら学びに向かうことが可能となるようにすること。また、低学年における教育全体において、例えば生活科において育成する自立し生活を豊かにしていくための資質・能力が、他教科等の学習においても生かされるようにするなど、教科等間の関連を積極的に図り、幼児期の教育及び中学年以降の教育との円滑な接続が図られるよう工夫すること。特に、小学校入学当初においては、幼児期において自発的な活動としての遊びを通して育まれてきたことが、各教科等における学習に円滑に接続されるよう、生活科を中心に、合科的・関連的な指導や弾力的な時間割の設定など、指導の工夫や指導計画の作成を行うこと。
　⑵　中学校学習指導要領及び高等学校学習指導要領を踏まえ、中学校教育及びその後の教育との円滑な接続が図られるよう工夫すること。特に、義務教育学校、中学校連携型小学校及び中学校併設型小学校においては、義務教育9年間を見通した計画的かつ継続的な教育課程を編成すること。
第3　教育課程の実施と学習評価
　1　主体的・対話的で深い学びの実現に向けた授業改善
　　　各教科等の指導に当たっては、次の事項に配慮するものとする。
　⑴　第1の3の⑴から⑶までに示すことが偏りなく実現されるよう、単元や題材など内容や時間のまとまりを見通しながら、児童の主体的・対話的で深い学びの実現に向けた授業改善を行うこと。
　　　特に、各教科等において身に付けた知識及び技能を活用したり、思考力、判断力、表現力等や学びに向かう力、人間性等を発揮させたりして、学習の対象となる物事を捉え思考することにより、各教科等の特質に応じた物事を捉える視点や考え方（以下「見方・考え方」という。）が鍛えられていくことに留意し、児童が各教科等の特質に応じた見方・考え方を働かせながら、知識を相互に関連付けてより深く理解したり、情報を精査して考えを形成したり、問題を見いだして解決策を考えたり、思いや考えを基に創造したりすることに向かう過程を重視した学習の充実を図ること。

(2) 第2の2の(1)に示す言語能力の育成を図るため、各学校において必要な言語環境を整えるとともに、国語科を要としつつ各教科等の特質に応じて、児童の言語活動を充実すること。あわせて、(7)に示すとおり読書活動を充実すること。
(3) 第2の2の(1)に示す情報活用能力の育成を図るため、各学校においてコンピュータや情報通信ネットワークなどの情報手段を活用するために必要な環境を整え、これらを適切に活用した学習活動の充実を図ること。また、各種の統計資料や新聞、視聴覚教材や教育機器などの教材・教具の適切な活用を図ること。あわせて、各教科等の特質に応じて、次の学習活動を計画的に実施すること。
 ア 児童がコンピュータで文字を入力するなどの学習の基盤として必要となる情報手段の基本的な操作を習得するための学習活動
 イ 児童がプログラミングを体験しながら、コンピュータに意図した処理を行わせるために必要な論理的思考力を身に付けるための学習活動
(4) 児童が学習の見通しを立てたり学習したことを振り返ったりする活動を、計画的に取り入れるように工夫すること。
(5) 児童が生命の有限性や自然の大切さ、主体的に挑戦してみることや多様な他者と協働することの重要性などを実感しながら理解することができるよう、各教科等の特質に応じた体験活動を重視し、家庭や地域社会と連携しつつ体系的・継続的に実施できるよう工夫すること。
(6) 児童が自ら学習課題や学習活動を選択する機会を設けるなど、児童の興味・関心を生かした自主的、自発的な学習が促されるよう工夫すること。
(7) 学校図書館を計画的に利用しその機能の活用を図り、児童の主体的・対話的で深い学びの実現に向けた授業改善に生かすとともに児童の自主的、自発的な学習活動や読書活動を充実すること。また、地域の図書館や博物館、美術館、劇場、音楽堂等の施設の活用を積極的に図り、資料を活用した情報の収集や鑑賞等の学習活動を充実すること。
2 学習評価の充実学習評価の実施に当たっては、次の事項に配慮するものとする。
(1) 児童のよい点や進歩の状況などを積極的に評価し、学習したことの意義や価値を実感できるようにすること。また、各教科等の目標の実現に向けた学習状況を把握する観点から、単元や題材など内容や時間のまとまりを見通しながら評価の場面や方法を工夫して、学習の過程や成果を評価し、指導の改善や学習意欲の向上を図り、資質・能力の育成に生かすようにすること。
(2) 創意工夫の中で学習評価の妥当性や信頼性が高められるよう、組織的かつ計画的な取組を推進するとともに、学年や学校段階を越えて児童の学習の成果が円滑に接続されるように工夫すること。

第4 児童の発達の支援
1 児童の発達を支える指導の充実
 教育課程の編成及び実施に当たっては、次の事項に配慮するものとする。
(1) 学習や生活の基盤として、教師と児童との信頼関係及び児童相互のよりよい人間関係を育てるため、日頃から学級経営の充実を図ること。また、主に集団の場面で必要な指導や援助を行うガイダンスと、個々の児童の多様な実態を踏まえ、一人一人が抱える課題に個別に対応した指導を行うカウンセリングの双方により、児童の発達を支

資　料

　　　援すること。あわせて、小学校の低学年、中学年、高学年の学年の時期の特長を生かした指導の工夫を行うこと。
　(2)　児童が、自己の存在感を実感しながら、よりよい人間関係を形成し、有意義で充実した学校生活を送る中で、現在及び将来における自己実現を図っていくことができるよう、生徒理解を深め、学習指導と関連付けながら、生徒指導の充実を図ること。
　(3)　児童が、学ぶことと自己の将来とのつながりを見通しながら、社会的・職業的自立に向けて必要な基盤となる資質・能力を身に付けていくことができるよう、特別活動を要としつつ各教科等の特質に応じて、キャリア教育の充実を図ること。
　(4)　児童が、基礎的・基本的な知識及び技能の習得も含め、学習内容を確実に身に付けることができるよう、児童や学校の実態に応じ、個別学習やグループ別学習、繰り返し学習、学習内容の習熟の程度に応じた学習、児童の興味・関心等に応じた課題学習、補充的な学習や発展的な学習などの学習活動を取り入れることや、教師間の協力による指導体制を確保することなど、指導方法や指導体制の工夫改善により、個に応じた指導の充実を図ること。その際、第3の1の(3)に示す情報手段や教材・教具の活用を図ること。
2　特別な配慮を必要とする児童への指導
　(1)　障害のある児童などへの指導
　　ア　障害のある児童などについては、特別支援学校等の助言又は援助を活用しつつ、個々の児童の障害の状態等に応じた指導内容や指導方法の工夫を組織的かつ計画的に行うものとする。
　　イ　特別支援学級において実施する特別の教育課程については、次のとおり編成するものとする。
　　　(ｱ)　障害による学習上又は生活上の困難を克服し自立を図るため、特別支援学校小学部・中学部学習指導要領第7章に示す自立活動を取り入れること。
　　　(ｲ)　児童の障害の程度や学級の実態等を考慮の上、各教科の目標や内容を下学年の教科の目標や内容に替えたり、各教科を、知的障害者である児童に対する教育を行う特別支援学校の各教科に替えたりするなどして、実態に応じた教育課程を編成すること。
　　ウ　障害のある児童に対して、通級による指導を行い、特別の教育課程を編成する場合には、特別支援学校小学部・中学部学習指導要領第7章に示す自立活動の内容を参考とし、具体的な目標や内容を定め、指導を行うものとする。その際、効果的な指導が行われるよう、各教科等と通級による指導との関連を図るなど、教師間の連携に努めるものとする。
　　エ　障害のある児童などについては、家庭、地域及び医療や福祉、保健、労働等の業務を行う関係機関との連携を図り、長期的な視点で児童への教育的支援を行うために、個別の教育支援計画を作成し活用することに努めるとともに、各教科等の指導に当たって、個々の児童の実態を的確に把握し、個別の指導計画を作成し活用することに努めるものとする。特に、特別支援学級に在籍する児童や通級による指導を受ける児童については、個々の児童の実態を的確に把握し、個別の教育支援計画や個別の指導計画を作成し、効果的に活用するものとする。
　(2)　海外から帰国した児童などの学校生活への適応や、日本語の習得に困難のある児童

に対する日本語指導
　　　ア　海外から帰国した児童などについては、学校生活への適応を図るとともに、外国における生活経験を生かすなどの適切な指導を行うものとする。
　　　イ　日本語の習得に困難のある児童については、個々の児童の実態に応じた指導内容や指導方法の工夫を組織的かつ計画的に行うものとする。特に、通級による日本語指導については、教師間の連携に努め、指導についての計画を個別に作成することなどにより、効果的な指導に努めるものとする。
　　(3)　不登校児童への配慮
　　　ア　不登校児童については、保護者や関係機関と連携を図り、心理や福祉の専門家の助言又は援助を得ながら、社会的自立を目指す観点から、個々の児童の実態に応じた情報の提供その他の必要な支援を行うものとする。
　　　イ　相当の期間小学校を欠席し引き続き欠席すると認められる児童を対象として、文部科学大臣が認める特別の教育課程を編成する場合には、児童の実態に配慮した教育課程を編成するとともに、個別学習やグループ別学習など指導方法や指導体制の工夫改善に努めるものとする。
第5　学校運営上の留意事項
1　教育課程の改善と学校評価等
　　　ア　各学校においては、校長の方針の下に、校務分掌に基づき教職員が適切に役割を分担しつつ、相互に連携しながら、各学校の特色を生かしたカリキュラム・マネジメントを行うよう努めるものとする。また、各学校が行う学校評価については、教育課程の編成、実施、改善が教育活動や学校運営の中核となることを踏まえ、カリキュラム・マネジメントと関連付けながら実施するよう留意するものとする。
　　　イ　教育課程の編成及び実施に当たっては学校保健計画、学校安全計画、食に関する指導の全体計画、いじめの防止等のための対策に関する基本的な方針など、各分野における学校の全体計画等と関連付けながら、効果的な指導が行われるように留意するものとする。
2　家庭や地域社会との連携及び協働と学校間の連携
　　教育課程の編成及び実施に当たっては、次の事項に配慮するものとする。
　　　ア　学校がその目的を達成するため、学校や地域の実態等に応じ、教育活動の実施に必要な人的又は物的な体制を家庭や地域の人々の協力を得ながら整えるなど、家庭や地域社会との連携及び協働を深めることまた、高齢者や異年齢の子供など、地域における世代を越えた交流の機会を設けること。
　　　イ　他の小学校や、幼稚園、認定こども園、保育所、中学校、高等学校、特別支援学校などとの間の連携や交流を図るとともに、障害のある幼児児童生徒との交流及び共同学習の機会を設け、共に尊重し合いながら協働して生活していく態度を育むようにすること。
第6　道徳教育に関する配慮事項
　　道徳教育を進めるに当たっては、道徳教育の特質を踏まえ、前項までに示す事項に加え、次の事項に配慮するものとする。
1　各学校においては、第1の2の(2)に示す道徳教育の目標を踏まえ、道徳教育の全体計画を作成し、校長の方針の下に、道徳教育の推進を主に担当する教師（以下「道徳教育

資　料

　　推進教師」という。）を中心に、全教師が協力して道徳教育を展開すること。なお、道徳教育の全体計画の作成に当たっては、児童や学校、地域の実態を考慮して、学校の道徳教育の重点目標を設定するとともに、道徳科の指導方針、第３章特別の教科道徳の第２に示す内容との関連を踏まえた各教科、外国語活動、総合的な学習の時間及び特別活動における指導の内容及び時期並びに家庭や地域社会との連携の方法を示すこと。
２　各学校においては、児童の発達の段階や特性等を踏まえ、指導内容の重点化を図ること。その際、各学年を通じて、自立心や自律性、生命を尊重する心や他者を思いやる心を育てることに留意すること。また、各学年段階においては、次の事項に留意すること。
　(1)　第１学年及び第２学年においては、挨拶などの基本的な生活習慣を身に付けること、善悪を判断し、してはならないことをしないこと、社会生活上のきまりを守ること。
　(2)　第３学年及び第４学年においては、善悪を判断し、正しいと判断したことを行うこと、身近な人々と協力し助け合うこと、集団や社会のきまりを守ること。
　(3)　第５学年及び第６学年においては、相手の考え方や立場を理解して支え合うこと、法やきまりの意義を理解して進んで守ること、集団生活の充実に努めること、伝統と文化を尊重し、それらを育んできた我が国と郷土を愛するとともに、他国を尊重すること。
３　学校や学級内の人間関係や環境を整えるとともに、集団宿泊活動やボランティア活動、自然体験活動、地域の行事への参加などの豊かな体験を充実すること。また、道徳教育の指導内容が、児童の日常生活に生かされるようにすること。その際、いじめの防止や安全の確保等にも資することとなるよう留意すること。
４　学校の道徳教育の全体計画や道徳教育に関する諸活動などの情報を積極的に公表したり、道徳教育の充実のために家庭や地域の人々の積極的な参加や協力を得たりするなど、家庭や地域社会との共通理解を深め、相互の連携を図ること。

資料

9．中学校学習指導要領（2017（平成29）年告示）（抄）

（前文）

　教育は、教育基本法第1条に定めるとおり、人格の完成を目指し、平和で民主的な国家及び社会の形成者として必要な資質を備えた心身ともに健康な国民の育成を期すという目的のもと、同法第2条に掲げる次の目標を達成するよう行われなければならない。

1　幅広い知識と教養を身に付け、真理を求める態度を養い、豊かな情操と道徳心を培うとともに、健やかな身体を養うこと。
2　個人の価値を尊重して、その能力を伸ばし、創造性を培い、自主及び自律の精神を養うとともに、職業及び生活との関連を重視し、勤労を重んずる態度を養うこと。
3　正義と責任、男女の平等、自他の敬愛と協力を重んずるとともに、公共の精神に基づき、主体的に社会の形成に参画し、その発展に寄与する態度を養うこと。
4　生命を尊び、自然を大切にし、環境の保全に寄与する態度を養うこと。
5　伝統と文化を尊重し、それらをはぐくんできた我が国と郷土を愛するとともに、他国を尊重し、国際社会の平和と発展に寄与する態度を養うこと。

　これからの学校には、こうした教育の目的及び目標の達成を目指しつつ、一人一人の生徒が、自分のよさや可能性を認識するとともに、あらゆる他者を価値のある存在として尊重し、多様な人々と協働しながら様々な社会的変化を乗り越え、豊かな人生を切り拓き、持続可能な社会の創り手となることができるようにすることが求められる。このために必要な教育の在り方を具体化するのが、各学校において教育の内容等を組織的かつ計画的に組み立てた教育課程である。

　教育課程を通して、これからの時代に求められる教育を実現していくためには、よりよい学校教育を通してよりよい社会を創るという理念を学校と社会とが共有し、それぞれの学校において、必要な学習内容をどのように学び、どのような資質・能力を身に付けられるようにするのかを教育課程において明確にしながら、社会との連携及び協働によりその実現を図っていくという、社会に開かれた教育課程の実現が重要となる。

　学習指導要領とは、こうした理念の実現に向けて必要となる教育課程の基準を大綱的に定めるものである。学習指導要領が果たす役割の一つは、公の性質を有する学校における教育水準を全国的に確保することである。また、各学校がその特色を生かして創意工夫を重ね、長年にわたり積み重ねられてきた教育実践や学術研究の蓄積を生かしながら、生徒や地域の現状や課題を捉え、家庭や地域社会と協力して、学習指導要領を踏まえた教育活動の更なる充実を図っていくことも重要である。

　生徒が学ぶことの意義を実感できる環境を整え、一人一人の資質・能力を伸ばせるようにしていくことは、教職員をはじめとする学校関係者はもとより、家庭や地域の人々も含め、様々な立場から生徒や学校に関わる全ての大人に期待される役割である。幼児期の教育及び小学校教育の基礎の上に、高等学校以降の教育や生涯にわたる学習とのつながりを見通しながら、生徒の学習の在り方を展望していくために広く活用されるものとなることを期待して、ここに中学校学習指導要領を定める。

第1章　総則
第1　中学校教育の基本と教育課程の役割

資　料

1　各学校においては、教育基本法及び学校教育法その他の法令並びにこの章以下に示すところに従い、生徒の人間として調和のとれた育成を目指し、生徒の心身の発達の段階や特性及び学校や地域の実態を十分考慮して、適切な教育課程を編成するものとし、これらに掲げる目標を達成するよう教育を行うものとする。
2　学校の教育活動を進めるに当たっては、各学校において、第3の1に示す主体的・対話的で深い学びの実現に向けた授業改善を通して、創意工夫を生かした特色ある教育活動を展開する中で、次の(1)から(3)までに掲げる事項の実現を図り、生徒に生きる力を育むことを目指すものとする。
(1)　基礎的・基本的な知識及び技能を確実に習得させ、これらを活用して課題を解決するために必要な思考力、判断力、表現力等を育むとともに、主体的に学習に取り組む態度を養い、個性を生かし多様な人々との協働を促す教育の充実に努めること。その際、生徒の発達の段階を考慮して、生徒の言語活動など、学習の基盤をつくる活動を充実するとともに、家庭との連携を図りながら、生徒の学習習慣が確立するよう配慮すること。
(2)　道徳教育や体験活動、多様な表現や鑑賞の活動等を通して、豊かな心や創造性の涵養を目指した教育の充実に努めること。
学校における道徳教育は、特別の教科である道徳（以下「道徳科」という。）を要として学校の教育活動全体を通じて行うものであり、道徳科はもとより、各教科、総合的な学習の時間及び特別活動のそれぞれの特質に応じて、生徒の発達の段階を考慮して、適切な指導を行うこと。
　道徳教育は、教育基本法及び学校教育法に定められた教育の根本精神に基づき、人間としての生き方を考え、主体的な判断の下に行動し、自立した人間として他者と共によりよく生きるための基盤となる道徳性を養うことを目標とすること。
　道徳教育を進めるに当たっては、人間尊重の精神と生命に対する畏敬の念を家庭、学校、その他社会における具体的な生活の中に生かし、豊かな心をもち、伝統と文化を尊重し、それらを育んできた我が国と郷土を愛し、個性豊かな文化の創造を図るとともに、平和で民主的な国家及び社会の形成者として、公共の精神を尊び、社会及び国家の発展に努め、他国を尊重し、国際社会の平和と発展や環境の保全に貢献し未来を拓く主体性のある日本人の育成に資することとなるよう特に留意すること。
(3)　学校における体育・健康に関する指導を、生徒の発達の段階を考慮して、学校の教育活動全体を通じて適切に行うことにより、健康で安全な生活と豊かなスポーツライフの実現を目指した教育の充実に努めること。特に、学校における食育の推進並びに体力の向上に関する指導、安全に関する指導及び心身の健康の保持増進に関する指導については、保健体育科、技術・家庭科及び特別活動の時間はもとより、各教科、道徳科及び総合的な学習の時間などにおいてもそれぞれの特質に応じて適切に行うよう努めること。また、それらの指導を通して、家庭や地域社会との連携を図りながら、日常生活において適切な体育・健康に関する活動の実践を促し、生涯を通じて健康・安全で活力ある生活を送るための基礎が培われるよう配慮すること。
3　2の(1)から(3)までに掲げる事項の実現を図り、豊かな創造性を備え持続可能な社会の創り手となることが期待される生徒に、生きる力を育むことを目指すに当たっては、学校教育全体並びに各教科、道徳科、総合的な学習の時間及び特別活動（以下「各教科

等」という。ただし、第2の3の(2)のア及びウにおいて、特別活動については学級活動（学校給食に係るものを除く。）に限る。）の指導を通してどのような資質・能力の育成を目指すのかを明確にしながら、教育活動の充実を図るものとする。その際、生徒の発達の段階や特性等を踏まえつつ、次に掲げることが偏りなく実現できるようにするものとする。
(1) 知識及び技能が習得されるようにすること。
(2) 思考力、判断力、表現力等を育成すること。
(3) 学びに向かう力、人間性等を涵養すること。
4 各学校においては、生徒や学校、地域の実態を適切に把握し、教育の目的や目標の実現に必要な教育の内容等を教科等横断的な視点で組み立てていくこと、教育課程の実施状況を評価してその改善を図っていくこと、教育課程の実施に必要な人的又は物的な体制を確保するとともにその改善を図っていくことなどを通して、教育課程に基づき組織的かつ計画的に各学校の教育活動の質の向上を図っていくこと（以下「カリキュラム・マネジメント」という。）に努めるものとする。

第2 教育課程の編成
1 各学校の教育目標と教育課程の編成
　　教育課程の編成に当たっては、学校教育全体や各教科等における指導を通して育成を目指す資質・能力を踏まえつつ、各学校の教育目標を明確にするとともに、教育課程の編成についての基本的な方針が家庭や地域とも共有されるよう努めるものとする。その際、第4章総合的な学習の時間の第2の1に基づき定められる目標との関連を図るものとする。
2 教科等横断的な視点に立った資質・能力の育成
(1) 各学校においては、生徒の発達の段階を考慮し、言語能力、情報活用能力（情報モラルを含む。）、問題発見・解決能力等の学習の基盤となる資質・能力を育成していくことができるよう、各教科等の特質を生かし、教科等横断的な視点から教育課程の編成を図るものとする。
(2) 各学校においては、生徒や学校、地域の実態及び生徒の発達の段階を考慮し、豊かな人生の実現や災害等を乗り越えて次代の社会を形成することに向けた現代的な諸課題に対応して求められる資質・能力を、教科等横断的な視点で育成していくことができるよう、各学校の特色を生かした教育課程の編成を図るものとする。
3 教育課程の編成における共通的事項
(1) 内容等の取扱い
　ア 第2章以下に示す各教科、道徳科及び特別活動の内容に関する事項は、特に示す場合を除き、いずれの学校においても取り扱わなければならない。
　イ 学校において特に必要がある場合には、第2章以下に示していない内容を加えて指導することができる。また、第2章以下に示す内容の取扱いのうち内容の範囲や程度等を示す事項は、全ての生徒に対して指導するものとする内容の範囲や程度等を示したものであり、学校において特に必要がある場合には、この事項にかかわらず加えて指導することができる。ただし、これらの場合には、第2章以下に示す各教科、道徳科及び特別活動の目標や内容の趣旨を逸脱したり、生徒の負担過重となったりすることのないようにしなければならない。

資　料

　　ウ　第２章以下に示す各教科、道徳科及び特別活動の内容に掲げる事項の順序は、特に示す場合を除き、指導の順序を示すものではないので、学校においては、その取扱いについて適切な工夫を加えるものとする。
　　エ　学校において２以上の学年の生徒で編制する学級について特に必要がある場合には、各教科の目標の達成に支障のない範囲内で、各教科の目標及び内容について学年別の順序によらないことができる。
　　オ　各学校においては、生徒や学校、地域の実態を考慮して、生徒の特性等に応じた多様な学習活動が行えるよう、第２章に示す各教科や、特に必要な教科を、選択教科として開設し生徒に履修させることができる。その場合にあっては、全ての生徒に指導すべき内容との関連を図りつつ、選択教科の授業時数及び内容を適切に定め選択教科の指導計画を作成し、生徒の負担過重となることのないようにしなければならない。また、特に必要な教科の名称、目標、内容などについては、各学校が適切に定めるものとする。
　　カ　道徳科を要として学校の教育活動全体を通じて行う道徳教育の内容は、第３章特別の教科道徳の第２に示す内容とし、その実施に当たっては、第６に示す道徳教育に関する配慮事項を踏まえるものとする。
　(2)　授業時数等の取扱い
　　ア　各教科等の授業は、年間35週以上にわたって行うよう計画し、週当たりの授業時数が生徒の負担過重にならないようにするものとする。ただし、各教科等や学習活動の特質に応じ効果的な場合には、夏季、冬季、学年末等の休業日の期間に授業日を設定する場合を含め、これらの授業を特定の期間に行うことができる。
　　イ　特別活動の授業のうち、生徒会活動及び学校行事については、それらの内容に応じ、年間、学期ごと、月ごとなどに適切な授業時数を充てるものとする。
　　ウ　各学校の時間割については、次の事項を踏まえ適切に編成するものとする。
　　　(ｱ)　各教科等のそれぞれの授業の１単位時間は、各学校において、各教科等の年間授業時数を確保しつつ、生徒の発達の段階及び各教科等や学習活動の特質を考慮して適切に定めること。
　　　(ｲ)　各教科等の特質に応じ、10分から15分程度の短い時間を活用して特定の教科等の指導を行う場合において、当該教科等を担当する教師が、単元や題材など内容や時間のまとまりを見通した中で、その指導内容の決定や指導の成果の把握と活用等を責任をもって行う体制が整備されているときは、その時間を当該教科等の年間授業時数に含めることができること。
　　　(ｳ)　給食、休憩などの時間については、各学校において工夫を加え、適切に定めること。
　　　(ｴ)　各学校において、生徒や学校、地域の実態、各教科等や学習活動の特質等に応じて、創意工夫を生かした時間割を弾力的に編成できること。
　　エ　総合的な学習の時間における学習活動により、特別活動の学校行事に掲げる各行事の実施と同様の成果が期待できる場合においては、総合的な学習の時間における学習活動をもって相当する特別活動の学校行事に掲げる各行事の実施に替えることができる。
　(3)　指導計画の作成等に当たっての配慮事項

各学校においては、次の事項に配慮しながら、学校の創意工夫を生かし、全体として、調和のとれた具体的な指導計画を作成するものとする。
　ア　各教科等の指導内容については、⑴のアを踏まえつつ、単元や題材など内容や時間のまとまりを見通しながら、そのまとめ方や重点の置き方に適切な工夫を加え、第3の1に示す主体的・対話的で深い学びの実現に向けた授業改善を通して資質・能力を育む効果的な指導ができるようにすること。
　イ　各教科等及び各学年相互間の関連を図り、系統的、発展的な指導ができるようにすること。
4　学校段階間の接続
　教育課程の編成に当たっては、次の事項に配慮しながら、学校段階間の接続を図るものとする。
⑴　小学校学習指導要領を踏まえ、小学校教育までの学習の成果が中学校教育に円滑に接続され、義務教育段階の終わりまでに育成することを目指す資質・能力を、生徒が確実に身に付けることができるよう工夫すること。特に、義務教育学校、小学校連携型中学校及び小学校併設型中学校においては、義務教育9年間を見通した計画的かつ継続的な教育課程を編成すること。
⑵　高等学校学習指導要領を踏まえ、高等学校教育及びその後の教育との円滑な接続が図られるよう工夫すること。特に、中等教育学校、連携型中学校及び併設型中学校においては、中等教育6年間を見通した計画的かつ継続的な教育課程を編成すること。
第3　教育課程の実施と学習評価
1　主体的・対話的で深い学びの実現に向けた授業改善
　各教科等の指導に当たっては、次の事項に配慮するものとする。
⑴　第1の3の⑴から⑶までに示すことが偏りなく実現されるよう、単元や題材など内容や時間のまとまりを見通しながら、生徒の主体的・対話的で深い学びの実現に向けた授業改善を行うこと。
　　特に、各教科等において身に付けた知識及び技能を活用したり、思考力、判断力、表現力等や学びに向かう力、人間性等を発揮させたりして、学習の対象となる物事を捉え思考することにより、各教科等の特質に応じた物事を捉える視点や考え方（以下「見方・考え方」という。）が鍛えられていくことに留意し、生徒が各教科等の特質に応じた見方・考え方を働かせながら、知識を相互に関連付けてより深く理解したり、情報を精査して考えを形成したり、問題を見いだして解決策を考えたり、思いや考えを基に創造したりすることに向かう過程を重視した学習の充実を図ること。
⑵　第2の2の⑴に示す言語能力の育成を図るため、各学校において必要な言語環境を整えるとともに、国語科を要としつつ各教科等の特質に応じて、生徒の言語活動を充実すること。あわせて、⑺に示すとおり読書活動を充実すること。
⑶　第2の2の⑴に示す情報活用能力の育成を図るため、各学校において、コンピュータや情報通信ネットワークなどの情報手段を活用するために必要な環境を整え、これらを適切に活用した学習活動の充実を図ること。また、各種の統計資料や新聞、視聴覚教材や教育機器などの教材・教具の適切な活用を図ること。
⑷　生徒が学習の見通しを立てたり学習したことを振り返ったりする活動を、計画的に取り入れるように工夫すること。

資　料

(5) 生徒が生命の有限性や自然の大切さ、主体的に挑戦してみることや多様な他者と協働することの重要性などを実感しながら理解することができるよう、各教科等の特質に応じた体験活動を重視し、家庭や地域社会と連携しつつ体系的・継続的に実施できるよう工夫すること。
(6) 生徒が自ら学習課題や学習活動を選択する機会を設けるなど、生徒の興味・関心を生かした自主的、自発的な学習が促されるよう工夫すること。
(7) 学校図書館を計画的に利用しその機能の活用を図り、生徒の主体的・対話的で深い学びの実現に向けた授業改善に生かすとともに、生徒の自主的、自発的な学習活動や読書活動を充実すること。また、地域の図書館や博物館、美術館、劇場、音楽堂等の施設の活用を積極的に図り、資料を活用した情報の収集や鑑賞等の学習活動を充実すること。

2　学習評価の充実
学習評価の実施に当たっては、次の事項に配慮するものとする。
(1) 生徒のよい点や進歩の状況などを積極的に評価し、学習したことの意義や価値を実感できるようにすること。また、各教科等の目標の実現に向けた学習状況を把握する観点から、単元や題材など内容や時間のまとまりを見通しながら評価の場面や方法を工夫して、学習の過程や成果を評価し、指導の改善や学習意欲の向上を図り、資質・能力の育成に生かすようにすること。
(2) 創意工夫の中で学習評価の妥当性や信頼性が高められるよう、組織的かつ計画的な取組を推進するとともに、学年や学校段階を越えて生徒の学習の成果が円滑に接続されるように工夫すること。

第4　生徒の発達の支援
1　生徒の発達を支える指導の充実
教育課程の編成及び実施に当たっては、次の事項に配慮するものとする。
(1) 学習や生活の基盤として、教師と生徒との信頼関係及び生徒相互のよりよい人間関係を育てるため、日頃から学級経営の充実を図ること。また、主に集団の場面で必要な指導や援助を行うガイダンスと、個々の生徒の多様な実態を踏まえ、一人一人が抱える課題に個別に対応した指導を行うカウンセリングの双方により、生徒の発達を支援すること。
(2) 生徒が、自己の存在感を実感しながら、よりよい人間関係を形成し、有意義で充実した学校生活を送る中で、現在及び将来における自己実現を図っていくことができるよう、生徒理解を深め、学習指導と関連付けながら、生徒指導の充実を図ること。
(3) 生徒が、学ぶことと自己の将来とのつながりを見通しながら、社会的・職業的自立に向けて必要な基盤となる資質・能力を身に付けていくことができるよう、特別活動を要としつつ各教科等の特質に応じて、キャリア教育の充実を図ること。その中で、生徒が自らの生き方を考え主体的に進路を選択することができるよう、学校の教育活動全体を通じ、組織的かつ計画的な進路指導を行うこと。
(4) 生徒が、基礎的・基本的な知識及び技能の習得も含め、学習内容を確実に身に付けることができるよう、生徒や学校の実態に応じ、個別学習やグループ別学習、繰り返し学習、学習内容の習熟の程度に応じた学習、生徒の興味・関心等に応じた課題学習、補充的な学習や発展的な学習などの学習活動を取り入れることや、教師間の協力によ

る指導体制を確保することなど、指導方法や指導体制の工夫改善により、個に応じた指導の充実を図ること。その際、第3の1の(3)に示す情報手段や教材・教具の活用を図ること。
2 特別な配慮を必要とする生徒への指導
(1) 障害のある生徒などへの指導
ア 障害のある生徒などについては、特別支援学校等の助言又は援助を活用しつつ、個々の生徒の障害の状態等に応じた指導内容や指導方法の工夫を組織的かつ計画的に行うものとする。
イ 特別支援学級において実施する特別の教育課程については、次のとおり編成するものとする。
(ア) 障害による学習上又は生活上の困難を克服し自立を図るため、特別支援学校小学部・中学部学習指導要領第7章に示す自立活動を取り入れること。
(イ) 生徒の障害の程度や学級の実態等を考慮の上、各教科の目標や内容を下学年の教科の目標や内容に替えたり、各教科を、知的障害者である生徒に対する教育を行う特別支援学校の各教科に替えたりするなどして、実態に応じた教育課程を編成すること。
ウ 障害のある生徒に対して、通級による指導を行い、特別の教育課程を編成する場合には、特別支援学校小学部・中学部学習指導要領第7章に示す自立活動の内容を参考とし、具体的な目標や内容を定め、指導を行うものとする。その際、効果的な指導が行われるよう、各教科等と通級による指導との関連を図るなど、教師間の連携に努めるものとする。
エ 障害のある生徒などについては、家庭、地域及び医療や福祉、保健、労働等の業務を行う関係機関との連携を図り、長期的な視点で生徒への教育的支援を行うために、個別の教育支援計画を作成し活用することに努めるとともに、各教科等の指導に当たって、個々の生徒の実態を的確に把握し、個別の指導計画を作成し活用することに努めるものとする。特に、特別支援学級に在籍する生徒や通級による指導を受ける生徒については、個々の生徒の実態を的確に把握し、個別の教育支援計画や個別の指導計画を作成し、効果的に活用するものとする。
(2) 海外から帰国した生徒などの学校生活への適応や、日本語の習得に困難のある生徒に対する日本語指導
ア 海外から帰国した生徒などについては、学校生活への適応を図るとともに、外国における生活経験を生かすなどの適切な指導を行うものとする。
イ 日本語の習得に困難のある生徒については、個々の生徒の実態に応じた指導内容や指導方法の工夫を組織的かつ計画的に行うものとする。特に、通級による日本語指導については、教師間の連携に努め、指導についての計画を個別に作成することなどにより、効果的な指導に努めるものとする。
(3) 不登校生徒への配慮
ア 不登校生徒については、保護者や関係機関と連携を図り、心理や福祉の専門家の助言又は援助を得ながら、社会的自立を目指す観点から、個々の生徒の実態に応じた情報の提供その他の必要な支援を行うものとする。
イ 相当の期間中学校を欠席し引き続き欠席すると認められる生徒を対象として、文

資　料

部科学大臣が認める特別の教育課程を編成する場合には、生徒の実態に配慮した教育課程を編成するとともに、個別学習やグループ別学習など指導方法や指導体制の工夫改善に努めるものとする。
(4) 学齢を経過した者への配慮
　ア　夜間その他の特別の時間に授業を行う課程において学齢を経過した者を対象として特別の教育課程を編成する場合には、学齢を経過した者の年齢、経験又は勤労状況その他の実情を踏まえ、中学校教育の目的及び目標並びに第２章以下に示す各教科等の目標に照らして、中学校教育を通じて育成を目指す資質・能力を身に付けることができるようにするものとする。
　イ　学齢を経過した者を教育する場合には、個別学習やグループ別学習など指導方法や指導体制の工夫改善に努めるものとする。

第５　学校運営上の留意事項
１　教育課程の改善と学校評価、教育課程外の活動との連携等
　ア　各学校においては、校長の方針の下に、校務分掌に基づき教職員が適切に役割を分担しつつ、相互に連携しながら、各学校の特色を生かしたカリキュラム・マネジメントを行うよう努めるものとする。また、各学校が行う学校評価については、教育課程の編成、実施、改善が教育活動や学校運営の中核となることを踏まえ、カリキュラム・マネジメントと関連付けながら実施するよう留意するものとする。
　イ　教育課程の編成及び実施に当たっては、学校保健計画、学校安全計画、食に関する指導の全体計画、いじめの防止等のための対策に関する基本的な方針など、各分野における学校の全体計画等と関連付けながら、効果的な指導が行われるように留意するものとする。
　ウ　教育課程外の学校教育活動と教育課程の関連が図られるように留意するものとする。特に、生徒の自主的、自発的な参加により行われる部活動については、スポーツや文化、科学等に親しませ、学習意欲の向上や責任感、連帯感の涵養等、学校教育が目指す資質・能力の育成に資するものであり、学校教育の一環として、教育課程との関連が図られるよう留意すること。その際、学校や地域の実態に応じ、地域の人々の協力、社会教育施設や社会教育関係団体等の各種団体との連携などの運営上の工夫を行い、持続可能な運営体制が整えられるようにするものとする。
２　家庭や地域社会との連携及び協働と学校間の連携
　教育課程の編成及び実施に当たっては、次の事項に配慮するものとする。
　ア　学校がその目的を達成するため、学校や地域の実態等に応じ、教育活動の実施に必要な人的又は物的な体制を家庭や地域の人々の協力を得ながら整えるなど、家庭や地域社会との連携及び協働を深めること。また、高齢者や異年齢の子供など、地域における世代を越えた交流の機会を設けること。
　イ　他の中学校や、幼稚園、認定こども園、保育所、小学校、高等学校、特別支援学校などとの間の連携や交流を図るとともに、障害のある幼児児童生徒との交流及び共同学習の機会を設け、共に尊重し合いながら協働して生活していく態度を育むようにすること。

第６　道徳教育に関する配慮事項
　道徳教育を進めるに当たっては、道徳教育の特質を踏まえ、前項までに示す事項に加え、

次の事項に配慮するものとする。
1 　各学校においては、第1の2の(2)に示す道徳教育の目標を踏まえ、道徳教育の全体計画を作成し、校長の方針の下に、道徳教育の推進を主に担当する教師（以下「道徳教育推進教師」という。）を中心に、全教師が協力して道徳教育を展開すること。なお、道徳教育の全体計画の作成に当たっては、生徒や学校、地域の実態を考慮して、学校の道徳教育の重点目標を設定するとともに、道徳科の指導方針、第3章特別の教科道徳の第2に示す内容との関連を踏まえた各教科、総合的な学習の時間及び特別活動における指導の内容及び時期並びに家庭や地域社会との連携の方法を示すこと。
2 　各学校においては、生徒の発達の段階や特性等を踏まえ、指導内容の重点化を図ること。その際、小学校における道徳教育の指導内容を更に発展させ、自立心や自律性を高め、規律ある生活をすること、生命を尊重する心や自らの弱さを克服して気高く生きようとする心を育てること、法やきまりの意義に関する理解を深めること、自らの将来の生き方を考え主体的に社会の形成に参画する意欲と態度を養うこと、伝統と文化を尊重し、それらを育んできた我が国と郷土を愛するとともに、他国を尊重すること、国際社会に生きる日本人としての自覚を身に付けることに留意すること。
3 　学校や学級内の人間関係や環境を整えるとともに、職場体験活動やボランティア活動、自然体験活動、地域の行事への参加などの豊かな体験を充実すること。また、道徳教育の指導内容が、生徒の日常生活に生かされるようにすること。その際、いじめの防止や安全の確保等にも資することとなるよう留意すること。
4 　学校の道徳教育の全体計画や道徳教育に関する諸活動などの情報を積極的に公表したり、道徳教育の充実のために家庭や地域の人々の積極的な参加や協力を得たりするなど、家庭や地域社会との共通理解を深め、相互の連携を図ること。

資　料

11．高等学校学習指導要領（2018（平成30）年告示）（抄）

（前文）
　教育は、教育基本法第１条に定めるとおり、人格の完成を目指し、平和で民主的な国家及び社会の形成者として必要な資質を備えた心身ともに健康な国民の育成を期すという目的のもと、同法第２条に掲げる次の目標を達成するよう行われなければならない。
1　幅広い知識と教養を身に付け、真理を求める態度を養い、豊かな情操と道徳心を培うとともに、健やかな身体を養うこと。
2　個人の価値を尊重して、その能力を伸ばし、創造性を培い、自主及び自律の精神を養うとともに、職業及び生活との関連を重視し、勤労を重んずる態度を養うこと。
3　正義と責任、男女の平等、自他の敬愛と協力を重んずるとともに、公共の精神に基づき、主体的に社会の形成に参画し、その発展に寄与する態度を養うこと。
4　生命を尊び、自然を大切にし、環境の保全に寄与する態度を養うこと。
5　伝統と文化を尊重し、それらをはぐくんできた我が国と郷土を愛するとともに、他国を尊重し、国際社会の平和と発展に寄与する態度を養うこと。
　これからの学校には、こうした教育の目的及び目標の達成を目指しつつ、一人一人の生徒が、自分のよさや可能性を認識するとともに、あらゆる他者を価値のある存在として尊重し、多様な人々と協働しながら様々な社会的変化を乗り越え、豊かな人生を切り拓き、持続可能な社会の創り手となることができるようにすることが求められる。このために必要な教育の在り方を具体化するのが、各学校において教育の内容等を組織的かつ計画的に組み立てた教育課程である。
　教育課程を通して、これからの時代に求められる教育を実現していくためには、よりよい学校教育を通してよりよい社会を創るという理念を学校と社会とが共有し、それぞれの学校において、必要な学習内容をどのように学び、どのような資質・能力を身に付けられるようにするのかを教育課程において明確にしながら、社会との連携及び協働によりその実現を図っていくという、社会に開かれた教育課程の実現が重要となる。
　学習指導要領とは、こうした理念の実現に向けて必要となる教育課程の基準を大綱的に定めるものである。学習指導要領が果たす役割の一つは、公の性質を有する学校における教育水準を全国的に確保することである。また、各学校がその特色を生かして創意工夫を重ね、長年にわたり積み重ねられてきた教育実践や学術研究の蓄積を生かしながら、生徒や地域の現状や課題を捉え、家庭や地域社会と協力して、学習指導要領を踏まえた教育活動の更なる充実を図っていくことも重要である。
　生徒が学ぶことの意義を実感できる環境を整え、一人一人の資質・能力を伸ばせるようにしていくことは、教職員をはじめとする学校関係者はもとより、家庭や地域の人々も含め、様々な立場から生徒や学校に関わる全ての大人に期待される役割である。幼児期の教育及び義務教育の基礎の上に、高等学校卒業以降の教育や職業、生涯にわたる学習とのつながりを見通しながら、生徒の学習の在り方を展望していくために広く活用されるものとなることを期待して、ここに高等学校学習指導要領を定める。

第１章　総則
第１款　高等学校教育の基本と教育課程の役割

1　各学校においては、教育基本法及び学校教育法その他の法令並びにこの章以下に示すところに従い、生徒の人間として調和のとれた育成を目指し、生徒の心身の発達の段階や特性、課程や学科の特色及び学校や地域の実態を十分考慮して、適切な教育課程を編成するものとし、これらに掲げる目標を達成するよう教育を行うものとする。
2　学校の教育活動を進めるに当たっては、各学校において、第3款の1に示す主体的・対話的で深い学びの実現に向けた授業改善を通して、創意工夫を生かした特色ある教育活動を展開する中で、次の(1)から(3)までに掲げる事項の実現を図り、生徒に生きる力を育むことを目指すものとする。
 (1)　基礎的・基本的な知識及び技能を確実に習得させ、これらを活用して課題を解決するために必要な思考力、判断力、表現力等を育むとともに、主体的に学習に取り組む態度を養い、個性を生かし多様な人々との協働を促す教育の充実に努めること。その際、生徒の発達の段階を考慮して、生徒の言語活動など、学習の基盤をつくる活動を充実するとともに、家庭との連携を図りながら、生徒の学習習慣が確立するよう配慮すること。
 (2)　道徳教育や体験活動、多様な表現や鑑賞の活動等を通して、豊かな心や創造性の涵養を目指した教育の充実に努めること。
　　学校における道徳教育は、人間としての在り方生き方に関する教育を学校の教育活動全体を通じて行うことによりその充実を図るものとし、各教科に属する科目（以下「各教科・科目」という。）、総合的な探究の時間及び特別活動（以下「各教科・科目等」という。）のそれぞれの特質に応じて、適切な指導を行うこと。
　　道徳教育は、教育基本法及び学校教育法に定められた教育の根本精神に基づき、生徒が自己探求と自己実現に努め国家・社会の一員としての自覚に基づき行為しうる発達の段階にあることを考慮し、人間としての在り方生き方を考え、主体的な判断の下に行動し、自立した人間として他者と共によりよく生きるための基盤となる道徳性を養うことを目標とすること。
　　道徳教育を進めるに当たっては、人間尊重の精神と生命に対する畏敬の念を家庭、学校、その他社会における具体的な生活の中に生かし、豊かな心をもち、伝統と文化を尊重し、それらを育んできた我が国と郷土を愛し、個性豊かな文化の創造を図るとともに、平和で民主的な国家及び社会の形成者として、公共の精神を尊び、社会及び国家の発展に努め、他国を尊重し、国際社会の平和と発展や環境の保全に貢献し未来を拓く主体性のある日本人の育成に資することとなるよう特に留意すること。
 (3)　学校における体育・健康に関する指導を、生徒の発達の段階を考慮して、学校の教育活動全体を通じて適切に行うことにより、健康で安全な生活と豊かなスポーツライフの実現を目指した教育の充実に努めること。特に、学校における食育の推進並びに体力の向上に関する指導、安全に関する指導及び心身の健康の保持増進に関する指導については、保健体育科、家庭科及び特別活動の時間はもとより、各教科・科目及び総合的な探究の時間などにおいてもそれぞれの特質に応じて適切に行うよう努めること。また、それらの指導を通して、家庭や地域社会との連携を図りながら、日常生活において適切な体育・健康に関する活動の実践を促し、生涯を通じて健康・安全で活力ある生活を送るための基礎が培われるよう配慮すること。
3　2の(1)から(3)までに掲げる事項の実現を図り、豊かな創造性を備え持続可能な社会の

資　料

創り手となることが期待される生徒に、生きる力を育むことを目指すに当たっては、学校教育全体及び各教科・科目等の指導を通してどのような資質・能力の育成を目指すのかを明確にしながら、教育活動の充実を図るものとする。その際、生徒の発達の段階や特性等を踏まえつつ、次に掲げることが偏りなく実現できるようにするものとする。
　(1)　知識及び技能が習得されるようにすること。
　(2)　思考力、判断力、表現力等を育成すること。
　(3)　学びに向かう力、人間性等を涵養すること。
4　学校においては、地域や学校の実態等に応じて、就業やボランティアに関わる体験的な学習の指導を適切に行うようにし、勤労の尊さや創造することの喜びを体得させ、望ましい勤労観、職業観の育成や社会奉仕の精神の涵養に資するものとする。
5　各学校においては、生徒や学校、地域の実態を適切に把握し、教育の目的や目標の実現に必要な教育の内容等を教科等横断的な視点で組み立てていくこと、教育課程の実施状況を評価してその改善を図っていくこと、教育課程の実施に必要な人的又は物的な体制を確保するとともにその改善を図っていくことなどを通して、教育課程に基づき組織的かつ計画的に各学校の教育活動の質の向上を図っていくこと（以下「カリキュラム・マネジメント」という。）に努めるものとする。

第2款　教育課程の編成
1　各学校の教育目標と教育課程の編成
　　教育課程の編成に当たっては、学校教育全体や各教科・科目等における指導を通して育成を目指す資質・能力を踏まえつつ、各学校の教育目標を明確にするとともに、教育課程の編成についての基本的な方針が家庭や地域とも共有されるよう努めるものとする。その際、第4章の第2の1に基づき定められる目標との関連を図るものとする。
2　教科等横断的な視点に立った資質・能力の育成
　(1)　各学校においては、生徒の発達の段階を考慮し、言語能力、情報活用能力（情報モラルを含む。）、問題発見・解決能力等の学習の基盤となる資質・能力を育成していくことができるよう、各教科・科目等の特質を生かし、教科等横断的な視点から教育課程の編成を図るものとする。
　(2)　各学校においては、生徒や学校、地域の実態及び生徒の発達の段階を考慮し、豊かな人生の実現や災害等を乗り越えて次代の社会を形成することに向けた現代的な諸課題に対応して求められる資質・能力を、教科等横断的な視点で育成していくことができるよう、各学校の特色を生かした教育課程の編成を図るものとする。
3　教育課程の編成における共通的事項
　(1)　各教科・科目及び単位数等
　　　ア　卒業までに履修させる単位数等
　　　　各学校においては、卒業までに履修させるイからオまでに示す各教科・科目及びその単位数、総合的な探究の時間の単位数並びに特別活動及びその授業時数に関する事項を定めるものとする。この場合、各教科・科目及び総合的な探究の時間の単位数の計は、(2)のア、イ及びウの(ア)に掲げる各教科・科目の単位数並びに総合的な探究の時間の単位数を含めて74単位以上とする。
　　　　　単位については、1単位時間を50分とし、35単位時間の授業を1単位として計算することを標準とする。ただし、通信制の課程においては、5に定めるところによ

資 料

　　るものとする。
　イ　各学科に共通する各教科・科目及び総合的な探究の時間並びに標準単位数
　　　各学校においては、教育課程の編成に当たって、次の表に掲げる各教科・科目及び総合的な探究の時間並びにそれぞれの標準単位数を踏まえ、生徒に履修させる各教科・科目及び総合的な探究の時間並びにそれらの単位数について適切に定めるものとする。ただし、生徒の実態等を考慮し、特に必要がある場合には、標準単位数の標準の限度を超えて単位数を増加して配当することができる。

高校学校2018（平成30）年改訂

教　科　等	科　　目	標準単位数	必修科目
国　　語	現　代　の　国　語	2	○
	言　語　文　化	2	○
	論　理　国　語	4	
	文　学　国　語	4	
	国　語　表　現	4	
	古　典　探　究	4	
地　理　歴　史	地　理　総　合	2	○
	地　理　探　究	3	
	歴　史　総　合	2	○
	日　本　史　探　究	3	
	世　界　史　探　究	3	
公　　民	公　　共	2	○
	倫　　理	2	
	政　治　・　経　済	2	
数　　学	数　　学　　Ⅰ	3	○2単位まで減可
	数　　学　　Ⅱ	4	
	数　　学　　Ⅲ	3	
	数　　学　　A	2	
	数　　学　　B	2	
	数　　学　　C	2	

資　料

理　科	科 学 と 人 間 生 活	2	「科学と人間生活」を含む2科目又は基礎を付した科目3科目
	物 理 基 礎	2	
	物　　　　　理	4	
	化 学 基 礎	2	
	化　　　　　学	4	
	生 物 基 礎	2	
	生　　　　　物	4	
	地 学 基 礎	2	
	地　　　　　学	4	
保 健 体 育	体　　　　　育	7〜8	○
	保　　　　　健	2	○
芸　術	音　楽　Ⅰ	2	○
	音　楽　Ⅱ	2	
	音　楽　Ⅲ	2	
	美　術　Ⅰ	2	
	美　術　Ⅱ	2	
	美　術　Ⅲ	2	
	工　芸　Ⅰ	2	
	工　芸　Ⅱ	2	
	工　芸　Ⅲ	2	
	書　道　Ⅰ	2	
	書　道　Ⅱ	2	
	書　道　Ⅲ	2	
外 国 語	英語コミュニケーションⅠ	3	○2単位まで減可
	英語コミュニケーションⅡ	4	
	英語コミュニケーションⅢ	4	
	論理・表現Ⅰ	2	
	論理・表現Ⅱ	2	
	論理・表現Ⅲ	2	
家　庭	家 庭 基 礎	2	○
	家 庭 総 合	4	

情報	情報Ⅰ 情報Ⅱ	2 2	○
理数	理数探究基礎 理数探究	1 2～5	
総合的な探究の時間		3～6	○2単位まで減可

ウ　主として専門学科において開設される各教科・科目
　各学校においては、教育課程の編成に当たって、次の表に掲げる主として専門学科（専門教育を主とする学科をいう。以下同じ。）において開設される各教科・科目及び設置者の定めるそれぞれの標準単位数を踏まえ、生徒に履修させる各教科・科目及びその単位数について適切に定めるものとする。

資　料

教　科	科　目	教　科	科　目
農　業	農業と環境，課題研究，総合実習，農業と情報，作物，野菜，果樹，草花，畜産，栽培と環境，飼育と環境，農業経営，農業機械，植物バイオテクノロジー，食品製造，食品化学，食品微生物，食品流通，森林科学，森林経営，林産物利用，農業土木設計，農業土木施工，水循環，造園計画，造園施工管理，造園植栽，測量，生物活用，地域資源活用	商　業	デザイン史
			ビジネス基礎，課題研究，総合実践，ビジネス・コミュニケーション，マーケティング，商品開発と流通，観光ビジネス，ビジネス・マネジメント，グローバル経済，ビジネス法規，簿記，財務会計Ⅰ，財務会計Ⅱ，原価計算，管理会計，情報処理，ソフトウェア活用，プログラミング，ネットワーク活用，ネットワーク管理
工　業	工業技術基礎，課題研究，実習，製図，工業情報数理，工業材料技術，工業技術英語，工業管理技術，工業環境技術，機械工作，機械設計，原動機，電子機械，生産技術，自動車工学，自動車整備，船舶工学，電気回路，電気機器，電力技術，電子技術，電子回路，電子計測制御，通信技術，プログラミング技術，ハードウェア技術，ソフトウェア技術，コンピュータシステム技術，建築構造，建築計画，建築構造設計，建築施工，建築法規，設備計画，空気調和設備，衛生・防災設備，測量，土木基盤力学，土木構造設計，土木施工，社会基盤工学，工業化学，化学工学，地球環境化学，材料製造技術，材料工学，材料加工，セラミック化学，セラミック技術，セラミック工業，繊維製品，繊維・染色技術，染織デザイン，インテリア計画，インテリア装備，インテリアエレメント生産，デザイン実践，デザイン材料，	水　産	水産海洋基礎，課題研究，総合実習，海洋情報技術，水産海洋科学，漁業，航海・計器，船舶運用，船用機関，機械設計工作，電気理論，移動体通信工学，海洋通信技術，資源増殖，海洋生物，海洋環境，小型船舶，食品製造，食品管理，水産流通，ダイビング，マリンスポーツ
		家　庭	生活産業基礎，課題研究，生活産業情報，消費生活，保育基礎，保育実践，生活と福祉，住生活デザイン，服飾文化，ファッション造形基礎，ファッション造形，ファッションデザイン，服飾手芸，フードデザイン，食文化，調理，栄養，食品，食品衛生，公衆衛生，総合調理実習
		看　護	基礎看護，人体の構造と機能，疾病の成り立ちと回復の促進，健康支援と社会保障制度，成人看護，老年看護，小児看護，母性看護，精神看護，在宅看護，看護の統合と実践，看護臨地実習，看護情報
			情報産業と社会，課題研究，情

資　料

教科	科目	教科	科目
情　報	報の表現と管理，情報テクノロジー，情報セキュリティ，情報システムのプログラミング，ネットワークシステム，データベース，情報デザイン，コンテンツの制作と発信，メディアとサービス，情報実習	音　楽	音楽理論，音楽史，演奏研究，ソルフェージュ，声楽，器楽，作曲，鑑賞研究
		美　術	美術概論，美術史，鑑賞研究，素描，構成，絵画，版画，彫刻，ビジュアルデザイン，クラフトデザイン，情報メディアデザイン，映像表現，環境造形
福　祉	社会福祉基礎，介護福祉基礎，コミュニケーション技術，生活支援技術，介護過程，介護総合演習，介護実習，こころとからだの理解，福祉情報	英　語	総合英語Ⅰ，総合英語Ⅱ，総合英語Ⅲ，ディベート・ディスカッションⅠ，ディベート・ディスカッションⅡ，エッセイライティングⅠ，エッセイライティングⅡ
理　数	理数数学Ⅰ，理数数学Ⅱ，理数数学特論，理数物理，理数化学，理数生物，理数地学		
体　育	スポーツ概論，スポーツⅠ，スポーツⅡ，スポーツⅢ，スポーツⅣ，スポーツⅤ，スポーツⅥ，スポーツ総合演習		

エ　学校設定科目

　　学校においては、生徒や学校、地域の実態及び学科の特色等に応じ、特色ある教育課程の編成に資するよう、イ及びウの表に掲げる教科について、これらに属する科目以外の科目（以下「学校設定科目」という。）を設けることができる。この場合において、学校設定科目の名称、目標、内容、単位数等については、その科目の属する教科の目標に基づき、高等学校教育としての水準の確保に十分配慮し、各学校の定めるところによるものとする。

オ　学校設定教科

　㋐　学校においては、生徒や学校、地域の実態及び学科の特色等に応じ、特色ある教育課程の編成に資するよう、イ及びウの表に掲げる教科以外の教科（以下「学校設定教科」という。）及び当該教科に関する科目を設けることができる。この場合において、学校設定教科及び当該教科に関する科目の名称、目標、内容、単位数等については、高等学校教育の目標に基づき、高等学校教育としての水準の確保に十分配慮し、各学校の定めるところによるものとする。

　㋑　学校においては、学校設定教科に関する科目として「産業社会と人間」を設けることができる。この科目の目標、内容、単位数等を各学校において定めるに当たっては、産業社会における自己の在り方生き方について考えさせ、社会に積極的に寄与し、生涯にわたって学習に取り組む意欲や態度を養うとともに、生徒の主体的な各教科・科目の選択に資するよう、就業体験活動等の体験的な学習や調査・研究などを通して、次のような事項について指導することに配慮するものと

資　料

する。
- ㋐　社会生活や職業生活に必要な基本的な能力や態度及び望ましい勤労観、職業観の育成
- ㋑　我が国の産業の発展とそれがもたらした社会の変化についての考察
- ㋒　自己の将来の生き方や進路についての考察及び各教科・科目の履修計画の作成

(2) 各教科・科目の履修等
ア　各学科に共通する必履修教科・科目及び総合的な探究の時間
(ｱ)　全ての生徒に履修させる各教科・科目（以下「必履修教科・科目」という。）は次のとおりとし、その単位数は、(1)のイに標準単位数として示された単位数を下らないものとする。ただし、生徒の実態及び専門学科の特色等を考慮し、特に必要がある場合には、「数学Ⅰ」及び「英語コミュニケーションⅠ」については2単位とすることができ、その他の必履修教科・科目（標準単位数が2単位であるものを除く。）についてはその単位数の一部を減じることができる。
- ㋐　国語のうち「現代の国語」及び「言語文化」
- ㋑　地理歴史のうち「地理総合」及び「歴史総合」
- ㋒　公民のうち「公共」
- ㋓　数学のうち「数学Ⅰ」
- ㋔　理科のうち「科学と人間生活」、「物理基礎」、「化学基礎」、「生物基礎」及び「地学基礎」のうちから2科目（うち1科目は「科学と人間生活」とする。）又は「物理基礎」、「化学基礎」、「生物基礎」及び「地学基礎」のうちから3科目
- ㋕　保健体育のうち「体育」及び「保健」
- ㋖　芸術のうち「音楽Ⅰ」、「美術Ⅰ」、「工芸Ⅰ」及び「書道Ⅰ」のうちから1科目
- ㋗　外国語のうち「英語コミュニケーションⅠ」（英語以外の外国語を履修する場合は、学校設定科目として設ける1科目とし、その標準単位数は3単位とする。）
- ㋘　家庭のうち「家庭基礎」及び「家庭総合」のうちから1科目
- ㋙　情報のうち「情報Ⅰ」

(ｲ)　総合的な探究の時間については、全ての生徒に履修させるものとし、その単位数は、(1)のイに標準単位数として示された単位数の下限を下らないものとする。ただし、特に必要がある場合には、その単位数を2単位とすることができる。

(ｳ)　外国の高等学校に留学していた生徒について、外国の高等学校における履修により、必履修教科・科目又は総合的な探究の時間の履修と同様の成果が認められる場合においては、外国の高等学校における履修をもって相当する必履修教科・科目又は総合的な探究の時間の履修の一部又は全部に替えることができる。

イ　専門学科における各教科・科目の履修
専門学科における各教科・科目の履修については、アのほか次のとおりとする。
(ｱ)　専門学科においては、専門教科・科目（(1)のウの表に掲げる各教科・科目、同表に掲げる教科に属する学校設定科目及び専門教育に関する学校設定教科に関する科目をいう。以下同じ。）について、全ての生徒に履修させる単位数は、25単位を下らないこと。ただし、商業に関する学科においては、上記の単位数の中に

外国語に属する科目の単位を5単位まで含めることができること。また、商業に関する学科以外の専門学科においては、各学科の目標を達成する上で、専門教科・科目以外の各教科・科目の履修により、専門教科・科目の履修と同様の成果が期待できる場合においては、その専門教科・科目以外の各教科・科目の単位を5単位まで上記の単位数の中に含めることができること。
- (イ) 専門教科・科目の履修によって、アの必履修教科・科目の履修と同様の成果が期待できる場合においては、その専門教科・科目の履修をもって、必履修教科・科目の履修の一部又は全部に替えることができること。
- (ウ) 職業教育を主とする専門学科においては、総合的な探究の時間の履修により、農業、工業、商業、水産、家庭若しくは情報の各教科の「課題研究」、看護の「看護臨地実習」又は福祉の「介護総合演習」（以下「課題研究等」という。）の履修と同様の成果が期待できる場合においては、総合的な探究の時間の履修をもって課題研究等の履修の一部又は全部に替えることができること。また、課題研究等の履修により、総合的な探究の時間の履修と同様の成果が期待できる場合においては、課題研究等の履修をもって総合的な探究の時間の履修の一部又は全部に替えることができること。

ウ　総合学科における各教科・科目の履修等

総合学科における各教科・科目の履修等については、アのほか次のとおりとする。
- (ア) 総合学科においては、(1)のオの(イ)に掲げる「産業社会と人間」を全ての生徒に原則として入学年次に履修させるものとし、標準単位数は2〜4単位とすること。
- (イ) 総合学科においては、学年による教育課程の区分を設けない課程（以下「単位制による課程」という。）とすることを原則とするとともに、「産業社会と人間」及び専門教科・科目を合わせて25単位以上設け、生徒が多様な各教科・科目から主体的に選択履修できるようにすること。

　　その際、生徒が選択履修するに当たっての指針となるよう、体系性や専門性等において相互に関連する各教科・科目によって構成される科目群を複数設けるとともに、必要に応じ、それら以外の各教科・科目を設け、生徒が自由に選択履修できるようにすること。

(3)　各教科・科目等の授業時数等

- ア　全日制の課程における各教科・科目及びホームルーム活動の授業は、年間35週行うことを標準とし、必要がある場合には、各教科・科目の授業を特定の学期又は特定の期間（夏季、冬季、学年末等の休業日の期間に授業日を設定する場合を含む。）に行うことができる。
- イ　全日制の課程における週当たりの授業時数は、30単位時間を標準とする。ただし、必要がある場合には、これを増加することができる。
- ウ　定時制の課程における授業日数の季節的配分又は週若しくは1日当たりの授業時数については、生徒の勤労状況と地域の諸事情等を考慮して、適切に定めるものとする。
- エ　ホームルーム活動の授業時数については、原則として、年間35単位時間以上とするものとする。
- オ　生徒会活動及び学校行事については、学校の実態に応じて、それぞれ適切な授業

資 料

　　　時数を充てるものとする。
　　カ　定時制の課程において、特別の事情がある場合には、ホームルーム活動の授業時数の一部を減じ、又はホームルーム活動及び生徒会活動の内容の一部を行わないものとすることができる。
　　キ　各教科・科目等のそれぞれの授業の1単位時間は、各学校において、各教科・科目等の授業時数を確保しつつ、生徒の実態及び各教科・科目等の特質を考慮して適切に定めるものとする。
　　ク　各教科・科目等の特質に応じ、10分から15分程度の短い時間を活用して特定の各教科・科目等の指導を行う場合において、当該各教科・科目等を担当する教師が単元や題材など内容や時間のまとまりを見通した中で、その指導内容の決定や指導の成果の把握と活用等を責任をもって行う体制が整備されているときは、その時間を当該各教科・科目等の授業時数に含めることができる。
　　ケ　総合的な探究の時間における学習活動により、特別活動の学校行事に掲げる各行事の実施と同様の成果が期待できる場合においては、総合的な探究の時間における学習活動をもって相当する特別活動の学校行事に掲げる各行事の実施に替えることができる。
　　コ　理数の「理数探究基礎」又は「理数探究」の履修により、総合的な探究の時間の履修と同様の成果が期待できる場合においては、「理数探究基礎」又は「理数探究」の履修をもって総合的な探究の時間の履修の一部又は全部に替えることができる。
　(4)　選択履修の趣旨を生かした適切な教育課程の編成
　　　教育課程の編成に当たっては、生徒の特性、進路等に応じた適切な各教科・科目の履修ができるようにし、このため、多様な各教科・科目を設け生徒が自由に選択履修することのできるよう配慮するものとする。また、教育課程の類型を設け、そのいずれかの類型を選択して履修させる場合においても、その類型において履修させることになっている各教科・科目以外の各教科・科目を履修させたり、生徒が自由に選択履修することのできる各教科・科目を設けたりするものとする。
　(5)　各教科・科目等の内容等の取扱い
　　ア　学校においては、第2章以下に示していない事項を加えて指導することができる。また、第2章以下に示す内容の取扱いのうち内容の範囲や程度等を示す事項は、当該科目を履修する全ての生徒に対して指導するものとする内容の範囲や程度等を示したものであり、学校において必要がある場合には、この事項にかかわらず指導することができる。ただし、これらの場合には、第2章以下に示す教科、科目及び特別活動の目標や内容の趣旨を逸脱したり、生徒の負担が過重となったりすることのないようにするものとする。
　　イ　第2章以下に示す各教科・科目及び特別活動の内容に掲げる事項の順序は、特に示す場合を除き、指導の順序を示すものではないので、学校においては、その取扱いについて適切な工夫を加えるものとする。
　　ウ　学校においては、あらかじめ計画して、各教科・科目の内容及び総合的な探究の時間における学習活動を学期の区分に応じて単位ごとに分割して指導することができる。
　　エ　学校においては、特に必要がある場合には、第2章及び第3章に示す教科及び科

目の目標の趣旨を損なわない範囲内で、各教科・科目の内容に関する事項について、基礎的・基本的な事項に重点を置くなどその内容を適切に選択して指導することができる。
(6) 指導計画の作成に当たって配慮すべき事項
　各学校においては、次の事項に配慮しながら、学校の創意工夫を生かし、全体として、調和のとれた具体的な指導計画を作成するものとする。
　ア　各教科・科目等の指導内容については、単元や題材など内容や時間のまとまりを見通しながら、そのまとめ方や重点の置き方に適切な工夫を加え、第3款の1に示す主体的・対話的で深い学びの実現に向けた授業改善を通して資質・能力を育む効果的な指導ができるようにすること。
　イ　各教科・科目等について相互の関連を図り、系統的、発展的な指導ができるようにすること。
(7) キャリア教育及び職業教育に関して配慮すべき事項
　ア　学校においては、第5款の1に示すキャリア教育及び職業教育を推進するために、生徒の特性や進路、学校や地域の実態等を考慮し、地域や産業界等との連携を図り、産業現場等における長期間の実習を取り入れるなどの就業体験活動の機会を積極的に設けるとともに、地域や産業界等の人々の協力を積極的に得るよう配慮するものとする。
　イ　普通科においては、生徒の特性や進路、学校や地域の実態等を考慮し、必要に応じて、適切な職業に関する各教科・科目の履修の機会の確保について配慮するものとする。
　ウ　職業教育を主とする専門学科においては、次の事項に配慮するものとする。
　　(ｱ)　職業に関する各教科・科目については、実験・実習に配当する授業時数を十分確保するようにすること。
　　(ｲ)　生徒の実態を考慮し、職業に関する各教科・科目の履修を容易にするため特別な配慮が必要な場合には、各分野における基礎的又は中核的な科目を重点的に選択し、その内容については基礎的・基本的な事項が確実に身に付くように取り扱い、また、主として実験・実習によって指導するなどの工夫をこらすようにすること。
　エ　職業に関する各教科・科目については、次の事項に配慮するものとする。
　　(ｱ)　職業に関する各教科・科目については、就業体験活動をもって実習に替えることができること。この場合、就業体験活動は、その各教科・科目の内容に直接関係があり、かつ、その一部としてあらかじめ計画し、評価されるものであることを要すること。
　　(ｲ)　農業、水産及び家庭に関する各教科・科目の指導に当たっては、ホームプロジェクト並びに学校家庭クラブ及び学校農業クラブなどの活動を活用して、学習の効果を上げるよう留意すること。この場合、ホームプロジェクトについては、その各教科・科目の授業時数の10分の2以内をこれに充てることができること。
　　(ｳ)　定時制及び通信制の課程において、職業に関する各教科・科目を履修する生徒が、現にその各教科・科目と密接な関係を有する職業（家事を含む。）に従事している場合で、その職業における実務等が、その各教科・科目の一部を履修した

資　料

　　　　　場合と同様の成果があると認められるときは、その実務等をもってその各教科・科目の履修の一部に替えることができること。
4　学校段階等間の接続
　教育課程の編成に当たっては、次の事項に配慮しながら、学校段階等間の接続を図るものとする。
(1) 現行の中学校学習指導要領を踏まえ、中学校教育までの学習の成果が高等学校教育に円滑に接続され、高等学校教育段階の終わりまでに育成することを目指す資質・能力を、生徒が確実に身に付けることができるよう工夫すること。特に、中等教育学校、連携型高等学校及び併設型高等学校においては、中等教育6年間を見通した計画的かつ継続的な教育課程を編成すること。
(2) 生徒や学校の実態等に応じ、必要がある場合には、例えば次のような工夫を行い、義務教育段階での学習内容の確実な定着を図るようにすること。
　ア　各教科・科目の指導に当たり、義務教育段階での学習内容の確実な定着を図るための学習機会を設けること。
　イ　義務教育段階での学習内容の確実な定着を図りながら、必履修教科・科目の内容を十分に習得させることができるよう、その単位数を標準単位数の標準の限度を超えて増加して配当すること。
　ウ　義務教育段階での学習内容の確実な定着を図ることを目標とした学校設定科目等を履修させた後に、必履修教科・科目を履修させるようにすること。
(3) 大学や専門学校等における教育や社会的・職業的自立、生涯にわたる学習のために、高等学校卒業以降の教育や職業との円滑な接続が図られるよう、関連する教育機関や企業等との連携により、卒業後の進路に求められる資質・能力を着実に育成することができるよう工夫すること。
5　通信制の課程における教育課程の特例
　通信制の課程における教育課程については、1から4まで（3の(3)、(4)並びに(7)のエの(ｱ)及び(ｲ)を除く。）並びに第1款及び第3款から第7款までに定めるところによるほか、次に定めるところによる。
(1) 各教科・科目の添削指導の回数及び面接指導の単位時間（1単位時間は、50分として計算するものとする。以下同じ。）数の標準は、1単位につき次の表のとおりとする。

各教科・科目	添削指導（回）	面接指導（単位時間）
国語、地理歴史、公民及び数学に属する科目	3	1
理科に属する科目	3	4
保健体育に属する科目のうち「体育」	1	5

保健体育に属する科目のうち「保健」	3	1
芸術及び外国語に属する科目	3	4
家庭及び情報に属する科目並びに専門教科・科目	各教科・科目の必要に応じて2～3	各教科・科目の必要に応じて2～8

(2) 学校設定教科に関する科目のうち専門教科・科目以外のものの添削指導の回数及び面接指導の単位時間数については、1単位につき、それぞれ1回以上及び1単位時間以上を確保した上で、各学校が適切に定めるものとする。

(3) 理数に属する科目及び総合的な探究の時間の添削指導の回数及び面接指導の単位時間数については、1単位につき、それぞれ1回以上及び1単位時間以上を確保した上で、各学校において、学習活動に応じ適切に定めるものとする。

(4) 各学校における面接指導の1回あたりの時間は、各学校において、(1)から(3)までの標準を踏まえ、各教科・科目及び総合的な探究の時間の面接指導の単位時間数を確保しつつ、生徒の実態並びに各教科・科目及び総合的な探究の時間の特質を考慮して適切に定めるものとする。

(5) 学校が、その指導計画に、各教科・科目又は特別活動について体系的に行われるラジオ放送、テレビ放送その他の多様なメディアを利用して行う学習を計画的かつ継続的に取り入れた場合で、生徒がこれらの方法により学習し、報告課題の作成等により、その成果が満足できると認められるときは、その生徒について、その各教科・科目の面接指導の時間数又は特別活動の時間数（以下「面接指導等時間数」という。）のうち、10分の6以内の時間数を免除することができる。また、生徒の実態等を考慮して特に必要がある場合は、面接指導等時間数のうち、複数のメディアを利用することにより、各メディアごとにそれぞれ10分の6以内の時間数を免除することができる。ただし、免除する時間数は、合わせて10分の8を超えることができない。

なお、生徒の面接指導等時間数を免除しようとする場合には、本来行われるべき学習の量と質を低下させることがないよう十分配慮しなければならない。

(6) 特別活動については、ホームルーム活動を含めて、各々の生徒の卒業までに30単位時間以上指導するものとする。なお、特別の事情がある場合には、ホームルーム活動及び生徒会活動の内容の一部を行わないものとすることができる。

第3款　教育課程の実施と学習評価

1　主体的・対話的で深い学びの実現に向けた授業改善

各教科・科目等の指導に当たっては、次の事項に配慮するものとする。

(1) 第1款の3の(1)から(3)までに示すことが偏りなく実現されるよう、単元や題材など内容や時間のまとまりを見通しながら、生徒の主体的・対話的で深い学びの実現に向けた授業改善を行うこと。

特に、各教科・科目等において身に付けた知識及び技能を活用したり、思考力、判断力、表現力等や学びに向かう力、人間性等を発揮させたりして、学習の対象となる物事を捉え思考することにより、各教科・科目等の特質に応じた物事を捉える視点や

資　料

考え方(以下「見方・考え方」という。)が鍛えられていくことに留意し、生徒が各教科・科目等の特質に応じた見方・考え方を働かせながら、知識を相互に関連付けてより深く理解したり、情報を精査して考えを形成したり、問題を見いだして解決策を考えたり、思いや考えを基に創造したりすることに向かう過程を重視した学習の充実を図ること。
(2) 第2款の2の(1)に示す言語能力の育成を図るため、各学校において必要な言語環境を整えるとともに、国語科を要としつつ各教科・科目等の特質に応じて、生徒の言語活動を充実すること。あわせて、(6)に示すとおり読書活動を充実すること。
(3) 第2款の2の(1)に示す情報活用能力の育成を図るため、各学校において、コンピュータや情報通信ネットワークなどの情報手段を活用するために必要な環境を整え、これらを適切に活用した学習活動の充実を図ること。また、各種の統計資料や新聞、視聴覚教材や教育機器などの教材・教具の適切な活用を図ること。
(4) 生徒が学習の見通しを立てたり学習したことを振り返ったりする活動を、計画的に取り入れるように工夫すること。
(5) 生徒が生命の有限性や自然の大切さ、主体的に挑戦してみることや多様な他者と協働することの重要性などを実感しながら理解することができるよう、各教科・科目等の特質に応じた体験活動を重視し、家庭や地域社会と連携しつつ体系的・継続的に実施できるよう工夫すること。
(6) 学校図書館を計画的に利用しその機能の活用を図り、生徒の主体的・対話的で深い学びの実現に向けた授業改善に生かすとともに、生徒の自主的、自発的な学習活動や読書活動を充実すること。また、地域の図書館や博物館、美術館、劇場、音楽堂等の施設の活用を積極的に図り、資料を活用した情報の収集や鑑賞等の学習活動を充実すること。

2　学習評価の充実
学習評価の実施に当たっては、次の事項に配慮するものとする。
(1) 生徒のよい点や進歩の状況などを積極的に評価し、学習したことの意義や価値を実感できるようにすること。また、各教科・科目等の目標の実現に向けた学習状況を把握する観点から、単元や題材など内容や時間のまとまりを見通しながら評価の場面や方法を工夫して、学習の過程や成果を評価し、指導の改善や学習意欲の向上を図り、資質・能力の育成に生かすようにすること。
(2) 創意工夫の中で学習評価の妥当性や信頼性が高められるよう、組織的かつ計画的な取組を推進するとともに、学年や学校段階を越えて生徒の学習の成果が円滑に接続されるように工夫すること。

第4款　単位の修得及び卒業の認定
1　各教科・科目及び総合的な探究の時間の単位の修得の認定
(1) 学校においては、生徒が学校の定める指導計画に従って各教科・科目を履修し、その成果が教科及び科目の目標からみて満足できると認められる場合には、その各教科・科目について履修した単位を修得したことを認定しなければならない。
(2) 学校においては、生徒が学校の定める指導計画に従って総合的な探究の時間を履修し、その成果が第4章の第2の1に基づき定められる目標からみて満足できると認められる場合には、総合的な探究の時間について履修した単位を修得したことを認定し

なければならない。
(3) 学校においては、生徒が1科目又は総合的な探究の時間を2以上の年次にわたって履修したときは、各年次ごとにその各教科・科目又は総合的な探究の時間について履修した単位を修得したことを認定することを原則とする。また、単位の修得の認定を学期の区分ごとに行うことができる。
2 卒業までに修得させる単位数
　学校においては、卒業までに修得させる単位数を定め、校長は、当該単位数を修得した者で、特別活動の成果がその目標からみて満足できると認められるものについて、高等学校の全課程の修了を認定するものとする。この場合、卒業までに修得させる単位数は、74単位以上とする。なお、普通科においては、卒業までに修得させる単位数に含めることができる学校設定科目及び学校設定教科に関する科目に係る修得単位数は、合わせて20単位を超えることができない。
3 各学年の課程の修了の認定
　学校においては、各学年の課程の修了の認定については、単位制が併用されていることを踏まえ、弾力的に行うよう配慮するものとする。

第5款　生徒の発達の支援
1 生徒の発達を支える指導の充実
　教育課程の編成及び実施に当たっては、次の事項に配慮するものとする。
(1) 学習や生活の基盤として、教師と生徒との信頼関係及び生徒相互のよりよい人間関係を育てるため、日頃からホームルーム経営の充実を図ること。また、主に集団の場面で必要な指導や援助を行うガイダンスと、個々の生徒の多様な実態を踏まえ、一人一人が抱える課題に個別に対応した指導を行うカウンセリングの双方により、生徒の発達を支援すること。
(2) 生徒が、自己の存在感を実感しながら、よりよい人間関係を形成し、有意義で充実した学校生活を送る中で、現在及び将来における自己実現を図っていくことができるよう、生徒理解を深め、学習指導と関連付けながら、生徒指導の充実を図ること。
(3) 生徒が、学ぶことと自己の将来とのつながりを見通しながら、社会的・職業的自立に向けて必要な基盤となる資質・能力を身に付けていくことができるよう、特別活動を要としつつ各教科・科目等の特質に応じて、キャリア教育の充実を図ること。その中で、生徒が自己の在り方生き方を考え主体的に進路を選択することができるよう、学校の教育活動全体を通じ、組織的かつ計画的な進路指導を行うこと。
(4) 学校の教育活動全体を通じて、個々の生徒の特性等の的確な把握に努め、その伸長を図ること。また、生徒が適切な各教科・科目や類型を選択し学校やホームルームでの生活によりよく適応するとともに、現在及び将来の生き方を考え行動する態度や能力を育成することができるようにすること。
(5) 生徒が、基礎的・基本的な知識及び技能の習得も含め、学習内容を確実に身に付けることができるよう、生徒や学校の実態に応じ、個別学習やグループ別学習、繰り返し学習、学習内容の習熟の程度に応じた学習、生徒の興味・関心等に応じた課題学習、補充的な学習や発展的な学習などの学習活動を取り入れることや、教師間の協力による指導体制を確保することなど、指導方法や指導体制の工夫改善により、個に応じた指導の充実を図ること。その際、第3款の1の(3)に示す情報手段や教材・教具の活用

資　料

　　を図ること。
　(6) 学習の遅れがちな生徒などについては、各教科・科目等の選択、その内容の取扱いなどについて必要な配慮を行い、生徒の実態に応じ、例えば義務教育段階の学習内容の確実な定着を図るための指導を適宜取り入れるなど、指導内容や指導方法を工夫すること。
2　特別な配慮を必要とする生徒への指導
　(1) 障害のある生徒などへの指導
　　ア　障害のある生徒などについては、特別支援学校等の助言又は援助を活用しつつ、個々の生徒の障害の状態等に応じた指導内容や指導方法の工夫を組織的かつ計画的に行うものとする。
　　イ　障害のある生徒に対して、学校教育法施行規則第140条の規定に基づき、特別の教育課程を編成し、障害に応じた特別の指導（以下「通級による指導」という。）を行う場合には、学校教育法施行規則第129条の規定により定める現行の特別支援学校高等部学習指導要領第6章に示す自立活動の内容を参考とし、具体的な目標や内容を定め、指導を行うものとする。その際、通級による指導が効果的に行われるよう、各教科・科目等と通級による指導との関連を図るなど、教師間の連携に努めるものとする。
　　　なお、通級による指導における単位の修得の認定については、次のとおりとする。
　　　(ｱ) 学校においては、生徒が学校の定める個別の指導計画に従って通級による指導を履修し、その成果が個別に設定された指導目標からみて満足できると認められる場合には、当該学校の単位を修得したことを認定しなければならない。
　　　(ｲ) 学校においては、生徒が通級による指導を2以上の年次にわたって履修したときは、各年次ごとに当該学校の単位を修得したことを認定することを原則とする。ただし、年度途中から通級による指導を開始するなど、特定の年度における授業時数が、1単位として計算する標準の単位時間に満たない場合は、次年度以降に通級による指導の時間を設定し、2以上の年次にわたる授業時数を合算して単位の修得の認定を行うことができる。また、単位の修得の認定を学期の区分ごとに行うことができる。
　　ウ　障害のある生徒などについては、家庭、地域及び医療や福祉、保健、労働等の業務を行う関係機関との連携を図り、長期的な視点で生徒への教育的支援を行うために、個別の教育支援計画を作成し活用することに努めるとともに、各教科・科目等の指導に当たって、個々の生徒の実態を的確に把握し、個別の指導計画を作成し活用することに努めるものとする。特に、通級による指導を受ける生徒については、個々の生徒の障害の状態等の実態を的確に把握し、個別の教育支援計画や個別の指導計画を作成し、効果的に活用するものとする。
　(2) 海外から帰国した生徒などの学校生活への適応や、日本語の習得に困難のある生徒に対する日本語指導
　　ア　海外から帰国した生徒などについては、学校生活への適応を図るとともに、外国における生活経験を生かすなどの適切な指導を行うものとする。
　　イ　日本語の習得に困難のある生徒については、個々の生徒の実態に応じた指導内容や指導方法の工夫を組織的かつ計画的に行うものとする。

(3) 不登校生徒への配慮
　ア　不登校生徒については、保護者や関係機関と連携を図り、心理や福祉の専門家の助言又は援助を得ながら、社会的自立を目指す観点から、個々の生徒の実態に応じた情報の提供その他の必要な支援を行うものとする。
　イ　相当の期間高等学校を欠席し引き続き欠席すると認められる生徒等を対象として、文部科学大臣が認める特別の教育課程を編成する場合には、生徒の実態に配慮した教育課程を編成するとともに、個別学習やグループ別学習など指導方法や指導体制の工夫改善に努めるものとする。

第6款　学校運営上の留意事項
1　教育課程の改善と学校評価、教育課程外の活動との連携等
　ア　各学校においては、校長の方針の下に、校務分掌に基づき教職員が適切に役割を分担しつつ、相互に連携しながら、各学校の特色を生かしたカリキュラム・マネジメントを行うよう努めるものとする。また、各学校が行う学校評価については、教育課程の編成、実施、改善が教育活動や学校運営の中核となることを踏まえ、カリキュラム・マネジメントと関連付けながら実施するよう留意するものとする。
　イ　教育課程の編成及び実施に当たっては、学校保健計画、学校安全計画、食に関する指導の全体計画、いじめの防止等のための対策に関する基本的な方針など、各分野における学校の全体計画等と関連付けながら、効果的な指導が行われるように留意するものとする。
　ウ　教育課程外の学校教育活動と教育課程の関連が図られるように留意するものとする。特に、生徒の自主的、自発的な参加により行われる部活動については、スポーツや文化、科学等に親しませ、学習意欲の向上や責任感、連帯感の涵養等、学校教育が目指す資質・能力の育成に資するものであり、学校教育の一環として、教育課程との関連が図られるよう留意すること。その際、学校や地域の実態に応じ、地域の人々の協力、社会教育施設や社会教育関係団体等の各種団体との連携などの運営上の工夫を行い、持続可能な運営体制が整えられるようにするものとする。
2　家庭や地域社会との連携及び協働と学校間の連携
　教育課程の編成及び実施に当たっては、次の事項に配慮するものとする。
　ア　学校がその目的を達成するため、学校や地域の実態等に応じ、教育活動の実施に必要な人的又は物的な体制を家庭や地域の人々の協力を得ながら整えるなど、家庭や地域社会との連携及び協働を深めること。また、高齢者や異年齢の子供など、地域における世代を越えた交流の機会を設けること。
　イ　他の高等学校や、幼稚園、認定こども園、保育所、小学校、中学校、特別支援学校及び大学などとの間の連携や交流を図るとともに、障害のある幼児児童生徒との交流及び共同学習の機会を設け、共に尊重し合いながら協働して生活していく態度を育むようにすること。

第7款　道徳教育に関する配慮事項
　道徳教育を進めるに当たっては、道徳教育の特質を踏まえ、第6款までに示す事項に加え、次の事項に配慮するものとする。
1　各学校においては、第1款の2の(2)に示す道徳教育の目標を踏まえ、道徳教育の全体計画を作成し、校長の方針の下に、道徳教育の推進を主に担当する教師（「道徳教育推

資　料

進教師」という。）を中心に、全教師が協力して道徳教育を展開すること。なお、道徳教育の全体計画の作成に当たっては、生徒や学校の実態に応じ、指導の方針や重点を明らかにして、各教科・科目等との関係を明らかにすること。その際、公民科の「公共」及び「倫理」並びに特別活動が、人間としての在り方生き方に関する中核的な指導の場面であることに配慮すること。
2　道徳教育を進めるに当たっては、中学校までの特別の教科である道徳の学習等を通じて深めた、主として自分自身、人との関わり、集団や社会との関わり、生命や自然、崇高なものとの関わりに関する道徳的諸価値についての理解を基にしながら、様々な体験や思索の機会等を通して、人間としての在り方生き方についての考えを深めるよう留意すること。また、自立心や自律性を高め、規律ある生活をすること、生命を尊重する心を育てること、社会連帯の自覚を高め、主体的に社会の形成に参画する意欲と態度を養うこと、義務を果たし責任を重んずる態度及び人権を尊重し差別のないよりよい社会を実現しようとする態度を養うこと、伝統と文化を尊重し、それらを育んできた我が国と郷土を愛するとともに、他国を尊重すること、国際社会に生きる日本人としての自覚を身に付けることに関する指導が適切に行われるよう配慮すること。
3　学校やホームルーム内の人間関係や環境を整えるとととともに、就業体験活動やボランティア活動、自然体験活動、地域の行事への参加などの豊かな体験を充実すること。また、道徳教育の指導が、生徒の日常生活に生かされるようにすること。その際、いじめの防止や安全の確保等にも資することとなるように留意すること。
4　学校の道徳教育の全体計画や道徳教育に関する諸活動などの情報を積極的に公表したり、道徳教育の充実のために家庭や地域の人々の積極的な参加や協力を得たりするなど、家庭や地域社会との共通理解を深めること。

執　筆　者

吉冨　芳正（明星大学教育学部教授）　はじめに、第1章、第2章第3節、第3章
小田嶋　悟（明星大学教育学部非常勤講師）　第2章第1節、第4章第1節
板橋　政裕（明星大学教育学部准教授）　第2章第2節、第4章第3節
笹川　啓一（明星大学教育学部非常勤講師）　第4章第2節
廣嶋龍太郎（明星大学教育学部准教授）　第4章第4節
青木　秀雄（明星大学名誉教授）　第5章、第7章第1節
藤枝　充子（明星大学教育学部教授）　第6章
緒賀　正浩（明星大学教育学部非常勤講師）　第7章第2節

現代教育課程入門

2019年2月10日　第1刷
2020年12月1日　第3刷

編著者　　吉　　冨　　芳　　正
発行者　　落　　合　　一　　泰
発行所　　明　星　大　学　出　版　部
　　　　　東京都日野市程久保2−1−1
　　　　　電話　042-591-9979

印刷・製本　信濃印刷株式会社　　　　　　　　　　　ⓒ2019
ISBN　978-4-89549-217-1